utb 4758

Eine Arbeitsgemeinschaft der Verlage

Böhlau Verlag · Wien · Köln · Weimar
Verlag Barbara Budrich · Opladen · Toronto
facultas · Wien
Wilhelm Fink · Paderborn
A. Francke Verlag · Tübingen
Haupt Verlag · Bern
Verlag Julius Klinkhardt · Bad Heilbrunn
Mohr Siebeck · Tübingen
Ernst Reinhardt Verlag · München · Basel
Ferdinand Schöningh · Paderborn
Eugen Ulmer Verlag · Stuttgart
UVK Verlagsgesellschaft · Konstanz, mit UVK / Lucius · München
Vandenhoeck & Ruprecht · Göttingen · Bristol
Waxmann · Münster · New York

Rolf Roew, geboren 1960, unterrichtet Ethik, Philosophie, Sport und Englisch am Gymnasium und ist seit 2006 als Fachberater Ethik für die Gymnasien in Bayern tätig.
Peter Kriesel, geboren 1942, Dipl. Theol. und Dipl. Päd., ehem. Dozent für Fachdidaktik für LER in Potsdam, arbeitet als freier Autor.

Rolf Roew
Peter Kriesel

Einführung in die Fachdidaktik des Ethikunterrichts

Verlag Julius Klinkhardt
Bad Heilbrunn • 2017

Online-Angebote oder elektronische Ausgaben zu diesem Buch
sind erhältlich unter www.utb-shop.de

Die Deutsche Bibliothek – CIP-Einheitsaufnahme
Die Deutsche Nationalbibliothek verzeichnet diese Publikation in der Deutschen Nationalbibliografie;
detaillierte bibliografische Daten sind im Internet über http://dnb.d-nb.de abrufbar.

Illustration auf Umschlagseite 1: © drubig-photo / fotolia.
Einbandgestaltung: Atelier Reichert, Stuttgart.

Druck und Bindung: Friedrich Pustet, Regensburg.
Printed in Germany 2017.
Gedruckt auf chlorfrei gebleichtem alterungsbeständigem Papier.

utb-Band-Nr.: 4758
ISBN 978-3-8252-4758-4

Inhaltsverzeichnis

Einleitung

In den meisten deutschen Bundesländern wird als wesentliches Ziel des Ethikunterrichts die „Erziehung der Schülerinnen und Schüler zu verantwortungs- und wertbewusstem Urteilen und Handeln" betrachtet (vgl. Kap. 1). So muss sich eine Didaktik des Ethikunterrichts u.a. mit der Frage beschäftigen, wie Menschen zu angemessenen – und vor allem tatsächlich handlungsleitenden – Entscheidungen kommen und welche Voraussetzungen gegeben sein müssen, damit Menschen auch moralisch handeln. Denn wenn der Ethikunterricht nicht an den dafür relevanten Punkten ansetzt, wird er auch nicht wirksam sein können.

Bezüglich dieser Frage gibt es schon seit der Antike eine Kontroverse, die häufig als „Emotions-Kognitions-Debatte" bezeichnet wird (vgl. Zeidler 2007, 76). Diese Kontroverse lässt sich aus zwei unterschiedlichen Perspektiven beschreiben. Zeidler (ebd., 75f) beschreibt zwei Positionen zur Rolle der Emotionen im Entscheidungsprozess: (a) Emotionen sind nützlich und mit der Vernunft „integriert" bzw. „integrierbar" und (b) Emotionen laufen dem rationalen Denken zuwider und ihre Wirkung muss eliminiert werden. Uhl (1996, 32) formuliert diese zwei Positionen etwas anders, nämlich aus der Perspektive der Rolle der Vernunft: (a) Handlungen hängen in erheblichem Maße von Wissen und Einsicht ab („kognitivistische" bzw. „rationalistische" Position) und (b) Handlungen werden kaum vom Wissen beeinflusst, sondern hängen fast ausschließlich von Gefühlen und den äußeren Umständen ab („emotivistische" bzw. „situationistische" Position). Vertreten wird aber auch eine mittlere Position, die Urteilen und Handeln als Ergebnis des Zusammenwirkens von rationalen und emotionalen Prozessen betrachtet (vgl. ebd.; Zeidler 2007, 80).

Und es ist diese mittlere Position, die in den letzten Jahren durch empirische Forschung – insbesondere durch die Motivationspsychologie, Sozialpsychologie und die Neurobiologie – immer stärker unterstützt wird (vgl. Kap. 3). Es zeichnet sich recht deutlich ein Bild von der menschlichen Psyche als hochkomplexes System ab, in dem verschiedene Teilsysteme miteinander in engster Wechselwirkung stehen. Auf dieser Vorstellung baut das vorliegende Werk auf und zeigt, welche Konsequenzen sich daraus für eine Fachdidaktik des Ethikunterrichts ergeben.

In Kapitel 1 geht es um den Auftrag an die Ethikfächer, so wie er in Gesetzen, Lehrplänen und dem Bericht der KMK formuliert ist. Wie oben bereits erwähnt, soll der Ethikunterricht die Schüler zu verantwortungs- und wertbewusstem Urteilen und Handeln erziehen (darin wird insbesondere die Forderung von Handlungsorientierung als didaktisches Prinzip deutlich). Die Erziehung soll auf der Grundlage der wesentlichen Werte des Grundgesetzes erfolgen, und darüber hinaus gilt das Gebot der weltanschaulichen Neutralität.

Während Kapitel 1 die legale Ebene darstellt, wirft Kapitel 2 die Frage nach der Legitimität materialer Werteerziehung in einer pluralistischen Gesellschaft auf: Läuft der Ethikunterricht damit nicht Gefahr, die Schüler zu indoktrinieren, sie gar als Objekte zu behandeln und damit ihre Würde zu verletzen, wie es von manchen Autoren formuliert wird? Kann andererseits Werterelativismus eine Lösung sein?

Eine Darstellung des aktuellen Standes der Forschung zu den psychischen Vorgängen, die menschlichem Urteilen und Handeln zugrunde liegen, findet sich im Kapitel 3. Darauf aufbauend stellt Kapitel 4 dann dar, welche Kompetenzen zum sittlichen Urteilen und Handeln erforderlich sein werden, und entwickelt daraus ein Kompetenzmodell für den Ethikunterricht.

Effektiver Ethikunterricht wird nur dann möglich sein, wenn der jeweilige Entwicklungsstand der Schüler und ihre Erfahrungswelt berücksichtigt werden. Dazu erläutert Kapitel 5 Ergebnisse der empirischen Forschung zur Persönlichkeitsentwicklung und charakterisiert die heutige Lebenswelt von Kindern und Jugendlichen. Darin begegnen Kinder und Jugendliche einer Vielzahl von ethischen Aufgabenfeldern im Umgang mit sich selbst, in ihrem näheren sozialen Umfeld und in Form der gesellschaftlichen und epochaltypischen Schlüsselprobleme unserer Zeit (Kapitel 6).

Zur Entwicklung der in Kapitel 4 dargestellten allgemeinen Kompetenzen zum sittlichen Handeln und zur Bewältigung der spezifischen ethischen Aufgaben, die sich ihnen stellen, benötigen die Schüler Wissen aus verschiedenen wissenschaftlichen Disziplinen, das teils in anderen Unterrichtsfächern vermittelt wird. Der Ethikunterricht nimmt dieses Wissen in interdisziplinärer Weise auf, führt es unter ethischen Fragestellungen zusammen und reflektiert es nach ethischen Gesichtspunkten. Er leistet aber auch seinen eigenen Beitrag zur Vermittlung relevanten Wissens in der Schule (Kapitel 7). Für die Unterrichtspraxis im Fach Ethik von besonderer Bedeutung sind schließlich bestimmte Unterrichtsprinzipien (Kapitel 8) und Methoden, die moralisch vertretbar und im Hinblick auf die Ziele des Ethikunterrichts wirksam sind (Kapitel 9).

Die im Buch entwickelte Fachdidaktik deckt die Erfordernisse des Ethikunterrichts in allen Jahrgangsstufen ab (1 bis 12/13) und unterstützt Studierende und Lehrkräfte der Ethikfächer in Studium, Referendariat und Unterrichtspraxis.

Literatur

Uhl, S. (1996): Die Mittel der Moralerziehung und ihre Wirksamkeit. Bad Heilbrunn: Klinkhardt.
Zeidler, W. (2007): Achtsamkeit und ihr Einfluss auf die Emotionsverarbeitung. Saarbrücken: VDM.

1 Rahmenvorgaben für die Ethikfächer

Peter Kriesel

Im Kapitel 1 wird zuerst ein Überblick über die Aufgaben und Ziele der Ethikfächer geboten, wie sie in den Schulgesetzen und z.T. sogar in Landesverfassungen der Bundesländer festgelegt sind. Dabei wird auch klar, dass im Ethikunterricht einerseits die Vielfalt der Wertvorstellungen in der Gesellschaft zum Thema gemacht und diskutiert werden soll, gleichzeitig aber eine Wertorientierung an Grundgesetz und Menschrechten wichtig ist.

In allen Rahmenlehrplänen der Ethikfächer wird sodann die Verpflichtung zu religiös und weltanschaulich neutraler Unterrichtsgestaltung betont. Warum das sinnvoll und sogar notwendig ist und wie eine Lehrkraft, die sich ja immer eine eigene Weltsicht erworben hat, dieses einlösen kann, wird hier knapp dargestellt und später (vgl. Kap. 8.2) vertieft. In einem eigenen Abschnitt bietet das einleitende Kapitel einen Überblick über die Lernfelder und gemeinsamen inhaltlichen Schwerpunkte der verschiedenen Ethikfächer in Grundschule, Sekundarstufe I und Gymnasialer Oberstufe. Dabei lassen ihre Lehrpläne bzw. Curricula ein durchgehend kohärentes inhaltliches Fachprofil erkennen.

1.1 Allgemeine Vorgaben für die Ethikfächer

Die Kultusministerkonferenz (KMK) hat in ihrem Bericht „Zur Situation des Ethikunterrichts in der Bundesrepublik Deutschland" (KMK 2008, 8) zu den Zielen und Inhalten der Ethikfächer folgendes ausgeführt: „Ethikunterricht dient nach den weitgehend übereinstimmenden Vorgaben der Länder der Erziehung der Schülerinnen und Schüler zu verantwortungs- und wertbewusstem Urteilen und Handeln." Zur Ausgangssituation für eine Fachdidaktik des Ethikunterrichts gehören die Festlegungen der Landesgesetzgeber zu den Aufgaben des jeweiligen Faches, den wertorientierenden Grundlagen und Ansprüchen an seine Unterrichtsgestaltung. Dass die Ethikfächer unterschiedliche Namen tragen, ist der Zuständigkeit der Bundesländer für die Bildung geschuldet. So heißen sie zumeist „Ethik", sodann „Werte und Normen" in Niedersachsen, „Lebensgestaltung-Ethik-Religionskunde" im Land Brandenburg, „Praktische Philosophie" in Nordrhein-Westfalen und „Allgemeine Ethik" im Saarland.

1.2 Aufgaben und Ziele für Ethikfächer in Schulgesetzen und Landesverfassungen

Unabhängig von den äußeren Anlässen und Motiven für die Einführung der Ethikfächer sind die Ziele und Aufgaben von Interesse, welche die Gesetzgeber in den Bundesländern damit verknüpft haben. Wozu dient Ethik im Fächerkanon der Schule? Was soll speziell in den Ethikfächern den Kindern und Jugendlichen vermittelt werden?

Welche Aufgaben die Ethikfächer erfüllen sollen, weisen die Bundesländer in ihren Schulgesetzen aus, einige auch in ihren Landesverfassungen:

- „Ethikunterricht dient der Erziehung der Schüler zu verantwortungs- und wertbewusstem Verhalten." (Baden-Württemberg – Schulgesetz § 100a)
- „Für Schüler, die nicht am Religionsunterricht teilnehmen, ist ein Unterricht über die allgemein anerkannten Grundsätze der Sittlichkeit einzurichten." (Bayern – Verfassung Art. 137, Abs. 2)
- „Der Ethikunterricht dient der Erziehung der Schülerinnen und Schüler zu werteinsichtigem Urteilen und Handeln." (Bayern – Schulgesetz Art. 47)
- „Das Fach (LER) dient der Vermittlung von Grundlagen für eine wertorientierte Lebensgestaltung, von Wissen über Traditionen philosophischer Ethik und Grundsätzen ethischer Urteilsbildung sowie über Religionen und Weltanschauungen." (Brandenburg – Schulgesetz § 11, Abs. 2)
- „Der Ethikunterricht dient dem kritischen Verständnis von gesellschaftlich wirksamen Wertvorstellungen und Normen als Grundlage verantwortlichen Urteilens und Handelns." (Thüringen – Schulgesetz § 46, Abs. 4)

Diese Bundesländer streben in ihrem Ethikunterricht den Erwerb von Kenntnissen zu den allgemein anerkannten Grundsätzen der Sittlichkeit und ausdrücklich die Erziehung zu verantwortungs- und wertbewusstem Verhalten bzw. die Ausbildung von ethisch orientiertem, verantwortungsbewussten Urteilen und Handeln an.

Dazu soll, wie andere Schulgesetze formulieren, das Fach bestimmte *Kenntnisse* vermitteln, *Zugänge* eröffnen und *Kompetenzen* entwickeln.

- „Der Unterricht soll diese Vorstellungen und Grundsätze [allgemeine ethische Grundsätze] vermitteln sowie Zugang zu philosophischen und religionskundlichen Fragestellungen eröffnen." (Baden-Württemberg – Schulgesetz § 100a)
- In Hessen wird ein Ethikunterricht erteilt, „in dem ihnen das Verständnis für Wertvorstellungen und ethische Grundsätze und der Zugang zu ethischen, philosophischen und religionskundlichen Fragen vermittelt wird." (Hessen – Schulgesetz § 8, Abs. 4)
- „Im Fach Werte und Normen sind religionskundliche Kenntnisse, das Verständnis für die in der Gesellschaft wirksamen Wertvorstellungen und Normen und der Zugang zu philosophischen, weltanschaulichen und religiösen Fragen zu vermitteln." (Niedersachsen – Schulgesetz § 128, Abs. 2)

- „Im Fach Ethik werden den Schülern religionskundliches Wissen, Verständnis für gesellschaftliche Wertvorstellungen und Normen sowie Zugang zu philosophischen und religiösen Fragen vermittelt." (Sachsen – Schulgesetz § 19)
- „Ziel des Ethikunterrichts ist es, die Bereitschaft und Fähigkeit der Schülerinnen und Schüler unabhängig von ihrer kulturellen, ethnischen, religiösen und weltanschaulichen Herkunft zu fördern, sich gemeinsam mit grundlegenden kulturellen und ethischen Problemen des individuellen Lebens, des gesellschaftlichen Zusammenlebens sowie mit unterschiedlichen Wert- und Sinnangeboten konstruktiv auseinander zu setzen. Dadurch sollen die Schülerinnen und Schüler Grundlagen für ein selbstbestimmtes und verantwortungsbewusstes Leben gewinnen und soziale Kompetenz, interkulturelle Dialogfähigkeit und ethische Urteilsfähigkeit erwerben." (Berlin – Schulgesetz § 12 Abs. 6)

Dementsprechend sollen Ethikfächer den Schülern ein Verständnis für ethische Grundsätze, Werte und Normen vermitteln, ihnen einen Zugang zu philosophischen und religionskundlichen Fragen eröffnen und sie unterstützen beim Erwerb von ethischer Urteilsfähigkeit, sozialer Kompetenz und interkultureller Dialogfähigkeit.

1.3 Gesetzliche Festlegungen zur Wertorientierung in den Ethikfächern

Die Ethikfächer orientieren sich an Wertvorstellungen und ethischen Grundsätzen, die im *Grundgesetz*, in der jeweiligen *Landesverfassung* und im *Bildungs- und Erziehungsauftrag der Schulgesetze* der entsprechenden Bundesländer enthalten bzw. daraus abzuleiten sind. Exemplarisch seien Aussagen über das jeweilige Ethikfach aus Landesverfassungen und Schulgesetzen von fünf Bundesländern zitiert.

- „Sein Inhalt orientiert sich an den Wertvorstellungen und den allgemeinen ethischen Grundsätzen, wie sie in Verfassung und im Erziehungs- und Bildungsauftrag des § 1 niedergelegt sind." (Baden-Württemberg – Schulgesetz)
- „Sein Inhalt orientiert sich an den sittlichen Grundsätzen, wie sie in der Verfassung und im Grundgesetz niedergelegt sind." (Bayern – Schulgesetz)
- Rheinland-Pfalz fordert im Fach Ethik einen „Unterricht über die allgemein anerkannten Grundsätze des natürlichen Sittengesetzes". (Rheinland-Pfalz – Landesverfassung)
- „Das Fach Ethik orientiert sich an den allgemeinen ethischen Grundsätzen, wie sie im Grundgesetz, in der Verfassung von Berlin und im Bildungs- und Erziehungsauftrag der §§ 1 und 3 niedergelegt sind." (Berlin – Schulgesetz)
- „Sein Inhalt orientiert sich an den sittlichen Grundsätzen, wie sie im Grundgesetz niedergelegt sind." (Thüringen – Schulgesetz)

Das Grundgesetz weist im Artikel 1 Absatz 2 ausdrücklich auf die *Verbindlichkeit der Menschenrechte* für alle Bürger hin. „Das deutsche Volk bekennt sich darum zu unverletzlichen und unveräußerlichen Menschenrechten als Grundlage jeder menschlichen Gemeinschaft, des Friedens und der Gerechtigkeit in der Welt." Insofern ist es naheliegend, dass auch die Menschenrechte für Inhaltsauswahl und Werthaltungen in den Ethikfächern eine verbindliche Orientierung darstellen. Die Ethikfächer orientieren sich nach dem Willen der Gesetzgeber in der Gestaltung des Unterrichts an den allgemeinen ethischen Grundsätzen, wie sie in Grundgesetz, den Menschenrechten, den Landesverfassungen sowie in den allgemeinen Bildungs- und Erziehungszielen der Schulgesetze niedergelegt sind.

1.4 Relevanz von Grundgesetz und Menschenrechten für den Ethikunterricht

1.4.1 Zur Bedeutung des Grundgesetzes

Im Grundgesetz sind Grundrechte verankert, die auf wesentlichen Werten und Grundsätzen der Moral und Ethik beruhen, wie Leben und Freiheit, Gleichheit und Gleichberechtigung eines jeden Bürgers. Es garantiert die „freie Entfaltung seiner Persönlichkeit, soweit er nicht die Rechte anderer verletzt und nicht gegen … das Sittengesetz verstößt." (Grundgesetz Art. 2,2) Das Grundgesetz verbürgt Religionsfreiheit und die Freiheit des weltanschaulichen Bekenntnisses sowie Meinungs- und Pressefreiheit und garantiert Brief-, Post- und Fernmeldegeheimnis und es „schützt auch in Verantwortung für die künftigen Generationen die natürlichen Lebensgrundlagen". (Grundgesetz Art. 20a)
Das Grundgesetz verkündet diese Werte, Freiheiten und Güter nicht nur feierlich, sondern es schützt diese rechtswirksam für den Einzelnen in der Gesellschaft. Denn die „Grundrechte binden Gesetzgebung, vollziehende Gewalt und Rechtsprechung als unmittelbar geltendes Recht." (Grundgesetz Art. 1,3) „Aufgrund der Wechselwirkung, die zwischen Recht und Ethik besteht" strahlt das Grundgesetz „auch auf die Verhaltenskultur, auf die ethische Kultur in der Gesellschaft im Allgemeinen aus." (Kreß 2012, 155) Darüber hinaus „impliziert die Aufnahme der Menschenwürde in die Verfassung einen moralischen Appell – jenseits dessen, was sich rechtlich erzwingen lässt." (Ebd.)
Dass sich die Vorstellung der Menschenwürde auch auf die Gestaltung des Rechts auswirken kann, zeigt z.B. „Eine Änderung des Bürgerlichen Gesetzbuches im Jahr 2000, durch die für die Erziehung von Kindern die Würde des Kindes leitend wurde: ‚Kinder haben ein Recht auf gewaltfreie Erziehung. Körperliche Bestrafungen, seelische Verletzungen und andere entwürdigende Maßnahmen sind unzulässig' (BGB § 1631 II)." (Kreß 2012, 155)

Der Gesetzgeber schuf hier gegenüber Eltern und Erziehern ein rechtliches Motiv, gegebenenfalls ihr Verhalten zu korrigieren. Dass dieser genannte Rechtsfortschritt eine unmittelbare Relevanz für die Bemühungen um moralische Erziehung im Ethikunterricht haben kann, wenn es um das Prinzip der Gewaltlosigkeit geht, ist wohl einleuchtend.

Für die Lehrkräfte gilt bei der Bearbeitung von moralischen Problemen und Konflikten, dass sie sich auch auf die tragenden Werte und Freiheiten im Grundgesetz beziehen. Das heißt nicht, dass Kritik von Seiten der Heranwachsenden nicht zugelassen wird (vgl. Kap. 2.7), sondern dass in Ergänzung von Diskussionen, Analysen und Argumentationen im Unterricht auf die ethischen Grundsätze in der Rechtsordnung des Grundgesetzes verwiesen wird. Diese Rückkopplung verbindet die Welt der Lernenden mit dem Wertekonsens unserer Rechtskultur. Die Lehrenden argumentieren im Sinne der Werte und Freiheitsgarantien des Grundgesetzes, sind jedoch offen gegenüber einem Wertepluralismus, der dessen Geltung nicht bestreitet und es nicht durch Handlungen verletzt. Bei praktischen Verstößen gegen das Grundgesetz (nach Strafgesetzbuch) sind die Lehrkräfte zum schützenden und abwehrenden Eingreifen verpflichtet, wie es auch ihre Aufsichtspflicht gebietet.

1.4.2 Zur Bedeutung der Menschenrechte

Wenn hier von Menschenrechten gesprochen wird, dann ist die „Allgemeine Erklärung der Menschenrechte" (AEM) gemeint, die von den Vereinten Nationen 1948 verkündet wurde. In der Präambel der Menschenrechtserklärung werden die Unterzeichnerstaaten aufgefordert, „durch Unterricht und Erziehung die Achtung vor diesen Rechten und Freiheiten zu fördern …". (AEM 2004, 54) Wie das Grundgesetz orientieren die Menschenrechte auf wesentliche Werte und Grundsätze der Moral und Ethik wie Leben und Freiheit, Gleichberechtigung und Gleichbehandlung „ohne irgendeinen Unterschied etwa nach Rasse, Hautfarbe, Geschlecht, Sprache, Religion, … nationaler oder sozialer Herkunft, Vermögen, Geburt oder sonstigem Stand." (AEM 2004, Art. 2) Somit verpflichten sie auf „Wertvorstellungen und allgemeine ethische Grundsätze" bzw. auf „die allgemein anerkannten Grundsätze der Sittlichkeit", welche für den Ethikunterricht verbindlich sind.

Darüber hinaus kommt den Menschenrechten im privaten Leben, im Ethikunterricht und in der Gesellschaft eine fünffache Bedeutung zu (nach Kreß 2012, 148-157):

1) Menschenrechte sensibilisieren beim Aufweis von Verstößen gegen Moral und Recht.
2) Menschenrechte stärken das Selbstwertgefühl und die Selbstachtung, auch und gerade, wenn jemand Unrecht, Unfairness und Gewalt erleiden muss oder erlitten hat.
3) Menschenrechte sind eine Hilfe bei der Entwicklung und Begründung von Normen des Zusammenlebens.

4) Menschenrechte haben eine integrative Funktion in unserer pluralistischen Gesellschaft.

5) Der Anspruch auf die Einhaltung von Menschenrechten verbindet die Schüler mit allen Menschen der Welt.

Für die Lehrkräfte gilt, dass die Menschenrechte im Ethikunterricht in gleicher Weise wie das Grundgesetz zur Wertorientierung in der Diskussion genutzt werden sollen. Denn die Menschenrechte gründen wie das Grundgesetz auf Gleichheit und Gleichberechtigung aller Menschen und brechen so mit der Theorie und Praxis eines geteilten Menschenbildes und doppelter Moralstandards für Freie und Sklaven, Fronherren und Leibeigene, Gläubige und Ungläubige, weiße Kolonialherren und farbige Kuli bis zu reichen Gewinnern und armen Verlierern in einer globalisierten Welt.

Es gibt aber gravierende Unterschiede zwischen Grundgesetz und Menschenrechten, was den Geltungsbereich und ihre Durchsetzbarkeit angeht. Die Geltung des Grundgesetzes ist rechtlich nur innerhalb der Landesgrenzen durchsetzbar. Menschenrechte gelten zwar weltweit, waren aber lange Zeit nicht juristisch durchsetzbar. Insofern waren sie „nur" eine moralische Norm und besaßen lediglich die Kraft eines moralischen Arguments. Seit der Errichtung des Internationalen Strafgerichtshofs 1998 in Den Haag ist dieser laut Artikel 1 „befugt, seine Gerichtsbarkeit über Personen wegen der in diesem Statut genannten schwersten Verbrechen von internationalem Belang auszuüben; er ergänzt die innerstaatliche Strafgerichtsbarkeit." (bpb 2004, 304) Seine Gerichtsbarkeit erstreckt sich auf „das Verbrechen des Völkermords, Verbrechen gegen die Menschlichkeit, Kriegsverbrechen, das Verbrechen der Aggression." (bpb 2004, 305) Die USA, Russland und China z.B. haben jedoch bisher das Statut des Internationalen Strafgerichtshofs nicht ratifiziert.

Im Ethikunterricht sollten die Lehrkräfte bei der Bearbeitung von Problemen und Konflikten im sozialen Umfeld, in Gesellschaft und globaler Welt unbedingt auch die Menschenrechte nutzen. Dies bietet sich an wegen ihrer möglichen Funktionen: Sensibilisierung für moralische Probleme, Orientierung bei der Suche nach Normen, Integration in eine pluralistische Gesellschaft und Stärkung des Selbstwertgefühls sowie des Bewusstseins der Heranwachsenden, einen Anspruch auf Freiheiten und Rechte zu haben, was sie übrigens (virtuell und real) weltweit mit allen Menschen verbindet.

1.5 Verpflichtung des Ethikunterrichts zu religiöser und weltanschaulicher Neutralität

Am Ethikunterricht nehmen Kinder und Jugendliche teil, deren Eltern oder die selber von der im Grundgesetz garantierten unverletzlichen „Freiheit des religiösen und weltanschaulichen Bekenntnisses" (Grundgesetz Art. 4,3) Gebrauch gemacht haben. Insofern haben sie einen Rechtsanspruch darauf, dass sie im Ethikunterricht nicht einer religiösen Beeinflussung ausgesetzt werden, die sie gerade abgewählt haben.

Denn „Pflege und Erziehung der Kinder sind das natürliche Recht der Eltern und die zuvörderst ihnen obliegende Pflicht" (Grundgesetz Art. 6,2). Dass dies auch eindeutig für die religiöse Erziehung ihrer Kinder gilt, klärt Artikel 7,2: „Die Erziehungsberechtigten haben das Recht, über die Teilnahme des Kindes am Religionsunterricht zu bestimmen." So wird schon in einigen Schulgesetzen für das jeweilige Ethikfach betont, was dann in allen Rahmenlehrplänen bzw. Rahmenrichtlinien klar herausgestellt wird:

* „Es wird weltanschaulich und religiös neutral unterrichtet." (Berlin)
* „Das Fach Lebensgestaltung-Ethik-Religionskunde wird bekenntnisfrei, religiös und weltanschaulich neutral unterrichtet." (Brandenburg)
* „Der weltanschaulich neutrale Ethikunterricht ist ordentliches Lehrfach für alle Schüler, die keiner Kirche oder Religionsgemeinschaft angehören … Im Übrigen berücksichtigt er die Pluralität der Bekenntnisse und Weltanschauungen." (Thüringen)
* Ähnlich: „Im Übrigen berücksichtigt er die Pluralität der Bekenntnisse und Weltanschauungen." (Bayern)

Der Ethikunterricht muss *religiös neutral* gestaltet werden, weil in ihm keine religiösen Lehren mit einem Wahrheitsanspruch als verbindlich vermittelt werden dürfen. Das ist der deutliche Unterschied zum Religionsunterricht, für dessen Gegenstand nach dem Urteil des Bundesfassungsgerichts gilt: „Er ist keine überkonfessionelle vergleichende Betrachtung religiöser Lehren, keine Morallehre, Sittenunterricht, historisierende Religionskunde, Religions- oder Bibelgeschichte. Sein Gegenstand ist vielmehr der Bekenntnisinhalt, nämlich die Glaubenssätze der jeweiligen Religionsgemeinschaft. Diese als bestehende Wahrheiten zu vermitteln, ist seine Aufgabe." (Bundesverfassungsgericht1987, BVerfGE Bd. 74, 252)

Ethikunterricht ist *bekenntnisfrei* zu erteilen. Dies gilt auch gegenüber dem Bekenntnis einer Weltanschauungsgemeinschaft wie dem des Humanistischen Verbands Deutschlands, der in Berlin ca. 60 000 Schüler im Fach Lebenskunde unterrichtet. Seine Rechtsgrundlage ist Artikel 137 Absatz 7 der Weimarer Reichsverfassung, der Bestandteil des Grundgesetzes (vgl. Artikel 140) ist: „Den Religionsgemeinschaften werden die Vereinigungen gleichgestellt, die sich die Pflege einer Weltanschauung zur Aufgabe machen." Gegenüber weltanschaulichen Bekenntnissen, wie sie z.B. im

Berliner Lebenskundeunterricht vermittelt werden, ist der Ethikunterricht zu weltanschaulicher Neutralität im Sinne einer generellen Bekenntnisfreiheit verpflichtet. Die für den Ethikunterricht geforderte „religiöse und weltanschauliche Neutralität" ist im Kontext von Artikel 4 Abs. 1 des Grundgesetzes zu verstehen, wo garantiert wird: „Die Freiheit des Glaubens, des Gewissens und die Freiheit des religiösen und weltanschaulichen Bekenntnisses sind unverletzlich." Anders ist die Haltung des Ethikunterrichts zur Werteordnung des Grundgesetzes (Recht auf Leben und Gleichberechtigung …), zu seinen Rechtsgarantien (Religionsfreiheit, Pressefreiheit, Meinungsfreiheit …) und der Gesellschaftsform Demokratie, denen ohne Zweifel ein bestimmtes Menschen- und Gesellschaftsbild zugrunde liegt. Diese Werteordnung trägt so durchaus auch weltanschauliche Züge, wie am Widerstand der Kirchen in der Geschichte und gegenwärtig von fundamentalistisch und theokratisch orientierten Religionsgruppen gegen Demokratie und Religionsfreiheit deutlich wird.

Aufgrund der Bindung des gesamten Schulwesens an die Werteordnung des Grundgesetzes muss klar gesagt werden: Der Ethikunterricht ist insofern nicht weltanschaulich neutral, als er auf der Basis der Grundwerte durchzuführen ist, wie sie im Grundgesetz, in den jeweiligen Landesverfassungen und der Allgemeinen Erklärung der Menschenrechte formuliert werden. Das Gebot der weltanschaulichen Neutralität betrifft vielmehr diejenigen Bereiche, die durch diese Grundwerte, Grundrechte und Grundfreiheiten nicht geregelt werden.

Es ist allerdings kritisch zu fragen, wie ein „religiös und weltanschaulich neutral" zu erteilender Ethikunterricht in einigen Bundesländern, welche in Landesverfassung und Schulgesetz für die öffentliche Schule die „ Ehrfurcht vor Gott" zu den obersten Bildungs- und Erziehungszielen ausweisen (Böttcher/Herz 1994, 48f, 63, 65, 70), überhaupt logisch widerspruchsfrei zu denken, geschweige denn zu realisieren ist. Dieses offensichtliche Dilemma ist mit dem Vorrang der Garantie der Religionsfreiheit im Grundgesetz vor theologischen Vorgaben in Landesverfassungen zu lösen, entsprechend dem Rechtsgrundsatz „Bundesrecht bricht Landesrecht" (Grundgesetz Art. 31). Demgegenüber ist die religiös-weltanschauliche Neutralität im Ethikunterricht bei einer Bezugnahme auf „die Antike, das Christentum und die für die Entwicklung zum Humanismus, zur Freiheit und zur Demokratie wesentlichen gesellschaftlichen Bewegungen", wie es in der Landesverfassung von Berlin steht, auch ohne juristische und rationale Widersprüche zu verwirklichen.

Für die Ethiklehrkräfte ergibt sich die Frage, wie sie das zentrale didaktische Prinzip der religiös-weltanschaulichen Neutralität im Ethikunterricht praktisch realisieren können. Glücklicherweise gibt es ein Unterrichtsfach, das sich schon vor Jahrzehnten mit einem vergleichbaren Problem auseinandersetzen musste: das Fach politische Bildung. Hier stand eine Regelung an, die absichert, dass Lehrkräfte nicht je nach ihrer Parteizugehörigkeit die Schüler einseitig beeinflussen und diesen Unterricht zur verdeckten Werbung für ihre eigenen Überzeugungen missbrauchen. Zur

Lösung dieses Problems wurde der „Beutelsbacher Konsens" mit wichtigen Fest-legungen beschlossen. Dieser Konsens kann auch als Modell zur Sicherung einer religiös-weltanschaulichen Neutralität im Ethikunterricht genutzt werden, wenn er sinngemäß übertragen wird. Dazu sind dann noch einige andere spezifische Ergän-zungen erforderlich.

Die folgenden didaktischen Grundsätze geben Leitlinien für die Einhaltung einer religiösen und weltanschaulichen Neutralität im Ethikunterricht (vgl. Kap. 8.2):

1. Das *Überwältigungsverbot:* „Es ist nicht erlaubt, den Schüler – mit welchen Mit-teln auch immer – im Sinne erwünschter Meinungen zu überrumpeln und damit an der Gewinnung eines selbständigen Urteils zu hindern." (Beutelsbacher Kon-sens 1; Schiele/Schneider 1977, 173f, zitiert in: Hilligen 1985, 26f).

2. Das Gebot der *Pluralität* und *Kontroversität:* „Was in der Wissenschaft und Po-litik kontrovers ist, muss auch im Unterricht kontrovers erscheinen." (Schiele/ Schneider ebd.; Beutelsbacher Konsens 2) Das bedeutet für den Ethikunterricht: Was in der Gesellschaft bezüglich Religion und Weltanschauung kontrovers ist, muss auch im Unterricht kontrovers erscheinen.

3. *Wissenschaftlichkeit:* Dies meint die Unterscheidung von Fakten und deren Deu-tungen sowie von meinen, glauben und wissen.

4. Eine *standpunktbezogene Toleranz:* Darunter ist zu verstehen, dass die Lehrkraft den eigenen Standpunkt als einen unter vielen möglichen Ansichten einbrin-gen kann, wobei sie die Argumente auch für andere Sichtweisen und Haltungen hinreichend mit vorstellen muss, weil sie sonst gegen das Überwältigungsverbot verstoßen würde.

5. Eine große Bedeutung kommt dabei der Förderung der Entwicklung eines *kriti-schen Geistes* zu (siehe Kap. 2.7 und 8.6).

Wie passt nun aber eine religiös-weltanschauliche Neutralität und gleichzeitige Wer-torientierung am Grundgesetz zusammen? Und wie ist im Ethikunterricht beides gleichzeitig zu berücksichtigen? Führt dies nicht entweder zu unkritischer Toleranz gegenüber Verstößen gegen Gesetz und Menschenrechte, wenn jemand sich dabei auf seine religiöse, weltanschauliche oder ideologische Gesinnung beruft? Anderer-seits: Zerstört eine Kritik an Religionen und Weltanschauungen im Ethikunterricht nicht seine religiös-weltanschauliche Neutralität?

Als Angestellte des öffentlichen Dienstes bzw. Beamte stehen Ethiklehrkräfte in der Pflicht, Verstöße und Infragestellung der Werteordnung von Grundgesetz und Men-schenrechten auch dann zu kritisieren, wenn diese von Religionen, Weltanschauun-gen oder Ideologien ausgehen bzw. befürwortet werden. Andernfalls würde eintref-fen: „Ich habe Worte zu gering geachtet, um nicht den Taten hinterherzulaufen, die sie auslösten." (B. Brecht).

Diese Pflicht zur Kritik haben die Ethiklehrkräfte wie auch Geschichtslehrer bei der Bewertung von Ereignissen aus der Geschichte wie z.B. Verfolgung von Andersglau-benden, Juden und Andersdenkenden sowie Zwangsbekehrungen und Glaubenskriege, im Namen welcher Religion, Konfession oder Ideologie auch immer sie geführt worden sind. Im Ethikunterricht hat die Wertorientierung an Grundgesetz und Menschenrechten den Vorrang gegenüber solchen religiösen, weltanschaulichen und ideologischen Ansichten, welche die im Grundgesetz garantierten Freiheiten und die Normen der Menschenrechte infrage stellen, ablehnen oder sogar zu beseitigen trachten.

1.6 Der Ethikunterricht in Rahmenlehrplänen/ Rahmenrichtlinien

1.6.1 Der Ethikunterricht in Rahmenlehrplänen/Rahmenrichtlinien für die Grundschule

In den Bundesländern mit Ethik in der Grundschule gibt es in den ausgewiesenen Lern- bzw. Bezugsfeldern eine große inhaltliche Übereinstimmung. Dabei gibt es zumeist inhaltlich klare Formulierungen, aber auch einige, deren Inhalt sich erst bei den konkreten Ausführungen erschließt: Sie sind in vier thematische Bereiche zu ordnen.

1 Individualität und Entwicklung der Schüler	2 In Gemeinschaft(en) leben
• Menschsein: Sich selbst begegnen (Bay) • Ich und die anderen (Hess) • Ich als Person (RP) • Ich im wir (Sa) • Ich im Wir – Wir im Ich, (SA) • Der Schüler in seiner Individualität und Persönlichkeitsentwicklung (Th)	• Dem anderen begegnen (Bay) • Ich in der Gemeinschaft (Hess) • Ich und die anderen (RP) • Miteinander (Sa) • Miteinander, Unterschiedlichkeiten und Konflikte in Familie, Klasse und Gesellschaft (SA) • Der Schüler in sozialen Beziehungen (Th)
3 Kultur, Religion und Weltanschauung	4 Unsere Zeit, Umwelt und Natur
• Religion und Kultur: dem Leben begegnen (Bay) • Kultur und Religion (Hess) • Ich und die Vorstellungswelt („Einblicke in philosophische, weltanschauliche und religiöse Sichtweisen") (RP) • Voneinander (christliche u.a. Feste) (Sa) • Voneinander (Kulturkreise, Feste, Glaubensrichtungen) (SA) • Der Schüler in seinem Verhältnis zur eigenen und zu fremden Kulturen (Th)	• Die moderne Welt: Der Mensch und seine Umwelt (mit Natur) (Bay) • Ich und meine Zeit (Hess) • Natur und Umwelt (Hess) • Ich und die Welt (RP) • Ich und die Zeit (RP) • Wir in der Welt (u.a. Natur) (Sa) • Die Welt und Wir – Wir in der Welt (u.a. Natur, Glück) (SA) • Der Schüler in seinem Verhältnis zur natürlichen Umwelt (Th)

Aus dem Vergleich der Ethiklehrpläne für den Primarbereich ergibt sich folgendes Resümee: Mit großer Übereinstimmung finden sich in den Rahmenlehrplänen für den Ethikunterricht der Grundschule die Lernfelder

- Individualität und Entwicklung der Schüler,
- in Gemeinschaft(en) leben,
- Kultur, Religion und Weltanschauung,
- Welt und Natur in unserer Zeit.

Die Bearbeitung dieser Inhalte erfolgt mit personalem, sozialem und ethischem Blickwinkel. Als Zielsetzung wird die Entwicklung ethischer Urteils- und Handlungsfähigkeit vorrangig für das nahe soziale Umfeld gefördert, aber auch schon die Sicht auf andere Kulturen und Länder der Welt erweitert.

1.6.2 Der Ethikunterricht in Rahmenlehrplänen/Rahmenrichtlinien für die Sekundarstufe I

In der Sekundarstufe I sind Ethikfächer – mit unterschiedlichen Bezeichnungen – in zwölf Bundesländern eingerichtet. Zur Erfassung ihrer inhaltlichen Schwerpunkte wurden hier insbesondere die Rahmenlehrpläne der Real-, Mittel- und Sekundarschulen herangezogen, weil das besondere Niveau der Lehrpläne an Gymnasien in der Sekundarstufe II voll zur Geltung kommt und eigens dargestellt wird (vgl. Kap. 1.6.3).

Im Folgenden werden verschiedene Lernfelder, welche gemeinsame inhaltliche Bezüge haben, in Themenbereiche zusammengefasst. Die nachgesetzten Zahlen zeigen die Häufigkeit der jeweiligen Nennungen als Lernfeld in den Rahmenlehrplänen der Bundesländer mit Ethikfächern in der Sekundarstufe I. In der Anlage 1 sind diese Zuordnungen nachzuverfolgen.

Identität und Entwicklung	**Soziales Leben und Konflikte**
• Ich – Identität (12) • Entwicklung und Ziele (12) • Menschenbild und existenzielle Fragen (12)	• Gemeinsam leben (15) • Probleme und Konflikte (6)
Religionen, Weltanschauungen und Kulturen	**Philosophische Ethik und Angewandte Ethik**
• Religion und Religionen (42) • Weltanschauungen (6) • Kulturen (4)	• Ethik (39) • Angewandte Ethik (22)

1.6.3 Der Ethikunterricht in Rahmenlehrplänen für die Gymnasiale Oberstufe

Für die inhaltliche Ausgestaltung des Ethikunterrichts in der Gymnasialen Oberstufe gibt es zwei verbindliche Quellen: Die Einheitlichen Prüfungsanforderungen der KMK für die Abiturprüfung in Ethik und die landesspezifischen Rahmenlehrpläne für das jeweilige Ethikfach.

In den Einheitlichen Prüfungsanforderungen der KMK für die Abiturprüfung Ethik werden folgende inhaltlichen Schwerpunkte genannt: Freiheit und Abhängigkeit, Pluralismus und Grundkonsens, Ethik und Menschenbild, Recht und Gerechtigkeit, Religion und Weltanschauung, Wahrheit und Erkenntnis, Glück, Moralphilosophie, Angewandte Ethik (vgl. KMK 2006, 8ff). Zum letzten Punkt wird u.a. ausgeführt: „Die neuen ethischen Herausforderungen werden in den sog. Bereichsethiken diskutiert, und zwar vor allem in der Wissenschafts- und Technikethik, der ökologischen Ethik, der Wirtschaftsethik, der Medizin- und Bioethik, der Medienethik etc." (KMK 2006, 10).

Wie diese inhaltlichen Schwerpunkte in den Rahmenlehrplänen bzw. Rahmenrichtlinien der Bundesländer abgebildet werden, verdeutlicht der folgende Überblick. Die Zahlenangaben hinter den inhaltlichen Schwerpunkten stehen für deren prominente Nennung als Lernfeld in den Rahmenlehrplänen (vgl. Anlage 2). Einzelne Themen, die in den EPAs für das Abitur gefordert werden, sind z.T. bei anderen Lernfeldern als Unterpunkte eingeordnet.

• Freiheit und Abhängigkeit: 5 • Pluralismus und Grundkonsens: 2 (vgl. Anlage 2) • Ethik und Menschenbild: 7 • Recht und Gerechtigkeit: 7 • Religion und Weltanschauung: 7	• Wahrheit und Erkenntnis: 3 • Glück: 4 (vgl. Anlage 2) • Moralphilosophie: 9 • Angewandte Ethik: 5 (vgl. Anlage 2)

Der Schwerpunkt Pluralismus und Grundkonsens wird in den Lehrplänen selten als eigenes Lernfeld in der Gymnasialen Oberstufe ausgewiesen, kommt aber sehr wohl als Grundsatz bei der Bearbeitung aller geforderten Schwerpunkte zum Tragen.

1.7 Erteilung von Ethikunterricht in den Bundesländern

In den einzelnen Bundesländern werden Ethik, Werte und Normen, Lebensgestaltung-Ethik-Religionskunde und Praktische Philosophie (Ethikfächer) in verschiedenen Jahrgangsstufen erteilt.

Tab. 1: Unterricht der Ethikfächer in Klassenstufen (vgl. Fachverband Ethik 2016, 7)

Bundesland	BW	Bay	Berl	Brb	Hess	Nds
Klassenstufen	7/8-12/13	1-12/13	7-10	5-10	1-12/13	5-12/13

Bundesland	NRW	RP	Sld	Sa	SA	Th
Klassenstufen	5-10	1-12/13	9-12/13	2-12/13	1-12/13	1-12/13

Zusammenfassung

Der Ethikunterricht dient der Bildung und Erziehung der Kinder und Jugendlichen zu verantwortungs- und wertbewusstem Urteilen und Handeln. Dabei orientiert er sich an den allgemein anerkannten ethischen Grundsätzen, wie sie im Grundgesetz, in den Menschenrechten, den Landesverfassungen sowie in den allgemeinen Bildungs- und Erziehungszielen der Schulgesetze der Bundesländer niedergelegt sind. Die Ethikfächer sollen den Heranwachsenden ein Verständnis für Werte und Normen vermitteln, sie beim Erwerb von ethischer Urteils- und Handlungsfähigkeit, interkultureller Dialogfähigkeit und sozialer Kompetenz unterstützen sowie ihnen einen Zugang zu philosophischen und religionskundlichen Fragen eröffnen.

Die *Wertorientierung* in den Ethikfächern erfolgt auf der Basis der im Grundgesetz verbürgten Rechte und Freiheiten sowie der Allgemeinen Erklärung der Menschenrechte.

Der Ethikunterricht ist *frei von der Vermittlung religiöser und weltanschaulicher Bekenntnisse* zu unterrichten. Er eröffnet den Lernenden jedoch einen Zugang zu philosophischen, religiösen und weltanschaulichen Sichtweisen und fördert ihre Fähigkeit zur kritischen Prüfung absoluter Wahrheits- und Geltungsansprüche. Dafür müssen das Überwältigungsverbot sowie die Prinzipien der Pluralität und Kontroversität, der Wissenschaftlichkeit und der standpunktbezogenen Toleranz eingehalten werden und die Lernenden sind zum prüfenden Fragen und kritischen Denken anzuleiten.

Die *Wertorientierung an Grundgesetz und Menschenrechten* hat den Vorrang gegenüber solchen religiösen, weltanschaulichen und ideologischen Ansichten, welche dem in Wort und Tat entgegenstehen. Der *Gegenstand* des Ethikunterrichts besteht nach den geltenden Rahmenlehrplänen aus vier großen Themenbereichen: Identität und Entwicklung, Leben in der Gemeinschaft und Konflikte, Philosophische und Praktische Ethik sowie Religionen, Weltanschauungen und Kulturen.

Literatur

Bayerisches Gesetz über das Erziehungs- und Unterrichtswesen (BayEUG) in der Fassung der Bekanntmachung vom 31. Mai 2000. Verfügbar unter: www.kmk.org/dokumentation-und-statistik (Zugriff am 15.01.2015).

Böttcher, W. (Hrsg.) (1994): Schulrecht und Christentum. Gibt es eine Privilegierung der christlichen Tradition in bundesdeutschen Schulgesetzen? Eine Dokumentation von Wolfgang Böttcher und Otto Herz. Witterschlick und Bonn: Wehle.

Bundesverfassungsgericht (1987): Beschluss vom 25. Februar 1987. BerfGE Bd. 74. In: Die deutschen Bischöfe (1996): Die bildende Kraft des Religionsunterrichts. Zur Konfessionalität des katholischen Religionsunterrichts. Bonn: Sekretariat der Deutschen Bischofskonferenz, 68.

Bundeszentrale für politische Bildung (2004): Menschenrechte. Dokumente und Deklarationen. Bonn: bpb.

Erwin, C. (2001): Verfassungsrechtliche Anforderungen an das Schulfach Ethik/Philosophie. Berlin: Duncker und Humblot. (Schriften zum öffentlichen Recht; Bd. 847)

Gesetz Nr. 812 zur Ordnung des Schulwesens im Saarland (Schulordnungsgesetz SchoG) vom 5. Mai 1965 in der Fassung der Bekanntmachung vom 21. August 1996, zuletzt geändert durch das Gesetz vom 25. Juni 2014 (Amtsbl. I S. 296). Verfügbar unter: www.kmk.org/dokumentation-und-statistik (Zugriff am 15.01.2015).

Gesetz über die Schulen im Land Brandenburg (Brandenburgisches Schulgesetz BbgSchulG) in der Fassung der Bekanntmachung vom 02. August 2002, zuletzt geändert durch Artikel 2 des Gesetzes vom 14. März 2014. Verfügbar unter: www.kmk.org/dokumentation-und-statistik (Zugriff am 15.01.2015).

Grundgesetz für die Bundesrepublik Deutschland (2006). Stand August 2006. Bonn: bpb.

Hessisches Schulgesetz (Schulgesetz HSchG) in der Fassung vom 14. Juni 2005. Verfügbar unter: www.kmk.org/dokumentation-und-statistik (Zugriff am 15.01.2015).

Hilligen, W. (1985): Zur Didaktik des politischen Unterrichts. Wissenschaftliche Voraussetzungen – didaktische Konzeptionen – unterrichtspraktische Vorschläge. 4. völlig neubearbeitete Auflage. Opladen: Leske und Budrich.

Kreß, H. (2012): Ethik der Rechtsordnung. Staat, Grundrechte und Religionen im Lichte der Rechtsethik. Stuttgart: Kohlhammer.

Kultusministerkonferenz (KMK): Beschlüsse der Kultusministerkonferenz (2006): Einheitliche Prüfungsanforderungen in der Abiturprüfung Ethik (Beschluss vom 01.12.1989 i.d.F. vom 16.11.2006). Verfügbar unter: http://www.kmk.org/fileadmin/veroeffentlichungen_beschluesse/2008 (Zugriff am 07.10.2016).

Kultusministerkonferenz (KMK): Zur Situation des Ethikunterrichts in der Bundesrepublik Deutschland – Bericht der Kultusministerkonferenz vom 22.02.2008. Verfügbar unter http://www.kmk.org/fileadmin/veroeffentlichungen_beschluesse/2008 (Zugriff am 08.12.2015).

Landesverfassung des Freistaates Bayern: In der Fassung der Bekanntmachung vom 15. Dezember 1998 (GVBl. S. 991) zuletzt geändert durch Gesetz vom 11.11.2013 (GVBl. S. 642) Verfügbar unter: www.gesetze-bayern.de (Zugriff am 15.01.2015).

Landesverfassung Rheinland-Pfalz: verfügbar unter: www.rlp.de/ar/unser-land/landesverfassung (Zugriff am 15.1. 2015).

Niedersächsisches Schulgesetz (NSchG) Stand: 19.06.2013 (Nds. GVBl. S. 165). Verfügbar unter: www.kmk.org/dokumentation-und-statistik (Zugriff am 15.01.2015).

Schiele, S./Schneider, H. (Hrsg.) (1977): Das Konsensproblem in der politischen Bildung. (Reihe Anmerkungen und Argumente 17) Stuttgart: Klett.

Schulgesetz des Landes Sachsen-Anhalt (SchulG LSA) in der Fassung der Bekanntmachung vom 22. Februar 2013. Verfügbar unter: www.kmk.org/dokumentation-und-statistik (Zugriff am 15.01.2015).

Schulgesetz für Baden-Württemberg (SchG) in der Fassung vom 1. August 1983. Verfügbar unter: www.kmk.org/dokumentation-und-statistik (Zugriff am 15.01.2015).

Schulgesetz für das Land Berlin (Schulgesetz SchulG) 26.1. 2004. Verfügbar unter: www.kmk.org/dokumentation-und-statistik (Zugriff am 15.01.2015).

Schulgesetz für das Land Nordrhein-Westfalen (Schulgesetz NRW SchulG) vom 15. Februar 2005, zuletzt geändert durch Artikel 3 des Gesetzes vom 17. Juni 2014. Verfügbar unter: www.kmk.org/dokumentation-und-statistik (Zugriff am 15.01.2015).

Schulgesetz für den Freistaat Sachsen (SchulG) i.d.F.d.Bek. vom 16.07.2004 SächsGVBl. Jg. 2004 Bl.-Nr. 15 S. 298 Fsn-Nr.: 710-1 Fassung gültig ab: 05.06.2010. Verfügbar unter: www.kmk.org/dokumentation-und-statistik (Zugriff am 15.01.2015).

Thüringer Schulgesetz (ThürSchulG) in der Fassung der Bekanntmachung vom 30. April 2003. Verfügbar unter: www.kmk.org/dokumentation-und-statistik (Zugriff am 15.01.2015).

Rahmenlehrpläne und Rahmenrichtlinien für die Ethikfächer

Baden-Württemberg:

Ministerium für Kultus, Jugend und Sport (2004): Bildungsstandards für Ethik Realschule Klasse 10. Verfügbar unter: www.bildung-staerkt-menschen.de (Zugriff am 19.02.2015).

Ministerium für Kultus, Jugend und Sport (2006): Bildungsstandards für Ethik Gymnasium – Klassen 8, 10, Kursstufe. Verfügbar unter: www.bildung-staerkt-menschen.de (Zugriff am 19.02.2015).

Bayern:

Bayerisches Staatsministerium für Unterricht und Kultus (2013): LehrplanPLUS. Grundschule Jahrgangsstufe 1/2 Ethik. Verfügbar unter: www.isb.bayern.de (Zugriff am 07.10.2016).

Bayerisches Staatsministerium für Unterricht und Kultus (2016): LehrplanPLUS. Grundschule Jahrgangsstufe 3/4 Ethik. Verfügbar unter: www.isb.bayern.de (Zugriff am 07.10.2016).

Bayerisches Staatsministerium für Unterricht und Kultus (2007): Lehrplan Realschule Ethik Klassenstufen 7-10. Verfügbar unter: www.isb.bayern.de (Zugriff am 19.02.2015).

Bayerisches Staatsministerium für Unterricht und Kultus (2016): LehrplanPLUS Ethik Klasse 11-12. Verfügbar unter: www.isb.bayern.de (Zugriff am 07.10.2016).

Berlin:

Senat für Bildung, Jugend und Wissenschaft (2012): Rahmenlehrplan für die Sekundarstufe I Jahrgangsstufe 7-10 Integrierte Sekundarschule Gymnasium Ethik. Verfügbar unter: www. bildungsserver.berlin-brandenburg.de (Zugriff am 19.02.2015).

Brandenburg:

Ministerium für Bildung, Jugend und Sport (2004): Rahmenlehrplan Grundschule Lebensgestaltung – Ethik – Religionskunde (Jahrgangsstufen 5-6). Verfügbar unter: www.bildungsserver.berlin-brandenburg.de (Zugriff am 19.02.2015).

Ministerium für Bildung, Jugend und Sport (2008): Rahmenlehrplan für die Sekundarstufe I Jahrgangsstufen 7-10. Lebensgestaltung – Ethik – Religionskunde. Verfügbar unter: www.bildungsserver. berlin-brandenburg.de (Zugriff am 19.02.2015).

Hessen:

Hessisches Kultusministerium (2012): Bildungsstandards und Inhaltsfelder. Das neue Kerncurriculum für Hessen. Primarstufe Ethik. Verfügbar unter: www.la.hessen.de (Zugriff am 07.10.2016).

Hessisches Kultusministerium (2011): Lehrplan Ethik Bildungsgang Realschule Jahrgangsstufen 5-10. Verfügbar unter: www.kultusministerium.hessen.de (Zugriff am 19.02.2015).

Lehrplan Ethik Gymnasialer Bildungsgang Jahrgangsstufen 5G bis 9G und gymnasiale Oberstufe. Verfügbar unter: www.kultusministerium.hessen.de (Zugriff am 19.02.2015).

Niedersachsen:

Niedersächsisches Kultusministerium (2009): Kerncurriculum für die Realschule Schuljahrgänge 5-10 Werte und Normen. Verfügbar unter: www.nibis.de (Zugriff am 10.09.2014).

Niedersächsisches Kultusministerium (2011): Kerncurriculum für das Gymnasium – gymnasiale Oberstufe, die Gesamtschule – gymnasiale Oberstufe – das Berufliche Gymnasium – das Abendgymnasium – das Kolleg. Werte und Normen. Verfügbar unter: www.nibis.de (Zugriff am 19.02.2015).

Nordrhein-Westfalen:

Ministerium für Schule und Weiterbildung (2008): Sekundarstufe I; Kernlehrplan Praktische Philosophie. Verfügbar unter: www.schulentwicklung.nrw.de (Zugriff am 19.02.2015).

Rheinland-Pfalz:

Ministerium für Bildung, Wissenschaft, Weiterbildung und Kultur (2012): Weiterentwicklung der Grundschule. Rahmenplan Grundschule Teilrahmenplan Ethik. Verfügbar unter: www.lehrpläne.bildung-rp.de (Zugriff am 19.02.2015).

Ministerium für Bildung, Wissenschaft, Weiterbildung und Kultur (2012): Lehrplan Ethik Sekundarstufe I (Klassen 5-9/10) Hauptschule Realschule Gymnasium Regionale Schule Gesamtschule. Verfügbar unter: www.lehrpläne.bildung-rp.de (Zugriff am 19.02.2015).

Saarland:

Ministerium für Bildung, Familie, Frauen und Kinder (2008): Achtjähriges Gymnasium/Gymnasiale Oberstufe Saar (GOS) Lehrplan für das Fach Allgemeine Ethik. Verfügbar unter: www.saarland.de/Lehrpläne (Zugriff am 07.10.2016).

Ministerium für Bildung, Familie, Frauen und Kinder (2008): Lehrplan für das Fach Allgemeine Ethik (Klassenstufen 5-12). Verfügbar unter: www.saarland.de/Lehrpläne (Zugriff am 19.02.2015).

Sachsen:

Sächsisches Staatsministerium für Kultus (2004): Lehrplan Grundschule Ethik. Verfügbar unter: www.sachsen.de/lpdb (Zugriff am 07.10.2016).

Sächsisches Staatsministerium für Kultus (2004/2009): Lehrplan Mittelschule Ethik. Verfügbar unter: www.sachsen.de/lpdb (Zugriff am 19.02.2015).

Sächsisches Staatsministerium für Kultus (2004/2009/2011): Lehrplan Gymnasium Ethik. Verfügbar unter: www.sachsen.de/lpdb (Zugriff am 07.10.2016).

Sachsen-Anhalt:

Kultusministerium (2007): Fachlehrplan Grundschule. Ethikunterricht. Verfügbar unter: www.bildung.sachsen-anhalt.de (Zugriff am 07.10.2016).

Kultusministerium (2012): Fachlehrplan Sekundarschule Ethikunterricht. Verfügbar unter: www.bildung.sachsen-anhalt.de (Zugriff am 19.02.2015).

Kultusministerium (2007): Rahmenrichtlinien Gymnasium Ethikunterricht Schuljahrgänge 5-12. Verfügbar unter: www.bildung.sachsen-anhalt.de (Zugriff am 07.10.2016).

Thüringen:

Thüringer Ministerium für Bildung, Wissenschaft und Kultur (2010): Lehrplan für die Grundschule und für die Förderschule mit dem Bildungsgang der Grundschule. Ethik. Verfügbar unter: www.schulportal-thueringen.de/lehrplaene (Zugriff am 07.10.2016).

Thüringer Ministerium für Bildung, Wissenschaft und Kultur (2012): Lehrplan für den Erwerb der Hochschulreife Ethik. Verfügbar unter: www.schulportal-thueringen.de/lehrplaene (Zugriff am 19.02.2015).

Anmerkung zu den verwendeten Rahmenlehrplänen

In einigen Bundesländern gibt es Abweichungen von der vorgenommenen Auswahl der Rahmenlehrpläne in den Klassenstufen 5-10, weil z.B. Ethik in den Klassen 5/6 nicht erteilt wird oder der Ethikunterricht erst ab der 9. Klasse angeboten wird: In *Bayern* wurde der Plan der Realschule ausgewählt. In *Thüringen* wird Ethik in der Sek I nur von Klasse 5-9 erteilt, so wurden für die Klasse 10 die Angaben dem Plan für die Gymnasiale Oberstufe entnommen. Im *Saarland* wird Ethik nur in den Klassen 9-12 erteilt. Für *Baden-Württemberg* fehlen zu den Klassenstufen 5/6 generell Angaben, weil in diesen Jahrgängen kein Ethikunterricht eingerichtet ist.

2 Ethikunterricht zwischen Indoktrination und Werterelativismus

Rolf Roew

Eine Vorstellung von Schule, die Kinder und Jugendliche zu glühenden, vollkommen unkritischen Anhängern einer herrschenden Ideologie heranzieht, stünde in eklatantem Widerspruch zu fundamentalen Werten unserer freiheitlichen Gesellschaft. Zudem sieht sich die Pädagogik mit dem grundsätzlichen Problem konfrontiert, dass eine rationale Letztbegründung von Werten kaum möglich zu sein scheint. Ein völliger Verzicht auf die Vermittlung bestimmter Werte in der Schule führt andererseits jedoch zu einem Werterelativismus, der mit untragbaren Konsequenzen verbunden sein dürfte. Dieses Kapitel geht der Frage nach, wie Ethikunterricht sich im Spannungsfeld von Indoktrination und Werterelativismus bewegen kann und sollte.

2.1 Die Forderung nach einer rein formalen Werteerziehung

Wie bereits im Kapitel 1 dargelegt, geht aus den einschlägigen Gesetzen der meisten deutschen Bundesländer ein klarer Auftrag an die Ethiklehrer hervor, *materiale Werteerziehung* zu betreiben.

Definition

Durch eine *materiale Werteerziehung* sollen die Schüler nicht nur mit den grundlegenden Werten unserer Gesellschaft vertraut gemacht werden, sie sollen vielmehr dazu erzogen werden, auch gemäß dieser Grundsätze zu urteilen und zu handeln.

Damit ist die Frage nach der Legalität materialer Werteerziehung eindeutig zu beantworten. Unberührt davon bleibt aber die Frage offen, inwieweit materiale Werteerziehung legitim ist, also moralisch vertretbar. Denn allein die Tatsache, dass etwas durch Mehrheitsbeschluss zum Gesetz geworden ist, garantiert noch nicht, dass es auch moralisch einwandfrei ist. In der Geschichte hat es eine Vielzahl von Gesetzen gegeben, die für uns aus heutiger Sicht verwerflich sind.

Definition

Das *Argumentum ad Populum*: Eine Aussage sei gut begründet, weil sie von einer Mehrheit vertreten bzw. akzeptiert werde. Dieses Argument gilt als Fehlschluss, denn die Mehrheit kann irren (vgl. z.B. Geiger 1991, 205).

So ist auch die Legitimität materialer Werteerziehung nicht unumstritten, vor allem vor dem Hintergrund der massiven Indoktrination von Kindern und Jugendlichen im Deutschland der NS-Zeit. Geiger formuliert seine Kritik der materialen Werteerziehung wie folgt (Geiger 1991, 332): „Da es eine gemeingültige, objektive Begründung der Moral nicht gibt, hat die öffentliche Schule weder einen Anlaß dazu noch den Anspruch darauf, irgendeine Wertmoral zu lehren oder stillschweigend vorauszusetzen."

Geiger vertritt hier eine These, die im Folgenden genauer zu beleuchten sein wird: Es gebe keine allgemeingültige Begründung der Moral, deshalb dürfe die Schule keine Moral lehren. Aus der Antipädagogik kommt eine weitere These hinzu: Erziehung sei grundsätzlich abzulehnen, weil sie Manipulation und Indoktrination des Kindes bedeute und somit seine Würde und seine Autonomie verletze (vgl. v. Braunmühl 1983, 77f; Vogel 1990, 23). Es sind im Wesentlichen diese zwei Thesen, die zur Begründung der Forderung nach einer rein *formalen Werteerziehung* dienen.

Definition

Eine *formale Werteerziehung* richtet sich nach folgenden Grundsätzen (vgl. z.B. Uhl 1996, 59ff):
- konsequente Neutralität in Wertfragen;
- ausschließlich Förderung der Kompetenz zu rationaler Reflexion und zu rationalem Urteil;
- Ziel: die moralisch autonome Person.

2.1.1 Der Skeptizismus und die Postmoderne

Wer wie Geiger behauptet, es gebe keine allgemeingültige Begründung der Moral, ist in aller Regel ein Vertreter des Skeptizismus. *Metaphysische* Dogmen, wie sie z.B. die Religionen formulieren, werden heute nicht mehr als allgemein verbindliche Richtschnüre unserer gesellschaftlichen Ordnung anerkannt (vgl. Weischedel 1976, 78).

Definition

„Unter *Metaphysik* versteht Nietzsche jede Sicht auf die Wirklichkeit von einem Punkt her, der über dieser liegt, sei dies ein Gott oder aber eine oberste Idee oder ein höchster Wert." (Weischedel 1976, 32f, Hervorhebung durch R.R.)

Seit der Aufklärung gilt die Forderung, dass alle Aussagen sich einer gründlichen Prüfung durch die Vernunft unterziehen lassen müssen. Allerdings hat sich die Hoffnung, dass sich mit Hilfe der Vernunft sichere Grundlagen für unser moralisches Urteil finden lassen, aus der Sicht der Mehrzahl der heutigen Philosophen nicht erfüllt (vgl. Barrow 2007, 79). Bereits David Hume vertrat die Auffassung, dass „der Verstand, wenn er für sich allein und nach seinen allgemeinsten Prinzipien tätig ist, sich gegen sich selbst wendet und jede Gewissheit zerstört, in der Philosophie wie im täglichen Leben" (Hume 1989, 345). Als weitere Wegbereiter einer skeptischen, *postmodernen* Haltung werden z.b. Kant, Nietzsche, Kierkegaard oder Dewey betrachtet (vgl. Burbules 2009, 525f).

Definition

Unter dem Begriff des *Postmodernismus* wird eine Vielzahl theoretischer Positionen zusammengefasst. Sollte es überhaupt möglich sein, gemeinsame Züge einer postmodernen Haltung hervorzuheben, so könnten dies wohl am ehesten grundsätzliche Zweifel an den Möglichkeiten der Vernunft und jeder Art universalistischer Theorie sein. (Vgl. Burbules 2009, 524f; Prechtl/Burkard 1999, 458)

Die Formulierung eines *skeptizistischen* Standpunkts findet sich beispielhaft bei Weischedel (1976, 37):

> „Alle als gesichert erscheinenden Verbindlichkeiten des Denkens, ja Verstand und Vernunft selber, sind äußerst verdächtig geworden. Soll es also überhaupt noch Philosophie und im besonderen Philosophische Ethik geben, dann muß sie dem Skeptizismus als der die Zeit bestimmenden Denkweise Rechnung tragen, muß den Untergang jeglichen sich als gesichert vermeinenden Denkens auf sich nehmen und muß demnach Skeptische Ethik, Ethik aus dem Geiste des Skeptizismus sein. Die Ethik kann demnach, wenn sie denn überhaupt noch möglich sein soll, nicht mehr beanspruchen, absolut und für alle Zeiten gültig zu sein. Sie kann nur noch gegenwärtige Ethik, Ethik unserer Zeit, und das heißt: Ethik im Zeitalter des sich vollendenden Skeptizismus sein."

2.1.2 Das Problem der Letztbegründung

Wie muss man sich nun vorstellen, dass „der Verstand … sich gegen sich selbst wendet"? Eine klare Beschreibung eines solchen Vorgangs findet sich bei Albert (1991). Wenn man Rationalität fordert in der ethischen Diskussion, dann bedeutet das laut Albert nach einem klassischen Verständnis vor allem eines: das *Postulat der zureichenden Begründung*.

Definition

Das *Postulat der zureichenden Begründung*: „Suche stets nach einer zureichenden Begründung aller deiner Überzeugungen." (Albert 1991, 11; vgl. Tetens 2006, 137f)

Dabei mache man sich die Vorstellung zunutze, dass Wahrheit durch logische Folgerung von einem Satz auf einen anderen übertragbar sei (vgl. Albert 1991, 14f). Wenn es also gelingt, eine Aussage A1 logisch auf eine Aussage A2 zurückzuführen, die als unbezweifelbar anzusehen ist, dann könne Aussage A1 als wahr bzw. zureichend begründet betrachtet werden. Wenn man aber für alle Aussagen eine Begründung verlangt, muss man auch für die Aussagen, die jeweils zur Begründung dienen (hier A2), wiederum eine Begründung verlangen (A3). Und A3 verlangt wiederum nach einer Begründung und so weiter ad infinitum. So bleiben laut Albert nur drei denkbare Alternativen für eine Letztbegründung, die alle problematisch erscheinen (*Münchhausen-Trilemma*, vgl. Albert 1991, 15f):

1. ein infiniter Regress;
2. ein logischer Zirkel;
3. ein Abbruch des Verfahrens.

Der logische Zirkel stellt den Spezialfall dar, dass im Laufe des Begründungsverfahrens eine Aussage verwendet wird, die weiter oben schon formuliert wurde, z.B.:

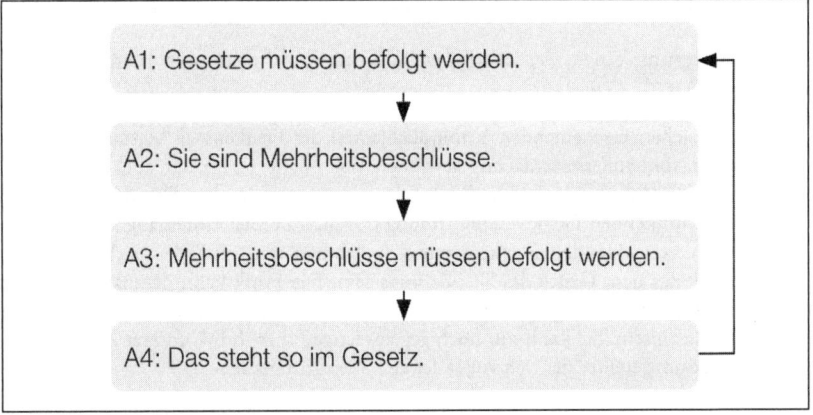

Abb. 1: Der logische Zirkel

Offensichtlich ist so keine zureichende Begründung möglich, da eine Aussage mit sich selbst begründet wird. Der infinite Regress kommt für eine Letztbegründung auch nicht in Frage, weil er nicht zu Ende zu führen ist. So bleibt lediglich die Möglichkeit, das Begründungsverfahren an einem Punkt abzubrechen, wo die letzte Aussage als evident angesehen wird oder eine weitere Begründung nicht möglich zu sein scheint. Diese Aussage wird dann zum Dogma.

Definition

Ein *Dogma* ist eine Aussage, die selbst nicht weiter begründet, aber als gesichert angenommen wird und zur Begründung von anderen Aussagen dient.

Ein Dogma verletzt jedoch das Postulat der zureichenden Begründung, und so scheinen alle drei denkbaren Möglichkeiten der rationalen Begründung untauglich zu sein. Die Folgerung daraus kann dann nur lauten: Eine rationale Letztbegründung ist nicht möglich, da das Postulat der zureichenden Begründung letztlich nicht zu erfüllen ist.

Definition

Laut dem *Münchhausen-Trilemma* gibt es prinzipiell nur drei Begründungsverfahren. Keines davon kann eine zureichende Begründung bzw. Letztbegründung liefern.

Dennoch finden sich auch in der Gegenwartsphilosophie noch Vertreter des Gedankens der Letztbegründung, die Albert kritisieren, z.B. Karl-Otto Apel. Apel versuchte, die Möglichkeit einer Letztbegründung transzendentalphilosophisch aufzuzeigen, indem er die Bedingungen dafür untersuchte, dass Begründung möglich sein kann. Allerdings wird nach Nida-Rümelin „das traditionelle transzendentalistische Programm, bestimmte Propositionen als Bedingungen der Möglichkeit von Erkenntnis und Begründung (Diskurs) überhaupt der Kritik zu entziehen, ... in der allgemeinen Wissenschaftstheorie kaum noch ernstgenommen." (Nida-Rümelin 1996, 41).

2.1.3 Zur Indoktrination von Kindern: eine erste Annäherung

Das Idealbild einer Erziehung in der Tradition der Aufklärung könnte wohl folgendermaßen beschrieben werden: Autonome Schüler prüfen mit Hilfe ihrer Vernunft Wertvorstellungen, mit denen sie in der Schule konfrontiert werden, und entscheiden auf der Grundlage dieser Prüfung, ob sie diese akzeptieren wollen oder nicht. Tatsächlich sind Kinder aber nur bis zu einem gewissen Punkt für rationale Gründe zugänglich, da der Stand ihrer kognitiven Entwicklung – vor allem, wenn sie noch klein sind – dies noch nicht bzw. nur in eingeschränktem Maße zulässt (siehe Kap. 5.1). Ein fünfjähriges Kind wird z.B. nicht immer verstehen, warum es nicht lügen soll oder warum Gewaltfreiheit ein wichtiger Grundsatz ist (vgl. Bailey 2010, 79; Siegel 1991, 32; Peters, 1981, 102). Für Rousseau war die Konsequenz klar:

> „Hier spielt Rousseaus alte These eine entscheidende Rolle, wonach Kinder erst dann mit den ‚Gesetzen der Sittlichkeit' konfrontiert werden sollen, wenn sie sie verstehen und handhaben können. Diese Kritik der schädlichen Verfrühung, die das Kind in Abhängigkeit nicht seiner eigenen Vernunft, sondern eines fremden Willens halten würde (Emile, WW III/208), teilt die Antipädagogik voll und ganz. Was sie von Rousseau unterscheidet, ist,

dass sie mit einem allgemeingültigen Sittengesetz nicht mehr rechnet und also überhaupt keine Notwendigkeit für Moralerziehung mehr sieht." (Oelkers/Lehmann 1990, 11)

Wenn wir nun nicht mit der Erziehung warten wollen (oder können), bis die Kinder bzw. Jugendlichen in der Lage sind, vernünftige Gründe zu verstehen und kritisch zu beurteilen und ggf. eigenständig moralische Normen zu entwickeln und rational zu begründen, müssen wir von den Kindern erwarten, dass sie unsere Moralvorstellungen weitgehend ungeprüft übernehmen. Und damit ist nach einer verbreiteten Vorstellung bereits der Tatbestand der Indoktrination gegeben. So wird der Lehrer für Kohlberg (1978, 84) bereits immer dann indoktrinieren, wenn er Normen vermittelt und Stellung bezieht.

Definition

Indoktrination 1: Jede Vermittlung von Werten und Normen ist als *Indoktrination* anzusehen, wenn die betroffenen Kinder in einem Alter sind, in dem es ihnen noch nicht möglich ist, diese rational zu prüfen und ggf. abzulehnen.

Manche gehen so weit, dass sie in der materialen Werteerziehung von Kindern einen Verstoß gegen Kants Selbstzweckformel des kategorischen Imperativs sehen und damit eine Verletzung der Menschenwürde (vgl. Barrow 2007, 81; Vogel 1990, 23; Luhmann/Schorr 1979, 134, zitiert nach Vogel 1990, 71): „Handle so, dass du die Menschheit sowohl in deiner Person als in der Person eines jeden anderen, jederzeit zugleich als Zweck, niemals bloß als Mittel brauchst." (GMS B 429) Kinder als Objekte der Erziehung würden lediglich als Mittel gebraucht, ohne dass ihr Zweck als Subjekt in irgendeiner Weise berücksichtigt werde. Dazu ist allerdings zu sagen, dass Kant selbst durchaus der Meinung war, dass Erziehung Kindern diene, nämlich um Autonomie überhaupt erst einmal entwickeln zu können und dadurch die Möglichkeit zu erlangen, zu echten Menschen zu werden: „Der Mensch kann nur Mensch werden durch Erziehung." (Kant 1977, 699) Dazu gehöre u.a. die Bildung eines „moralischen Charakters" (vgl. Kant 1977, 740f). Und dafür müsse man ihnen „die Pflichten, die sie zu erfüllen haben, so viel als möglich, durch Beispiele und Anordnungen, beibringen" (Kant 1977, 749). In den Fällen, in denen Kinder vernünftige Gründe nicht einsehen, müsse „physischer Zwang" eingesetzt werden (vgl. Kant 1977, 743).

2.2 Die Diskussion der Vorstellung einer rein formalen Werteerziehung

Damit sind die argumentativen Grundlagen für die Forderung nach einer rein formalen Werteerziehung bzw. nach einem Verzicht auf (materiale) Erziehung im Wesentlichen skizziert: Eine Letztbegründung moralischer Vorstellungen sei nicht möglich, und Erziehung sei als Indoktrination zu bewerten, sie stelle eine unzulässige Verletzung der Autonomie von Kindern dar. Das Argument der Indoktrination wird im Kapitel 2.5 erneut aufgenommen und einer genaueren Prüfung unterzogen.

Die Frage nach der Möglichkeit der Letztbegründung moralischer Forderungen wird sich im Rahmen einer Fachdidaktik des Ethikunterrichts nicht klären lassen. Deshalb wird im Folgenden zunächst von der skeptischen These ausgegangen, dass eine Legitimation materialer Werteerziehung durch eine rationale Letztbegründung bestimmter Werte nicht möglich sei. Im Kapitel 2.8 wird dann beleuchtet, welche Konsequenzen für eine Fachdidaktik des Ethikunterrichts aus der Gegenthese zu ziehen wären, nämlich, dass eine Legitimation durch Letztbegründung möglich sei. Wie müsste nun ein Unterricht aussehen, der (materiale) Erziehung konsequent vermeidet?

2.2.1 Ein erweiterter Erziehungsbegriff

Hier soll es um die Frage gehen, wie weit der Begriff *Erziehung* für unsere Zwecke gefasst werden sollte. Da ein enger Begriff von Erziehung lediglich planvolle Einwirkungen auf Kinder und Jugendliche umfasst, wird in diesem Sinne auch von *intentionaler Erziehung* gesprochen.

Definition

Intentionale Erziehung: „Erziehung ist allgemein das auf bestimmte humane, soziale und berufliche Ziele gerichtete planvolle und gestaltende Handeln von Eltern, Lehrern und Erziehern." (Höffe 1997, 64)

Ein *erweiterter Begriff von Erziehung* umfasst hingegen auch Elemente der nicht geplanten Beeinflussung von Kindern und Jugendlichen.

Definition

Erweiterter Erziehungsbegriff: „Dieser Erziehungsbegriff verzichtet bewusst auf das in gängigen erziehungswissenschaftlichen Theorien zentrale Definitionsmerkmal der Intentionalität. Er umfasst alle Verhaltensweisen, die sich direkt oder indirekt an das Kind richten, unabhängig von der dahinterstehenden Absicht und dem Reflexionsgrad der Handlung. Mit dieser bewussten Öffnung des Erziehungsbegriffs wird die Möglichkeit offen gehalten, Erziehungsprozesse zu erfassen, die un- und vorbewusst geschehen bzw. unreflektiert bleiben, die ohne erzieherische Absichten stattfinden, und so z.B. die Erziehung durch das elterliche Vorbild zu berücksichtigen." Liebenwein (2008, 29f)

Jemandem, der Erziehung ablehnt, weil er die Vermittlung von (materialen) Werten für illegitim hält, sollte auch daran gelegen sein, eine Beeinflussung von Kindern und Jugendlichen auszuschließen, die vor- oder unbewusst stattfindet oder auch implizit, z.B. durch die Gestaltung der Lernumgebung.

> „Genauso wie wir andere Menschen beleidigen, peinlich berühren, erzürnen oder einschüchtern können, ohne dazu die geringste Absicht zu haben, können wir sie indoktrinieren oder auf andere Weise fehlerziehen. Erzieherisches und soziales Planen, das die unbeabsichtigten Folgen unserer Handlungen, Programme, Grundsätze, der Gestaltung unserer Institutionen und so weiter übersieht, muss gewiss als eng, unrealistisch, reaktionär und verarmt betrachtet werden. Es konzentriert sich ausschließlich auf die kaum zu erschließenden Absichten von Lehrern und übersieht die tatsächlichen Folgen unserer Eingriffe in das Leben der jungen Menschen." (Kazepides 1991, 8, eigene Übersetzung)

Für die Diskussion des antipädagogischen Standpunkts dürfte deshalb der erweiterte Erziehungsbegriff zielführender sein, und wenn im Folgenden von Erziehung die Rede ist, wird damit der erweiterte Erziehungsbegriff gemeint sein.

2.2.2 Die Unmöglichkeit nicht zu erziehen

Immer, wenn Kinder Kontakt mit Erwachsenen haben, machen sie Erfahrungen, durch die sie beeinflusst werden. Und das geschieht ganz unabhängig davon, ob dieser Einfluss seitens der Erwachsenen intendiert ist oder nicht (vgl. Oelkers/Lehmann 1990, 69). So erleben Kinder in der Schule, wie die Lehrer mit ihnen und miteinander umgehen, ob sie gerecht beurteilt werden, auf welchem Wege in der Schule Entscheidungen herbeigeführt werden etc. In diesem Zusammenhang wird auch häufig vom „heimlichen Lehrplan" gesprochen (vgl. Colby 2002, 152), denn auf diesem Wege werden Wertvorstellungen transportiert und zwar häufig, ohne dass diese Wertvorstellungen explizit als Lernziele formuliert sind.

> „Der hohe Konsens, der sich unter den Kindern findet, zeigt, dass sie in eine moralisch geordnete Welt hineinwachsen, aus der sie ihr Wissen gewinnen. Sie lesen es ab: an ihren Interaktionserfahrungen ..., an der Alltagspraxis, am moralischen Sprachspiel ... Die alltäglichen Praktiken und unsere geteilte Rede über Moral fundieren die innerweltlichen Mechanismen der Reproduktion moralischen Wissens." (Nunner-Winkler 2001,176)

Dabei werden Wertungen auch durch nonverbale Signale zum Ausdruck gebracht – also durch Stimmführung, Mimik, Gestik, Körperhaltung (vgl. Schulz von Thun 1981, 37) -, was den Beteiligten in vielen Fällen nicht bewusst ist. „In jeder Kommunikation kommen (wertende) Gefühle und Einstellungen ins Spiel." (Speck 1991, 156). Angenommen, es gelänge einem Antipädagogen dennoch, seine Kommunikation so weit unter Kontrolle zu haben, dass seine persönliche Haltung daraus nicht erkennbar ist, wird er sein Ziel, nämlich die Schüler nicht zu beeinflussen, wohl trotzdem nicht erreichen. Untersuchungen zeigen, dass z.B. das Nicht-Reagieren Erwachsener auf aggressives Verhalten von Kindern von diesen als stillschweigende Zustimmung interpretiert wird und als positive Verstärkung wirkt (vgl. Volkmann-Raue 1977, 59f; Baumrind 1971, 95).

Kinder nicht zu erziehen ist offensichtlich keine Option. Wer meint, er beeinflusse Kinder durch seine Anwesenheit bzw. durch sein Verhalten nicht, wird dies unbewusst – und vor allem: unreflektiert – dennoch tun.

2.2.3 Permissivität

Der Versuch, auf Erziehung zu verzichten, müsste konsequente *Permissivität* zur Folge haben.

Definition

Konsequente *Permissivität* bedeutet, dass alle Handlungen der Kinder unkommentiert hingenommen werden.

Welchen Einfluss weitgehende Permissivität auf die Entwicklung von Kindern hat, wurde vor allem im Rahmen der Erziehungsstilforschung untersucht. Da völlige Permissivität in Familien praktisch nicht zu finden war, kann die Erziehungsstilforschung nur Aussagen über einen Erziehungsstil machen, der weit überwiegend durch Permissivität gekennzeichnet ist.

Es stellte sich heraus, dass ein (weitgehend) permissiver Erziehungsstil dazu führt, dass Kinder u.a. vergleichsweise ängstlich, ziellos und wenig autonom sind. Zudem sind sie anfälliger für Süchte und Jungen werden feindseliger und weniger leistungsorientiert (vgl. Damon 1989, 232f; Grusec 1997, 13f; Zumkley 1984, 185f, 197). Dem permissiven Erziehungsstil stellt Baumrind neben dem autoritären den *autoritativen Erziehungsstil* gegenüber. Permissive Eltern gehen laut Baumrind durchaus auf ihre Kinder ein und gewähren ihnen ein hohes Maß an Eigenständigkeit. Sie verlangen von ihnen jedoch kein reifes Verhalten, sind nachsichtig und vermeiden Auseinandersetzungen. Autoritäre Eltern hingegen sind anspruchsvoll, gehen aber kaum auf ihre Kinder ein. Sie orientieren sich an Gehorsam und Status und erwarten, dass ihre Anweisungen ausgeführt werden, auch ohne dass sie sie erklären. Sie sorgen für ein geordnetes Umfeld und klare Regeln und verfolgen die Aktivitäten ihrer Kinder genau (vgl. Baumrind 1991, 750).

Von permissiven Eltern unterscheiden sich autoritative vor allem dadurch, dass sie hohe Anforderungen an die Reife ihrer Kinder stellen und bereit sind, Regeln und Grenzen ggf. auch gegen den Willen ihrer Kinder durchzusetzen. Im Gegensatz zu autoritären Eltern lassen sie sich aber auf rationale Diskussionen mit ihren Kindern ein und setzen ihre Entscheidungen ihren Kindern gegenüber nur dann durch, wenn diese ihrer Meinung nach aufgrund ihres Entwicklungsstands noch nicht in der Lage sind, für den betroffenen Lebensbereich für sich selbst die volle Verantwortung zu übernehmen bzw. die Konsequenzen von Fehlentscheidungen zu dramatisch wären.

Definition

Ein *autoritativer Erziehungsstil* ist gekennzeichnet durch (vgl. Baumrind 1991, 750; Damon 1989, 281; Fuhrer 2009, 234):
- hohe Anforderungen an die Reife der Kinder;
- Durchsetzung von Regeln und Grenzen;
- Freiheit dort, wo sie entwicklungsgemäß ist;
- Bereitschaft zur rationalen Begründung und Auseinandersetzung.

Erziehungsstil-Studien zeigen, dass Kinder, die autoritativ erzogen werden, das größte Maß an sozialer Verantwortungsbereitschaft und Unabhängigkeit aufweisen. So fasst Damon zusammen (1989, 281f):

> „Die Ergebnisse der Erziehungsstil-Forschung weisen darauf hin, daß das autoritative Erziehungsmuster (insbesondere die Kombination von Kontrolle und Kommunikation) beim Kind jene ‚instrumentelle Kompetenz' fördert, die es für eine geglückte Anpassung an die Gesellschaft und für eine erfolgreiche Lebensbewältigung braucht. Instrumentelle Kompetenz umfaßt Selbstvertrauen, Selbständigkeit, soziales Einfühlungsvermögen und ein Gefühl der Vitalität. Autoritäre und permissive Eltern scheinen diese instrumentelle Kompetenz des Kindes gleichermaßen zu unterminieren, erstere durch Beschränkung der kindlichen Eigeninitiative, letztere, indem sie es dem Kind ersparen bzw. verunmöglichen, die Folgen des eigenen Handelns zu spüren."

Fuhrer (2009, 234) betont, dass die Vorzüge eines autoritativen Erziehungsstils in den 35 Jahren nach den ersten Untersuchungen Baumrinds mit einer „bemerkenswerten Konsistenz" bestätigt wurden. Hervorzuheben ist, dass gerade das zentrale Ziel der Antipädagogen, nämlich die Förderung von Autonomie, durch einen autoritativen Erziehungsstil offensichtlich besser zu erreichen ist als durch Permissivität. Dies kommt auch in folgendem Zitat von Brezinka zum Ausdruck (1981; zitiert nach Uhl 1990, 69): „Der Verzicht auf Erziehung bringt nicht das autonome, selbstbestimmte und moralische Individuum hervor, sondern begünstigt unter ungünstigen Umständen die Entstehung gerade derjenigen psychischen Dispositionen, die die Eltern vermeiden wollten."

2.2.4 Der Verzicht auf Erziehung: eine moralische Bewertung

Wenn man Kindern Grenzen setzt, heißt das, Kinder dazu zu bringen etwas zu lassen, was sie gerne tun würden, bzw. etwas zu tun, was sie nicht tun wollen (vgl. Ryan et al. 1985, 22). Und damit setzen Eltern und Lehrer ein deutliches Zeichen, welche Art von Verhalten sie als moralisch gut oder schlecht bzw. als geboten oder verboten ansehen. Sie vermitteln damit eindeutig Werte, was aus der Sicht der Antipädagogik abzulehnen ist. Und auf das Setzen von Grenzen muss komplett verzichtet werden, wenn eine konsequente Neutralität in Wertfragen eingehalten werden soll.

Um zu zeigen, welche Folgen damit verbunden wären, seien hier beispielhaft zwei Funktionen von Grenzen beschrieben: Sie sollen vor Gefahren schützen und Würde bewahren (vgl. Murphy-Witt, 2003, 87ff; Peters 1981, 157, 178). Es liegt in der Verantwortung der Eltern dafür zu sorgen, dass ihr dreijähriges Kind nicht aus dem Garten auf die Straße läuft, ggf. die ungeliebten Medikamente schluckt oder die strenge, aber notwendige Diät einhält. Und es liegt in der Verantwortung der Lehrer dafür zu sorgen, dass Schüler in der Schule nicht geschlagen, bedroht oder beleidigt werden oder sich verletzen, weil sie Sicherheitsbestimmungen nicht einhalten. Ein Lehrer, der nicht dazu bereit ist, durch das Setzen von Grenzen die Unversehrtheit von Schülern zu gewährleisten, weil er dadurch bestimmte Werte transportieren würde, müsste sich mit Recht den Vorwurf gefallen lassen, dass er einer seiner wichtigsten Pflichten nicht nachkommt.

Oelkers und Lehmann (1990, 33) und Peters (1981, 157) weisen zudem darauf hin, dass es für einen Erwachsenen nicht damit getan sein dürfe, einzuschreiten, wenn er einen Vorfall beobachtet. Von ihm könne auch erwartet werden, dass er dafür sorgt, dass Übergriffe auch dann nicht stattfinden, wenn er gerade nicht anwesend ist. Und dafür brauche es Erziehung.

Nun sind auch Erwachsene Menschen mit einem Anspruch auf Unversehrtheit ihres Körpers und Menschenwürde. Bereits kleine Kinder sind durchaus in der Lage, Erwachsenen Schaden zuzufügen. So sollte Erwachsenen auch zugestanden werden, Kindern und Jugendlichen, die diese Ansprüche verletzen, Grenzen zu setzen.

Von skeptischer Seite könnte natürlich eingewendet werden, dass die Werte Gesundheit, Leben und Menschenwürde, wie sie in obigen Ausführungen vorausgesetzt werden, nicht letztbegründet werden können. Damit stoßen wir auf das *Problem der Lebenspraxis*, das im Kapitel 2.3 noch ausführlicher zu behandeln sein wird. Einstweilen bleibt aber festzuhalten, dass ein kompletter Verzicht auf Erziehung – und dies müsste den Verzicht auf das Setzen von Grenzen beinhalten – nach fundamentalen moralischen Grundsätzen unserer Gesellschaft als unmoralisch bewertet werden müsste.

Denn die unbegrenzte Freiheit des Einen führt häufig genug zur Einschränkung der Freiheit eines Anderen:

> „Es ist ein Allgemeinplatz der Politischen Theorie, dass ein Zustand der natürlichen Freiheit eine Illusion ist. Ohne ausgleichende Beschränkungen wie denjenigen von Gesetzen und Sitten lebt der Mensch tatsächlich kein unbeschränktes Leben. Diejenigen, die körperlich oder psychisch schwach sind, werden von denjenigen beschränkt, die stark sind. Dieses sogenannte ‚Paradoxon der Freiheit' ist von großer Bedeutung für die schulische Umgebung ..." (Peters 1981, 118, eigene Übersetzung)

2.2.5 Der Verzicht auf Erziehung: Resümee

Die Beschränkung auf eine rein formale Werteerziehung, die jede Beeinflussung der Kinder zu vermeiden versucht,

- ist gar nicht möglich (vgl. Kap. 2.2.2);
- wirkt sich negativ auf die Entwicklung der Kinder aus (wenn sie versucht wird, vgl. Kap. 2.2.3);
- ist moralisch nicht vertretbar (vgl. Kap. 2.2.4).

Hinzu kommt, dass die Antipädagogik ihren eigenen Anspruch auf Wertneutralität nicht einlösen kann, da sie auf normativen Grundlagen aufbaut (vgl. Oelkers/Lehmann 1990, 80). So ist ihren Vertretern z.B. Autonomie ein hoher Wert, auch ohne dass sie dafür eine Letztbegründung liefern könnten.

2.3 Das Problem der Lebenspraxis

Angenommen, der Skeptiker hat Recht und eine Letztbegründung moralischer Vorstellungen ist nicht möglich. Welche Konsequenzen müssten daraus für unser Leben gezogen werden? Im Extrem müsste das heißen, dass alle unsere Entscheidungen und Handlungen ihrer Legitimationsbasis beraubt wären. Wir müssten in Starre verfallen, und unser Leben wäre beendet (vgl. Hume 1982, 201). So konsequent ist aller Erfahrung nach aber auch der überzeugteste Skeptiker nicht. „Der Skeptiker als konkreter Mensch in einer konkreten Welt muß ständig Stellung beziehen und Entscheidungen fällen ..." (Weischedel 1976, 193). Oder, wie Hume es formuliert:

> „Der große Überwinder des Pyrrhonismus [antiker Skeptizismus] oder der übertriebenen Prinzipien des Skeptizismus sind Handlung, Beschäftigung und die Verrichtungen des täglichen Lebens. Diese Prinzipien mögen in den Schulen blühen und triumphieren, wo es in der Tat schwierig, wenn nicht unmöglich ist, sie zu widerlegen. Sobald sie aber das Dunkel verlassen und durch die Gegenwart der wirklichen Dinge, die unsere Leidenschaft und Gefühle erregen, in Gegensatz zu den mächtigen Prinzipien unserer Natur treten, vergehen sie wie Rauch und lassen den entschiedensten Skeptiker in derselben Lage zurück wie andere Sterbliche." (Hume 1982, 199f)

In unserem Alltag gehen wir ständig mit anderen Menschen um, u.a. mit unseren Kindern bzw. Schülern. Und wir kommen nicht umhin zu entscheiden, wie wir mit ihnen umgehen wollen. Dabei tragen wir nicht nur die Verantwortung für unser Handeln, sondern auch für unser Nicht-Handeln (vgl. Popper 1974, 33), und dies schließt die Frage ein, ob wir unsere Kinder erziehen wollen oder nicht. Es ist nicht möglich sich zurückzuziehen, sich nicht um die Kinder zu kümmern und anzunehmen, man komme damit um eine moralische Entscheidung herum. Denn auch das Nicht-Erziehen hat Auswirkungen auf die Kinder (vgl. Kap. 2.2.3 und 2.2.4).

Für unser Entscheiden und Handeln brauchen wir Kriterien für Moralität als Legitimationsbasis. Und zwar ganz unabhängig davon, ob wir uns für Erziehung oder für den Verzicht auf Erziehung entscheiden. „Die Wissenschaft kann ihm [dem Menschen] zu dem Bewußtsein verhelfen, daß alles Handeln, und natürlich auch ... das Nicht-Handeln, in seinen Konsequenzen eine Parteinahme zugunsten bestimmter Werte bedeutet, und damit ... regelmäßig gegen andere. Die Wahl zu treffen, ist seine Sache." (Weber 1988a, 150)
Wenn uns für diese Wahl keine Letztbegründung zur Verfügung steht, stellt sich die Frage, welche zweitbeste Lösung es geben könnte.

2.4 Rationalität ohne Letztbegründung

In Kapitel 2.1.2 wurde die Vorstellung von Rationalität mit der Bereitschaft verbunden, alle Aussagen zureichend zu begründen. Was bleibt uns dann von der Rationalität, wenn der Anspruch auf Letztbegründung aufgegeben wird? Nida-Rümelin weist darauf hin, dass „die Gleichsetzung von Rationalität und Begründbarkeit" irreführend sei: „Unzureichend begründete Überzeugungen sind nicht notwendigerweise irrationale Überzeugungen." (Nida-Rümelin 1996, 56).
Mit anderen Worten führt die Aufgabe des Postulats der zureichenden Begründung (siehe Kap. 2.1.2) nicht notwendigerweise zu einem Verlust aller Rationalität. Für Rationalität in einem schwächeren Sinn müssen Begründungen nicht *zureichend* sein, sondern *gut*. Rationalität könnte dann heißen: Gründe haben und zeigen, dass diese Gründe gut sind, also einen Anspruch auf Geltung haben. Zu diesem Konzept von Rationalität gehören anerkannte Verfahren und Regeln (vgl. Gosepath 2002, 42), die eingesetzt werden, um die Qualität von Gründen zu beurteilen. Dazu zählen z.B. Verfahren der Mathematik und der Logik, der Empirie, der Hermeneutik oder auch der Systemtheorie.
Ropohl (2002, 116) z.B. führt nach Vollmer Qualitätskriterien für Begründungen an, wenn er den „Idealtyp" kognitiver Rationalität folgendermaßen charakterisiert:

a) die Klarheit und Unmissverständlichkeit des sprachlichen Ausdrucks;
b) die intersubjektive Kommunizierbarkeit und Diskutierbarkeit;
c) die theoretische Überprüfbarkeit (methodische Nachvollziehbarkeit und logische Stimmigkeit);
d) die empirische Überprüfbarkeit (Reproduzierbarkeit und Falsifizierbarkeit, wo immer möglich und angezeigt);
e) die analytische Präzision (z.B. in der Abgrenzung von Systemelementen);
f) die synthetische Kohärenz (Verträglichkeit in Systemzusammenhängen);
g) die systemische Reflexivität (Vermittlung zwischen Analyse und Synthese, zwischen Teilen und Ganzheiten);
h) die kritische Reflexivität (Selbstanwendung der Rationalität).

2.4.1 Rationalität in der Anwendung von „Wertaxiomen" (Weber)

Max Weber vertrat einen Standpunkt, den Nida-Rümelin (1996, 48) als subjektivistisch und dezisionistisch bezeichnet: Die Bekenntnis eines Subjekts zu bestimmten, letzten Wertmaßstäben ist „seine persönlichste Angelegenheit und eine Frage seines Wollens und Gewissens" (Weber, 1988a, 151). Grundlegende Wertvorstellungen seien Glaubenssache (vgl. Weber 1988a, 152) und Menschen entscheiden sich für „höchste und letzte Werturteile" (ebd.), ohne dass es dafür ein rationales bzw. wissenschaftliches Verfahren gebe (vgl. Weber 1988b, 508). Aus der Sicht Alberts (vgl. Kap. 2.1.2) bedeutet dies, dass die Menschen das Begründungsverfahren dort abbrechen, wo sie auf eine Aussage treffen, von der sie fest überzeugt sind, und im Folgenden diese Aussage als Dogma benutzen.

Dennoch sah Weber Sinn und Nutzen in der rationalen Diskussion von praktischen Wertungen, wenn Folgendes herausgearbeitet werde (vgl. Weber 1988b, 510f):

1. Welche letzten „Wertaxiome" (bzw. Dogmen) liegen Urteilen zugrunde?
2. Welche Konsequenzen lassen sich aus bestimmten letzten „Wertaxiomen" deduzieren?
3. Welche praktischen Folgen ergeben sich bei der Umsetzung eines Werturteils aufgrund von Mitteln, die unvermeidlich eingesetzt werden müssten, und unvermeidlicher Nebenwirkungen?
4. Welche andere relevante „Wertaxiome" wären denkbar und welche Konsequenzen und Folgen müssten dann berücksichtigt werden?

Eine formal-logische Beurteilung von Werturteilen sah Weber insofern vor, als er das „Postulat der inneren Widerspruchslosigkeit des Gewollten" erfüllt sehen wollte (vgl. Weber 1988a, 151).

Anschauungsbeispiel

In der Diskussion der Massentierhaltung wird folgendermaßen argumentiert:

A1: Der prophylaktische Einsatz von Antibiotika in der Tiermast ist abzulehnen.

⇩

A2: Er führt zum vermehrten Auftreten resistenter Keime, die teils auf den Menschen übertragen werden.

⇩

A3: An diesen Keimen sterben Menschen.

⇩

A4: Menschen haben ein Recht auf Leben.

Bei der Aussage A4 wird das Begründungsverfahren abgebrochen. Damit bekommt die Aussage A4 den Status eines Dogmas, und das Urteil in A1 kann nicht als letztbegründet angesehen werden. Im Sinne von Weber ist hier aber immerhin das zugrunde liegende „Wertaxiom" herausgearbeitet worden. Und vor allen Dingen sind hier zwei Arten von rationalen Prüfungen möglich und erforderlich: (1) Treffen die Aussagen A2 und A3 zu? (empirische Prüfung), (2) Lässt sich das Urteil in A1 schlüssig aus den Prämissen A2, A3 und A4 ableiten (logische Prüfung).

Damit wäre dann Rationalität in einem anderen, begrenzten Sinne erreicht: „Wenn man sagt, dass ein Argument rational ist, so sagt man damit, dass die Kette des Schließens von Prämissen zu einer Schlussfolgerung valid ist." (Barrow 2007, 87, eigene Übersetzung).

Barrow räumt ein, dass die grundlegenden Prämissen eines Arguments immer noch falsch oder zumindest unbewiesen sein können, so dass der Schluss trotz logisch korrekter Ableitung aus den Prämissen falsch bzw. unbewiesen sein kann (vgl. Barrow 2007, 87). In unserem Beispiel ist A1 also insofern unbewiesen, als die Prämisse A4 unbewiesen ist. Dieses Problem wäre bei einer erfolgreichen Letztbegründung der Aussage A4 gelöst, denn es wäre dafür gesorgt, dass A4 als gesicherte Prämisse für Schlüsse verwendet werden kann.

So unbefriedigend der Aufbau einer (begrenzt) rationalen Argumentation auf unbewiesenen „Wertaxiomen" (bzw. Dogmen im Sinne von Albert) aus philosophischer Sicht zweifellos ist, so macht es für die Lebenspraxis doch einen großen Unterschied, ob der Anspruch von Rationalität völlig aufgegeben wird oder doch zumindest die Forderung aufrechterhalten bleibt, moralische Normen und Ansprüche so weit wie möglich rational zu begründen. Denn erst dadurch eröffnet sich z.b. die Möglichkeit, in einer Gesellschaft, in der weitgehend Einigkeit bezüglich ihrer grundlegenden Werte besteht, nachvollziehbar zu klären, ob bestimmte Praktiken auch diesen Werten entsprechen. Wenn z.b. Menschenwürde als Grundwert anerkannt ist, kann darauf aufbauend überprüft und diskutiert werden, ob bestimmte Praktiken im Umgang mit Asylsuchenden deren Würde verletzen und somit moralisch abzulehnen sind. Ebenso lässt sich mit rationalen Mitteln herausarbeiten, welche Konsequenzen mit hoher Wahrscheinlichkeit damit verbunden sein könnten, wenn bestimmte moralische Vorstellungen zu handlungsleitenden Grundsätzen einer Gesellschaft gemacht werden.

Ein Vorschlag, wie Moral möglicherweise auf einem einzigen moralischen „Wertaxiom" (bzw. Dogma) aufgebaut werden könnte, findet sich z.b. bei Harris (2013). Für Harris sind ethische Fragen „in Wirklichkeit Fragen nach dem Wohlergehen bewusstseinsfähiger Geschöpfe". Als moralisches „Wertaxiom" formuliert heißt das: Eine Handlung ist dann moralisch abzulehnen, wenn sie das Wohlergehen bewusstseinsfähiger Geschöpfe beeinträchtigt. Zu überprüfen wäre für ein moralisches Urteil also jeweils, welchen Einfluss eine Handlung auf das Wohlergehen der betroffenen bewusstseinsfähigen Geschöpfe hat. Und für diese Prüfung lassen sich dann rationale Verfahren, z.B. die Verfahren der empirischen Wissenschaften und die Grundsätze des logischen Schließens anwenden.

2.4.2 Kritischer Rationalismus und moralische Grundvorstellungen

Der *Kritische Rationalismus* sieht allerdings an einem entscheidenden Punkt weitere Möglichkeiten der rationalen Prüfung. Dies betrifft den Status der Aussagen, die als grundlegende moralische Dogmen verwendet werden. Für Albert (vgl. 1991, 90ff) kommt es ganz wesentlich darauf an, „ethische Aussagen und Systeme nicht als *Dogmen*, sondern als *Hypothesen* zu behandeln" (Albert 1991, 90). Dafür müsse es z.B. „zulässig sein, Alternativen in Erwägung zu ziehen." (Albert 1991, 90). Harris' ethischer Ansatz z.b. ist konsequentialistisch orientiert, d.h. Kriterium der Bewertung sind die Folgen einer Handlung. Der Kritische Rationalismus fordert nun, solche Ansätze nicht als Dogmen gegen Kritik zu immunisieren, sondern im Gegenteil zum Gegenstand ständiger Überprüfung zu machen und nur quasi versuchsweise als wahr anzunehmen, solange sie als die am besten begründete Alternative erscheinen („... doch da wir wählen *müssen*, ist es vernünftig, die bestgeprüfte Theorie zu wählen."; Popper 1974, 34; vgl. auch Albert 1991, 59ff). Als Alternative zu Harris kommen z.b. auch deontologische Ansätze in Frage, und es müsste u.a. immer wieder aufs Neue geprüft werden, ob diese (oder andere) nicht vorzuziehen sind, zumindest in bestimmten Zusammenhängen.

Für die rationale Überprüfung von Wertorientierungen sieht Albert (1991, 91ff) vor allem die folgenden drei Wege:

- die Suche nach Widersprüchen;
- die Anwendung der Maxime, dass Sollen auch Können implizieren muss;
- die Anwendung des Kongruenz-Postulats: Impliziert eine normative Behauptung Annahmen, die mit anderen Teilen unseres Weltbildes – z.B. unserem wissenschaftlichen Weltbild – nicht vereinbar sind?

Ein ganz grundlegendes Kriterium für die Bewertung einer Theorie ist im Kritischen Rationalismus jedoch der Grad ihrer Bewährung. „Unter dem Bewährungsgrad einer Theorie verstehe ich einen konzentrierten Bericht, der den Stand der kritischen Diskussion der Theorie (zu einer Zeit t) bezüglich der durch die Theorie gelieferten Problemlösungen bewertet ..." (Popper 1974, 30).

Bei Theorien aus dem Bereich der empirischen Wissenschaft steht die Beobachtung als Prüfinstrument zur Verfügung: Beobachtungen, die nicht im Einklang mit einer bestimmten Theorie stehen, dürften dafür sorgen, dass diese Theorie in der „kritischen Diskussion" schlecht abschneidet oder sogar verworfen wird. Popper lehnt es zwar ab, Beobachtungen „zu einem Ausgangspunkt im Sinne eines Maßstabs der Wahrheit" zu erheben (Popper 1974, 87), aber er sieht auch keinen Grund, „warum wir nicht die Beobachtung zu unserem vorläufigen ‚Ausgangspunkt' machen sollten, der ... nicht als wahr oder gewiss vorgestellt wird." (Ebd.) So scheint die Beobachtung als Prüfinstrument empirischer Theorien aus Poppers Sicht relativ unproblematisch zu sein.

Bei der Prüfung und vor allem Bewertung der „Problemlösungen", die eine Moraltheorie geliefert hat, ist mit der Feststellung von Tatsachen jedoch nur ein Teil der Aufgabe erfüllt. Wenn wir die Folgen einer Entscheidung feststellen wollen, die unter Anwendung einer bestimmten Moraltheorie getroffen wurde, so ist das erst einmal eine empirische Frage: Was ist tatsächlich der Fall gewesen? Damit ist aber noch nicht geklärt, wie die festgestellten Folgen einer Handlung zu bewerten sind. Wenn z.B. eine Spende dazu geführt hat, dass ein Kind medizinisch versorgt werden konnte und nun gesund ist, braucht es ein normatives Bewertungskriterium wie z.B. nach Harris das „Wohlergehen bewusstseinsfähiger Geschöpfe", um die „Problemlösung" durch die angewendete Moraltheorie und damit die Moraltheorie selbst beurteilen zu können. Das heißt also, dass ich den „Bewährungsgrad" einer Moraltheorie nur mit Hilfe von normativen Aussagen prüfen kann, die ihrerseits einer Prüfung bedürfen. Und so scheint sich das Münchhausen-Trilemma wiederum in seiner ganzen Schärfe zu zeigen.

2.4.3 Ein Kohärenzmodell ethischer Theorie und moralischer Praxis

Definition

In der *Kohärenztheorie* wird – ganz allgemein gesprochen – ein Indiz für Wahrheit darin gesehen, dass eine Aussage mit anderen Aussagen übereinstimmt, die als wahr betrachtet werden.

Ein Kohärenzmodell ethischer Theorie und moralischer Praxis wird z.B. von Nida-Rümelin vertreten (vgl. 1996, 60f). Dabei werden moralische Überzeugungen, die konkrete Einzelfälle betreffen, und moralische Theorien miteinander verglichen. Ergeben sich Diskrepanzen, sind entweder die moralischen Überzeugungen oder die Theorien anzupassen. Nida-Rümelin lehnt es wie Albert ab, „ethische Prinzipien als selbstevident der Kritik zu entziehen" – diese hätten dann nach Albert den Status von Dogmen – „oder diese allein mit Mitteln der deduktiven Logik hervorzuzaubern" (Nida-Rümelin 1996, 60).

Das einzige, was uns nach Nida-Rümelin dann noch zur Verfügung stehe, seien unsere „moralischen Intuitionen" (ebd.). Sie seien „das Material, aus dem das Gesamt der moralischen Urteilsfähigkeit entwickelt werden muß" (ebd.). Ganz im Sinne des Kritischen Rationalismus haben diese Intuitionen für ihn allerdings keinen dogmatischen Charakter. Sie sind nicht immun gegen Kritik, sondern offen für Revision. Theoriebildung heißt für Nida-Rümelin in diesem Zusammenhang dann vor allem „Systematisierung moralischer Überzeugungen" (Nida-Rümelin 1996, 61). Und andererseits: „Die ethische Theorie bewährt sich in ihren Anwendungen" (ebd.).

Rationalität zeigt sich hier bei einem Verzicht auf Letztbegründung vor allem in der Systematisierung von einer Vielzahl konkreter Überzeugungen und in dem Anspruch, dadurch Kohärenz zu erreichen; und vielfach zeigt sich Inkohärenz zwischen Teilen unseres „moralischen Überzeugungssytems" (Nida-Rümelin 1996, 60) erst bei dem Versuch, sie zu einer Theorie zusammenzuführen.

2.4.5 Resümee

Angesichts des Problems der Lebenspraxis kommen wir nicht umhin zu entscheiden, nach welchen Grundsätzen wir unsere Kinder erziehen wollen. Wenn Letztbegründung nicht möglich ist, so scheint ein Konzept im Sinne des Kritischen Rationalismus die zweitbeste Lösung zu sein, in dem bestimmte moralische Vorstellungen, die z.Zt. als am besten bewährt erscheinen, vorläufig als moralische Grundsätze verwendet werden. Diese Grundsätze haben sich ständig einer kritischen Prüfung zu unterziehen und bleiben offen für eine Revision. Für die Anwendung und Prüfung dieser Grundsätze werden anerkannte Verfahren verwendet, die ihrerseits Gegenstand kritischer Überprüfung und ggf. der Revision bleiben.

Betont werden muss hier, dass dieses Konzept keine Sicherheit in der Frage liefern kann, welche Moral die richtige ist, und somit auch im strengen Sinn keine Legitimation für die Erziehung nach bestimmten moralischen Vorstellungen. Vielmehr ist mit einer gewissen Bescheidenheit festzustellen, dass wir nicht mehr tun können als dies: nach bestem Wissen und Gewissen unsere Kinder so behandeln, wie es nach unserer möglichst gut begründeten Überzeugung für sie am besten ist. Wir können unseren Kindern – auch in Fragen der Moral – nicht mehr geben, als wir selbst z.Zt. haben. Dabei sollten wir sie aber in die Lage versetzen, sich mithilfe eines kritischen Geistes (vgl. Kap. 2.7) von unseren Vorstellungen lösen zu können, damit sie selbst in der Zukunft ggf. zu angemesseneren Lösungen kommen.

2.5 Ein revidierter Begriff von Indoktrination

In Kapitel 2.1.3 wurde Indoktrination in der Schule in einer ersten Annäherung folgendermaßen definiert: „Jede Vermittlung von Werten und Normen ist als Indoktrination anzusehen, wenn die betroffenen Kinder in einem Alter sind, in dem es ihnen noch nicht möglich ist, diese rational zu prüfen und ggf. abzulehnen." Aufgrund des oben Gesagten muss nun entweder zugestanden werden, dass Indoktrination in der Schule nötig ist, wie Kohlberg das z.B. getan hat:

> „Indem er ein Normen-Vermittler wird und Partei ergreift, geht der Lehrer zur ‚Indoktrination' über, ein Schritt, den ich ursprünglich für philosophisch nicht zu rechtfertigen gehalten habe ... Ich teile diese ablehnende Haltung zu der indoktrinierenden Moralerziehung nicht mehr, und ich glaube, daß die ... Moralerziehung zum Teil ‚indoktrinierend' sein muß. Das stimmt notwendigerweise für eine Welt, in der Kinder stehlen, betrügen und aggressiv sind, und für eine Umgebung, in der man nicht warten kann, bis sie die fünfte Stufe erreicht haben und ihr Handeln selbst leiten können. Es stimmt umso mehr, als die Erziehung zum moralisch guten Handeln – im Unterschied zum Urteilen – immer die Wertschätzung von moralisch guten Inhalten um ihrer selbst willen voraussetzt." (Kohlberg 1978, 84)

Damit müsste dann auch die negative Konnotation des Begriffs aufgegeben werden. Dieses Vorgehen hätte den Nachteil, dass der Begriff der Indoktrination für die Kritik von Erziehungspraktiken verloren ginge. Zweckmäßiger dürfte daher die Alternative sein, nämlich den Begriff von Indoktrination so zu modifizieren, dass er einerseits (materiale) Erziehung in der Schule grundsätzlich zulässt, andererseits aber sinnvoll dafür eingesetzt werden kann, illegitime Praktiken zu identifizieren. Welche Praktiken müssten vor diesem Hintergrund nun als illegitim angesehen werden? Wenn Wertevermittlung in der Schule schon dem Umstand Rechnung tragen muss, dass Kinder je nach Alter und individuellen Unterschieden als mehr oder weniger eingeschränkt rational zu betrachten sind (siehe dazu Kap. 5.1), so sollte doch andererseits erwartet werden, dass Kindern in dem Maße, in denen sie in einem bestimmten Alter aufgrund ihres Entwicklungsstands bereits zur Rationalität fähig sind, auch ein Urteil über Wertvorstellungen zugestanden wird. Darüber hinaus sollte es eine zentrale Aufgabe des Ethikunterrichts sein, die Kompetenzen der Schüler zur rationalen Kritik intensiv zu fördern, damit sie sich möglichst schnell und weitgehend aus einem Zustand der moralischen Heteronomie lösen und dem Ideal moralischer Autonomie annähern können. „Indem wir also zu kritischem Denken ermutigen, lehren wir den Schüler, was nach unserem Dafürhalten richtig ist, aber wir ermutigen den Schüler, unsere Gründe genau zu prüfen und die Richtigkeit unserer Behauptungen unabhängig zu beurteilen." (Siegel 1988, 58, eigene Übersetzung) Dabei ist für Siegel die folgende Fallunterscheidung wesentlich:

> „Zugegebenermaßen entstehen viele von den frühen Überzeugungen des Kindes ohne rationale Rechtfertigungen. Wir müssen aber zwei auf sehr bedeutsame Weise verschiedene Fälle unterscheiden: Denjenigen, in dem der Mangel an rechtfertigenden Gründen permanent ist und denjenigen, in dem er temporär ist." (Ebd., 82, eigene Übersetzung)

Nach diesem Verständnis werden Schüler dann von ihrer Lehrkraft indoktriniert, wenn sie auf eine Art und Weise arbeitet, die es ihnen später deutlich erschweren wird, einen kritischen Abstand zu den Dingen herzustellen, die ihnen als Kinder und Jugendliche vermittelt wurden (vgl. Callan/Arena 2007, 110f ; Peters 1981, 129, 163).

Definition
Indoktrination 2: *Indoktrination* ist die Vermittlung von Werten und Normen bei gleichzeitiger Unterdrückung der Entwicklung eines kritischen Geistes. (Vgl. Siegel 1991, 38; Spieker 1991, 16; Bailey 2010, 142f; Barrow 2007, 80f)

Das Ergebnis einer solchen Art von Indoktrination beschreibt Siegel wie folgt: „Ich bin in einem wichtigen Sinn der Gefangene meiner eigenen Überzeugungen, denn ich kann nicht entscheiden, ob meine Überzeugungen auch sein sollen, was sie sind, und ich bin nicht in der Lage sie aus guten Gründen zu ändern, selbst wenn es gute Gründe für ihre Änderung gibt." (Siegel 1988, 88, eigene Übersetzung)

2.6 Die Erziehung zur Autonomie

Indoktrination stößt vor allem deshalb auf breite Ablehnung, weil darin ein Verstoß gegen den Anspruch des Menschen auf Autonomie gesehen wird. Dabei wird Autonomie ganz allgemein als die Freiheit verstanden, sein Leben selbst zu bestimmen (vgl. Callan/Arena 2009, 118). Dazu gehört vor allem das Recht auf die freie Entwicklung der Persönlichkeit. Dieser Anspruch ist zum einen in der Allgemeinen Erklärung der Menschenrechte verankert: „Die Bildung muß auf die volle Entfaltung der menschlichen Persönlichkeit und auf die Stärkung der Achtung vor den Menschenrechten und Grundfreiheiten gerichtet sein." (Art. 26, Abs. 2)

Zum anderen ist er auch Teil des Grundgesetzes: „Jeder hat das Recht auf die freie Entfaltung seiner Persönlichkeit, soweit er nicht die Rechte anderer verletzt und nicht gegen die verfassungsmäßige Ordnung oder das Sittengesetz verstößt." (Art. 2, Abs. 1) Ryan (2010, 658) bezeichnet Autonomie gar als eines der drei universellen psychologischen Grundbedürfnisse.

Eine Erziehung zur Autonomie scheint aber ein Paradoxon darzustellen (vgl. Peters 1981, 52, 163), denn durch Erziehung wird die Freiheit von Kindern zunächst einmal eingegrenzt, denn dem Kind wird häufig zugemutet, dass es seinen Wünschen und Aversionen zuwider handelt (vgl. Steutel 1991, 63). Kant brachte dieses Problem knapp auf den Punkt: „Wie kultiviere ich die Freiheit, bei dem Zwange?" (Kant 1977, 711)

Dieses Paradoxon löst sich allerdings auf, wenn zwei Begriffe von Autonomie unterschieden werden. Da ist zum einen die *„Spontanautonomie"* der Antipädagogen (vgl. Speck 1991, 105f). Steutel (1991, 63) nennt diese Art von Freiheit auch „animal freedom". Diese „animalische Freiheit" zeichne sich dadurch aus, dass das Kind tun und lassen könne, was es wolle. Es werde durch seine Triebimpulse beherrscht. Und es ist genau diese Art von Freiheit, die durch Disziplin eingeschränkt wird.

Ganz anders stellen sich die Dinge dar, wenn der Begriff der *moralischen Autonomie* herangezogen wird, so wie er von Kant entwickelt wurde. Für Kant ist ein Zustand, in dem der Mensch durch seine Triebimpulse beherrscht wird, nicht als Freiheit zu bezeichnen, sondern als Heteronomie. Um zur Freiheit im Sinne von Autonomie zu kommen, müsse der Mensch sich vielmehr von allen bestimmenden Ursachen seiner Natur frei machen, um dann durch Selbstbindung an das moralische Gesetz Autonomie („Selbstgesetzgebung") zu erlangen. Die Herrschaft der Natur wird durch die Herrschaft der praktischen Vernunft ersetzt.

Um diese Art von Autonomie zu erreichen, muss der Mensch nicht nur seine Vernunft entwickeln (und sich ihrer bedienen), er muss außerdem in der Lage sein, seine Triebimpulse so weit zu beherrschen, dass vernunftgemäße Handlungen auch stattfinden können. Und dazu braucht es eine ausgeprägte Fähigkeit zur Selbstkontrolle. Kant redet in diesem Zusammenhang von der Entwicklung eines moralischen Charakters, der dafür sorgt, dass ausreichend Selbstzwang für die Erfüllung der Pflicht ausgeübt wird. Die Erziehung von Kindern dient aus seiner Sicht vor allem der Entwicklung dieses moralischen Charakters (vgl. Kant 1977, 748ff).

So betonen eine Vielzahl von Autoren, dass Erziehung der Kinder eine unverzichtbare Voraussetzung dafür sei, dass sie überhaupt Autonomie im Kantschen Sinn entwickeln können (vgl. z.B. Oelkers/Lehmann 1990, 112). Für Peters (1981, 157) ist es schwer vorstellbar, wie jemand dazu kommen könne, autonom Regeln zu befolgen, wenn er nicht aus Erfahrung gelernt habe, was es überhaupt bedeutet, Regeln zu befolgen. Speck (1991, 97f) bezeichnet die Anbahnung von Selbstbeherrschung bei Kindern durch die Zumutung von Triebverzichten und Setzung klarer Grenzen gar als „Ich-Unterstützung", als Fördermaßnahme zur Erreichung von Autonomie im Sinne von „Selbststeuerung".

Bei Ryan et al. (1985, 34ff) und Sheldon (1998, 547) finden sich Stufenmodelle für Selbstbestimmung bzw. Autonomie. Zusammengefasst lassen sich im Wesentlichen drei Zustände voneinander unterscheiden. Auf einer ersten Stufe findet Kontrolle komplett von außen statt. Der Grund dafür, in einer bestimmten Weise zu handeln, liegt ausschließlich in den zu erwartenden Sanktionen. Auf der zweiten Stufe werden Normen und Werte verinnerlicht. Das heißt, die Regulierung des Verhaltens findet nicht mehr durch externe, sondern durch interne Kontrolle statt. Handlungsleitend sind nicht mehr Sanktionen von außen, sondern z.B. Gefühle von Scham oder Schuld. Freud würde hier vom Wirken des Über-Ichs reden bzw. von Introjektion. Auf dieser Stufe fühlen sich Menschen häufig noch fremdbestimmt. Autonomie wird schließlich auf der dritten Stufe dadurch erreicht, dass Menschen Werte und Normen nun als ihre eigenen Normen und Werte betrachten, auch wenn ihnen diese ursprünglich durch Erziehung vermittelt wurden. Normen und Werte werden schließlich so in das eigene Normen- bzw. Wertesystem integriert, dass sich wiederum ein kohärentes Ganzes ergibt. Das Gefühl von Selbst-Kongruenz ist es nun, was zu einem Gefühl von Autonomie führt.

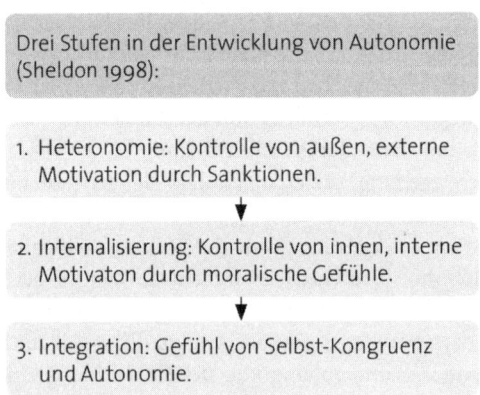

Abb. 2: Die Entwicklung von Autonomie

Hier muss aber ausdrücklich darauf hingewiesen werden, dass das Kriterium für das Erreichen von Autonomie das subjektive Gefühl ist, selbst der Verursacher einer Entscheidung bzw. Handlung zu sein, d.h. in diesen Stufenmodellen geht es um Autonomie auf der *epistemischen* bzw. *phänomenologischen* Ebene. Sheldon (1998, 547) spricht in diesem Zusammenhang auch vom *„perceived* locus of causality" (also dem *wahrgenommenen* Ort der Kausalität) im Gegensatz zu den „wahren" Ursachen. Mit anderen Worten ist es vorstellbar, dass man mit seinem Gefühl von Autonomie auch einer Selbsttäuschung unterliegen und tatsächlich fremdbestimmt sein kann.

Wenn ein Vater z.B. trotz des Wunsches seiner Kinder durchsetzt, dass für die Familie kein Hund angeschafft wird, lassen sich bestimmt viel gute, rationale Gründe für diese Entscheidung finden, die auch alle eine gute Passung zu dem Wertesystem des Vaters aufweisen. Und möglicherweise wird der Vater auch das Gefühl haben, er sei in seiner Entscheidung autonom. Trotzdem ist es möglich, dass ausschlaggebend letztendlich doch eine schlechte Erfahrung war, die der Vater als zweijähriges Kind mit einem Hund hatte, die ihm jetzt aber überhaupt nicht mehr bewusst ist.

So ist es doch recht fraglich, ob der Hinweis, dass gewissermaßen anerzogene Wertvorstellungen später komplett in die eigene Persönlichkeit integriert werden können und zu einem Gefühl von Autonomie führen, dazu geeignet ist, einen Indoktrinationsvorwurf zu entkräften. Man könnte im Gegenteil argumentieren, dass in den Fällen, wo Menschen dies tun, Indoktrination offensichtlich besonders gut gelungen ist. Zu fordern wäre, dass im Laufe des Integrationsprozesses eine kritische, rationale Prüfung der Wertvorstellungen stattfindet, die ursprünglich von Eltern, Lehrern etc. vermittelt wurden. Und einmal integrierte Werte und Normen müssten im Sinne des kritischen Rationalismus immer offen für eine weitere Prüfung und ggf. Revision bleiben.

Voraussetzung für Autonomie im Sinne von Kant ist denn auch die tatsächliche Loslösung von allen kausalen Faktoren der körperlichen Welt, und damit geht es ihm nicht um Autonomie auf der *epistemischen*, sondern auf der *ontologischen* Ebene. Inwieweit diese grundsätzlich überhaupt möglich ist, ist seit langem Gegenstand einer komplexen philosophischen Debatte und kann im Rahmen einer Fachdidaktik des Ethikunterrichts sicher nicht geklärt werden. Autonomie auf der ontologischen Ebene als Ziel der Erziehung bzw. der persönlichen Entwicklung stellt eine außerordentliche Herausforderung für empirische Forschung dar – und damit auch für die Unterrichtsforschung –, was im Folgenden kurz skizziert werden soll.

Um zu zeigen, dass ein Mensch bei einer bestimmten Entscheidung tatsächlich im strengen Sinne autonom war, müsste man restlos alle Einflussgrößen für diese Entscheidung erfassen und zeigen, dass kein zurückliegendes Ereignis in der körperlichen Welt bzw. keine Kombination solcher Ereignisse für die Entscheidung ausschlaggebend war, sondern dass diese ausschließlich auf der Grundlage der reinen praktischen Vernunft erfolgte. Aus praktischer Sicht stößt Forschung hier an sehr harte Grenzen, weil menschliche Entscheidungsprozesse häufig von außerordentlich hoher Komplexität gekennzeichnet sind und mentale Prozesse uns – zumindest nach derzeitigem Stand der Möglichkeiten – nur eingeschränkt und auf indirektem Wege zugänglich sind. Weber (1988a, 177) beschreibt dieses Problem wie folgt:

„… wie ist kausale Erklärung einer individuellen Tatsache überhaupt möglich?, – da schon eine Beschreibung selbst des kleinsten Ausschnittes der Wirklichkeit ja niemals erschöpfend denkbar ist. Die Zahl und Art der Ursachen, die irgend ein individuelles Ereignis bestimmt haben, ist ja stets unendlich, und es gibt keinerlei in den Dingen selbst liegendes Merkmal, einen Teil von ihnen als allein in Betracht kommend auszusondern."

Auch für Kant ist dieser Nachweis aus prinzipiellen Gründen vollkommen ausgeschlossen (vgl. Vogel 1990, 94f, 113f). Die intelligible, von aller Naturkausalität freie Welt ist per Definition empirisch nicht erfassbar und damit auch die geistigen Vorgänge nicht, die dort ablaufen. Wenn wir Handlungen nun einer Untersuchung unterziehen, so werden wir unweigerlich auf empirische Ursachen treffen, die wir laut Kant dann auch als Erklärung für eine bestimmte Handlungsweise heranziehen würden. „Die freie intelligible Kausalität einer Handlung" (Vogel 1990, 114) sei für uns aber grundsätzlich nicht erkennbar.

So lässt sich festhalten, dass Autonomie im Sinne gefühlter Autonomie als Erziehungsziel wohl unbefriedigend sein dürfte, weil sie recht kurz greift, *tatsächliche* Autonomie als Erziehungsziel hingegen kaum greifbar zu sein scheint. Auf dem Wege der Annäherung an das Ideal der moralisch autonomen Person spielen die Entwicklung der Rationalität bzw. eines kritischen Geistes und der Fähigkeit, Triebimpulse zu kontrollieren aber sicherlich eine bedeutende Rolle, und diese Fähigkeiten dürften sich auch ausreichend konkretisieren lassen, so dass sie zum Gegenstand des Unterrichts und der Evaluation des Unterrichtserfolgs werden können.

2.7 Die Entwicklung eines kritischen Geistes

„Mit dem Dressieren aber ist es noch nicht ausgerichtet, sondern es kommt vorzüglich darauf an, daß Kinder denken lernen." (Kant 1977, 707)

Es gibt wohl wenige andere fundamentale Bildungsziele, bei denen in demokratischen, pluralistischen Gesellschaften ein so hohes Maß an Konsens besteht wie bei der Kompetenz zum kritischen Denken (vgl. z.B. Siegel 1988, 54). Bei einer genaueren Analyse dieser Kompetenz stellt sich sehr schnell heraus, dass „Erziehung, die auf die Entwicklung eines kritischen Geistes abzielt, ein komplexes Geschäft ist" (Siegel 1988, 41, eigene Übersetzung). Neben der Beherrschung von Methodenkompetenzen wie z.B. der Überprüfung der logischen Schlüssigkeit von Argumentation (vgl. Kap. 9.6.3) kommt es in vielleicht noch höherem Maße auf die Entwicklung einer kritischen Haltung an (vgl. Siegel 1988, 40f; Kuhn 2013, 745, 761). Nach Siegel gehören zu einer kritischen Haltung bestimmte Dispositionen, Gewohnheiten, Werte, Charakterzüge und Emotionen. Van Haaften (1988, 35) betont, dass Schüler zuallererst lernen müssen, *dass* Gründe anzugeben sind und *dass* die Fragen nach dem Warum und dem Wozu zu beantworten sind. Erst in zweiter Linie lerne das Kind darüber nachzudenken, *welche Art* von Antworten als angemessen angesehen werden kann.

Zu den „intellektuellen Tugenden" werden z.B. Unparteilichkeit im Urteil, die Fähigkeit, Dinge aus unterschiedlichen Perspektiven zu betrachten, intellektuelle Aufrichtigkeit, das Verlangen nach Belegen, Konsistenz, die Bereitschaft Fehler einzugestehen und ggf. seine eigene Meinung zu ändern oder auch die Wachsamkeit möglichen Vorurteilen gegenüber genannt (vgl. Siegel 1988, 39, 43; Spieker 1991, 18; Steutel 1991, 65).

Und Siegel geht den Dingen noch weiter auf den Grund, wenn er die psychologischen Voraussetzungen dafür nennt, dass Menschen auch in der Lage sind, „intellektuelle Tugenden" auszuüben: emotionale Sicherheit, Selbstbewusstsein, ein positives Selbstbild und psychische Gesundheit im traditionellen Sinn (vgl. Siegel 1988, 41). Es ist einleuchtend, dass es bei Defiziten in diesen Bereichen z.B. häufiger verführerisch sein wird, seine eigene Position auch angesichts rational überzeugender Gegenargumente hartnäckig zu verteidigen.

Damit zeigt sich sehr deutlich, dass eine Schulung von Methodenkompetenzen allein zu kurz greifen wird, wenn Schüler nicht nur lernen sollen, wie Rationalität funktioniert, sondern das eigentliche Ziel darin gesehen wird, dass Menschen Rationalität in ihren Entscheidungen und Handlungen auch ein angemessenes Gewicht zukommen lassen. Die Entwicklung eines kritischen Geistes geht mit der Entwicklung wesentlicher Teile der gesamten Persönlichkeit einher.

Dabei spielen die Haltung und das Verhalten der Lehrkraft eine zentrale Rolle: Sie muss den Schülern glaubhaft vermitteln, dass sie kritische Fragen schätzt und das Recht der Schüler, Begründungen zu verlangen, respektiert (vgl. Siegel 1988, 45; Steutel 1991, 66; Van Haaften 1988, 35). Die Gründe, die sie angibt, dürfen nicht vorgeschoben sein und sie sollte nicht versuchen, die Schüler mit argumentativen Taschenspielertricks zu betrügen; das würde nicht nur mangelnden Respekt den Schülern gegenüber zeigen, sondern wäre auch im Hinblick auf die Entwicklung intellektueller Aufrichtigkeit kontraproduktiv (vgl. Siegel 1988, 45, 56).

Über ihre Vorbildfunktion hinaus wird es darauf ankommen, dass die Lehrkraft Maßstäbe setzt und den Schülern Übungsmöglichkeiten schafft, indem sie – in einer Weise, die ihrem Entwicklungsstand angemessen ist (siehe dazu Kap. 5.1) – mit ihnen z.B. die Kohärenz und Schlüssigkeit ihrer Beiträge untersucht oder auch Belege für Schüleräußerungen verlangt. „Es [das Angeben und Fordern von Gründen] ist eine Praxis, in die das Kind Schritt für Schritt initiiert werden muss und in die es von der ersten Stufe seiner moralischen Entwicklung an initiiert werden kann." (Van Haaften, 1988, 35, eigene Übersetzung)

2.8 Nachtrag: Die Annahme, Letztbegründung sei möglich

Zuletzt sollen nun die Konsequenzen für schulische Erziehung betrachtet werden, die aus der Annahme zu ziehen wären, eine Letztbegründung moralischer Vorstellungen sei möglich. Wenn wir dabei zunächst von dem Fall ausgehen, dass es die bereits in unserer Gesellschaft mehrheitlich akzeptierten Grundsätze sind, für die eine Letztbegründung gelingt, so ergeben sich daraus keine gravierenden Auswirkungen auf das oben Gesagte. Eine materiale Erziehung hätte eine noch bessere Legitimationsgrundlage und der kritische Geist der Schüler wäre ebenso zu entwickeln, weil das Ideal der Autonomie Teil der mehrheitlich von unserer Gesellschaft akzeptierten Grundsätze ist.

Nimmt man an, dass moralische Grundsätze letztbegründet werden können, die unserer derzeitigen gesellschaftlichen Praxis zuwider laufen, so wird es interessant sein zu beobachten, inwieweit sich diese Erkenntnis politisch durchsetzt. Aber selbst in diesem Fall dürfte die Forderung laut werden, jene Grundsätze nicht als Dogmen für die Ewigkeit festzuschreiben und forthin unter Ausschaltung des kritischen Geistes Indoktrination zu betreiben, sondern dafür zu sorgen, dass Letztbegründungen jederzeit von kritikfähigen Menschen erneut auf ihre Schlüssigkeit hin überprüft werden können bzw. so weit verstanden, dass eine bewusste, rationale Entscheidung für die betreffenden Grundsätze für die nachfolgenden Generationen möglich bleibt.

Zusammenfassung

In den meisten Bundesländern wird den Ethiklehrern explizit ein Auftrag zur materialen Werterziehung erteilt. Von manchen – insbesondere Antipädagogen – wird allerdings bezweifelt, dass dieser Auftrag legitim ist. Dafür werden im Wesentlichen die folgenden Argumente vertreten:

* Es gebe keine allgemeingültige Begründung der Moral, deshalb dürfe die Schule keine Moral lehren;
* Erziehung sei grundsätzlich abzulehnen, weil sie Manipulation und Indoktrination des Kindes bedeute und somit seine Würde und seine Autonomie verletze.

Es ist vor allem das Münchhausen-Trilemma, das eine Letztbegründung moralischer Forderungen problematisch erscheinen lässt. Verschärft wird die Sachlage dadurch, dass ein großer Teil der Erziehung der Kinder stattfindet, wenn die Kinder noch nicht alt genug sind, um rationale Begründungen ausreichend zu verstehen, geschweige denn kritisch zu beurteilen. Damit ist nach einer verbreiteten Definition bereits der Tatbestand der Indoktrination erfüllt.

Wenn die Option, deshalb ganz auf Erziehung zu verzichten, allerdings einer genauen Untersuchung unterzogen wird, stellt sich folgendes heraus: Ein Verzicht auf Erziehung

* ist gar nicht möglich;
* wirkt sich negativ auf die Entwicklung der Kinder aus (wenn er versucht wird);
* ist moralisch nicht vertretbar.

Unser Lebensalltag fordert von uns ständig, dass wir Entscheidungen treffen und handeln (bzw. nicht handeln), was auch die Frage betrifft, wie wir mit unseren Kindern umgehen wollen. Dem müssen wir uns stellen, auch wenn wir annehmen, dass eine Letztbegründung unserer Entscheidungsgrundlagen nicht möglich ist. Um einem völligen Relativismus zu entgehen, muss uns nun daran gelegen sein auszuloten, welche Art und welches Maß von Rationalität in der Begründung noch möglich sein kann, wenn auf Letztbegründung verzichtet werden muss.

Der Kritische Rationalismus schlägt vor, grundlegende moralische Vorstellungen nicht mit dem Status von Dogmen zu versehen, sondern sie nur vorläufig als gültig anzusehen, und sie dann ständig einer kritischen Prüfung zu unterziehen und ggf. gegen Alternativen auszutauschen, die sich besser bewährt haben. Und es ist genau diese Art von kritischer Haltung, die von vielen Autoren als Lösung des Indoktrinationsproblems aufgenommen wird: Wenn wir schon nicht umhin kommen, Kinder zu erziehen, dann müsse das mit der gleichzeitigen Verpflichtung verbunden sein, die Entwicklung ihres kritischen Geistes in einer Weise zu unterstützen, die es ihnen später ermöglichen wird, die Moralvorstellungen, die sie von uns vermittelt bekommen haben, zu prüfen und ggf. zu verwerfen.

Selbst wenn man also die Voraussetzung der Antipädagogen akzeptiert, dass eine Letztbegründung der Moral nicht möglich ist, so muss bzw. kann das nicht heißen, dass die Schule keine Moral lehren darf. Und nach einem revidierten Begriff von Indoktrination bedeutet Erziehung nur dann Manipulation und Indoktrination des Kindes und eine Verletzung seiner Würde und Autonomie, wenn auf die Förderung der Entwicklung seines kritischen Geistes verzichtet wird bzw. wenn diese sogar gezielt behindert wird.

„Die Erziehung hat also ihren Weg zu suchen zwischen der Scylla des Gewährenlassens und der Charybdis des Versagens. Wenn die Aufgabe nicht überhaupt unlösbar ist, muss ein Optimum für die Erziehung aufzufinden sein, wie sie am meisten leisten und am wenigsten schaden kann." (Freud 1999, 160, zitiert nach Ahrbeck 2004, 77)

Literatur

Albert, H. (1991): Traktat über kritische Vernunft. Tübingen: Mohr Siebeck.

Albert, H. (2011): Kritische Vernunft und rationale Praxis. Tübingen: Mohr Siebeck.

Ahrbeck, B. (2004): Kinder brauchen Erziehung. Stuttgart: Kohlhammer.

Baumrind, D. (1971): Current Patterns of Parental Authority. Developmental Psychology, 4 (1), Part 2.

Baumrind, D. (1991): Parenting Styles and Adolescent Development. In: R. M. Lerner/A. C. Petersen/J. Brooks-Gunn (Hrsg.): Encyclopedia Of Adolescence. Volume II. New York und London: Garland, 746-758.

Barrow, R./Woods, R. (2007): An Introduction to Philosophy of Education. London und New York: Routledge.

Bailey, R. (2010): The Philosophy of Education: An Introduction. London und New York: Continuum.

v. Braunmühl, E. (1983): Antipädagogik. Weinheim und Basel: Beltz.

Brczinka, W. (1988): Competence as an aim of education. In: B. Spieker/R. Straughan (Hrsg.): Philosophical Issues In Moral Education And Development. Milton Keynes und Philadelphia: Open University Press, 75-98.

Burbules, N. C. (2009): Postmodernism And Education. In: H. Siegel (Hrsg.): The Oxford Handbook of Philosophy of Education. New York: Oxford University Press, 524-533.

Callan, E./Arena, D. (2009): Indoctrination. In: H. Siegel (Hrsg.): The Oxford Handbook of Philosophy of Education. New York: Oxford University Press, 104-121.

Colby, A. (2002): Whose Values Anyway? In: W. Damon (Hrsg.): Bringing in a New Era in Character Education. Stanford: Hoover Institution Press, 149-172.

Cuypers, S. (2009): Educating For Authenticity: The Paradox of Moral Education Revisited. In: H. Siegel (Hrsg.): The Oxford Handbook of Philosophy of Education. New York: Oxford University Press, 122-144.

Damon, W. (1989): Die soziale Entwicklung des Kindes. Stuttgart: Klett-Cotta.

Deci, E. L./Ryan, R. M. (1987): The Support of Autonomy and the Control of Behavior. Journal of Personality and Social Psychology 53 (6), 1024-1037.

Dunn, J. (1988): The Beginnings of Social Understanding. Oxford: Basil Blackwell.

Freud, S. (1999): Neue Folge der Vorlesungen zur Einführung in die Psychoanalyse. In: Gesammelte Werke Bd. XV. Frankfurt a.m.: Fischer.

Fuhrer, U. (2009): Lehrbuch Erziehungspsychologie. Bern: Huber.

Galambos, N. L./Barker, E. T./Almeida, D. M. (2003): Parents Do Matter: Trajectories of Change in Externalizing and Internalizing Problems in Early Adolescence. Child Development 74 (2), 578-594.

Geiger, T. (1991): Demokratie ohne Dogma. Berlin: Duncker & Humblot.

Gosepath, S. (2002): Eine einheitliche Konzeption von Rationalität. In: N. C. Karafyllis/J. C. Schmidt (Hrsg.): Zugänge zur Rationalität der Zukunft. Stuttgart und Weimar: J. B. Metzler, 29-52.

Grundgesetz GG. München: Beck. 45. Auflage 2014.

Grusec, J. E. (1997): A History of Research on Parenting Strategies and Children's Internalization of Values. In: J. E. Grusec/L. Kuczynski (Hrsg.): Parenting And Children's Internalization Of Values. New York, Chichester, Weinheim, Brisbane, Singapore, Toronto: John Wiley & Sons, 3-22.

Gudjons, H. (2012): Pädagogisches Grundwissen. Bad Heilbrunn: Julius Klinkhardt.

Harris, S. (2013): Glück ohne Gott. Die Zeit 2/2013.

Henningsen, F. (1973): Kooperation und Wettbewerb. Nördlingen: dtv.

Herman, M. R. et al. (1997): The influence of Family Regulation, Connection, and Psychological Autonomy on Six Measures of Adolescent Functioning. Journal of Adolescent Research 12 (1), 34-67.

Höffe, O. (1997): Lexikon der Ethik. München: C. H. Beck.

Horvath, A. (1991): The Practice of Theory. In: Spieker, B./Straughan, R. (Hrsg.): Freedom and Indoctrination in Education. New York: Cassell, 51-57.

Hume, D. (1982): Eine Untersuchung über den menschlichen Verstand. Stuttgart: Reclam.

Hume, D. (1989): Ein Traktat über die menschliche Natur. Buch I. Hamburg: Meiner.

Kant, I. (1977): Über Pädagogik. In: W. Weischedel: Immanuel Kant, Schriften zur Anthropologie, Geschichtsphilosophie, Politik und Pädagogik 2. Werkausgabe Band XII. Frankfurt a.M.: Suhrkamp, 691-761.

Kant, I. (1980): Grundlegung zur Metaphysik der Sitten. Stuttgart: Reclam.

Kazepides, T. (1991): Religious Indoctrination and Freedom. In: B. Spieker/R. Straughan (Hrsg.): Freedom and Indoctrination in Education. New York: Cassell, 5-15.

Kohlberg, L. (1978): Revisions in the Theory and Practice of Moral Development. In: W. Damon (Hrsg.): Moral Development. San Francisco, Washington, London: Jossey-Bass Inc., 83-87.

Kuhn, D. (2013): Reasoning. In: R. M. Lerner/P. D. Zelazo (Hrsg.): The Oxford Handbook of Developmental Psychology. Vol. 1 Body and Mind. New York: Oxford University Press, 744-764.

Liebenwein, S. (2008): Erziehung und soziale Milieus. Elterliche Erziehungsstile in milieuspezifischer Differenzierung. Wiesbaden: VS.

Moshman, D. (2009): The Development Of Rationality. In: H. Siegel (Hrsg.): The Oxford Handbook of Philosophy of Education. New York: Oxford University Press, 145-161.

Münnix, G. (2011): Zum Ethos der Pluralität. Münster: LIT.

Murphy-Witt, M. (2003): Konsequente Eltern – glückliche Kinder. München: Südwest.

Nida-Rümelin, J. (1996): Theoretische und angewandte Ethik. Paradigmen, Begründungen, Bereiche. In: J. Nida-Rümelin (Hrsg.): Angewandte Ethik. Stuttgart: Alfred Kröner, 2-85.

Nunner-Winkler, G. (2001): Freiwillige Selbstbindung aus Einsicht. Ein moderner Modus moralischer Motivation. In: J. Allmendinger (Hrsg.): Gute Gesellschaft? Opladen: Leske + Budrich, 172-196.

Oddie, G. (2009): Values Education. In: H. Siegel (Hrsg.): The Oxford Handbook of Philosophy of Education. New York: Oxford University Press, 260-277.

Oelkers, J. (1991): Freedom and Learning: Some Thoughts on Liberal and Progressive Education. In: B. Spieker/R. Straughan (Hrsg.): Freedom and Indoctrination in Education. New York: Cassell, 70-83.

Oelkers, J./Lehmann, T. (1990): Antipädagogik. Herausforderung und Kritik. Weinheim und Basel: Beltz.

Oerter, R. (2004): Zu viel Aggression und Delinquenz. Was können wir dagegen tun?. Politische Studien 1/2004, 27-51.

Peters, R. S. (1981): Moral Development and Moral Education. London, Boston, Sydney: George Allen & Unwin.

Popper, K. R. (1974): Objektive Erkenntnis. Hamburg: Hoffmann und Campe.

Prechtl, P./Burkard, F.-P. (1999): Metzler Philosophie Lexikon. Stuttgart und Weimar: J. B. Metzler.

Reich, R. (2009): Educational Authority And The Interests Of Children. In: H. Siegel (Hrsg.): The Oxford Handbook of Philosophy of Education. New York: Oxford University Press, 469-485.

Ropohl, G. (2002): Rationalität und allgemeine Systemtheorie. In: N. C. Karafyllis/J. C. Schmidt (Hrsg.): Zugänge zur Rationalität der Zukunft. Stuttgart und Weimar: J. B. Metzler, 113-138.

Ryan, R. M./Connell, J. P./Deci, E. L. (1985): A Motivational Analysis of Self-determination and Self-regulation in Education. Research on motivation in education 2, 13-51.

Ryan, R. M./Deci, E. L. (2010): Self-Determination Theory and the Role of Basic Psychological Needs in Personality and the Organization of Behavior. In: O. P. John/R. W. Robins/L. A. Pervin: Handbook of Personality. Theory and Research. New York: The Guilford Press, 654-678.

Schulz v. Thun, F. (1981): Miteinander reden: 1. Reinbeck b.H: Rowohlt.

Siegel, H. (1988): Educating Reason. New York und London: Routledge.

Siegel, H. (1991): Indoctrination and Education. In: B. Spieker/R. Straughan (Hrsg.): Freedom and Indoctrination in Education. New York: Cassell, 30-41.

Speck, O. (1991): Chaos und Autonomie in der Erziehung. München und Basel: Ernst Reinhardt.

Spieker, B. (1988): Education and the moral emotions. In: B. Spieker/R. Straughan (Hrsg.): Philosophical Issues In Moral Education And Development. Milton Keynes und Philadelphia: Open University Press, 43-63.

Spieker, B. (1991): Indoctrination: The Suppression of Critical Dispositions. In: B. Spieker/R. Straughan (Hrsg.): Freedom and Indoctrination in Education. New York: Cassell, 16-29.

Steutel, J. (1991): Discipline, Internalization and Freedom: A Conceptual Analysis. In: B. Spieker/R. Straughan (Hrsg.): Freedom and Indoctrination in Education. New York: Cassell, 58-69.

Straughan, R. (1988): Judgment and action in moral education. In: B. Spieker/R. Straughan (Hrsg.): Philosophical Issues In Moral Education And Development. Milton Keynes und Philadelphia: Open University Press, 6-16.

Tetens, H. (2006): Philosophisches Argumentieren. München: Beck.

Uhl, S. (1990): Die Pädagogik der Grünen. München und Basel: Reinhardt.

Uhl, S. (1996): Die Mittel der Moralerziehung und ihre Wirksamkeit. Bad Heilbrunn: Klinkhardt.

Van Haaften, W. (1988): Can moral education be justified in moral education?. In: B. Spieker/R. Straughan (Hrsg.): Philosophical Issues In Moral Education And Development. Milton Keynes und Philadelphia: Open University Press, 17-42.

Vogel, P. (1990): Kausalität und Freiheit in der Pädagogik. Frankfurt a.M., Bern, New York, Paris: Peter Lang.

Volkmann-Raue, S. (1977): Aggressions-Interaktionen bei repressionsfreier Erziehung. Münster: Aschendorff.

Weber, M. (1988a): Die »Objektivität« sozialwissenschaftlicher und sozialpolitischer Erkenntnis. In: M. Weber: Gesammelte Aufsätze zur Wirtschaftslehre. Tübingen: Mohr Siebeck, 146-214.

Weber, M. (1988b): Der Sinn der »Wertfreiheit« der soziologischen und ökonomischen Wissenschaften. In: M. Weber: Gesammelte Aufsätze zur Wirtschaftslehre. Tübingen: Mohr Siebeck, 489-540.

Weischedel, W. (1976): Skeptische Ethik. Frankfurt a.M.: Suhrkamp.

Zumkley-Münkel, C. (1984): Freiheit und Zwang in Erziehung und Unterricht. Göttingen, Toronto, Zürich: Hogrefe.

Zumkley-Münkel, C. (1996): Kinder brauchen Grenzen! Aber was bedeutet das?. Psychologie in Erziehung und Unterricht 43 (4), 302-306.

3 Urteilen und Handeln

Rolf Roew

Fundamental für alle Didaktik und Methodik des Ethikunterrichts ist die Frage, wie Menschen zu Entscheidungen und Handlungen kommen. Dies ist eine empirische Fragestellung, und sie wird insbesondere von der Psychologie untersucht. Ohne ein angemessenes, möglichst genaues Bild von der Struktur menschlicher Entscheidungsprozesse fehlt jegliche Grundlage für eine Einschätzung, wo ein Ethikunterricht, der sittliches Urteilen und Handeln zum Ziel hat (vgl. Kap. 1), mit Aussicht auf Erfolg ansetzen kann bzw. muss.

So wird dieses Kapitel den aktuellen Stand der Motivationspsychologie und der Sozialpsychologie zu Aufbau und Funktionsweise der menschlichen Psyche gründlich beleuchten. Im Mittelpunkt steht dabei eine Debatte, die Philosophie wie Psychologie schon seit langem beschäftigt: Welchen Einfluss haben die Vernunft und die Gefühle jeweils auf menschliches Urteilen und Handeln? (Vgl. Einleitung) Diese recht grobe Einteilung von Einflussgrößen ist heutzutage allerdings einer wesentlich differenzierteren Betrachtung von zwei unterschiedlichen Prozesstypen in der menschlichen Psyche gewichen. In einem Resümee am Ende des Kapitels werden schließlich zusammenfassend einige grundsätzliche Konsequenzen für den Ethikunterricht beschrieben.

3.1 Orientierung an Outcome und Kompetenz

In der Mehrzahl der deutschen Bundesländer ist die Erziehung der Schülerinnen und Schüler zu verantwortungs- und wertbewusstem Urteilen und Handeln (vgl. Kap. 1) das zentrale Ziel des Ethikunterrichts. Damit wird klar, dass der Ethikunterricht nicht bei der Förderung eines rationalen moralischen Urteils stehen bleiben darf. Was ist gewonnen, wenn die Schüler am Ende ihrer Schullaufbahn zwar auf Nachfragen gut begründete Urteile zu moralischen Fragen liefern können, diese aber bei ihrem Handeln dann nicht berücksichtigen? Dem Ethikunterricht ist *Outcome-Orientierung* Verpflichtung, d.h. er hat – wo immer möglich – das verantwortungs- und wertbewusste *Handeln* der Schüler im Auge zu behalten (vgl. Kap. 8.7). Das moralische Urteil ist dabei nicht Selbstzweck, sondern notwendiger Zwischenschritt.

Definition

Outcome-Orientierung in der Schule bedeutet, dass der Erfolg schulischer Bildung daran gemessen wird, inwieweit Menschen im schulischen Kontext erworbene bzw. geförderte Kompetenzen auch außerhalb schulischer Übungssituationen anwenden.

Zu wissen, was die richtige Handlung wäre, heißt noch lange nicht, dies auch zu tun. Das ist nicht nur eine Binsenweisheit, sondern empirisch sehr gut belegt. Dazu Lind (2003, 34): „Zwischen (moralischen) Einstellungen und Werthaltungen einerseits und dem Verhalten in kritischen Situationen andererseits gibt es kaum einen systematischen Zusammenhang (Hartshorne, H. and May, M. A. (1928), Studies in the nature of character. Vol I: Studies in deceit, Book one and two. New York: Macmillan.)"

Die große Bedeutung einer Outcome-Orientierung an Schulen heute wird auch im Kompetenzbegriff der Kultusminister-Konferenz deutlich. Aus der Vielzahl der Kompetenzbegriffe, die sich in der Literatur finden lassen, wählten Klieme et al. (2007, 72) den Begriff von Weinert, der aus dem Bereich der Expertisenforschung stammt und sich laut Klieme et al. (ebd.) „hervorragend auf den schulischen Bereich übertragen" lässt.

Definition

Kompetenzen sind „die bei Individuen verfügbaren oder von ihnen erlernbaren kognitiven Fähigkeiten und Fertigkeiten, bestimmte Probleme zu lösen, sowie die damit verbundenen motivationalen, volitionalen und sozialen Bereitschaften und Fähigkeiten, die Problemlösungen in variablen Situationen erfolgreich und verantwortungsvoll nutzen zu können." (Ebd.)

Dabei verstehen Klieme et al. unter Volition die „willentliche Steuerung von Handlungen und Handlungsabsichten" (ebd.). In diesem Kompetenzbegriff zeigt sich vor allem zweierlei:

1) Es geht um das Lösen von Problemen in unterschiedlichen Situationen.

2) Dazu reichen kognitive Fähigkeiten und Fertigkeiten nicht aus (diese werden klassischerweise mit dem Fällen moralischer Urteile in Verbindung gebracht, dazu später mehr). Für das erfolgreiche Lösen von Problemen braucht es auch Motivation und Volition – ohne die keine Handlung stattfinden wird – sowie soziale Kompetenzen.

3.2 Die Handlung aus der Sicht der Motivationspsychologie

Schon im Kompetenzbegriff von Weinert wird im Groben deutlich, was es für erfolgreiches („verantwortungsvolles" bzw. „verantwortungs- und wertbewusstes") Handeln braucht. Einen genaueren Aufschluss liefert aber ein elaboriertes Handlungsmodell, so wie es in der Motivationspsychologie entwickelt wurde. Ein „Überblicksmodell zu Determinanten und Verlauf motivierten Handelns" findet sich bei Heckhausen/Heckhausen (2010, 3):

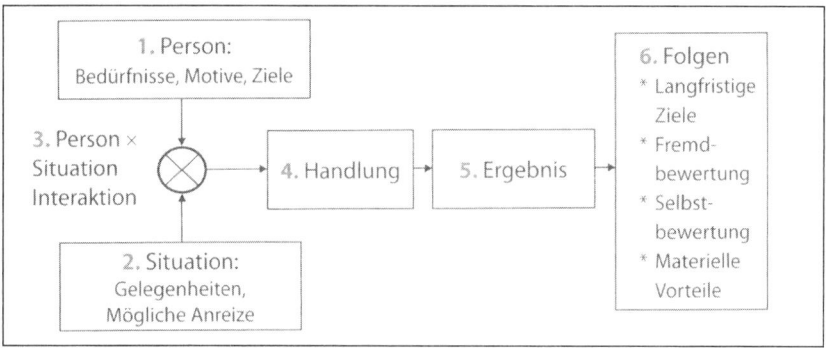

Abb. 3: Motiviertes Handeln

Dabei ergibt sich die Motivation einer Person für eine Handlung aus dem Zusammenwirken von Person und Situation. Als Personfaktoren gelten universelle Bedürfnisse (z.B. Hunger und Durst) sowie implizite und explizite Motive (Zielsetzungen), die eine Person verfolgt (vgl. Heckhausen/Heckhausen 2010, 3).

Definition
„Im Unterschied zu impliziten Motiven sind *explizite Motive* bewusste, sprachlich repräsentierte (oder zumindest repräsentierbare) Selbstbilder, Werte und Ziele, die sich eine Person selbst zuschreibt." (Ebd., 5)

Nach Heckhausen/Heckhausen (ebd.) stimmen implizite und explizite Motive häufig nicht überein. Dazu später mehr (siehe Kap. 3.4.3). Die Situation bietet dann ggf. Gelegenheiten, den Bedürfnissen oder Motiven nachzugehen, bzw. Anreize, die sich aus der Handlungstätigkeit, dem erwarteten Handlungsergebnis oder den erwarteten Folgen des Handlungsergebnisses ergeben (vgl. ebd., 5). Heckhausen/Heckhausen betonen, dass auch die Situationswahrnehmung subjektiv ist, d.h. bereits von personalen Faktoren beeinflusst wird (vgl. ebd., 6). Auch dazu später mehr (siehe Kap. 3.4.1).
Die Schritte 3 (Person/Situation-Interaktion) und 4 (Handlung) des „Überblicksmodells" erfahren im „Rubikon-Modell" der Handlungsphasen (vgl. Heckhausen

und Gollwitzer 1987, 118ff) weitere Spezifizierungen (Abb. aus: Heckhausen/
Heckhausen 2010, 311).

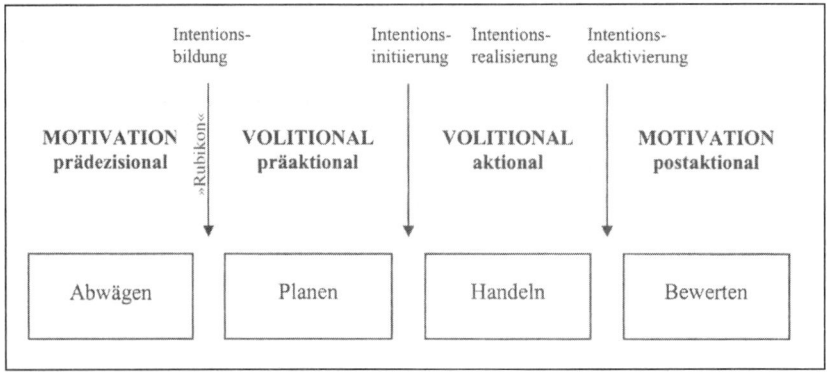

Abb. 4: Rubikon-Modell

In der *Motivationsphase* („prädezisional", also vor der Entscheidung) wägen wir ab
und wählen eine Handlung aus. Dabei ermitteln wir zuerst, welche von den Handlungsalternativen wahrscheinlich realisierbar sein werden. Unter diesen Handlungen wählen wir dann diejenige aus, die für uns mit dem größten Anreiz verbunden
ist. Die Größe des Anreizes hängt davon ab, inwieweit eine Alternative mit unseren
Motiven übereinstimmt (vgl. ebd., 5f). Als starke Motive gelten z.B. Macht, Leistung und soziale Beziehungen. Desweiteren wird berücksichtigt, wie wünschenswert die erwarteten weiteren Konsequenzen einer Handlung sind. Wenn klar ist,
was ich tun will, ist eine *Intention* entstanden und der Rubikon wird überschritten
(es heißt, Cäsar habe den Fluss Rubikon überschritten, nachdem er den Entschluss
gefasst hatte, mit seinen Truppen auf Rom zu marschieren).
Den Weg von der Intention bis zum Abschluss der Handlung bezeichnen Heckhausen und Gollwitzer (1987, 118ff) als *Volitionsphase*: Sie ist dadurch gekennzeichnet,
dass ich Willenskraft aufbringen muss, um meine Intention gegen innere und äußere Widerstände durchzusetzen (vgl. Rheinberg 2008, 177). Bemerkenswert ist hier,
dass es – genauso wie bei den Motiven – offensichtlich widerstrebende Kräfte in der
Person gibt: Meine Willenskraft, die meine Intention durchsetzen will, andererseits
aber auch immer noch innere Widerstände, die dem entgegenwirken. Mit inneren
Widerständen werde ich mich z.B. auseinandersetzen müssen, wenn ich aufgrund
der erwarteten Folgen die Intention gebildet habe, für ein Examen zu lernen, das
Lernen selbst für mich aber mit Unlust verbunden ist. Ob meine Intention sich
durchsetzt, wird mit anderen Worten davon abhängen, ob meine Willenskraft dazu
ausreicht, innere und äußere Widerstände zu überwinden, und ob es in meiner
Macht liegt bzw. ich über die erforderlichen Kompetenzen verfüge, mit den äuße-

ren Widerständen fertig zu werden. Die Wahrnehmung von äußeren Widerständen wird dabei wiederum subjektiv sein, d.h. von personalen Faktoren geprägt.

Das Maß der Willensstärke, das ich aufbringen kann, um eine Intention durchzusetzen, wird dabei u.a. von der Höhe der Ausgangsmotivation abhängen, die ich bei der Bildung einer Intention entwickelt habe (vgl. Rheinberg 2008, 180). Allerdings werden in der Motivationspsychologie auch übergeordnete Prozesse der Handlungskontrolle beschrieben, die quasi durch *Metamotivation* dafür sorgen, dass bestimmte Motivationstendenzen gestärkt werden (z.B. bei höher als erwarteten Realisationsproblemen) oder auch momentan ausgeblendet (vgl. ebd., 180f). Diese Art der Handlungskontrolle kann auch bewusst eingesetzt werden, wofür es diverse Strategien gibt (vgl. ebd., 183; vgl. Kap. 3.4.3).

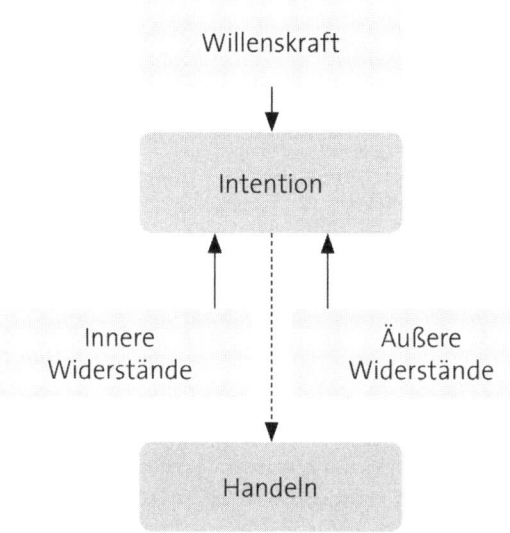

Abb. 5: Widerstände in der Volitionsphase

Zur Volition gehört zum einen eine Phase, in der die Handlung geplant wird und in der dann abgewartet wird, bis die Situation eintritt, für die man die Handlung plant. Dies ist die *präaktionale Volitionsphase*. Tritt die Situation nun ein, wird die Handlung initiiert und die *aktionale Volitionsphase* beginnt. In der *Bewertungsphase* wird schließlich überprüft, ob die Intention realisiert werden konnte, und ggf., welche Gründe es für ein Scheitern gab und ob die Intention trotzdem weiterverfolgt werden soll.

Die folgende Abbildung fasst die oben beschriebenen Abläufe zusammen:

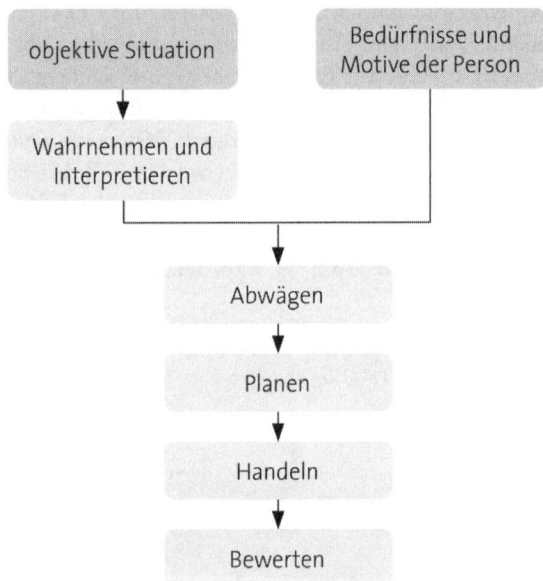

Abb. 6: Handlungsmodell aus der Motivationspsychologie (angelehnt an Heckhausen/Heckhausen)

In der Phase des Abwägens (Motivationsphase) geschieht – wie oben beschrieben – zweierlei: Zum einen wählen wir eine Handlung aus und zum anderen bauen wir dafür eine Ausgangsmotivation auf. Becker (2008), der sein Handlungsmodell erkennbar an Heckhausen/Heckhausen orientiert, teilt diese Phase denn auch in zwei Phasen auf („Zielsetzung" und „Motivation") und kommt so zu folgendem Prozessmodell (vgl. Becker 2008, 125):

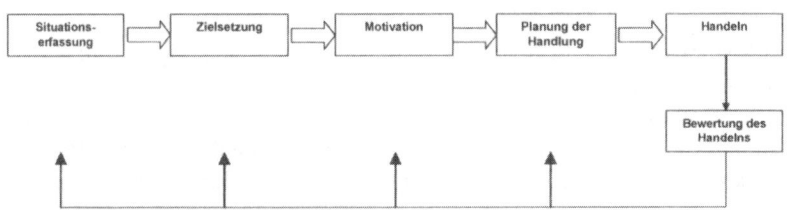

Abb. 7: Handlungsmodell Becker

Dabei werden in der Bewertungsphase alle vorher durchlaufenen Phasen in der Rückschau evaluiert. Damit ist die Kompetenz zum Handeln bereits auf der nächst tieferen Ebene grob in Teilkompetenzen gegliedert: Zur Handlungskompetenz gehören aus der Sicht der Motivationspsychologie (Modifikation durch Becker) die Kompetenzen zur

- Situationserfasssung,
- Zielsetzung,
- Motivation,
- Planung der Handlung,
- zum Handeln,
- zur Bewertung der Handlung.

Festzuhalten ist außerdem, dass zur Planungskompetenz insbesondere die Kompetenz zur Handlungskontrolle gehört (bzw. „emotional-volitionale Kompetenzen"; Becker 2008, 124).

3.3 Das Unbewusste bei Nietzsche und Freud

Ein wesentlicher und häufig geäußerter Kritikpunkt am Rubikon-Modell ist die Feststellung, dass unbewusste Anteile in den Handlungsphasen eine wichtige Rolle spielen, im Rubikon-Modell aber nicht berücksichtigt werden (vgl. z.B. Roth 2011, 167), wobei man einschränkend aber zumindest zugestehen muss, dass Heckhausen/Heckhausen bereits zwischen *impliziten* und *expliziten* Motiven unterscheiden (s.o.). Das Zusammenspiel bewusster und unbewusster bzw. expliziter und impliziter Prozesse bei Entscheidungen und Handlungen ist in der Persönlichkeitspsychologie und der Sozialpsychologie hingegen eingehend untersucht worden.
Die fundamentale Einteilung der psychischen Prozesse in bewusste und unbewusste Vorgänge gilt als bahnbrechende Leistung von Freud, der aber u.a. in Nietzsche einen Vorläufer besaß. Insbesondere in Nietzsches „Morgenröte" finden sich Passagen, die bereits Erkenntnisse der modernen Psychologie vorwegnehmen:

> „... in unserm überlegenden Bewußtsein treten vor einer Tat der Reihe nach die Folgen verschiedener Taten hervor, welche wir alle meinen tun zu können, und wir vergleichen diese Folgen. Wir meinen, zu einer Tat entschieden zu sein, wenn wir festgestellt haben, daß ihre Folgen die überwiegend günstigen sein werden; ... Aber im Augenblick, da wir schließlich handeln, werden wir häufig genug von einer andern Gattung Motiven bestimmt, als es die hier besprochene Gattung, die des »Bildes der Folgen«, ist. Da wirkt die Gewohnheit unseres Kräftespiels, oder ein kleiner Anstoß von einer Person, die wir fürchten oder ehren oder lieben, oder die Bequemlichkeit, welche vorzieht, was vor der Hand liegt zu tun, oder die Erregung der Phantasie, ... es wirkt Körperliches, das ganz unberechenbar auftritt, es wirkt die Laune, es wirkt der Sprung irgendeines Affektes, der

gerade zufällig bereit ist zu springen: kurz, es wirken Motive, die wir zum Teil gar nicht, zum Teil sehr schlecht kennen und die wir nie vorher gegeneinander in Rechnung setzen können. Wahrscheinlich, daß auch unter ihnen ein Kampf stattfindet, ein Hin- und Wegtreiben, ein Aufwiegen und Niederdrücken von Gewichtteilen – und dies wäre der eigentliche »Kampf der Motive«: – etwas für uns völlig Unsichtbares und Unbewusstes.« (Nietzsche 1881/1980, 1099f)

Einen Eindruck davon, wie umstritten Freuds Erkenntnisse zu seiner Zeit waren, aber auch, auf welche Methodik sich seine Aussagen stützten, vermittelt folgendes Zitat:

„Die Frage des Unbewussten in der Psychologie ist nach den kräftigen Worten von Lipps weniger eine psychologische Frage als die Frage der Psychologie. Solange die Psychologie diese Frage durch die Worterklärung erledigte, das »Psychische« sei eben das »Bewußte«, und »unbewußte psychische Vorgänge« ein greifbarer Widersinn, blieb eine psychologische Verwertung der Beobachtungen, welche ein Arzt an abnormen Seelenzuständen gewinnen konnte, ausgeschlossen. Erst dann treffen der Arzt und der Philosoph zusammen, wenn beide anerkennen, unbewußte psychische Vorgänge seien »der zweckmäßige und wohlberechtigte Ausdruck für eine feststehende Tatsache«. Der Arzt kann nicht anders, als die Versicherung, »das Bewußtsein sei der unentbehrliche Charakter des Psychischen«, mit Achselzucken zurückzuweisen, und etwa, wenn sein Respekt vor den Äußerungen der Philosophen noch stark genug ist, annehmen, sie behandelten nicht dasselbe Objekt und trieben nicht die gleiche Wissenschaft. Denn auch nur eine einzige verständnisvolle Beobachtung des Seelenlebens eines Neurotikers, eine einzige Traumanalyse muß ihm die unerschütterliche Überzeugung aufdrängen, daß die kompliziertesten und korrektesten Denkvorgänge, denen man doch den Namen psychischer Vorgänge nicht versagen wird, vorfallen können, ohne das Bewußtsein der Person zu erregen.“ (Freud 1925/2014, 635f)

Freud entwickelte ein *Schichtenmodell* der menschlichen Psyche, das aus dem Bewussten (*Bw*), dem Vorbewussten (*Vbw*) und dem Unbewussten (*Ubw*) besteht (vgl. Freud 1915/1963, 271f; Freud 1923/2013, 9; Freud 1925/2014, 639). Dabei handelt es sich sowohl bei *Vbw* als auch bei *Ubw* um unbewusste Schichten, die sich aber darin unterscheiden, dass die Inhalte von *Vbw* bewusstseinsfähig sind, d.h. bei Bedarf in das Bewusstsein gerufen werden können, *Ubw* dem Bewusstsein aber grundsätzlich nicht zugänglich ist, und die Inhalte von *Ubw* allenfalls indirekt – z.b. durch Traumdeutung und freies Assoziieren, aber auch durch das Betrachten von Reaktionen und Handlungen – erschlossen werden können (vgl. Freud 1915/1963, 272, 286; Freud 1923/2013, 9; Freud 1925/2014, 639). Von entscheidender Bedeutung ist dabei, dass es sich bei dem Unbewussten nicht quasi um eine Abstellkammer für Dinge handelt, die nicht gebraucht werden – auch nicht bei dem bewusstseinsunfähigen Teil (*Ubw*). Vielmehr hat Unbewusstes einen großen Einfluss auf unser tägliches Entscheiden und Handeln (vgl. z.B. Freud 1915/1963, 278, 289; Freud 1923/2013, 13).

In ca. 100 Jahren psychologischer Forschung nach Freud sind diese grundsätzlichen Aussagen so häufig und so deutlich bestätigt worden, dass man es kaum für möglich halten sollte, dass sie bei der wissenschaftlichen Arbeit und insbesondere didaktischen Konzepten ignoriert werden könnten. Trotzdem gibt es nach wie vor, wie Freud es nannte, „Widerstand" gegen diese Vorstellungen, und er erklärt sie ganz im Sinne seiner Lehre mit einer Kränkung:

> „Zwei große Kränkungen ihrer naiven Eigenliebe hat die Menschheit im Laufe der Zeiten von der Wissenschaft erdulden müssen. Die erste, als sie erfuhr, daß unsere Erde nicht der Mittelpunkt des Weltalls ist, sondern ein winziges Teilchen eines in seiner Größe kaum vorstellbaren Weltsystems. Sie knüpft sich für uns an den Namen Kopernikus, obwohl schon die alexandrinische Wissenschaft ähnliches verkündet hatte. Die zweite dann, als die biologische Forschung das angebliche Schöpfungsvorrecht des Menschen zunichte machte, ihn auf die Abstammung im Tierreich und die Unvertilgbarkeit seiner animalischen Natur verwies. Diese Umwertung hat sich in unseren Tagen unter dem Einfluß von Ch. Darwin, Wallace und ihren Vorgängern nicht ohne das heftigste Sträuben der Zeitgenossen vollzogen. Die dritte und empfindlichste Kränkung aber soll die menschliche Größensucht durch die heutige psychologische Forschung erfahren, welche dem Ich nachweisen will, daß es nicht einmal Herr ist im eigenen Hause, sondern auf kärgliche Nachrichten angewiesen bleibt von dem, was unbewußt in seinem Seelenleben vorgeht." (Freud 1916-17/2007, 273)

Heute wird die Beweislage dafür, dass Handlungen von unbewussten Prozessen gesteuert werden können – und häufig auch werden – in der Psychologie als geradezu überwältigend betrachtet (vgl. Baumeister/Bargh 2014, 36).

3.4 Zwei Prozesstypen in der menschlichen Psyche

> „Die Entstehung von Zwei-Prozess-Theorien ist wahrscheinlich eine der bedeutendsten Entwicklungen in der Geschichte der Sozialpsychologie." (Gawronski et al. 2014, 3, eigene Übersetzung)

Stellen Sie sich vor, Sie sind überzeugter Anti-Rassist und müssen sich eines Tages sagen lassen, dass sie Menschen diskriminieren, und zwar aufgrund ihrer Hautfarbe oder ihrer Zugehörigkeit zu einer ethnischen Minderheit. Und das teils mit recht schwer wiegenden Konsequenzen für die Betroffenen. So ist es einigen Ärzten ergangen, die an neueren Studien zu der Frage teilnahmen, wie Angehörige von Minderheiten medizinisch behandelt werden.

Dort wurde bestätigt, was man grundsätzlich schon aus hunderten von früheren Untersuchungen wusste: Vorurteile haben einen großen Einfluss auf Urteil und Verhalten von Menschen, auch ohne dass ihnen dies bewusst ist, gegen ihre bessere Einsicht und manchmal auch trotz bewusster Bemühungen, andere gleich zu behandeln (vgl. Stone/Moskowitz 2011, 769). Für Patienten, die einer Minderheit angehören, heißt das in vielen Fällen, dass sie trotz gleicher Symptome anders diagnostiziert und behandelt werden (vgl. ebd., 770). Wie ist das zu erklären?

Heute gibt es in der Sozialpsychologie zur Beschreibung von Entscheidungsprozessen und Handlungssteuerung in der menschlichen Psyche eine Vielzahl von unterschiedlichen sogenannten Zwei-System-Theorien (für einen Überblick siehe Evans 2008, 257; Stanovich 2014, 81). Dabei werden die beiden Systeme je nach Theorie z.B. als automatisch/kontrolliert, implizit/explizit oder intuitiv/analytisch bezeichnet (vgl. Evans 2008, 257.). Solche Modelle der Psyche werden auch von Neurobiologen gestützt, die im Gehirn ein „X-System" für implizite Prozesse und ein „C-System" für explizite Prozesse identifiziert haben. Während es eine Kontroverse darüber gibt, ob sich in der menschlichen Psyche tatsächlich zwei Systeme scharf voneinander abgrenzen lassen, scheint es aber unter Sozialpsychologen einen weitgehenden Konsens zu geben, dass es im Gehirn unterschiedliche Prozesse gibt, die sich gemäß der oben genannten Unterscheidungen in automatische/kontrollierte bzw. implizite/explizite etc. Typen unterscheiden lassen. Deshalb schlägt Evans (2008, 270) vor, besser nur von Typ-1- und Typ-2-Prozessen zu sprechen (vgl. auch Stanovich 2014, 80).

Beide Prozesstypen dienen der Wahrnehmung, der Interpretation, der Bewertung und dem Lernen, sie verfügen über ihr jeweils eigenes Gedächtnis, ihre eigenen Einstellungen und Motive. Während bewusste Prozesse aber lediglich auf bewusst Wahrgenommenes und Gelerntes zugreifen können, steht unbewussten Prozessen lückenlos die gesamte Lebenserfahrung eines Menschen zur Verfügung. Ein weiterer bedeutsamer Unterschied zwischen den Prozessen betrifft die Verarbeitungsgeschwindigkeit. Bewusste Prozesse arbeiten sequentiell, d.h. ein Denkschritt wird nach dem anderen behandelt (vgl. z.B. Smith/DeCoster 1999, 329). Das braucht vergleichsweise sehr viel Zeit. Ähnlich wie der Lichtkegel einer Taschenlampe (vgl. Kuhl 2005, 22) in einer riesigen dunklen Bibliothek kann das Bewusstsein jeweils nur sehr wenige Informationen erhellen. Den unbewussten Prozessen hingegen stehen neuronale Netzwerke zur Verfügung, in denen parallel tausende Informationen genauso schnell abgearbeitet werden können wie eine einzige im bewussten System (für eine Charakterisierung der zwei-System-Theorien bzw. der Typ-1- und Typ-2-Prozesse vgl. z.B. Epstein 2010, 295-312; Kuhl 2001; Evans 2008, 256ff; Roth/Strüber 2014, 210ff). So sind die Kapazitäten der unbewussten Prozesse erheblich höher: Von den ca. 10 Millionen Signalen pro Sekunde, die allein unsere Augen an unser Gehirn senden, können z.B. maximal 40 bewusst verarbeitet werden (vgl. Wilson 2002, 24).

Der entscheidende Unterschied zwischen den beiden Prozesstypen scheint darin zu bestehen, dass Typ-2-Prozesse Zugriff auf ein in seiner Kapazität stark eingeschränktes zentrales Arbeitsgedächtnis brauchen, während die vielfältigen Formen von Typ-1-Prozessen darauf nicht angewiesen sind (vgl. Evans, 2008, 259, 270; Roth/Strüber 2014, 210f).

3.4.1 Charakterisierung der Typ-1-Prozesse

Psychologen heute schreiben die Existenz des Unbewussten nicht wie Freud im Wesentlichen dem Ergebnis von Verdrängungsprozessen zu, sondern vornehmlich der Tatsache, dass es vielfach wesentlich effizienter arbeitet (vgl. Wilson 2002, 8). Wilson und Evans weisen darauf hin, dass das Unbewusste nicht als einheitliche Instanz mit einem eigenen Willen verstanden werden könne. Es sei eher eine Sammlung von Modulen (bzw. Prozessen), die sich über die Zeit entwickelt haben und außerhalb des Bewusstseins operieren (vgl. Wilson 2002, 7; Evans 2008, 263; Storch 2009, 208; Stanovich 2014, 83).

Implizite Wahrnehmung

Implizite bzw. unbewusste Wahrnehmungsprozesse gelten als empirisch sehr gut belegt (vgl. Kihlstrom 2010, 587). Es ist z.B. möglich, in psychologischen Experimenten Handlungsanweisungen so zu verbergen, dass sie nicht bewusst wahrgenommen werden. Trotzdem werden sie dann von den Versuchspersonen ausgeführt (vgl. Singer 2012, 475).

Ein weitgehend unbewusst operierender Filter sorgt dafür, dass nur ein Teil der wahrgenommenen Informationen überhaupt unser Bewusstsein erreicht (vgl. Wilson 2002, 28). Die Aufmerksamkeit für bestimmte Ausschnitte unserer Umwelt wird allerdings auch bewusst gesteuert, z.B. wenn wir uns in einem Gespräch ganz auf unseren Gesprächspartner konzentrieren. Darüber hinaus klassifiziert der unbewusste Filter eingehende Informationen, trifft eine Auswahl für weitere Verarbeitung und hält die Aspekte der Umwelt im Blick, auf denen z.Zt. nicht unsere bewusste Aufmerksamkeit liegt, damit wir ggf. auf wichtige Ereignisse sofort reagieren können (vgl. ebd.).

Eine große Rolle bei der Verarbeitung eingehender Information spielen auch sogenannte „Erwartungsschemata" (vgl. Kuhl 2001, 113). Sie werden aus Erfahrungen gebildet und bestimmen dann im Weiteren, welche Interpretation von Daten uns am wahrscheinlichsten erscheint (vgl. ebd.). Dabei kann es z.B. um uns selbst, andere Menschen, soziale Rollen oder auch spezifische Ereignisse gehen (vgl. Aronson et al. 2014, 64); ein Musterbeispiel für den Einsatz von Erwartungsschemata ist die Dekodierung nonverbaler Signale (vgl. Lieberman 2000, 111). „Ohne Schemata wäre die Welt für uns unerklärlich und verwirrend" (Aronson et al. 2014, 65). Auch der Einsatz dieser Erwartungsschemata bleibt unserem Bewusstsein verborgen (vgl. ebd., 73).

In einem engen Zusammenhang mit der impliziten Wahrnehmung ist das implizite Lernen zu sehen.

Implizites Lernen

Es gibt eine Vielzahl von Experimenten, die starke Hinweise auf implizites Lernen geben. Wilson (2002, 25) berichtet von einer Patientin, die neue Erfahrungen nicht mehr bewusst erinnern kann, weil ihr Gehirn geschädigt ist. Ein Arzt sticht die Frau bei der Begrüßung mit einer Nadel, die er in seiner Hand verborgen hat. Bei der nächsten Begrüßung kann die Patientin sich an die letzte Begrüßung zwar nicht mehr bewusst erinnern, weigert sich aber dennoch, dem Arzt die Hand zu geben. Dies dürfte ohne die Annahme, dass bei der Patientin eine unbewusste Erinnerung vorliegt, kaum zu erklären sein.

In einem anderen Experiment z.B. werden zehn Lämpchen zehn Tasten zugeordnet. Immer wenn ein Lämpchen aufleuchtet, soll die Versuchsperson möglichst schnell die dazugehörige Taste drücken. Solange die Lämpchen zufällig aufleuchten, reagieren die Versuchspersonen relativ langsam. Sobald aber ein kompliziertes Muster verwendet wird, werden die Versuchspersonen nach einer gewissen Zeit schneller, auch ohne dass sie bewusst erkannt haben, dass ein Muster vorliegt, geschweige denn, wie es aussieht (vgl. Eagleman 2012, 81).

Implizites Lernen ist Lernen aus wiederholter Erfahrung (vgl. z.B. Kihlstrom 2010, 586f; Epstein 2010, 298; Smith/DeCoster 1999, 325; Ryan/Deci 2010, 654). Implizite Prozesse verstehen keinerlei verbalisierte Informationen wie Argumente oder Instruktionen (vgl. Epstein 2010, 302). Dies hat weitreichende Konsequenzen für eine Methodik des Ethikunterrichts, wie unten noch zu zeigen sein wird. So ist es nicht überraschend, dass implizite Lernprozesse mehr Zeit benötigen als explizite (bzw. bewusste) (vgl. z.B. Epstein 2011, 39; Smith/DeCoster 1999, 329; Wilson et al. 2000, 104; Kuhl 2001, 636).

Einen besonderen Fall stellt das Erlernen impliziter Verhaltensskripte (bzw. Schemata) dar, die routinemäßige Handlungen steuern. Laut Kuhl (2001, 341) wurde eine von bewussten Prozessen unabhängige implizite Verhaltenssteuerung „in weiten Bereichen des menschlichen Verhaltens nachgewiesen". Im Gehirn manifestieren sich Verhaltensskripte in Form von neuronalen Netzwerken (vgl. Roth 1997, 232). Die Notwendigkeit von impliziten, vorgefertigten Verhaltensskripten ergibt sich daraus, dass der Mensch im Alltag häufig dazu gezwungen ist, auf Umweltreize schnell und mit komplexen Handlungen zu reagieren und die bewussten Prozesse von der Steuerung von routinemäßigen Handlungen zu entlasten.

Dies wird besonders deutlich bei der Steuerung der menschlichen Motorik. Wenn z.B. ein Basketballspieler den Korbleger neu erlernt, wird er sich zunächst in isolierten Übungssituationen u.a. bewusst auf die richtige Schrittfolge konzentrieren müssen. Nach häufigem Üben wird der gesamte Bewegungsablauf automatisiert. Für einen erfolgreichen Einsatz im Spiel wird er dann in Bruchteilen einer Sekunde erkennen müssen, dass eine Spielsituation vorliegt, die einen erfolgreichen Korbleger erlaubt, und diesen dann augenblicklich durchführen müssen. Eine bewusste Steuerung des Bewegungsablaufs wäre erheblich zu langsam. Außerdem wäre seine Aufmerksamkeit dann so stark an die Ausführung der Bewegung gebunden, dass sie nicht mehr für die Konzentration auf den Korb und die Bewegungen seiner Gegenspieler frei wäre.

Kuhl (2001, 161) verwendet das Beispiel des Autofahrens, bei dem die Absicht, rechts abzubiegen, ohne weiteren Einsatz bewusster Prozesse alle notwendigen Einzelaktionen auslösen kann. Implizite Verhaltensskripte können aber auch ohne bewusste Absicht quasi automatisch ausgelöst werden, sobald eine entsprechende Situation eintritt. „Ein Prototyp für den spontanen Abruf intuitiver Verhaltensprogramme" ist für Kuhl (2001, 280) „die unmittelbare zwischenmenschliche Kommunikation".

Bewusste Prozesse sind in Alltagssituationen zumeist völlig überfordert (vgl. Epstein/Pacini 1999, 463; Epstein 2010, 301; Kuhl 2001, 154; Aronson et al. 2014, 79). Im Umgang mit anderen Menschen z.B. wird von uns erwartet, auf eine große Menge nur unterschwellig wahrgenommener Signale innerhalb weniger Millisekunden angemessen zu reagieren (vgl. Kuhl 2001, 878). Liebermann (2000, 111) berichtet von einem extremen Beispiel intuitiver Informationsverarbeitung, wo Versuchsteilnehmer in der Lage waren, Gesichtsausdrücke innerhalb von 5 Millisekunden zu identifizieren. So wird unser Urteilen und Handeln im Alltag in aller Regel von unseren unbewussten Einstellungen und automatisierten Handlungsschemata geleitet, die in Form neuronaler Netzwerke für routinemäßige Handlungen fertig angelegt sind (vgl. ebd., 280, 333). DeNeys (2006, 428) bezeichnet Typ-1-Prozesse deshalb auch als das „default system", also als das System, das standardmäßig die Handlungssteuerung übernimmt, sofern es nicht übersteuert wird (vgl. auch Smith/DeCoster 1999, 323f; Haidt 2001, 820; Epstein 2010, 308). Aronson et al. (2014, 63) vergleichen diese Art von Handlungssteuerung beim Menschen mit einem Autopiloten, der „seine Umwelt überwacht, Schlussfolgerungen zieht und sein Verhalten steuert." Epstein und Pacini (1999, 478f) weisen darauf hin, dass es unmöglich sei, ohne (unbewusste) Typ-1-Prozesse zu leben.

Verhaltensskripte bzw. neuronale Netzwerke für routinemäßige Handlungen werden durch wiederkehrende Erfahrungen erworben – sind diese Erfahrungen intendiert, redet man von Übung – und im Gedächtnis angelegt (vgl. Roth 1997, 232; Wilson 2002, 212), was im Gegensatz zu bewussten Lernprozessen, die z.B. durch die Präsentation neuer Sachinformation oder überzeugender Argumentation angeregt werden können, in aller Regel längere Zeit in Anspruch nimmt (vgl. Epstein 1999, 472; Smith/DeCoster 1999, 329; Kuhl 2001, 636).

Implizites Gedächtnis

Definition

Angelehnt an Schacter definiert Kihlstrom (2010, 586) das *implizite Gedächtnis* wie folgt: „Wenn man Schacter folgt, können wir das implizite Gedächtnis formal *als den Effekt eines vergangenen Ereignisses auf die fortlaufenden Erfahrungen, Gedanken, und Handlungen einer Person* definieren, *und zwar in der Abwesenheit oder der Unabhängigkeit von bewusster Erinnerung dieses Ereignisses.*" (eigene Übersetzung, Hervorhebungen von Kihlstrom)

Im impliziten Gedächtnis finden sich lückenlos alle Lebenserfahrungen des Menschen (vgl. Kuhl 2005, 6; Roth 2000, 20f; Storch 2009, 208). Singer (2012, 473) ergänzt dies noch durch „angeborenes Vorwissen, das in der Architektur unserer Gehirne niedergelegt ist und unsere Wahrnehmungen, Neigungen und Prioritätensetzungen nachhaltig prägt, und damit natürlich auch unsere Entscheidungen beeinflusst ..." Er merkt an, dass alle Erfahrungen vor dem 3. bis 4. Lebensjahr noch nicht bewusstseinsfähig sein können, weil vor diesem Alter das sogenannte deklarative Gedächtnis noch nicht entwickelt ist (vgl. ebd.). Auch seien bei der Entscheidungsfindung nicht alle im Prinzip bewusstseinsfähigen Gedächtnisinhalte zur bewussten Verarbeitung verfügbar, z.B. aufgrund von selektiver Aufmerksamkeit (vgl. ebd.). Ein weiterer Grund dafür dürfte in der beschränkten Kapazität des (bewussten) zentralen Arbeitsgedächtnisses zu finden sein (vgl. oben).

Mit anderen Worten stehen den (bewussten) Typ-2-Prozessen in Entscheidungssituationen häufig nicht alle relevanten Informationen zur Verfügung. Und schon allein aus diesem Grund sollte es einleuchtend sein, dass optimale Entscheidungen in vielen Fällen nur aus einer Zusammenarbeit von Typ-1- und Typ-2-Prozessen erwachsen können (vgl. Singer 2012, 474). Dazu unten mehr.

Bemerkenswert ist außerdem, dass Lebenserfahrungen im impliziten Gedächtnis immer in Verbindung mit den Emotionen abgespeichert werden, die sie ausgelöst haben (vgl. Epstein/Pacini 1999, 463; Guzak/Hargrove 2011, 98f; Roth 2000, 20ff; Schirp 2009, 250). Diese Emotionen spielen dann eine große Rolle bei der zukünftigen Beurteilung von Handlungsalternativen (siehe unten: Gefühle und der Körper). Darüber hinaus werden die oben beschriebenen Verhaltensskripte bzw. Handlungsroutinen im impliziten Gedächtnis verortet (vgl. Roth 1997, 209f).

Ein Beispiel für den Einfluss des impliziten Gedächtnisses findet sich bei Eagleman (2012, 79f):

> "Wenn Sie das Foto eines Menschen gesehen haben, dann schätzen sie diesen Menschen beim zweiten Mal attraktiver ein, selbst wenn Sie sich nicht bewusst daran erinnern, das Gesicht schon einmal gesehen zu haben. Dieses Phänomen ist als Mere-Exposure-Effekt (Effekt »der bloßen Darbietung«) bekannt und demonstriert einmal mehr, welchen Einfluss ihr implizites Gedächtnis auf ihre Interpretation der Welt, Ihre Vorlieben und Abneigungen und so weiter hat."

Implizite Motive, Ziele und Einstellungen

Definition

„*Implizite Motive* sind Bedürfnisse, die in der Kindheit erworben werden und anschließend einen automatischen und unbewussten Charakter annehmen." (Wilson 2007, 119)

Und Wilson (2007, 106) fügt hinzu: „Sie sind ... teilweise genetisch bestimmt und nicht leicht zu verändern." Brunstein et al. (1998, 505f) vertreten die Auffassung, dass Menschen sich ihrer Motive grundsätzlich nicht bewusst sind. Wilson et al. (2000, 108) führen das darauf zurück, dass implizite Motive aus Erfahrungen der frühen Kindheit stammen, wo Kinder noch nicht über Sprache verfügten, so dass sie auch jetzt nur schwer zu verbalisieren seien. Dennoch sei davon auszugehen, dass implizite Motive Auswirkungen auf das Verhalten von Menschen haben, ohne dass ihnen dies bewusst wird (vgl. Brunstein et al. 1998, 494; McClelland et al. 1989, 698f; Kuhl 2001, 281).

Kuhl (2001, 69) geht davon aus, dass es „drei, stammesgeschichtlich alte Grundmotive" gibt: „sozialer Anschluss und Nähe, Autonomie und Macht sowie Problemlösen und Leistung" (vgl. dazu auch Brunstein et al. 1998, 494). Über implizite Motive hinaus sieht Wilson (2002, 34) auch implizite Ziele vor. Bei anderen Autoren wird der Begriff „Ziel" aber als explizites/bewusstes Gegenstück zu den impliziten Motiven benutzt (vgl. Schultheiss/Brunstein 1999, 3; Brunstein et al. 1998, 505f).

Definition

„Einstellungen sind, einfach ausgedrückt, Bewertungen von Menschen, Gegenständen oder Ideen ... Einstellungen sind bedeutsam, weil sie häufig als Richtschnur für unser Handeln wirken ..." (Aronson et al. 2014, 218) Wilson et al. (2000, 104, eigene Übersetzung) definieren *implizite Einstellungen* als „Bewertungen, die (a) einen unbekannten Ursprung haben (das heißt, Menschen sind sich der Grundlage ihrer Bewertung nicht bewusst)" und „(b) automatisch aktiviert werden".

Die wohl am besten untersuchten Beispiele für implizite Einstellungen sind Vorurteile gegenüber Minderheiten. Menschen sind sich ihrer Vorurteile und Stereotype oft nicht bewusst und realisieren nicht, dass sie andere auf diskriminierende Weise behandeln (vgl. z.B. Wilson 2007, 252ff; Stone/Moskowitz 2011, 768; Monteith 1993, 469; Aronson et al. 2014, 487ff). Stone und Moskowitz (2011, 769) weisen darauf hin, dass Menschen sich implizite Vorurteile und Stereotype aneignen, um Informationen schnell und effizient verarbeiten zu können. Damit sind sie als implizite Schemata einzuordnen, allerdings – was die negative Konnotation des Begriffs Vorurteil bereits impliziert – als Schemata, die nicht der Realität entsprechen und für andere Menschen und häufig auch für die Träger der Vorurteile selbst von Nachteil sein können. Dass Stereotype und Vorurteile das Urteil und Verhalten von Menschen beeinflussen, ohne dass ihnen das bewusst ist und selbst wenn sie Diskriminierung ablehnen, wurde in hunderten von Experimenten nachgewiesen (vgl. Stone/Moskowitz 2011, 769).

Implizites Denken

Definition

Implizites Denken „ist ein Denken, das nicht bewusst, nicht absichtlich, unwillkürlich und mühelos abläuft." (Aronson et al. 2014, 64)

Eine sehr prägnante Charakterisierung impliziter Denkprozesse findet sich bei Singer (2012, 471):

> „Ganz anders arbeiten die unbewussten Entscheidungsmechanismen. Sie können eine sehr große Zahl von Variablen parallel zueinander in Beziehung setzen und kommen auch mit unscharfen, unterbestimmten Variablen zurecht, weil sie sich auf angeborene oder erlernte Heuristiken verlassen und nicht auf logische Folgerungsketten wie die bewussten Prozesse. Sie erfordern deshalb weniger Zeit und finden auch dann noch zu befriedigenden Lösungen, wenn die Variablen unzuverlässig, zahlreich und sehr stark untereinander vernetzt sind. Meist werden diese schnellen, unbewussten Entscheidungen unreflektiert in Handlungen umgesetzt, die uns sicher durch das Leben bringen. Oder sie manifestieren sich als Intuitionen, als gute oder schlechte Gefühle mit ihren vegetativen Begleiterscheinungen, als »gut feeling«."

Definition

„Das Wort *Heuristik* geht auf das griechische Wort für entdecken zurück; im Bereich der sozialen Kognition versteht man unter Heuristiken mentale Abkürzungen, die Menschen nutzen, um schnell und effizient Urteile zu fällen." (Aronson et al. 2014, 75)

Heuristiken können z.b. einfache Entscheidungsregeln sein wie „Experten haben immer Recht", „die Mehrheit hat Recht" oder „Statistiken lügen nicht" (vgl. Smith/ DeCoster 1999, 323). Heuristiken kategorisieren aber auch Situationen und ordnen sie erlernten Schemata zu. Wenn eine klare Übereinstimmung zwischen der aktuellen Situation und einem abgespeicherten Schema gefunden wird, kann die typischste Handlungsweise ausgeführt werden. (Vgl. Klein 2011, 73f).

Auf diese Weise kommen Typ-1-Prozesse bzw. implizite Prozesse sehr viel schneller zu Lösungen als Typ-2-Prozesse, zumal sie nicht auf die sequentielle Verarbeitung im – sehr begrenzten – zentralen Arbeitsgedächtnis angewiesen sind, sondern ihnen ausgedehnte neuronale Netzwerke mit der Fähigkeit zur parallelen Verarbeitung zur Verfügung stehen (siehe oben). Da Alltagsentscheidungen häufig schnell getroffen werden müssen, werden Handlungen im Alltag häufig von impliziten Denkprozessen geleitet. (Vgl. Epstein/Pacini 1999, 462f; Epstein 2011, 38; Evans 2008, 267; Singer 2012, 471; Wilson 2002, 31).

Mithilfe von Typ-1-Prozessen kann der Mensch aber auch Probleme lösen, die aufgrund ihrer hohen Komplexität für Typ-2-Prozesse nicht zu bewältigen sind. Immer dann, wenn eine sehr große Menge relevanter Informationen gleichzeitig zu berücksichtigen ist, stößt das bewusste, logisch-sequentielle Denken, durch das sich

Typ-2-Prozesse auszeichnen, an seine Grenzen (vgl. Kuhl 2001, 154, 351; Strick/Dijksterhuis 2011, 29; Damasio 1997, 236).

> „Von bewusstem Denken wird angenommen, dass es aufgrund seiner Genauigkeit bei einfachen Zusammenhängen zu guten Entscheidungen führt. Wegen seiner geringen Kapazitäten führt bewusstes Denken jedoch zu zunehmend schlechteren Entscheidungen bei komplexeren Problemstellungen. Vom unbewussten Denken wird aufgrund seiner geringeren Genauigkeit erwartet, dass es zu Entscheidungen von minderer Qualität führt. Die Qualität der Entscheidungen verschlechtert sich aber nicht bei zunehmender Komplexität, was dem unbewussten Denken unter komplexen Umständen erlaubt, zu besseren Entscheidungen zu kommen als das bewusste Denken ..." (Strick/Dijksterhuis 2011, 32, eigene Übersetzung)

Diese Thesen Stricks und Dijksterhuis' wurden durch mehrere empirische Studien gestützt (vgl. ebd.). So schlagen Strick und Dijksterhuis (2011, 28f) für die Lösung eines komplexen Problems folgendes Verfahren vor:

1. Man mache sich mit allen relevanten Informationen zu dem Problem vertraut.
2. Für eine gewisse Zeit lenke man sich vom Problem ab und beschäftige sich bewusst mit anderen Dingen, um dem impliziten Denken die Gelegenheit zur Informationsverarbeitung zu geben.
3. Schließlich entscheide man „aus dem Bauch heraus".

Damasio (1997, 267) veranschaulicht die hohe Komplexität von vielen Alltagsentscheidungen mit einem Hinweis auf die vielfältigen Informationen, die dafür zu verarbeiten bzw. zu erarbeiten sind: „ ... über die Situationen, mit denen wir es möglicherweise zu tun bekommen, über die Mitwirkenden in diesen Situationen, über die Handlungen, die von ihnen zu erwarten sind, und über die verschiedenen Ergebnisse, die ihre vielfältigen Handlungen hervorrufen können." Laut Evans (2008, 267f) zeichnen sich gerade Experten-Urteile im Gegensatz zu Laien-Urteilen häufig dadurch aus, dass sie das Ergebnis impliziter Denkprozesse sind. Häufig werden die Ergebnisse impliziter Denkprozesse direkt ausgeführt, ohne dass sie sich in irgendeiner Form bewusst bemerkbar machen würden (vgl. Evans 2008, 263; Singer 2012, 471). In anderen Fällen werden sie für uns aber spürbar als „Bauchgefühle", als „diffuse Ahnung" (Roth/Strüber 2014, 229; vgl. Wilson 2002, 36; Kihlstrom 2010, 589; Strick/Dijksterhuis 2011, 28f). Diese Art von „Bauchgefühl" wird häufig auch als Intuition bezeichnet.

Definition

„ ... *Intuition* ist die subjektive Erfahrung eines zum größten Teil unbewussten Prozesses, der schnell, alogisch, und dem Bewusstsein unzugänglich ist." (Lieberman 2000, 111, eigene Übersetzung, Hervorhebung durch R.R.)

Die Rolle der Intuition in unserem Alltag wird von Zanjonc (1980, 155) folgendermaßen beschrieben:

> „Wir kaufen die Autos, die wir ‚mögen', wählen die Arbeitsstellen und die Häuser aus, die wir ‚attraktiv' finden, und rechtfertigen diese Wahl mit verschiedenen Gründen, die anderen überzeugend erscheinen mögen, die jedes Mal fragen: ‚Warum dieses Auto?' oder ‚Warum dieses Haus?' Wir müssen uns selbst nicht überzeugen. Wir wissen, was wir mögen.“ (Eigene Übersetzung)

Und Freud schätzt den Stellenwert der Intuition wie folgt ein:

> „Wir neigen wahrscheinlich in viel zu hohem Maße zur Überschätzung des bewußten Charakters auch der intellektuellen und künstlerischen Produktion. Aus den Mitteilungen einiger höchstproduktiver Menschen wie Goethe und Helmholtz, erfahren wir doch eher, daß das Wesentliche und Neue ihrer Schöpfungen ihnen einfallsartig gegeben wurde und fast fertig zu ihrer Wahrnehmung kam.“ (Freud 1925/2014, 637f)

Da implizite Denkprozesse ungenau sind und nur mit einer gewissen Wahrscheinlichkeit korrekte Vorhersagen machen können (vgl. Kuhl 2001, 693f; Strick/Dijksterhuis 2011, 32), führen sie immer wieder auch zu falschen Urteilen – vor allem wenn sie auf fehlerhaften Daten beruhen – oder Voreingenommenheit (vgl. Lieberman 2010, 111; Wilson 2002, 31). Eine häufig genutzte Art von Heuristik z.B. verwendet als Kriterium für ein Urteil Representativität, d.h. die Frage, ob Objekt A der Klasse B zugehört, wird danach beantwortet, ob A repräsentativ für B ist oder mit anderen Worten: ob A B ähnlich ist. Bei einem Urteil über Menschen werden dafür häufig Stereotype herangezogen. Und oft liefern Representativitäts-Heuristiken auch brauchbare Ergebnisse, wie z.B. die Regel: Junge Männer fahren eher aggressiv als ältere Frauen (junge Männer sind dem Stereotyp des aggressiven Fahrers ähnlicher als ältere Frauen). (Vgl. Kahneman 2011, 189f, 522) Bei der Frage, ob eine Frau, die als „schüchterne Poesie-Liebhaberin" beschrieben wird, mit einer höheren Wahrscheinlichkeit eine Studentin der chinesischen Literatur oder eine BWL-Studentin sein wird, scheitert diese Heuristik jedoch. Eine „schüchterne Poesie-Liebhaberin" wird unserer Vorstellung von einer Studentin chinesischer Literatur ähnlicher sein als unserer Vorstellung einer BWL-Studentin. Jedoch ist die Population von BWL-Studentinnen so viel größer als die Population von Studentinnen der chinesischen Literatur, dass es mit an Sicherheit grenzender Wahrscheinlichkeit unter ihnen mehr „schüchterne Poesie-Liebhaberinnen" geben wird. (Vgl. Kahneman 2011, 190f)

Und wie an Übergriffen auf Menschen, die anders sind, zu erkennen ist, können die nicht-rationalen impliziten Denkprozesse auch eine Quelle destruktiven Verhaltens sein (vgl. Epstein 2010, 302), vor allem, wenn dabei Stereotype zum Tragen kommen und sie nicht von Typ-2-Prozessen kontrolliert werden.

Gefühle und der Körper

Mitte des 18. Jhdt. formulierte David Hume die These, dass die Vernunft nicht ausreiche, um Handlungen bzw. Handlungsfolgen zu bewerten (vgl. Hume 1740/1978, 458, 462). Als Grundlage für ein Urteil brauche es ein Gefühl (vgl. Hume 1751/2003, 124ff).

> „Es scheint offenkundig, daß die letzten Zwecke menschlicher Handlungen in keinem einzigen Fall durch die Vernunft erklärt werden können, sondern daß sie sich ganz allein den Gefühlen und Neigungen empfehlen, ohne in irgendeiner Weise von den intellektuellen Vermögen abzuhängen. Frage einen Menschen, warum er sich körperlich betätigt. Er wird sagen, weil er gesund bleiben will. Fragst du ihn, warum er gesund sein will, wird er sofort antworten, weil Krankheit schmerzhaft ist. Solltest du weiter fragen und eine Antwort auf die Frage verlangen, warum er Schmerz haßt, dann kann er dir unmöglich eine Antwort geben." (Hume 1751/2003, 132)

Diese These von Hume fand starke Unterstützung durch die Arbeiten von Antonio R. Damasio. Damasio untersuchte u.a. Patienten, bei denen eine Schädigung der ventromedialen, präfrontalen Region des Gehirns vorlag. Insbesondere der Fall von „Elliot", wie er ihn nannte, ist sehr gut dokumentiert.

Nach einer Tumoroperation im Gehirn, die besagte ventromediale, präfrontale Region betraf, vollzog sich bei Elliot eine starke Veränderung seiner Persönlichkeit. Anders als in seinem ganzen bisherigen Leben hatte er nun erhebliche Schwierigkeiten, Entscheidungen zu treffen und für die Zukunft zu planen, sei es auch nur für die nächsten Stunden (vgl. Damasio 1997, 64ff). Wenn er doch zu Entscheidungen kam, hatten sie häufig katastrophale Konsequenzen: So verlor er seine ganzen Ersparnisse in einem Unternehmen mit einem zweifelhaften Partner, hatte schließlich kein Einkommen mehr und seine Frau trennte sich von ihm. Damasio (1997, 68) fasst Elliots Problematik folgendermaßen zusammen: „Die Mechanismen seiner Entscheidungsfindung waren so beeinträchtigt, dass er nicht mehr als verläßliches Mitglied der Gesellschaft handeln konnte."

Damasio unterzog Elliot einer langen Reihe psychologischer Standardtests, um zu ermitteln, in welchem kognitiven Teilbereich genau Elliot Defizite aufwies. Untersucht wurden im Einzelnen u.a. (vgl. ebd., 71ff):

- der Intelligenzquotient (der im oberen Bereich lag);
- die Intelligenz im Wechsler-Intelligenztest;
- Sprachverstehen und -verhalten in der „Multilingual Aphasia Examination";
- Wahrnehmungs- und Vorstellungsfähigkeiten;
- die Fähigkeit, auf der Grundlage von lückenhaften Kenntnissen Schätzungen abzugeben;
- die Gedächtnisleistung;
- die Sortierfähigkeit im „Wisconsin-Card-Sorting-Test";
- die Fähigkeit, moralische und finanzielle Probleme zu lösen (auf dem Papier, nicht im wirklichen Alltag);

- das Bewusstsein für Konsequenzen von Handlungen;
- die Fähigkeit, wirksame Mittel zur Erreichung eines Ziels zu ermitteln;
- das Entwicklungsstadium seines moralischen Denkens mit dem „Standard Issue Moral Judgment Interview" nach Kohlberg (dort wurde er der Stufe 4/5 zugeordnet, was ein deutlich überdurchschnittlicher Wert ist!).

All diese Tests bewältigte Elliot mit normalen bis sehr guten Ergebnissen, was Damasio (1997, 75) zu folgendem Schluss führte: „Nach all diesen Tests präsentierte sich Elliot also als Mensch mit normalem Verstand, der nicht in der Lage war, angemessene Entscheidungen zu treffen, besonders, wenn es um persönliche und soziale Fragen ging." Aber in den Tests hatte sich auch seine Urteilsfähigkeit für soziale und moralische Probleme als normal bis gut herausgestellt. Wie erklärt sich die Diskrepanz zu Elliots Problemen mit Entscheidungen in seinem Alltagsleben und all den Verstößen gegen soziale und moralische Regeln, die er in den Tests aber durchaus kannte und anwendete? Damasio erklärt dies so, dass es in den Tests genügte, dass er die Probleme durchdachte, aber er dort nicht echte Entscheidungen für sein Leben zu treffen brauchte.

> „Am besten lässt sich diese Unterscheidung mit Elliots eigenen Worten beschreiben. Am Ende einer Sitzung, nachdem er eine Vielzahl von Handlungsmöglichkeiten genannt hatte, die alle vernünftig und durchführbar waren, lächelte er, offensichtlich zufrieden mit seiner Phantasie, fügte dann aber hinzu: »Und trotzdem wüsste ich nicht, was ich tun sollte«." (Ebd., 83)

Die Ursachen für Elliots Schwierigkeiten waren offensichtlich nicht im kognitiven Bereich zu finden, aber auffallend war, dass Elliots Emotionalität deutlich beeinträchtigt war, was nicht nur aus Beobachtungen Damasios und Elliots Angehöriger hervorging, sondern auch aus Elliots eigenen Berichten: Seine Emotionalität habe sich nach seiner Operation deutlich verändert; Themen, die ihn einst berührt hätten, riefen jetzt keinerlei Reaktion mehr bei ihm hervor (vgl. ebd., 77f).
In weiteren Experimenten konzentrierte Damasio sich also auf die Erforschung der Emotionalität von Patienten mit Schädigungen der präfrontalen Hirnregion. Dabei wurde als Indikator für emotionale Reaktionen die Hautleitfähigkeit gemessen. Allgemein wird davon ausgegangen, dass emotionale Reaktionen mit einer Erhöhung der Hautleitfähigkeit einhergehen. Frontal geschädigten und normalen Versuchspersonen wurden Dias gezeigt mit teils beunruhigendem Inhalt. Bei der Betrachtung letzterer Dias zeigten die normalen Versuchspersonen zuverlässig einen Anstieg der Hautleitfähigkeit, die frontal geschädigten Personen aber überhaupt nicht. Dies stimmte mit den Aussagen der geschädigten Versuchspersonen überein, dass sie bei der Betrachtung der beunruhigenden Dias nichts empfunden hatten. Was sie aber durchaus konnten, war, verbal zu beschreiben, welche Gefühle bei der Betrachtung der Bilder eigentlich hätten entstehen sollen.

Damasios Assistent Antoine Bechara entwickelte nun ein Verfahren, mit dem gleichzeitig das Entscheidungsverhalten in einer lebensnahen Situation und die emotionale Beteiligung der Versuchspersonen getestet werden konnte. Dabei erhält eine Versuchsperson ein Startkapital von 2000 Dollar, um an einem „Glücksspiel" teilzunehmen. Aus vier Kartenstapeln A, B, C und D wird vom „Spieler" jeweils eine Karte gezogen. Auf der Karte steht dann, ob er Geld gewonnen oder verloren hat. Ohne dass der „Spieler" dies weiß, sind die Kartenstapel auf eine bestimmte Weise vorsortiert. In den Stapeln A und B können 100 Dollar gewonnen werden, in den Stapeln C und D nur 50 Dollar. Dafür bringen vereinzelt eingestreute Karten in den Stapeln A und B Verluste von bis zu 1250 Dollar, die möglichen Verluste in den Stapeln C und D sind dagegen deutlich niedriger: im Durchschnitt unter 100 Dollar. Mit anderen Worten bieten die Stapel A und B höhere Gewinne bei deutlich höherem Risiko, die Stapel C und D niedrigere, aber recht stetige Gewinne bei niedrigem Risiko (vgl. ebd., 285f).

Während des Experiments wurde bei den Versuchspersonen die Hautleitfähigkeit gemessen, um Hinweise auf deren emotionale Beteiligung zu bekommen. Sowohl bei den gesunden Versuchspersonen als auch bei den frontal geschädigten Patienten erfolgte nach jedem Umdrehen einer Karte – also nach jedem Gewinn oder Verlust – eine Hautleitfähigkeitsreaktion (vgl. ebd., 294).

Gesunde Versuchspersonen begannen normalerweise damit, versuchsweise Karten aus allen Stapeln zu ziehen. Zunächst bevorzugten sie dann die Stapel A und B mit den höheren Gewinnen. Nach ca. 30 Karten aber wechselten sie zu den Stapeln C und D. Die frontal geschädigten Versuchspersonen aber blieben bei den Stapeln A und B und waren meist schon nach der Hälfte der Spieldauer pleite (vgl. ebd., 286f). Darin zeigte sich deutlich ihr aus dem Alltagsleben bekanntes Defizit beim Treffen vernünftiger Entscheidungen.

Bemerkenswert ist aber vor allem, welche Veränderungen sich bei den Hautleitfähigkeitsreaktionen der gesunden Versuchspersonen zeigten, nachdem sie eine gewisse Anzahl von Karten gezogen hatte. Immer wenn sie überlegten, ob sie eine Karte aus den Stapeln A oder B wählen sollten, hatten sie eine Hautleitfähigkeitsreaktion, die im weiteren Verlauf des Spiels intensiver wurde. Damasio (1997, 295) interpretiert dies so, dass die Gehirne der gesunden Versuchspersonen lernten, eine schlechte Wahl vorherzusagen, was Damasio als Ergebnis eines teils bewussten, teils unbewussten Lernprozesses betrachtet (vgl. ebd., 287), wobei der Grundprozess aber unbewusst sei (vgl. ebd., 293). Darüber hinaus signalisierten sie ihre Bewertung aber auch rechtzeitig, und zwar durch eine Veränderung des Körperzustands. Die frontal geschädigten Versuchspersonen hingegen zeigten diese antizipatorische Reaktion nicht (vgl. ebd. 1997, 296).

Damasio bezeichnet eine körperliche Reaktion, die ein unbewusstes Urteil signalisiert, als „somatischen Marker" (vgl. ebd., 237), was wir subjektiv als „Bauchgefühl" wahrnehmen. Er geht davon aus, dass somatische Marker die Genauigkeit von Entscheidungsprozessen verbessern (vgl. ebd., 238). Storch (2009, 214) beschreibt, dass Menschen somatische Marker individuell und abhängig von der Situation unterschiedlich wahrnehmen:

> „Manche Menschen erleben sie direkt als Körperempfindungen: ein angenehmes Wärmegefühl im Bauch oder ein humorvolles Kribbeln in den Mundwinkeln bei positiven somatischen Markern; ein Zittern in den Beinen oder eine Verkrampfung der Kiefer bei negativen somatischen Markern. Andere wiederum beschreiben ihre somatischen Marker als Gefühl. Sie berichten von einem Freiheitsgefühl, das den Brustkorb öffnet, oder von einer Lebensfreude, die sich im ganzen Körper ausbreitet. Im Fall der negativen somatischen Marker macht sich Angst im Magen breit, oder Unsicherheit vernebelt den Kopf."

Nun zurück zu Elliot. Damasio hatte große Anstrengungen unternommen, kognitive Defizite bei Elliot dingfest zu machen. Dies war ihm nicht gelungen. Trotzdem blieb die Tatsache, dass Elliot in seinem Leben Entscheidungen traf, die außerordentlich nachteilig für ihn und für andere waren, und zwar in einem krassen Gegensatz zur Lebensführung Elliots vor der Beschädigung seines Frontalhirns. Was sein Gehirn offensichtlich nicht mehr leisten konnte, war, somatische Marker als wichtige Hilfen für Entscheidungen zu produzieren. Er verlor „die Fähigkeit, auf verlässliche Weise mit Emotionen und Gefühlen zu reagieren, die auf spezifische Kategorien sozialer Situationen abgestimmt sind" (Damasio 2003, 178). Bei zwölf anderen Patienten mit ähnlichen frontalen Schädigungen wie bei Elliot, die Damasio untersuchte, zeigten sich exakt dieselben Befunde (vgl. Damasio 1997, 88). Die Entscheidung zwischen Alternativen ist für Damasio ein Ordnungsproblem. Und um Ordnungsprobleme zu lösen, gehen Menschen laut Damasio (1997, 270f) folgendermaßen vor:

> „1. Wenn eine Ordnung zwischen verfügbaren Möglichkeiten hergestellt werden muß, dann ist eine Reihenfolge zwischen ihnen vorzunehmen. 2. Um sie in eine Reihenfolge zu bringen, sind Kriterien erforderlich (Werte und Präferenzen sind austauschbare Begriffe). 3. Kriterien werden durch somatische Marker geliefert, die zu jedem gegebenen Zeitpunkt die übernommenen und erworbenen kumulativen Präferenzen zum Ausdruck bringen."

Wie oben bereits geschildert, werden alle Ereignisse und Handlungen eines Menschen im Zusammenhang mit den dabei erlebten Emotionen im Gedächtnis abgespeichert (vgl. Epstein/Pacini 1999, 463; Guzak/Hargrove 2011, 98f; Roth 2000, 20ff; Kuhl 2001, 153). So entstehen „kumulative Präferenzen". Und es sind diese Emotionen, die zu wichtigen Entscheidungshilfen werden, wenn die möglichen Folgen geplanter Handlungen abzuwägen sind (vgl. Damasio 2003, 173; Epstein/Pacini 1999, 463; Kuhl 2001, 153; Guzak/Hargrove 2011, 98f; Roth 2000, 21). Dabei fungieren die somatischen Marker als ein Signalsystem, das dem Menschen „Zugang zu seinem adaptiven unbewussten und damit zu seiner gesamten Lebenserfahrung" schafft (Storch 2009, 214). Der Einfluss dieser Emotionen auf unsere Entscheidungen kann uns dabei völlig unbewusst bleiben:

„Zweitens, und noch wichtiger, das emotionale Signal kann vollkommen unter Ausschluss des Bewusstseins arbeiten. Es kann Veränderungen im Arbeitsgedächtnis, in der Aufmerksamkeit und im Denken hervorrufen, sodass der Entscheidungsprozess dahingehend beeinflusst wird, die Handlungsoption zu wählen, die gemessen an früheren Erfahrungen zum bestmöglichen Ergebnis führt. Unter Umständen wird sich das Individuum dieser verdeckten Operationen nie bewusst." (Damasio 2003, 176)

Roth (1997, 212) bezeichnet Gefühle als „konzentrierte Erfahrungen" und zieht aus Damasios Forschungsergebnissen den folgenden Schluss: „Wer nicht fühlt, kann auch nicht vernünftig entscheiden und handeln." Bei der Auswertung neuerer Studien aus der Neurobiologie kommen Prinz und Nichols (2013, 115f) zu dem Ergebnis, dass Gefühle bei Prozessen moralischer Kognition regelmäßig und zuverlässig aktiv werden, und dass die Zusammenhänge zwischen Gefühlen und moralischer Kognition kausaler Natur sein dürften (vgl. auch Cushman et al. 2013, 58). Allerdings weist Damasio deutlich darauf hin, dass häufig genug auch Nachteile daraus resultieren, sich in seinem Urteil ganz auf seine Gefühle zu verlassen, und dass ein völliges Vertrauen auf Intuition durchaus zu Irrationalität führen kann: „Beispielsweise wird sich ein Patient eher zu einer Behandlung entschließen, wenn man ihm sagt, daß 90 Prozent der Behandelten fünf Jahre später noch am Leben sind, als wenn man ihm mitteilt, 10 Prozent seien nach fünf Jahren tot." (Damasio 1997, 86) Auch sei der Mensch dann stark dem Einfluss „biologischer Impulse" ausgesetzt wie Gehorsam, Konformität und dem Wunsch, die Selbstachtung zu wahren (vgl. ebd., 261). Epstein (2010, 302) betont, dass Intuition auch die Quelle destruktiven Verhaltens sein kann, wie z.B. Aggressionen gegenüber Menschen, die anders sind. Eine besondere Rolle für moralische Entscheidungen spielen die so genannten moralischen Gefühle wie z.B. Schuld- und Schamgefühle, und zahlreiche Untersuchungen sind zu dem Ergebnis gekommen, dass Handlungsentscheidungen deutlich davon beeinflusst werden, welche Gefühle jemand als Ergebnis seiner Handlung bei sich selbst erwartet (vgl. Prinz/Nichols 2013, 137, 141; Matsuba et al. 2014, 359, 366f; Carlo 2014, 224; Arsenio 2014, 235f).

3.4.2 Charakterisierung der Typ-2-Prozesse

Wie bereits oben erwähnt, scheinen Typ-2-Prozesse insofern eindeutig charakterisierbar zu sein (vgl. Wilson 2002, 49), als sie ausnahmslos auf die eingeschränkten Kapazitäten des zentralen Arbeitsgedächtnisses angewiesen sind. Bewusst behandelt werden vor allem neuartige Situationen und Entscheidungen für die fernere Zukunft (vgl. Roth 2000, 20f; Eagleman 2012, 85f, 167; Wilson 2002, 51; Aronson et al. 2014, 89). Mithilfe bewusster Prozesse werden Simulationen zukünftiger Situationen angestellt, die dann als Grundlage für die Abwägung von Folgen in Entscheidungssituationen verwendet werden (vgl. Bargh/Morsella 2008, 77; Evans 2008, 262; Epstein 2010, 309; Baumeister/Bargh 2014, 37f). „Unbewusste und intuitive Verarbeitungsmechanismen erlauben es nicht, sich zukünftige Ereignisse vorzustellen" (Roth/Strüber 2014, 214). So geben Typ-2-Prozesse dann auch längerfristige Ziele vor (vgl. Eagleman 2012, 86; Wilson 2002, 32). Allerdings betonen Baumeister und Bargh (2014, 44), dass Typ-2-Prozesse bei Simulationen auf umfangreiche Zuarbeit durch Typ-1-Prozesse angewiesen sind.

Die Reaktion auf eine völlig neuartige Situation kann nicht automatisch von Typ-1-Prozessen gesteuert werden, weil diese weder über Informationen über ähnliche Situationen in der Vergangenheit verfügen, noch über automatisierte Handlungsroutinen dafür (vgl. Eagleman 2012, 167). Wenn in der Folge ähnliche Situationen wieder auftreten, werden neue automatische Handlungsroutinen entwickelt (vgl. Eagleman 2012, 168; Roth 1997, 328), so dass der Umgang mit diesen Situationen mehr und mehr von Typ-1-Prozessen übernommen werden kann.

Eine zentrale Aufgabe der Typ-2-Prozesse ist das analytische Denken, wie z.b. das schlussfolgernde Denken (vgl. Kuhl 2001, 644; Evans 2008, 262):

> „Überall dort, wo es gelingt, logische Zusammenhänge und Regeln zu extrahieren, kommen die Vorteile des analytischen Denkens zum Tragen, die besonders in dem Zuwachs an Sicherheit begründet sind: Analytische Zusammenhänge sind durch eine deterministische Zuverlässigkeit gekennzeichnet, während das intuitive Fühlen meist nur mit einer gewissen Wahrscheinlichkeit valide Vorhersagen erlaubt." (Kuhl 2001, 693f)

Haidt und Bjorklund (2008, 193) betonen, dass das schlussfolgernde Denken im Entscheidungsprozess kausale Kraft entwickeln kann. So komme es vor, dass Menschen an einem bestimmten Punkt in ihren Leben über ein bestimmtes Thema gründlich nachdenken (z.B. über vegetarische Ernährung), für sich zu einer Entscheidung kommen und später in Situationen, die mit diesem Thema zusammenhängen, weitgehend automatische Reaktionen zeigen (vgl. auch Smetana et al. 2014, 40; Pizzaro/Bloom 2003, 195; Mallon/Nichols 2013, 302).

Das gesamte Feld der verbalen Kommunikation ist ganz den Typ-2-Prozessen vorbehalten. Typ-1-Prozesse verstehen „komplexe, grammatikalisch-syntaktisch aufgebaute Sprache" nicht (vgl. Roth/Strüber 2014) – zu den Konsequenzen daraus für den Ethikunterricht später mehr (siehe Kap. 9). Es sind die Typ-2-Prozesse, die dafür sorgen, dass Informationen sehr schnell mit anderen Menschen überall auf der Welt geteilt werden können und neu erworbenes Wissen von Generation zu Generation weitergegeben wird (vgl. Epstein 2010, 309; Baumeister/Bargh 2014, 40, 42). Und auch moralischen Argumenten, die Menschen untereinander austauschen, wird von Haidt und Bjorklund (2008, 181) kausale Kraft beigemessen, d.h. sie beeinflussen zukünftige Entscheidungen und Handlungen.

Typ-1- Prozesse	Typ-2- Prozesse
Datenbasis: das emotionale Erfahrungsgedächtnis: alles Wahrgenommene, alles Gelernte, alle Lebenserfahrungen.	Datenbasis: das zentrale Arbeitsgedächtnis: bewusst Wahrgenommenes, bewusst Gelerntes, bewusst Erinnerbares.
Verarbeitung: • massiv parallel (sehr schnell); • sehr hohe Ressourcen; • automatisiert; • anstrengungslos.	Verarbeitung: • sequentiell (langsam); • sehr geringe Ressourcen; • bewusst gesteuert; • mit Anstrengung verbunden.
weitere Merkmale: • steuern das Alltagsverhalten; • senden Gefühle als Signale; • unflexibel; • eher kurzfristig orientiert; • gelegentlich irrational und destruktiv; • eher unpräzise.	weitere Merkmale: • häufig nicht ausreichend für fundierte Entscheidungen; • hohe Komplexität nicht bewältigbar (Sozialverhalten!); • Flexibilität bei neuen Problemen; • langfristige Planung, Simulationen; • eher präzise.

Abb. 8: Merkmale der zwei Prozesstypen der menschlichen Psyche

3.4.3 Das Zusammenwirken von Typ-1- und Typ-2-Prozessen

Kognitive Dissonanzen

Wenn zwei Arten von Denkprozessen auf unterschiedlichen Daten aufbauen und diese noch dazu auf unterschiedliche Weise verarbeiten, muss es einen nicht wundern, wenn sie immer wieder zu unterschiedlichen Ergebnissen kommen.

Definition

Man redet dann von *kognitiven Dissonanzen*, wenn die Einstellungen, Motive oder Ziele der expliziten (bzw. bewussten) Typ-2-Prozesse denen der impliziten (bzw. unbewussten) Typ-1-Prozesse widersprechen (vgl. De Neys 2006, 428; Epstein 2010, 301; Wilson 2002, 34).

Explizite Einstellungen können sich schnell ändern; manchmal genügt ein einziger Anstoß durch ein Gespräch, einen Vortrag oder ein Buch. Die Veränderung von impliziten Einstellungen und Handlungsschemata braucht aber viel Zeit (vgl. Epstein/Pacini 1999, 472; Smith/DeCoster 1999, 325ff; Wood et al. 2014, 376). Früh erworbene implizite Einstellungen – wie z.B. Vorurteile gegen Minderheiten – können noch sehr lange bestehen bleiben, selbst wenn wir irgendwann einmal auf expliziter Ebene darauf gekommen sind, dass Diskriminierung vollkommen abzulehnen ist und viele Vorurteile offensichtlich unhaltbar sind (vgl. Wilson et al. 2000, 102). So berichtet z.b. Monteith (1993, 469) von einer Untersuchung, bei der Versuchspersonen sich unwohl fühlten, wenn sie im Bus neben einem homosexuellen Mann saßen, obwohl sie davon überzeugt waren, dass eine solche Reaktion unangemessen ist. Wilson et al. (2000, 101f) reden in diesem Zusammenhang von „dual attitudes". Laut Aronson et al. (2014, 190) wird die Theorie der kognitiven Dissonanz „durch Tausende von Studien gestützt". Und man muss davon ausgehen, dass kognitive Dissonanz ein häufiges Phänomen ist: McClelland et al. (1989, 700) geben die Höhe der Korrelation zwischen impliziten und expliziten Motiven sogar als praktisch null an.

Dissonanzen zwischen Typ-1- und Typ-2-Prozessen haben Konsequenzen. Am besten untersucht wurde dies im Zusammenhang mit Diskriminierung.

> „Das Problem ist, dass Menschen auch implizite Haltungen und Glaubenssätze haben, die dazu beitragen, wie sie auf Zielpersonen reagieren. Während ihre Aufmerksamkeit darauf liegt, ihre explizite Voreingenommenheit zu kontrollieren, äußern sich ihre impliziten Haltungen und Glaubenssätze in non-verbalem Verhalten, das Abneigung und Unbehagen in der Gegenwart von Patienten zum Ausdruck bringt, die einer Minderheiten-Gruppe angehören ... Wenn Kommunikationskanäle inkonsistent sind ... kann diese Inkonsistenz von Mitgliedern einer Minderheiten-Gruppe erkannt werden, und dies führt zu der Wahrnehmung, dass der Arzt oder die Krankenschwester ihnen gegenüber voreingenommen ist." (Stone/Moskowitz 2011, 770)

Ärzte geben Angehörigen von Minderheiten andere Diagnosen und eine andere medizinische Behandlung, und Patienten aus Minderheiten-Gruppen fühlen sich unwohl und demotiviert, wenn es darum geht, sich in Behandlung zu begeben und diese auch weiter zu verfolgen (vgl. ebd. 768f). Und dies passiert Ärzten auch dann, wenn das Thema kulturelle Vielfalt Teil ihrer Bildung war und sie bewusst versuchen, ihre Stereotype zu unterdrücken (vgl. ebd., 769).

Konfabulation

Nun bleibt es Menschen oft nicht verborgen, wenn sie ihren bewussten Einstellungen zuwider handeln. Eine häufige Reaktion darauf ist Rationalisierung bzw. Konfabulation (vgl. z.B. Aronson et al. 2014, 182; Beckermann 2008, 9; Eagleman 2012, 157ff; Kuhl 2001, 34; Wegner 2002, 157).

Definition

Im Zusammenhang mit dem Phänomen der kognitiven Dissonanz bedeutet *Konfabulation*, dass Menschen die eigentlichen Gründe ihrer Entscheidungen und Handlungen zwar verborgen sind, sie aber Gründe („Geschichten") erfinden, um sie im Nachhinein zu erklären bzw. zu rechtfertigen (vgl. Singer 2012, 475; Eagleman 2012, 157ff).

Wenn z.B. ein Raucher schon länger wusste, dass rauchen schädlich ist, und dann schließlich mit dem Rauchen aufhört, kann es passieren, dass er für sich die Notwendigkeit sieht zu rechtfertigen, dass er nicht schon viel früher aufgehört hat. In diesem Fall wird er möglicherweise die Realität verzerren und sich vormachen, er habe von der Schädlichkeit des Rauchens noch nichts gewusst, bevor er aufgehört hat (vgl. Pears 1986, 62f).

In einem Experiment sollten Versuchspersonen aus vier Strumpfhosen wählen, die nebeneinander ausgelegt waren (vgl. Wilson 2002, 102). Man weiß, dass Menschen deutlich dazu tendieren, Artikel zu bevorzugen, die auf der rechten Seite liegen. So auch hier, obwohl es sich um identische Strumpfhosen handelte. Auf Nachfrage konfabulierten die Versuchspersonen Gründe wie bessere Qualität. Auf die Frage, ob die Position der präsentierten Strumpfhose eine Rolle gespielt haben könnte, lehnten dies alle bis auf eine Versuchsperson ab – eine Psychologiestudentin, die gerade von diesem Effekt in einem Kurs gehört hatte.

Von einem der vielleicht eindrücklichsten Fälle von Konfabulation berichtet Delgado (1969, 115f). Die elektrische Stimulation einer bestimmten Hirnregion bei einem Patienten führte dazu, dass der Patient unwillkürlich seinen Körper und seinen Kopf von einer Seite zur anderen drehte, genau als schaue er nach etwas. Dieselbe elektrische Stimulation wurde sechs Mal durchgeführt und brachte jedes Mal ein vergleichbares Ergebnis. Danach wurde der Patient gefragt, was er da täte, und er antwortete: „Ich suche meine Hausschuhe", „Ich habe ein Geräusch gehört" oder „Ich habe unter das Bett geschaut", als wäre seine Bewegung absichtsvoll gewesen. Haidt (2001, 830) kommt zu dem Resümee, dass Menschen in der Regel nicht wissen, wie sie zu einer Entscheidung gekommen sind. Aber das „Bewusstsein generiert laufend Erklärungen, auch dort, wo die wahre Erklärung gar nicht bekannt sein kann ..." (Kuhl 2001, 34).

Einsicht und Selbstkontrolle

„Das wohlüberlegte, absichtsvolle Übersteuern automatischer Reaktionen ist eine Errungenschaft – ein Markenzeichen der menschlichen Fähigkeit zur Selbst-Regulierung – und zwar eine Errungenschaft, die das fortlaufende Zusammenspiel zwischen den automatischen [Typ-1] und kontrollierten [Typ-2] Prozessen des Geistes charakterisiert." (Nosek et al. 2010, 559f, eigene Übersetzung)

Wenn es uns aber gelingt, unser eigenes Verhalten einigermaßen unvoreingenommen zu betrachten und zudem darauf zu achten, wie andere Menschen auf uns reagieren, werden wir möglicherweise erkennen, dass wir nicht die Menschen sind, die wir zu sein glaubten und schon gar nicht die Menschen, die wir gerne wären. Die Frage stellt sich, ob uns dann Wege zur Verfügung stehen, um unserem bewussten Selbstideal ein wenig näher zu kommen.

Die allererste Voraussetzung dafür ist Selbsterkenntnis (vgl. Monteith 1993, 477; Bargh 1999, 375f; Epstein/Pacini 1999, 465). Wer glaubt, er werde nicht durch unbewusste Prozesse gelenkt, dürfte ihnen dadurch letztlich doch nur umso hilfloser ausgeliefert sein (vgl. ebd., 478). Wenn wir ein realistisches Bild davon gewonnen haben, wie wir in bestimmten Situationen wahrscheinlich handeln werden, eröffnet uns das die Möglichkeit, sogenannte Selbstkontrollstrategien anzuwenden.

Das Konzept der Selbstkontrollstrategien beruht auf der Beobachtung, dass es den Typ-2-Prozessen möglich ist, Typ-1-Prozesse zu stoppen und zu übersteuern (vgl. Kuhl 2001, 225; Muraven/Baumeister 2000, 247; Evans 2008, 262; Devine/Monteith 1999, 354; Baumeister/Bargh 2014, 42; Mallon/Nichols 2013, 302; Pizzaro/Bloom 2003, 194f).

Definition

Selbstkontrolle ist die Fähigkeit, seine Impulse, Gefühle und automatischen Verhaltensweisen bewusst zu übersteuern (vgl. Gailliot et al. 2010, 472; Storch 2009, 211).

„Selbstkontrolle erlaubt dem Individuum, Verhaltensimpulsen zu widerstehen wie zu unsicherem oder promiskem Sex, Drogen- oder Alkoholmissbrauch, übermäßigem Essen, unvernünftigen Geldausgaben, Schlägereien oder anderen gewalttätigen Aktivitäten, Entscheidungen auf die lange Bank zu schieben und anderen gegenüber anzügliche oder negative Bemerkungen zu machen." (Gailliot et al. 2010, 472, eigene Übersetzung)

Die besondere Bedeutung von Einsicht und Selbstkontrolle heben Wiers et al. (2010, 464) am Beispiel der eigenen Gesundheit hervor:

„Menschen ... wissen oft sehr gut, was gut oder schlecht für ihre Gesundheit ist; das Problem ist, dass sie sich dennoch einer Anzahl von ungesunden und riskanten Verhaltensweisen hingeben wie exzessivem Trinken, rauchen, exzessivem Essen, ungesundem Essen, unsicherem Sex usw. Neuere Untersuchungen haben die Bedeutung dieser Diskrepanz für die Gesundheitspsychologie bestätigt: In einem ‚kalten' Zustand unterschätzen Menschen den Einfluss ‚heißer Kognitionen' in viszeralen Zuständen wie Hunger, Durst, sexueller Erregung und Gelüsten, ein Phänomen, das ‚kalt-zu-heiß-Empathie-Lücke' genannt wird ..."

Laut Baumeister und Bargh (2014, 44) wird Selbstkontrolle typischerweise angewendet um „höhere" Ziele (z.B. moralische Prinzipien oder längerfristige Ziele) gegen „niedere" Bedürfnisse und Begierden durchzusetzen. Eine Übersicht über Selbstkontrollstrategien findet sich bei Kuhl (1987, 108):

- Aufmerksamkeitskontrolle, d.h. das bewusst gesteuerte oder durch automatische Aufmerksamkeitsfilter vermittelte Ausblenden von Informationen, die absichtswidrige Motivationstendenzen stützen;
- Motivationskontrolle, d.h. die gezielte Steigerung der eigenen Motivation, die aktuelle Absicht auszuführen;
- Emotionskontrolle, d.h. die Beeinflussung eigener Gefühlslagen, die die Handlungskontrolleffizienz steigern (z.B. Herbeiführen eines entspannten, zufriedenen Zustandes oder Meidung trauriger Gefühlslagen);

- Handlungsorientierte Bewältigung von Misserfolgen, d.h. Ausschöpfung des eigenen Handlungsrepertoires bei Misserfolg und Abstandnehmen von unerreichbaren Zielen;
- Sparsamkeit der Informationsverarbeitung, d.h. Vermeiden übermäßig langen Abwägens von Handlungsalternativen;
- Umweltkontrolle, d.h. Veränderung der eigenen Umgebung in einer Weise, die das Durchhalten der aktuellen Absicht fördert (z.b. Entfernen von Süßigkeiten aus der Wohnung bei Diätabsicht).

Mischel und Shoda (2010, 221) geben das folgende Beispiel für Aufmerksamkeitskontrolle. In einem Experiment fiel es Vierjährigen sehr schwer, den Verzehr einer Brezel aufzuschieben, wenn sie sich ihren knusprigen, salzigen Geschmack vorstellten. Wenn sie ihre Aufmerksamkeit aber auf abstrakte Merkmale richteten (z.b., welchen anderen Dingen Brezeln ähnlich sehen), fiel es ihnen leicht.
Die letzte von Kuhl genannte Strategie, also frühzeitig konkrete Maßnahmen zu treffen, damit man sich in der Zukunft nicht von Versuchungen überwältigen lässt, ist unter Philosophen auch als „Odysseus-Pakt" bekannt (vgl. Eagleman 2012, 143): Odysseus ließ sich an einen Mast binden, um nicht der Versuchung durch den Gesang der Sirenen zu erliegen.
Eine eher indirekte und langfristig angelegte Selbstkontrollstrategie wird von Pizzaro und Bloom (2003, 194f) beschrieben: Menschen können sich bewusst in eine Umgebung begeben (z.b. im Beruf), von der sie annehmen, dass sie bestimmte von ihnen erstrebte Einstellungen und Handlungsweisen fördert, z.b. weil die Menschen dort solche Einstellungen und Handlungsweisen zeigen und unterstützen. Damit ist die Erwartung verbunden, dass dies zukünftig einen Einfluss auf die eigenen automatisierten, spontanen Entscheidungen und Handlungsweisen haben wird. (Vgl. auch Merritt et al. 2013, 389)
Während Menschen mit guter Selbstkontrolle in der Regel erfolgreicher im Beruf und in ihren sozialen Beziehungen sind, weniger psychische Probleme haben und eher zu prosozialem Handeln tendieren, wird mangelnde Selbstkontrolle als eine der wichtigsten Ursachen für Kriminalität betrachtet, und Menschen mit geringerer Selbstkontrolle haben eher Probleme mit ihrer Gesundheit und mit Drogen und Alkohol (vgl. Gailliot et al. 2010, 473; Carlson et al. 2013, 707, 721f; Eisenberg et al. 2015, 639). Der berühmte „Marshmallow-Test", in dem Vierjährige entweder einen Marshmallow sofort oder zwei nach 15 Minuten bekommen konnten, hat für eine Vorhersage der späteren schulischen und universitären Leistungen der Kinder eine doppelt so hohe Aussagekraft wie cin Test ihres Intelligenzquotienten (vgl. Goleman 1997, 111; Gailliot et al. 2010, 473; Seligman 2011, 112). In einem gewissen Rahmen lässt die Fähigkeit zur Selbstkontrolle sich aber offensichtlich trainieren (vgl. Muraven/Baumeister 2000; Gailliot et al. 2010, 477; Aronson et al. 2014, 166f). Ein starker Hinweis darauf, wie energieaufwendig das bewusste

Übersteuern ist, ist die Tatsache, dass die Fähigkeit zur Selbstkontrolle erkennbar nachlässt, wenn Menschen allgemein ermüdet sind oder Stress ausgesetzt waren, ihr Zuckerspiegel im Blut niedrig ist oder sie zuvor gerade Versuchungen haben widerstehen müssen, diese Fähigkeit aber wieder steigt, sobald sie sich Zeit zur Erholung genommen und ihren Blutzucker wieder auf ein optimales Maß gebracht haben (vgl. Muraven/Baumeister 2000; Gailliot et al. 2010, 478, 481; Aronson et al. 2014, 166f).

Eine besondere Art von Selbstkontrolle ist das Beobachten und Bewerten eigener expliziter Denkprozesse mithilfe von Metakognitionen (vgl. Kap. 5.1.4). Dabei kommt es darauf an zu erkennen, dass z.b. eine in einem Denkprozess gerade verwendete Methode nicht optimal ist oder eine unzureichende Heuristik eingesetzt wurde. Im nächsten Schritt muss der Impuls zum Handeln bzw. zum Abschließen des Denkprozesses lange genug unterdrückt werden, damit weitere Zeit und Mühe investiert werden kann, um genauer und zielführender nachzudenken. (Vgl. Kuhn 2013, 745, 756; Ricco 2015, 523) Dies ist eng verbunden mit dem im Kapitel 2.7 dargestellten Konzept der „intellektuellen Tugenden", da es eine entsprechende Motivation brauchen wird, um sich für genaueres Denken anzustrengen. Darüber hinaus kommen durch diesen Kontrollprozess Regeln des logischen Denkens zum Einsatz, was einem bewussten Zügeln der eigenen Denkprozesse gleichkommt. „Logisches Denken ist mit anderen Worten ... selbstbeschränktes Denken." (Moshman, 2009, 149).

Storch (2009, 211) weist darauf hin, dass Selbstkontrolle nicht immer positiv zu bewerten ist: „In der klinischen Psychologie wiederum trifft man eher auf Menschen, die über zu viel Selbstkontrolle verfügen, zum Beispiel die Patientinnen mit Essstörungen, bei denen die mangelnde Rücksicht auf die Impulse des adaptiven Unbewussten einen Teil des Krankheitsbildes ausmacht."

Umlernen

Die gründlichere und langfristig auch ökonomischere Alternative zu ständiger Selbstkontrolle dürfte aber darin liegen, unsere unbewussten Einstellungen und Handlungsschemata unseren bewussten Einstellungen anzugleichen. Da das unbewusste System durch Erfahrungen lernt (vgl. Epstein 2010, 298; Smith/DeCoster 1999, 325) – mit Worten ist es nicht zu erreichen (siehe oben) –, werden wir dafür neues Verhalten üben müssen (vgl. Epstein 2010, 307; Wilson et al. 2000, 115, 121). Die Sozialpsychologie hat gezeigt, dass Verhaltensänderungen häufig vor Änderungen der Einstellungen und Gefühle stattfinden (vgl. Wilson 2002, 212). Wilson (2007, 284) hat das in folgender Formel zusammengefasst: „Wollen wir darüber hinaus einige Aspekte unseres adaptiven Unbewussten ändern, empfiehlt es sich, so zu handeln, als wären wir schon der Mensch, der wir gerne sein würden." Damit steht Wilson ganz in der Tradition von Aristoteles. Für Aristoteles zeichnet sich der Mensch vor allem durch seine Vernunftbegabung aus (vgl. Nikomachische

Ethik, 1. Buch, Kap. 6, 1098 a), und es ist die Vernunft, die ihm zeigt, was das Gute ist. Um aber auch ein guter Mensch werden zu können, müssen wir tugendhaftes Handeln üben, bis es uns zur Gewohnheit geworden ist (vgl. ebd., 2. Buch, Kap. 1, 1103 a-1103 b; 2. Buch Kap. 3, 1105 b; 6. Buch, Kap. 13 1143 b).

Wood et al. (2014, 382) betonen die besondere Bedeutung von automatisierten Handlungsschemata bzw. Gewohnheiten für Fragen der Gesundheit:

> „Es wird z.B. zunehmend evident, dass ein großer Teil der globalen Belastungen durch Krankheit von Verhaltensweisen des Alltags-Lebensstils stammen wie zu viel essen, rauchen, Sucht und soziale Isolation. Wie Marteau, Hollands und Fletcher (2012) in einem vor kurzem erschienenen Artikel in der Science argumentierten, ist die Erfolgswahrscheinlichkeit von Interventionsprogrammen zur Verhaltensänderung, die Leute dazu ermutigen, über ihre Verhaltensweisen nachzudenken, gering, wenn es darum geht, solche Lifestyle-Erkrankungen anzugehen. Stattdessen müssen effektive Interventionsprogramme die automatischen, gewohnheitsmäßigen Prozesse in Betracht ziehen, die solche Reaktionen unabhängig von den besten Absichten der Menschen befördern." (Eigene Übersetzung; vgl. auch Wiers 2010, 480)

Am Anfang von Veränderungsprozessen mag zwar bereits eine neue Einsicht gewonnen sein, aber es besteht noch eine kognitive Dissonanz und die Typ-1-Prozesse setzen sich mit ihren automatisierten Abläufen durch:

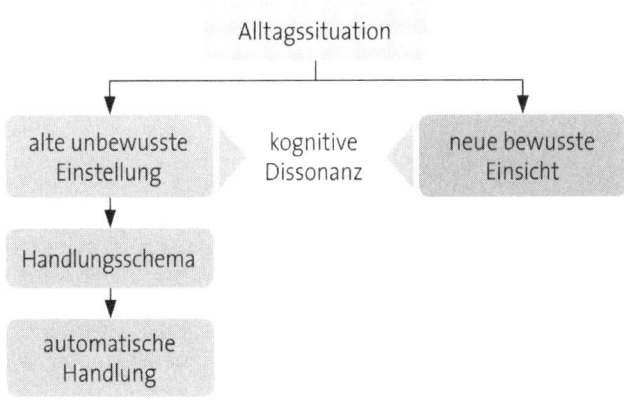

Abb. 9: Kognitive Dissonanz

Damit die neu gewonnene Einsicht handlungswirksam werden kann, müssen die gewohnten Muster bewusst übersteuert werden, was dann die Kapazität der Typ-2-Prozesse jeweils zu einem großen Teil auslasten wird (vgl. De Neys 2006, 428; Sloman 1996, 15; Smith/DeCoster 1999, 326).

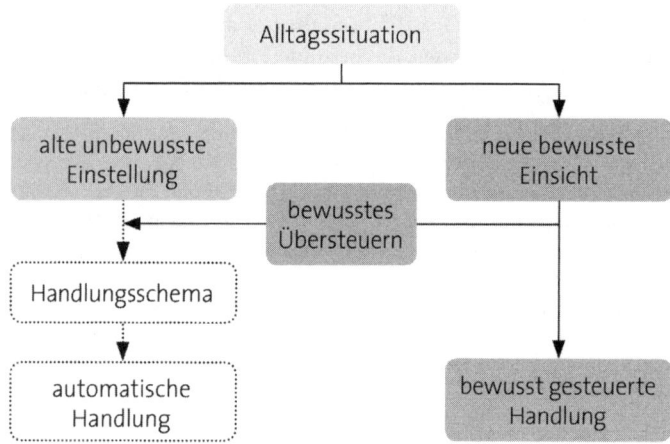

Abb. 10: Bewusstes Übersteuern

Erst nach längerer Übung des neuen Musters wird es sich automatisieren und uns spontan zur Verfügung stehen, ohne dass es weiterer Aufmerksamkeit und bewusster Anstrengung bedarf (vgl. Devine/Monteith 1999, 354).

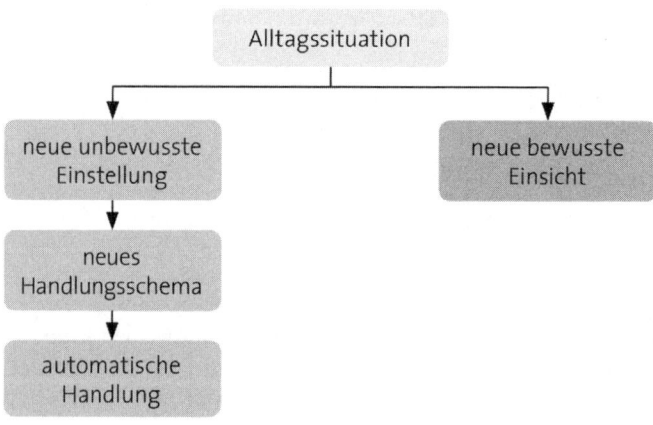

Abb. 11: Neues Handlungsschema

Um diesen Prozess zu veranschaulichen, zieht Wilson eine Analogie zum motorischen Lernen (vgl. Wilson et al. 2000, 104). Ein erfahrener Tennisspieler verfügt für gewöhnlich über ein weitestgehend automatisiertes Bewegungsmuster für seinen Aufschlag. Wenn ihm ein Trainer nun zeigt, dass eine Veränderung dieses Bewegungsablaufs seinen Aufschlag verbessern wird, muss er diesen neuen Bewegungsablauf erst unter bewusster Kontrolle lernen und üben, bis er sich wiederum so weit automatisiert hat, dass er ihn im ersten Match einsetzen kann. Und selbst dann wird es ihm noch für einige Zeit passieren, dass er unter großer psychischer Anspannung oder bei Ermüdung doch wieder seinen alten Aufschlag einsetzt.

Alte Gewohnheiten aufzugeben ist mühsam, oft mit größeren inneren Widerständen verbunden und fordert uns viel Geduld ab. Zudem müssen wir uns dabei wohl auf wenige, konkrete Dinge auf einmal konzentrieren; erst wenn wir ein neues Verhaltensmuster so weit konsolidiert haben, dass es sehr stabil ist, können wir den nächsten Veränderungsprozess in Angriff nehmen. Einem Tennisprofi gleichzeitig zuzumuten, seinen Aufschlag, seine Vorhand und Teile seiner Spieltaktik zu ändern, wäre sicher etwas viel des Guten. Unsere bewussten Kapazitäten sind nun einmal begrenzt – wie auch unsere Frustrationstoleranz und unser Vermögen, uns zu motivieren. Und neue Handlungsschemata entstehen nur durch Üben auf einer konkreten Ebene, was beim Beispiel des Tennisspielers sofort einleuchtet; ihm wird es nicht viel helfen, sich ganz allgemein vorzunehmen, ein besserer Tennisspieler zu werden. Genau so wenig ist uns aber allein mit dem Vorsatz geholfen, z.B. ab sofort auf jede Art von Diskriminierung zu verzichten.

Komplexe Wechselwirkungen

Es kann wohl mit einiger Sicherheit davon ausgegangen werden, das Typ-1- und Typ-2-Prozesse sich gegenseitig stark beeinflussen (vgl. Singer 2012, 471; Epstein/Pacini 1999, 465; Kuhl 2001, 311, 697). Singer (2012, 471; vgl. auch Lewis 2013, 83) redet davon, dass „die neuronalen Mechanismen, die bewusste und unbewusste Entscheidungen vorbereiten, aufs engste miteinander verwoben sind", und Kuhl (2001, 311) bemerkt dazu: „Die Beurteilung des Beitrags jeder einzelnen Systemkomponente zum Gesamtverhalten des Systems ist im *intakten* Organismus natürlich schwer abzuschätzen, weil die Beiträge der Einzelsysteme ‚hoffnungslos‘ konfundiert sind." (Vgl. auch Smetana et al. 2014, 32; Malti/Ongley 2014, 164; Decety/Howard 2014, 459)

Die (unbewussten) Typ-1-Prozesse beeinflussen unser rationales Denken in vielfältiger Weise, ohne dass wir das bemerken, z.B. dadurch, dass Informationen bereits selektiert werden, so dass einige den bewussten Prozessen gar nicht zugänglich werden (vgl. Epstein/Pacini 1999, 465; siehe Kapitel 3.4.1, implizite Wahrnehmung) oder auch dadurch, dass im Laufe des Wahrnehmungsprozesses unbewusste Einstellungen (z.B. Vorurteile) aktiviert werden, die unsere Wahrnehmung „einfärben" (vgl. Fazio/Olson 2014, 155). Andererseits haben Typ-2-Prozesse Einfluss auf

Typ-1-Prozesse, z.B. indem sie bestimmte Assoziationen und Intuitionen auslösen (vgl. Haidt/Bjorklund 2008, 194) oder indem sie Typ-1-Prozesse schlicht übersteuern.

Bei Entscheidungsprozessen scheint es häufig so zu sein, dass im menschlichen Gehirn ein außerordentlich hohes Maß an Komplexität entsteht (vgl. Juarrero 1999, 7). Eine Vorstellung davon bekommt man, wenn man sich folgendes vor Augen hält:

> „Das Gehirn besteht aus mehreren Hundert Milliarden Zellen. Jede dieser Zellen enthält das gesamte menschliche Genom und steuert Milliarden von Molekülen. Ein gewöhnliches Neuron hat etwa 10 000 Verbindungen zu benachbarten Neuronen. In einem einzigen Kubikzentimeter Gehirn gibt es so viele Verbindungen zwischen Neuronen wie Sterne in der Milchstraße. Eine einzelne Zelle sendet oft Hunderte von elektrischen Impulsen pro Sekunde an andere Zellen." (Eagleman 2012, 7f)

Kuhl (2001, 64) weist darauf hin, dass hochkomplexe Systeme eine nicht-lineare Dynamik entfalten, so dass Ergebnisse kaum noch vorhersagbar sind, selbst wenn die zugrunde liegenden Prozesse selbst vollkommen determiniert sein sollten (vgl. auch Juarrero 1999, 8). Das ist im Wesentlichen darauf zurückzuführen, dass kleine Veränderungen in einem Teil der Komponenten nicht-linearer Systeme bereits zu größeren Auswirkungen auf das Verhalten führen können (vgl. Smith/Thelen 2003, 347). Solche Systeme können zu kohärentem Verhalten führen, ohne dass es eine Instanz gibt, die die Koordination der Systemkomponenten steuert und bestimmt. Die Kohärenz entsteht lediglich durch die Interaktion der Systemkomponenten, also durch eine Art Selbstorganisation (vgl. Juarrero 1999, 7; Lewis 2013, 84f, 93). Das heißt, dass keine einzelne Komponente des Systems kausale Priorität oder anders ausgedrückt: das letzte Wort hat. (Vgl. Smith/Thelen 2003, 343f)

Auf die menschliche Psyche übertragen bedeutet das z.B., dass die Wechselwirkungen zwischen Emotionen und rationalem Denken sich als „zirkuläre Kausalität" beschreiben lassen (vgl. Smith/Thelen 2003, 344; Juarrero 1999, 5; Lewis 2013, 84). „Emotionen beeinflussen unser Denken, und kognitive Prozesse wirken auf Emotionen zurück." (Kuhl 2001, 61; vgl. Malti/Ongley 2014, 167, 177; Krettenauer et al. 2011, 360; Lewis 2013, 83) So kann der Entscheidung für eine vegetarische Lebensweise ein rationaler Prozess vorausgegangen sein, der dann dazu führt, dass unsere Gefühle beim Anblick eines Schnitzels anders ausfallen als zuvor. Jedoch wird dieser rationale Prozess seinerseits wahrscheinlich von Gefühlen beeinflusst worden sein und diese können wiederum unter dem Einfluss früherer rationaler Prozesse gestanden haben usw. usf. Der *wahre* Auslöser für Entscheidungen – Gefühl oder Vernunft – lässt sich dann nicht dingfest machen.

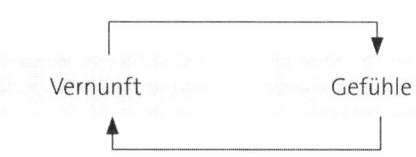

Abb. 12: Wechselwirkungen zwischen Vernunft und Gefühlen

Vor diesem Hintergrund müssen nun auch Prozesse der Selbstkontrolle, die dem bewussten Übersteuern impliziter Vorgänge dienen (siehe Kap. 3.4.3, Einsicht und Selbstkontrolle), in den größeren Zusammenhang der *exekutiven Funktionen* (EF) gestellt werden. Laut Lewis (2013, 82) umfassen EF viele Arten von kognitiven Aktivitäten, die den Zweck haben, Gedanken, Wahrnehmungen, Emotionen oder Handlungen zu kontrollieren, d.h. *jede* psychologische Aktivität ist der Kontrolle einer Form von EF unterworfen. Dabei ist die Sichtweise, dass ein kognitives System quasi top-down ein emotionales System kontrolliert, als Vereinfachung zu betrachten. Tatsächlich dürften wie oben beschrieben die Verflechtungen zwischen kognitiven und emotionalen Prozessen so eng sein, dass sich kaum sagen lässt, welche Prozesse letztendlich die Kontrolle haben (vgl. Lewis 2013, 84).

Epstein und Pacini (1999, 475) beschreiben, dass alles menschliche Verhalten einen Kompromiss darstellt zwischen den beiden Typen von Informationsverarbeitung in der menschlichen Psyche, laut Baumeister und Bargh (2014, 44) sind optimale Lösungen das Ergebnis einer engen Zusammenarbeit zwischen bewussten und unbewussten Prozessen. Und das scheint auch einleuchtend zu sein, wenn man sich vorstellt, welche Konsequenzen es hätte, wenn Entscheidungen nur auf dem Ergebnis der Tätigkeit einer der beiden Prozesstypen aufbauen würden. Ohne die Typ-2-Prozesse entschieden Menschen ohne die Möglichkeit einer gründlichen, rationalen Analyse und ohne die Simulation von angenommenen Folgen in der Zukunft. Flexibilität beim Auftreten neuartiger Situationen ginge verloren, langfristige Ziele könnten kaum gesetzt werden, und ohne eine Instanz, die ggf. übersteuert, würden sich viele schädliche Impulse ungehindert durchsetzen können. (Siehe Kap. 3.4.2) Haidt und Pinker (2016) weisen darauf hin, dass in der Vergangenheit Menschen ein Gefühl von Abscheu z.B. bei dem Gedanken an Homosexualität oder der Ehe zwischen Menschen unterschiedlicher Rassen empfunden haben. So könne das Bauchgefühl allein nicht als moralischer Kompass dienen.

Ein Mensch, dem die Typ-1-Prozesse verloren gingen, wäre sehr wahrscheinlich kaum lebensfähig, schon alleine deshalb, weil wir im Alltag auf automatisierte Handlungsroutinen vollkommen angewiesen sind (siehe Kap. 3.4.1, Implizites Lernen). Wie Damasio gezeigt hat, wäre er zudem kaum mehr in der Lage, überhaupt Entscheidungen zu treffen, weil ihm ein wichtiges Bewertungssystem verloren gegangen ist (siehe Kap. 3.4.1, Gefühle und der Körper). Die implizite Datenbasis mit all seinen Lebenserfahrungen und den damit verbunden Emotionen stünde nicht mehr zur Verfügung (siehe Kap. 3.4.1, Implizites Gedächtnis), ebenso wenig wie die Möglichkeit, hochkomplexe Probleme mit Hilfe der zwar weniger genauen, aber sehr leistungsfähigen impliziten Denkprozesse intuitiv und ggf. schnell zu lösen (siehe Kap. 3.4.1, Implizites Denken).

So ergibt sich insgesamt das Bild eines sehr leistungsfähigen Gesamtsystems, in dem unterschiedliche Prozesstypen miteinander vernetzt sind, jedoch durchaus immer wieder in Konflikt miteinander geraten.

> „ ... es ist nicht mehr sinnvoll, in eine Debatte darüber einzutreten, ob moralische Urteile ausschließlich durch ‚Kognition' und nicht durch ‚Affekt' oder ausschließlich durch bewusstes Denken und nicht durch Intuition bewerkstelligt werden. Moralische Urteile sind vielmehr das Ergebnis komplexer Interaktionen zwischen multiplen psychologischen Systemen." (Cushman et al. 2013, 66, eigene Übersetzung)

Aber „die Menschen können uns nicht sagen, wie sie tatsächlich zu einem Urteil gekommen sind" (Haidt 2001, 830), und möglichweise lässt sich das aufgrund der außerordentlich hohen Komplexität der Prozesse auch prinzipiell für eine konkrete Entscheidung nicht herausfinden.

3.4.4 Resümee

Sittliches Handeln wird also in aller Regel das Ergebnis des Zusammenwirkens von impliziten (unbewussten) und expliziten (bewussten) Prozessen sein, wobei Alltagsverhalten aktuell zwar zu einem großen Teil implizit gesteuert wird, schon allein aus Zeitgründen, der Mensch aber bewussten Einfluss auf seine impliziten Einstellungen und Handlungsroutinen nehmen kann bzw. über die Fähigkeit verfügt, automatisierte Prozesse bewusst zu übersteuern.

Aber wodurch zeichnet sich *sittliches* Handeln vor Handeln im Allgemeinen aus? Da es viele verschiedene Moraltheorien gibt, die diese Frage zu beantworten versuchen und bei der Beurteilung von Einzelfällen auch häufig zu unterschiedlichen Ergebnissen kommen, und keine dieser Moraltheorien den Anspruch erheben kann, alleinige Geltung zu haben, kann hier nur mit einem sehr allgemeinen Begriff von Sittlichkeit bzw. Moralität gearbeitet werden. Wenn also im Folgenden die Rede von sittlichem oder moralischen Entscheiden und Handeln sein wird, werden diese Begriffe im folgenden Sinn gebraucht:

Definition

Eine Handlung ist moralisch, wenn sie gut ist für mich und die anderen. Moralisches Handeln löst insbesondere die Verpflichtungen ein, anderen nicht zu schaden, Menschen in Not zu helfen und gut für sich selbst zu sorgen.

Die oben genannten Verpflichtungen sind in der philosophischen Tradition gut verankert. Dies zeigt sich z.b. bei Kant, der in der GMS (429) den Gedanken formuliert, dass der Mensch der Idee der Menschheit als Zweck an sich selbst verpflichtet ist. D.h. er kann weder über andere Personen noch über seine eigene disponieren, wie es ihm in den Sinn kommt, sondern muss die anderen und sich selbst bei all seinen Handlungen als Zweck an sich selbst würdigen. Dazu gehören z.B. die Verpflichtungen, sich „nicht zu verstümmeln, zu verderben, oder zu töten" (GMS 430), seine „Anlagen zu größerer Vollkommenheit" nicht zu vernachlässigen (GMS 431), die Rechte der anderen auf Freiheit und Eigentum nicht zu verletzen (GMS 430) und zur Glückseligkeit der anderen beizutragen (GMS 431).

Das Idealbild eines moralischen Menschen ließe sich – stark vereinfacht – nun in etwa folgendermaßen skizzieren:

- seine expliziten und impliziten Motive, Ziele und Einstellungen sind moralisch einwandfrei;
- in seinem emotionalen Gedächtnis verfügt er über Erfahrungen mit einer Vielzahl von Lebenssituationen, wobei seine Erfahrungen mit moralischen Handlungsalternativen emotional positiv belegt sind;
- er verfügt für eine Vielzahl von Lebenssituationen über automatisierte Handlungsroutinen, die moralischen Kriterien genügen;
- für Situationen, die für eine (bewusste) Bearbeitung mithilfe von Typ-2-Prozessen zu komplex sind, verfügt er über ein feines Gespür für seine „somatischen Marker", die ihm das Ergebnis intuitiver Denkprozesse anzeigen;
- wenn es darauf ankommt, möglichst präzise Ergebnisse zu erzielen und dafür die Zeit vorhanden ist, nutzt er, orientiert an moralischen Grundsätzen, seine Typ-2-Prozesse, ebenso für die Bewältigung neuartiger Situationen, für die Simulation zukünftiger Handlungskonsequenzen und die verbale Kommunikation, insbesondere, wenn es um den Austausch von Gründen und Argumenten geht.

Ein solcher Mensch würde wohl weitgehend anstrengungslos und meist völlig automatisch das moralisch Rechte tun. Kognitive Dissonanzen würden nicht entstehen und er hätte wenig mit inneren Widerständen zu kämpfen. Aus verschiedenen Gründen wird sich ein solcher Mensch kaum finden lassen.

So werden wir häufig eher von „schlechten Gewohnheiten" automatisch gesteuert als von moralisch einwandfreien Handlungsroutinen, z.B. bei unserem Konsum, wenn wir Bewegung vermeiden oder auch in Teilen unseres Kommunikationsstils. Unsere Motive, Ziele und Einstellungen sind nicht immer moralisch einwandfrei, und hier wird es auch immer wieder zu Konflikten zwischen Implizitem und Explizitem kommen, mit anderen Worten zu kognitiven Dissonanzen und inneren Widerständen. In unserem emotionalen Gedächtnis werden sich Erfahrungen mit moralischen Entscheidungen finden lassen, die ausgesprochen schmerzhafte Konsequenzen hatten, aber auch Erfahrungen mit ganz und gar egoistischen Entscheidungen, deren Konsequenzen wir als lustvoll erlebt haben.

Wir überfahren manches Mal unsere Intuitionen bzw. nehmen sie nicht zur Kenntnis oder nicht ernst. Oft genug sind wir unreflektiert in dem Sinne, dass wir zu bestimmten Themen oder Zusammenhängen gar keine expliziten Einstellungen haben und uns mehr oder weniger treiben lassen, oder unsere expliziten Einstellungen erweisen sich bei genauerer Betrachtung als naiv, uninformiert oder als das Ergebnis von Konformität. Gelegentlich werden wir auch mit Situationen konfrontiert, die uns überfordern, weil wir nicht über die nötigen Handlungsroutinen verfügen und die Situation mit unseren (bewussten) Typ-2-Prozessen nicht schnell genug bewältigen können.

„Offensichtlich ändern Menschen also bereitwillig ihr Verhalten, sobald ihnen jemand vormacht, wie man handeln sollte. Sozialpsychologen gehen daher davon aus, dass ein Mangel an Hilfsbereitschaft weniger auf Gleichgültigkeit oder Egoismus beruht als auf fehlenden »Verhaltensskripten«. Sind wir beispielsweise zum Abendessen eingeladen, wissen wir genau, was von uns erwartet wird: Hände schütteln, lächeln, ein Geschenk überreichen, das Gespräch beginnen – das haben wir oft genug geübt. Treffen wir dagegen auf eine Person in akuter Notlage, fehlt das kognitive Schema für die Handlungsentscheidung: Eine Prügelei oder einen Unfall erleben wir einfach zu selten." (Gueguen 2006, 24)

Deshalb brauchen wir moralisch unvollkommenen Menschen:
- Orientierung in Form eines eigenen, reflektierten Bildes vom Guten und Gerechten, das uns eine Basis für die bewusste Bewertung unserer eigenen Entscheidungen und Handlungen gibt;
- Selbstreflexion, um unsere expliziten Einstellungen zu erkennen, aber auch die Art und Weise, wie wir gewohnheitsmäßig entscheiden und handeln;
- Sensibilität für unsere Intuitionen, aber auch die Fähigkeit, sie zu hinterfragen;
- Selbstkontrolle, um als schädlich erkannte Impulse und Routinen bewusst übersteuern zu können;
- die Bereitschaft, neue, konstruktive Handlungsweisen so lange bewusst einzusetzen, bis sie sich automatisiert haben und in unserem emotionalen Gedächtnis viele positive Erfahrungen mit dieser Weise zu handeln abgespeichert wurden, was sich dann wiederum auf unsere impliziten Einstellungen und Urteile auswirken wird.

Ethikunterricht, der sich das sittliche Urteilen und Handeln zum wesentlichen Ziel gesetzt hat, wird sich insbesondere mit der Förderung dieser Fähigkeiten beschäftigen müssen, wobei jedoch die Frage zu klären sein wird, inwieweit diese durch

Unterricht auch gefördert werden können und welche Mittel moralisch vertretbar und wirksam sind (siehe Kap. 9). An dieser Stelle sei aber eine für die Didaktik des Ethikunterrichts folgenschwere Erkenntnis bereits hervorgehoben: Implizite Prozesse verstehen keine verbalisierten Informationen wie Argumente oder Instruktionen; implizites Lernen ist Lernen aus wiederholter Erfahrung (siehe oben)!

„Ohne die Fähigkeit und Bereitschaft, sich von seinen Neigungen und den sozialen Erwartungen zu distanzieren und aus der doppelten Distanz heraus eine Kritik, eine Kontrolle und gegebenenfalls eine Veränderung der gewohnten Verhaltensmuster und spontanen Handlungsintentionen durchzuführen, ist sittliche Kompetenz nicht möglich. Man bildet aber sittliche Kompetenz nicht schon durch Analyse und theoretische Kritik von menschlichen Verhaltensformen, sondern erst durch ein Einüben in Selbst-Distanz und Sozial-Kontrolle, durch eine kritische Aneignung von Kommunikations- und Interaktionsmustern ..." (Höffe 1979, 460f).

Zusammenfassung

Der Ethikunterricht orientiert sich am angestrebten *Outcome* seiner Bemühungen: Der Kompetenz der Schüler zum sittlichen Urteilen und Handeln in ihrem Alltag. Eine Vorstellung davon, wie Menschen zu einem Urteil und schließlich einer Handlung kommen, gibt ein aktuelles Handlungsmodell, das auf Erkenntnissen der Motivationspsychologie aufbaut: Zu einer Handlung gehören Wahrnehmung und Interpretation, Zielsetzung, Motivation, Planung der Handlung, Handeln und Bewerten der Handlung. Damit ist bereits die Grundstruktur der Kompetenz zum sittlichen Urteilen und Handeln beschrieben. Alle diese Bestandteile einer Handlung sind charakterisiert durch das komplexe Zusammenwirken von Typ-1- (bzw. impliziten/unbewussten) und Typ-2- (bzw. expliziten/bewussten) Prozessen. Bemerkenswert ist dabei, dass Wahrnehmen, Lernen und Denken nicht nur auf einer explizit/bewussten Ebene stattfindet, sondern zu großen Teilen auch implizit/unbewusst geschieht, dass der weit überwiegende Teil unserer Gedächtnisinhalte einer bewussten Verarbeitung nicht zur Verfügung steht, und dass bewussten Motiven, Zielen und Einstellungen auch jeweils unbewusste Motive, Ziele und Einstellungen gegenüberstehen, was immer wieder zu kognitiven Dissonanzen führt. Alltagshandlungen erfordern von uns in der Regel schnelle Entscheidungen und Reaktionen, die von den (explizit/bewussten) Typ-2-Prozessen nicht geleistet werden können. So werden in unserem Alltag häufig implizite Motive, Ziele und Einstellungen handlungsleitend und es werden weitgehend automatisierte Handlungsschemata aktiviert. Grundsätzlich ist es Menschen aber möglich, implizite Prozesse bewusst zu übersteuern. Erste Voraussetzung für diese Form von Selbstkontrolle ist Selbsterkenntnis.

Ethikunterricht wird nur dann Aussicht auf Erfolg haben, wenn er sich allen Komponenten der Kompetenz zum sittlichen Urteilen und Handeln widmet und den großen Einfluss impliziter Prozesse in ausreichendem Maße und in adäquater Weise berücksichtigt.

Literatur

Aristoteles: Nikomachische Ethik. Reinbek b.H: rororo. 2. Auflage 2008.

Aronson, E. et al. (2014): Sozialpsychologie. Hallbergmoos: Pearson.

Arsenio, W. F. (2014): Moral Emotion Attributions and Aggression. In: M. Killen/J. G. Smetana (Hrsg.): Handbook of Moral Development. New York und London: Psychology Press, 235-255.

Bargh, J. A. (1999): The Cognitive Monster: The Case Against the Controllability of Automatic Stereotype Effects. In: S. Chaiken/Y. Trope (Hrsg.): Dual-Process Theory In Social Psychology. New York und London: The Guilford Press, 361-382.

Bargh, J. A./Morsella, E. (2008): The Unconscious Mind. In: Perspectives on psychological science 3 (1), 73-79.

Baumeister, R. F./Bargh, J. A. (2014): Conscious and Unconscious. In: J. W. Sherman et al. (Hrsg.): Dual-Process Theories of the Social Mind. New York und London: The Guilford Press, 35-49.

Becker, G. (2008): Soziale, moralische und demokratische Kompetenzen fördern. Weinheim und Basel: Belz.

Beckermann, A. (2008): Gehirn, Ich, Freiheit. Neurowissenschaften und Menschenbild. Paderborn: mentis.

Brunstein, J. C. et al. (1998): Personal Goals and Emotional Well-Being: The Moderating Role of Motive Dispositions. In: Journal of Personality and Social Psychology 75 (2), 494-508.

Carlo, G. (2014): The development and Correlates of Prosocial Moral Behaviors. In: M. Killen/J. G. Smetana (Hrsg.): Handbook of Moral Development. New York und London: Psychology Press, 208-234.

Carlson, S. M. et al. (2013): Executive Function. In: R. M. Lerner/P. D. Zelazo (Hrsg.): The Oxford Handbook of Developmental Psychology. Vol. 1 Body and Mind. New York: Oxford University Press, 706-743.

Cushman, F. et al. (2013): Multi-system Moral Psychology. In : J. M. Doris & the Moral Psychology Research Group (Hrsg.): The Moral Psychology Handbook. Oxford: Oxford University Press, 47-71.

Damasio, A. R. (1997): Descartes' Irrtum. München: dtv.

Damasio, A. R. (2003) : Der Spinoza-Effekt. München: List.

Decety, J./Howard, L. H. (2014): A Neurodevelopmental Perspective on Morality. In: M. Killen/J. G. Smetana (Hrsg.): Handbook of Moral Development. New York und London: Psychology Press, 454-474.

Delgado, J. M. R. (1969): Physical Control of the mind: Toward a psychocivilized society. New York, Evanston, London: Harper Row.

De Neys, W. (2006): Dual Processing in Reasoning. In: Psychological science 17 (5), 428-433.

Devine, P. G./Monteith, M. J. (1999): Automaticity and Control in Stereotyping. In: S. Chaiken/Y. Trope (Hrsg.): Dual-Process Theory In Social Psychology. New York und London: The Guilford Press, 339-360.

Eagleman, D. (2012): Inkognito. Die geheimen Eigenleben unseres Gehirns. Frankfurt a.M.: Campus.

Eisenberg, N. et al. (2015): Prosocial Development. In: M. E. Lamb (Hrsg.): Handbook of Child Psychology and Developmental Science. Vol. 3 Socioemotional Processes. Hoboken, New Jersey: Wiley, 610-656.

Epstein, S./Pacini, R. (1999): Some Basic Issues Regarding Dual-Process Theories from the Perspective of Cognitive-Experiential Self-Theory. In: S. Chaiken/Y. Trope (Hrsg.): Dual-Process Theory In Social Psychology. New York und London: The Guilford Press, 462-482.

Epstein, S. (2010): Demystifying Intuition: What It Is, What It Does, and How It Does It. In: Psychological Inquiry 21 (4), 295-312.

Epstein, S. (2011): The influence of valence and intensity of affect on intuitive processing. In: M. Sinclair (Hrsg.): Handbook of Intuition Research. Cheltenham, UK und Northampton, MA, USA: Edward Elgar, 37-51.

Evans, J. S. B. T. (2008): Dual-Processing Accounts of Reasoning, Judgment, and Social Cognition. In: Annual review of psychology 59, 255-278.

Fazio, R. H./Olson, M. A. (2014): The MODE Model. In: J. W. Sherman et al. (Hrsg.): Dual-Process Theories of the Social Mind. New York und London: The Guilford Press, 155-171.

Freud, S. (1915/1963): Das Unbewusste. In: Gesammelte Werke X. Frankfurt a.M.: S. Fischer, 264-303.

Freud, S. (1916-17/2007): Vorlesungen zur Einführung in die Psychoanalyse. Frankfurt a.M.: S. Fischer.

Freud, S. (1923/2013): Das Ich und das Es. Stuttgart: Reclam.

Freud, S. (1925/2014): Die Traumdeutung. Hamburg: Nikol.

Gailliot, M. T./Mead, N. L./Baumeister, R. F. (2010): Self-regulation. In: O. P. John/R. W. Robins/L. A. Pervin (Hrsg.): Handbook of Personality. Theory and Research. New York: The Guilford Press, 472-491.

Gawronski, B. et al. (2014): Two of What? In: J. W. Sherman et al. (Hrsg.): Dual-Process Theories of the Social Mind. New York und London: The Guilford Press, 3-19.

Goleman, D. (1997): Emotionale Intelligenz. München: dtv.

Gordon, T. (2000): Parent Effectiveness Training. New York: Three River Press.

Gueguen, N. (2006): Heute ein Samariter. In: Gehirn und Geist 3/2006, 22-24.

Guzak, J. R./Hargrove, M. B. (2011): The role of intuition in ethical decision making. In: M. Sinclair (Hrsg.): Handbook of Intuition Research. Cheltenham, UK und Northampton, MA, USA: Edward Elgar, 97-108.

Haidt, J. (2001): The Emotional Dog and Its Rational Tail: A Social Intuitionist Approach to Moral Judgment. Psychological Review 108 (4), 814-834.

Haidt, J./Bjorklund, F. (2008): Social Intuitionists Answer Six Questions About Moral Psychology. In: W. Sinnott-Armstrong (Hrsg.): Moral Psychology. Volume 2. Cambridge und London: The MIT Press, 181-218.

Haidt, J./Pinker, S. (2016): Moral Psychology: An Exchange. In: The New York Review LXIII/6, 82-84.

Heckhausen, H./Gollwitzer, P. M. (1987): Thought Contents and Cognitive Functioning in Motivational versus Volitional States of Mind. In: Motivation and Emotion 11 (2), 101-120.

Heckhausen, H./Heckhausen, J. (Hrsg.) (2010): Motivation und Handeln. Berlin: Springer.

Höffe, O. (1979): Ethik und Politik. Frankfurt a.M.: Suhrkamp.

Hume. D. (1740/1978): A Treatise of Human Nature. Oxford: Oxford University Press.

Hume, D. (1751/2003): Eine Untersuchung über die Prinzipien der Moral. Hamburg: Felix Meiner.

Juarrero, A. (1999): Dynamics in Action. Cambridge und London: The MIT Press.

Kahneman, D. (2011): Schnelles Denken, langsames Denken. München: Siedler.

Kant, I. (1785/1961): Grundlegung zur Metaphysik der Sitten. Stuttgart: Reclam.

Kihlstrom, J. F. (2010): The Psychological Unconscious. In: O. P. John/R. W. Robins/L. A. Pervin (Hrsg.): Handbook of Personality. Theory and Research. New York: The Guilford Press, 583-602.

Klein, G. (2011): Expert intuition and naturalistic decision making. In: M. Sinclair (Hrsg.): Handbook of Intuition Research. Cheltenham, UK und Northampton, MA, USA: Edward Elgar, 69-78.

Klieme, E. et al. (2007): Zur Entwicklung nationaler Bildungsstandards. Bonn: Bundesministerium für Bildung und Forschung. Verfügbar unter: http://www.bmbf.de/pub/zur_entwicklung_nationaler_bildungsstandards.pdf (Zugriff am 19.6.2015).

Krettenauer, T. et al. (2011): The role of emotion expectancies in adolescents' moral decision making. In: Journal of Experimental Child Psychology 108 (2), 358-370.

Kuhl, J. (1987): Motivation und Handlungskontrolle: Ohne guten Willen geht es nicht. In: H. Heckhausen/P. M. Gollwitzer/F. E. Weinert (Hrsg.): Jenseits des Rubikon – Der Wille in den Humanwissenschaften. Berlin und Heidelberg: Springer, 101-120.

Kuhl, J. (2001): Motivation und Persönlichkeit. Interaktionen psychischer Systeme. Göttingen, Bern, Toronto, Seattle: Hogrefe.

Kuhl, J. (2005): Eine neue Persönlichkeitstheorie. Verfügbar unter: http://psi-schweiz.ch/pdf/PS/-light_Kuhl2005.pdf (Zugriff am 2.11.2012).

Kuhn, D. (2013): Reasoning. In: R. M. Lerner/P. D. Zelazo (Hrsg.): The Oxford Handbook of Developmental Psychology. Vol. 1 Body and Mind. New York: Oxford University Press, 744-764.

Lewis, M. D. (2013): The Development of Emotion Regulation: Integrating Normative and Individual Differences Through Developmental Neuroscience. In: P. D. Zelazo (Hrsg.): The Oxford Handbook of Developmental Psychology. Vol. 2 Self and Other. New York: Oxford University Press, 81-97.

Lieberman, M. D. (2000): Intuition: A Social Cognitive Neuroscience Approach. Psychological Bulletin 126 (1), 109-137.

Lind, G. (2003): Moral ist lehrbar. München: Oldenbourg.

Mallon, R./Nichols, S. (2013): Rules. In : J. M. Doris & the Moral Psychology Research Group (Hrsg.): The Moral Psychology Handbook. Oxford: Oxford University Press, 297-320.

Malti, T./Ongley, S. F. (2014): The Development of Moral Emotions and Moral Reasoning. In: M. Killen/J. G. Smetana (Hrsg.): Handbook of Moral Development. New York und London: Psychology Press, 163-183.

Matsuba, M. K. et al. (2014): Moral Identity Development and Community. In: M. Killen/J. G. Smetana (Hrsg.): Handbook of Moral Development. New York und London: Psychology Press, 520-537.

McClelland, D. C./ Koestner, R./Weinberger, J. (1989): How Do Self-Attributed and Implicit Motives Differ? Psychological Review 96 (4), 690-702.

Merritt, M. W. et al. (2013): Character. In: J. M. Doris. & the Moral Psychology Research Group (Hrsg.): The Moral Psychology Handbook. Oxford: Oxford University Press, 355-401.

Mischel, W./Shoda, Y. (2010): Toward a Unified Theory of Personality. Integrating Dispositions and Processing Dynamics within the Cognitive-Affective Processing System. In: O. P. John/R. W. Robins/L. A. Pervin (Hrsg.): Handbook of Personality. Theory and Research. New York: The Guilford Press, 208-241.

Monteith, M. J. (1993): Self-Regulation of Prejudiced Responses: Implications for Progress in Prejudice-Reduction Efforts. Journal of Personality and Social Psychology, 65 (3), 469-485.

Moshman, D. (2009): The Development Of Rationality. In: H. Siegel (Hrsg.): The Oxford Handbook of Philosophy of Education. New York: Oxford University Press, 145-161.

Muraven, M./Baumeister, R. F. (2000): Self-Regulation and Depletion of Limited Resources: Does Self-Control Resemble a Muscle? Psychological Bulletin 126 (2), 247-259.

Nietzsche, F. (1881/1980): Morgenröte. In: Werke, Band II. München und Wien: Hanser, 1009-1279.

Nosek, B. A. et al. (2010): Implicit Political Cognition. In: B. Gawronski/B. K. Payne (Hrsg.): Handbook of Implicit Social Cognition. New York und London: The Guilford Press, 548-564.

Pears, D. (1986): The goals and strategies of self-deception. In: J. Elster (Hrsg.): The Multiple Self. Cambridge: Cambridge University Press, 59-77.

Pizzaro, D. A./Bloom, P. (2003): The Intelligence of the Moral Intuitions: Comment on Haidt (2001). In: Psychological Review 110 (1), 193-196.

Prinz, J. J./Nichols, S. (2013): Moral Emotions. In: J. M. Doris & the Moral Psychology Research Group (Hrsg.): The Moral Psychology Handbook. Oxford: Oxford University Press, 111-146.

Rheinberg, F. (2008): Motivation. Stuttgart: Kohlhammer.

Ricco, R. B. (2015): The Development of Reasoning. In: L. S. Liben/U. Müller (Hrsg.): Handbook of Child Psychology and Developmental Science. Vol. 2 Cognitive Processes. Hoboken, New Jersey: Wiley, 519-570.

Roth, G. (1997): Das Gehirn und seine Wirklichkeit. Frankfurt a.M.: Suhrkamp.

Roth, G. (2000): Warum ist Einsicht schwer zu vermitteln und schwer zu befolgen? Neue Erkenntnisse aus Hirnforschung und Kognitionswissenschaften. Ethik und Unterricht 4/00, 17-22.

Roth, G. (2011): Persönlichkeit, Entscheidung und Verhalten. Stuttgart: Klett-Cotta.

Roth, G./Strüber, N. (2014): Wie das Gehirn die Seele macht. Stuttgart: Klett-Cotta.

Ryan, R. M./Deci, E. L. (2010): Self-Determination Theory and the Role of Basic Psychological Needs in Personality and the Organization of Behavior. In: O. P. John/R. W. Robins/L. A. Pervin (Hrsg.): Handbook of Personality. Theory and Research. New York: The Guilford Press, 654-678.

Schirp, H. (2009): Wie lernt unser Gehirn Werte und Orientierungen? In: U. Herrmann (Hrsg.): Neurodidaktik. Weinheim und Basel: Beltz, 246-260.

Schultheiss, O. C./Brunstein J. C. (1999): Goal Imagery: Bridging the Gap Between Implicit Motives and Explicit Goals. Journal of Personality 67, 1-38.

Seligman, M. E. P. (2011): Flourish. New York: Free Press.

Singer, W. (2012): Neuronale und bewusste Prozesse – Eine schwierige Beziehung. In: Nida-Rümelin, J./Özmen, E. (Hrsg.): Welt der Gründe. Hamburg: Felix Meiner, 465-477.

Sloman, S. A. (1996): The Empirical Case for Two Systems of Reasoning. Psychological Bulletin, 119 (1), 3-22.

Sloman, S. A. (2014): Two Systems of Reasoning. In: J. W. Sherman et al. (Hrsg.): Dual-Process Theories of the Social Mind. New York und London: The Guilford Press, 69-79.

Smetana, J. G./Jambon, M./Ball, C. (2014): The Social Domain Approach to Children's Moral and Social Judgments. In: M. Killen/J. G. Smetana (Hrsg.): Handbook of Moral Development. New York und London: Psychology Press, 23-45.

Smith, E. R./DeCoster, J. (1999): Associative and Rule-Based Processing. A Connectionist Interpretation Of Dual-Process Models. In: S. Chaiken/Y. Trope (Hrsg.): Dual-Process Theory In Social Psychology. New York und London: The Guilford Press, 323-336.

Smith, L. B./Thelen, E. (2003): Development as a dynamic system. In: TRENDS in Cognitive Science 7 (8), 343-348.

Stanovich, K. E. (2014): Rationality, Intelligence, and the Defining Features of Type 1 and Type 2 Processing. In: J. W. Sherman et al. (Hrsg.): Dual-Process Theories of the Social Mind. New York und London: The Guilford Press, 80-91.

Stone, J./Moskowitz, G. B. (2011): Non-conscious bias in medical decision making: what can be done to reduce it? Medical Education 45 (8), 768-776.

Storch, M. (2009): Hausaufgaben! Oder lieber nicht? In: U. Herrmann (Hrsg.): Neurodidaktik. Weinheim und Basel: Beltz.

Strick, M./Dijksterhuis, A. (2011): Intuition and unconscious thought. In: M. Sinclair (Hrsg.): Handbook of Intuition Research. Cheltenham, UK und Northampton, MA, USA: Edward Elgar, 28-36.

Wegner, D. M. (2002): The Illusion of Conscious Will. Cambridge Massachusetts und London, England: The MIT Press.

Wiers, R. W. et al. (2010): Implicit Cognition in Health Psychology. In: B. Gawronski/B. K. Payne (Hrsg.): Handbook of Implicit Social Cognition. New York und London: The Guilford Press, 463-488.

Wilson, T. D./Lindsey, S./Schooler, T. (2000): A Model of Dual Attitudes. Psychological Review 107 (1), 101-126.

Wilson, T. D. (2002): Strangers to Ourselves. Discovering the Adaptive Unconscious. Cambridge, Massachusetts und London, England: The Belknap Press of Harvard University Press.

Wilson, T. D. (2007): Gestatten, mein Name ist Ich. München und Zürich: Pendo.

Wood, W. (2014): Habits in Dual-Process Models. In: J. W. Sherman et al. (Hrsg.): Dual-Process Theories of the Social Mind. New York und London: The Guilford Press, 371-385.

Zajonc, R. B. (1980): Feeling and Thinking. Preferences need no Inferences. In: American Psychologist, 35 (2), 151-175.

4 Das Kompetenzmodell für den Ethikunterricht

Rolf Roew

Aufbauend auf dem im Kapitel 3 dargestellten Handlungsmodell und den dort beschriebenen impliziten und expliziten Prozessen bei Entscheidungsfindung und Handlungssteuerung wird nun herausgearbeitet, welche Komponenten der Kompetenz zum sittlichen Urteilen und Handeln ein erfolgversprechender Ethikunterricht wird fördern müssen. Dabei wird zunächst angelehnt an das Handlungsmodell ein Prozessmodell der Kompetenz zum sittlichen Handeln entworfen. Zur besseren Übersicht und Handhabbarkeit wird dieses Prozessmodell dann in einem Strukturmodell verdichtet und weiter präzisiert.

4.1 Ein Prozessmodell der Kompetenz zum sittlichen Handeln

In Kapitel 3.1 wurde bereits folgender Kompetenzbegriff nach Weinert vorgestellt: *Kompetenzen* sind „die bei Individuen verfügbaren oder von ihnen erlernbaren kognitiven Fähigkeiten und Fertigkeiten, bestimmte Probleme zu lösen, sowie die damit verbundenen motivationalen, volitionalen und sozialen Bereitschaften und Fähigkeiten, die Problemlösungen in variablen Situationen erfolgreich und verantwortungsvoll nutzen zu können." (Klieme et al. 2007, 72) Deutlich wird hier, dass Klieme et al. bzw. Weinert nur dann von einer Kompetenz reden, wenn alle Voraussetzungen dafür gegeben sind, dass eine Handlung – erfolgreich und verantwortungsbewusst – ausgeführt werden kann. „Kompetenz ... ist als Befähigung zur Bewältigung von Situationen bzw. von Aufgaben zu sehen." (Ebd., 73) Und Klieme et al. führen in diesem Zusammenhang einen Begriff ein, der für die Bestimmung des Kompetenzbegriffs äußerst nützlich zu sein scheint: „Kompetenz ... enthält eine Vielzahl von *Komponenten*, die zusammen wirken müssen." (Ebd., 74; Hervorhebung durch R.R.)

Damit dürfte klar sein, dass es bei der Verwendung eines so umfassenden Kompetenzbegriffs nicht sinnvoll ist, z.B. von „motivationaler Kompetenz" zu reden, denn Motivation allein reicht eben nicht zur „Bewältigung von Situationen bzw. Aufgaben" aus. Vielmehr ist Motivation als eine *Komponente* einer Kompetenz anzusehen. Und so wird ein Kompetenzmodell für den Ethikunterricht im Wesentlichen beschreiben, welche Komponenten der Kompetenz zum sittlichen Handeln für den Ethikunterricht relevant sind. Wie schon in Kapitel 3.2 ausgeführt, gehören aus der Sicht der Motivationspsychologie (Modifikation durch Becker, 2008) zur Handlungskompetenz die Fähigkeiten zur

- Situationserfasssung,
- Zielsetzung,
- Motivation,
- Planung der Handlung,
- zum Handeln,
- zur Bewertung der Handlung.

Bei diesem Modell handelt es sich um ein *Prozessmodell*, d.h. es beschreibt den Ablauf von Aktivitäten in Phasen. Im Folgenden soll nun untersucht werden, wie dieses noch sehr abstrakte Modell der Kompetenz zum sittlichen Handeln konkretisiert werden kann, also welche Komponenten der Kompetenz zum sittlichen Handeln in den einzelnen Phasen der Handlung relevant werden.

4.1.1 Situationserfassung

„Eine notwendige Voraussetzung für moralisches Handeln ist ein differenziertes Situationsverständnis." (Becker 2008, 122) Dazu gehört für Becker vor allem die Fähigkeit, „die Interessen-, Problem- und Gefühlslage der eigenen Person und anderer Personen zu erfassen." Dafür braucht es u.a. die Fähigkeit zum Perspektivwechsel und zur Empathie (vgl. ebd.).

Zur Erfassung der Situation gehört in vielen Fällen auch die Interpretation von dem, was jemand zu mir gesagt hat. Schulz von Thun (2011, 48ff) weist darauf hin, dass dabei alle Aspekte einer Nachricht ausgewogen zu berücksichtigen sind: Sachaspekt, Beziehungsaspekt, Selbstoffenbarung und Appell. Dies nennt er Fähigkeit zum „vierohrigen Hören". Ebenso werden in vielen Fällen Gruppensituationen und -prozesse zu analysieren sein (vgl. Aronson et al. 2014, 309ff).

Hoff (1999, 245f) betont, dass dem Erkennen eines Handlungsbedarfs eine besondere Rolle zukommt. „Erst wenn Probleme als solche erkannt werden, sind die Fragen nach ihrer Lösung mit Hilfe eigenen und/oder fremden Handelns und nach der Verpflichtung dazu akut." (Ebd.) Ein Beispiel dafür ist das Erkennen und die Diagnose von Konflikten bzw. von Anzeichen für einen sich entwickelnden Konflikt (vgl. Glasl 2011, 93ff).

Eine wichtige Voraussetzung für das adäquate Erfassen einer Situation ist weiterhin die Berücksichtigung der Tatsache, dass meine Wahrnehmung und Interpretation immer subjektiv geprägt sind und andere die Situation unterschiedlich erfassen können. Vor allem in dem Fall, dass mir die richtige Erfassung einer Situation besonders wichtig ist, werde ich mich deshalb mit anderen Personen über sie austauschen, insbesondere anderen Betroffenen. Dann werden auch kommunikative Fähigkeiten und Fertigkeiten relevant (siehe Kap. 4.1.5; vgl. Becker 2008, 122).

4.1.2 Zielsetzung

Fähigkeiten im Rahmen der Typ-1-Prozesse
In der Phase der Zielsetzung wählt die Person ein Handlungsziel und die Handlungsmittel aus (vgl. Becker 2008, 122). Wie oben dargestellt (siehe Kap. 3), sind an solchen Entscheidungen (unbewusste) Typ-1- und (bewusste) Typ-2-Prozesse, in bestimmten Situationen aber auch nur Typ-1-Prozesse beteiligt. Aufseiten der Typ-1-Prozesse wird es für qualifizierte Entscheidungen vor allem Folgendes brauchen (vgl. Kap. 3):

1. Im emotionalen Gedächtnis Erfahrungen mit vielfältigen Situationen. Hier ist allerdings anzumerken, dass diese Erfahrungen häufig zu einseitigen Urteilen führen werden, wenn sie nicht repräsentativ sind. Wer einmal fast ertrunken wäre, wird Wasser wahrscheinlich eher scheuen und dann auch nicht wie andere Badefreuden oder Wassersport genießen können. So können die Erfahrungen in unserem emotionalen Gedächtnis uns ggf. unnötig einschränken. Anders herum können überrepräsentativ positive Erfahrungen dazu führen, dass wir nicht vorsichtig genug agieren.
2. Heuristiken für Situationen, die Entscheidungen in sehr kurzer Zeit erfordern, und für Zusammenhänge, die so komplex sind, dass Typ-2-Prozesse sie nicht bewältigen können.

Zusammenfassend lässt sich sagen, dass intuitive Prozesse in der Phase der Zielsetzung vor allem Bewertungen der angenommenen Folgen von Handlungsalternativen liefern. Über die Fähigkeit, auf ihr Erfahrungswissen zuzugreifen, verfügen Menschen grundsätzlich, und der derzeitige Stand der Forschung scheint noch keine Aussagen darüber zuzulassen, inwiefern diese Fähigkeit im Rahmen von Unterricht gezielt gefördert werden kann. Handlungsorientierter Unterricht kann den Schülern aber neue Erfahrungen ermöglichen – z.B. in Rollenspielen –, die ihnen in der Folge in ihrem emotionalen Gedächtnis zur Verfügung stehen werden und ggf. auch Einfluss auf ihre zukünftigen Entscheidungen haben dürften.
Heuristiken stehen schon relativ kleinen Kindern zur Verfügung. Die Aufgabe der Schule ist es in der Regel, die typischen Fehler und Gefahren von Heuristiken aufzudecken und die Schüler soweit dafür zu sensibilisieren, dass sie spontane Einschätzungen – vor allem bei wichtigen Entscheidungen – einer gründlichen Prüfung unterziehen. (Vgl. Sloman 2014, 71) Ein Überblick über grundlegende Formen von Heuristiken und deren Schwächen findet sich bei Kahneman (2011).

Fähigkeiten und Fertigkeiten zur Emotionsregulierung
Damit Typ-2-Prozesse überhaupt die Gelegenheit bekommen, sich in die Zielsetzung einzuschalten, wird häufig Impulskontrolle nötig sein, um zu verhindern, dass Handlungen augenblicklich durch automatisierte Prozesse initiiert werden. Weiterhin wird Sensibilität für sich evtl. in Form sog. somatischer Marker mel-

dende Intuitionen (vgl. Kap. 3.4.1) von Nutzen sein und ggf. der angemessene Umgang mit ihnen, d.h. sie zu interpretieren und zu entscheiden, inwieweit sie im bewussten Teil des Entscheidungsprozesses berücksichtigt werden sollen. Dasselbe gilt für eindeutiger benennbare moralische Gefühle wie Ärger, Wut, Empörung, Verachtung, Stolz, Bewunderung, Empathie, Scham, Schuldgefühle oder Reue und insbesondere für Angst.

Fähigkeiten und Fertigkeiten zum expliziten moralischen Urteil
Damit ein moralisches Urteil gefällt werden kann, braucht es Kriterien zur Bewertung, und dafür muss der Mensch sich wiederum eine Vorstellung vom Guten machen können (vgl. Rawls 2006, 44). Insbesondere werden Menschen eine angemessene Balance zwischen Anpassung und Selbstbestimmung sowie eigenen Bedürfnissen und Interessen und den Bedürfnissen und Interessen anderer zu finden haben. Darüber hinaus werden vor allem die folgenden formalen Fähigkeiten und Fertigkeiten verlangt, wenn es um die Bildung eines rationalen moralischen Urteils geht (vgl. Rawls 2006, 149; Tetens 2006):
• typisch philosophische Argumentationsmuster anwenden;
• Regeln des Schließens anwenden;
• Argumente durch Belege untermauern;
• Maßstäbe der Richtigkeit und der Wahrheit anwenden;
• Argumente klar und präzise formulieren, insbesondere durch einen präzisen Umgang mit Begriffen;
• ein eigenes Urteil aus einer rationalen Argumentation schlüssig entwickeln bzw. ein eigenes Urteil rational und schlüssig begründen (Induktion/Deduktion).

4.1.3 Motivation

Von einer Vielzahl von Motiven wird angenommen, dass sie als (Teil-)Ursachen von moralischem bzw. prosozialem Handeln wirken:
• Angst vor Sanktionen (vgl. Becker 2008, 123; Nunner-Winkler 1999, 176);
• Eigennutz, Belohnungen (vgl. Becker 2008, 123; Nunner-Winkler et al. 2006, 65; Aronson et al. 2014, 400; Eisenberg 2014, 189);
• Reziprozität (vgl. Eisenberg 2014, 189; Wilke/Lanzetta 1970, 492);
• soziale Achtung (vgl. Aronson 2014, 400; Eisenberg 2014, 189);
• Konformität (vgl. Nunner-Winkler et al. 2006, 65; Aronson 2014, 287ff; Merritt 2013, 389);
• Vorbild (vgl. Uhl 1996, 143ff);
• moralische Gefühle: Schuldgefühle bzw. Gewissensbisse (vgl. Becker 2008, 123; Nunner-Winkler 1999, 156, 176; Uhl 1996, 38, 248; Matsuba et al. 2014, 527) und Scham (vgl. Nunner-Winkler 1999, 156; Uhl 1996, 248); Wut, Empörung (vgl. Uhl 1996, 249); Mitleid, Bestürzung (vgl. Nunner-Winkler 1999, 156; Uhl 1996, 38, 120; Aronson et al. 2014, 400);

- Empathie (vgl. z.B. Nunner-Winkler 1993, 281; Uhl 1996, 120; Aronson et al. 2014, 401; Goleman 1997, 138; Carlo 2014, 222; Stich et al. 2013, 174; Malti/Ongley 2014, 177; Lagattuta/Weller 2014, 398f; Eisenberg et al. 2014, 184f);
- Altruismus (vgl. Aronson et al. 2014, 401ff ; Goleman 1997, 138);
- Freude daran, Gutes zu tun (vgl. Becker 208, 123; Seligman 2011, 20);
- Sinn (vgl. Frankl 2003, 18; Seligman, 2009, 388);
- Selbstwert (vgl. Aronson et al. 2014, 400);
- Achtung vor dem moralischen Gesetz bzw. moralische Selbstbindung, die mit einer starken Identifikation mit einem Wert verbunden ist (vgl. Nunner-Winkler 1993, 281; 1999, 168, 175; Eisenberg 2014, 189);
- Integrität/Selbstkongruenz bzw. -konkordanz (vgl. Nunner-Winkler 1993, 281; Walker 2014, 499, 503; Rheinberg 2008, 198; Carlo 2014, 214f; Eisenberg et al. 2015, 641; Haase/Heckhausen 2012, 484);
- Selbstwirksamkeit bzw. Kontrollerleben (Heckhausen/Heckhausen 2010, 429; Hoff 1999, 246; Petermann/Petermann 1993, 12).

Im Einzelfall dürfte es außerordentlich schwierig sein auszumachen, welche dieser Motive bei der Entscheidung für eine moralische Handlung beteiligt waren (vgl. Aronson 2014, 402) oder ob ein bestimmtes Motiv ausschlaggebend war. Wenn z.B. ein wohlhabender Prominenter Geld für einen wohltätigen Zweck spendet, kann es ihm durchaus um Aufmerksamkeit gegangen sein, es kann ihm Freude bereitet und sein Selbstwertgefühl erhöht haben, er kann Schuldgefühle angesichts der Tatsache gehabt haben, dass es ihm so gut, anderen aber so schlecht geht, möglicherweise war es aber auch Empathie mit einer bestimmten Gruppe von Personen etc. Wahrscheinlich ist er sich selbst nicht völlig über seine Motivlage im Klaren, denn man kann davon ausgehen, dass ihm ein Teil seiner Motivation nicht bewusst ist (vgl. Kap. 3.4.1).

Uhl (1996, 252f) weist darauf hin, dass *Wut, Angst* und *Schuldgefühle* als Erziehungsziele außerordentlich ambivalent sind. Die Verstärkung dieser Gefühlsdispositionen dürfte mit erheblichen „Schattenseiten und unerwünschten Nebenwirkungen" (ebd., 252) verbunden sein. Dasselbe dürfte für die Erziehung zur *Konformität* gelten. Sie widerspräche dem in Kapitel 2 formulierten Grundsatz, dass der Ethikunterricht zur Entwicklung eines kritischen Geistes beizutragen hat. Ähnlich verhält es sich mit *sozialer Achtung* als Motiv für das Handeln. Wenn eine bestimmte Art zu handeln mit sozialer Achtung bedacht wird, heißt das noch nicht, dass dieses Handeln auch moralisch ist.

Das gute *Vorbild* kann dann wirksam sein, wenn bestimmte Bedingungen erfüllt sind und weitere Motive zum sittlichen Handeln hinzukommen (vgl. Uhl, 162f, 167). Damit werden besondere Anforderungen an die Persönlichkeit des Ethiklehrers gestellt. Die Orientierung am *Eigennutz* führt zweifellos in einigen Fällen zu moralkonformem Verhalten, aber manchmal kann Hilfeleistung z.B. mit dem Hintergedanken verbunden sein, den Betreffenden damit so manipulieren zu können, dass für mich persönlich auf mittlere bis lange Sicht mehr dabei herausspringt, als ich durch die Hilfeleistung investiert habe (vgl. Aronson 400f). Die Haltung, nur dann moralkonform zu handeln, wenn mir persönlich damit besonders gedient ist, würde von den meisten wohl als egoistisch empfunden. Dennoch muss Eigennutz als Motiv wohl differenziert betrachtet werden. Denn im Zusammenhang mit der Vorstellung einer gerechten Gesellschaft wird der Gedanke der *Reziprozität* vielfach als fundamental erachtet. So formuliert z.b. Rawls (2006, 26):

> „Faire Modalitäten der Kooperation bestimmen eine Idee der Reziprozität oder der Gegenseitigkeit: Alle, die gemäß den Forderungen der anerkannten Regeln ihren Beitrag leisten, sollen einem öffentlichen und übereinstimmend bejahten Maßstab entsprechend ihren Nutzen genießen."

Die verschiedenen Ausformulierungen der Goldenen Regel in Religionen (vgl. Bauschke 2000, 32-60) und der philosophischen Ethik (vgl. ebd., 61-85; Roetz 1992, 219, 220-241; Roetz 2013) zeigen, dass Reziprozität als Grundprinzip über eine lange Tradition verfügt. Reziprozität kann einerseits als moralische Verpflichtung verstanden werden: Wenn ich möchte, dass andere etwas für mich tun, muss ich das auch für sie tun wollen. Andererseits kann das zugrundeliegende Motiv dafür, dass ich mir den Gedanken der Reziprozität zu eigen mache, durchaus die Aussicht auf eigenen Nutzen sein. „Reziprozität ist eine moralische Idee, deren Ort zwischen der – altruistischen – Unparteilichkeit einerseits und dem Gedanken des gegenseitigen Vorteils andererseits liegt." (Bauschke 2000, 127)
Kant betrachtet das Gebot, anderen zu helfen, als „unvollkommene Pflicht" und argumentiert dafür wie folgt:

> „Denn ein Wille, der dieses beschlösse [Menschen in Not nicht zu helfen solle Naturgesetz sein], würde sich selbst widerstreiten indem der Fälle sich doch manche ereignen können, wo er anderer Liebe und Teilnehmung bedarf, und wo er durch ein solches aus seinem eigenen Willen entsprungenes Naturgesetz sich selbst alle Hoffnung des Beistandes, den er sich wünscht, rauben würde." (GMS B 424)

So scheint einiges dafür zu sprechen, die Schüler mit Reziprozität als einem vernünftigen, moralischen Gedanken vertraut zu machen. Laut Falk und Fischbacher (2006, 294) gibt es zahlreiche Belege dafür, dass Reziprozität einen starken Einfluss auf menschliches Verhalten hat; sie reden gar von der „Omnipräsenz reziproken Verhaltens" (ebd.).
Mitleid und *Empathie* werden häufig synonym gebraucht, aber für die Frage, welche Motive im Unterricht gefördert werden sollten, ist eine Differenzierung dieser Begriffe hilfreich. Aronson et al. (2014, 400) legen Belege für die These vor, dass Menschen gelegentlich deshalb anderen Menschen helfen, weil sie das eigene Leiden, das sie beim Anblick von deren Not empfinden, mindern wollen. Und Klimecki et al. (2013) beschreiben Empathie und Mitgefühl als „zwei unterschiedliche innere

Zustände" (ebd., 295), die von jeweils „unterschiedlichen biologischen Systemen und Hirnstrukturen unterstützt" werden (ebd., 282). So definiert Singer (2015, 256) Empathie zunächst wie folgt:

Definition

„*Empathie* umfasst die primären Prozesse, die dazu führen, dass wir uns in den anderen hineinversetzen ... können. "

Dabei müssen laut Uhl (1996, 112f) drei Teilkomponenten unterschieden werden:
- perceptual perspective taking bzw. das Einnehmen der *Wahrnehmungsperspektive* einer anderen Person;
- cognitive perspective taking bzw. das Einschätzen der *Gedanken* einer anderen Person;
- affective perspective taking bzw. das Einschätzen der *Emotionen* einer anderen Person.

Die erste Teilkomponente wird im Wesentlichen als Leistung des Verstandes betrachtet, die anderen zwei hingegen erfordern in stärkerem Maße eine emotionale Beteiligung (vgl. ebd.).

Wenn Menschen empathisch reagieren, kann das jedoch ganz unterschiedliche Folgen haben. Zum einen kann „empathischer Stress" entstehen (Singer 2015, 256). Empathischer Stress kann „stark aversive Reaktionen und Emotionen auf das Leid anderer auslösen" (Singer 2015, 256; vgl. Hastings et al. 2014, 411; Klimecki et al. 2013, 289; Eisenberg et al. 2014, 185). Menschen werden dann die Nähe von leidenden Menschen vermeiden und ihnen eher nicht helfen (vgl. auch Saarni 2002, 18). Zum anderen kann Empathie aber auch zu „Compassion" führen (Singer 2015, 256). Compassion ist mit positiven Gefühlen bis hin zu Glücksgefühlen verbunden (vgl. Klimecki et al. 2013, 291; Singer 2015, 256), und in zahlreichen Untersuchungen konnte gezeigt werden, dass Compassion die Motivation stärkt, anderen Menschen zu helfen (vgl. z.B. Uhl 1996, 118; Carlo 2014, 222; Stich et al. 2013, 174; Malti/Ongley 2014, 177; Lagattuta/Weller 2014, 398f; Eisenberg et al. 2014, 184f). So sieht Uhl (1996, 120) die Förderung von Empathie (siehe Kap. 9) als „eine zentrale Aufgabe bei der Moralerziehung" an.

Aronson et al. (2014, 401f) beschreiben einen starken Zusammenhang zwischen Empathie und *Altruismus* (vgl. dazu auch Goleman 1997, 138).

Definition

Altruismus ist die Bereitschaft zum Helfen ohne Rücksicht auf ein Eigeninteresse, „also auch dann, wenn die Kosten die Belohnung übersteigen". (Aronson et al. 2014, 402)

Dazu rekurrieren sie auf Batsons Empathie-Altruismus-Hypothese:

> „Das ist der springende Punkt bei Batsons Empathie-Altruismus-Hypothese: Wenn wir Empathie für einen anderen Menschen empfinden, wollen wir diesem Menschen aus rein altruistischen Gründen helfen, gleichgültig, was wir selbst dabei gewinnen. Wenn man keine Empathie empfindet, dann, so Batson, kommen Fragen des sozialen Austauschs ins Spiel. Was springt für einen selbst heraus?" (Ebd.)

Empathie ist bereits in der Phase der Situationserfassung gefragt (siehe oben) und wird dann ggf. ihre motivierende Wirkung entfalten. Die Frage, ob Altruismus in reiner Form bei Menschen überhaupt anzutreffen ist, gilt als stark umstritten. Deshalb redet Carlo (2014, 210) bereits dann von Altruismus, wenn das *primäre* Motiv darin liegt, anderen zu nutzen.

Die Tatsache, dass Gutes tun *Freude* bereiten, *Sinn* geben und das *Selbstwertgefühl* steigern kann, könnte so interpretiert werden, dass Menschen doch wieder aus Eigennutz moralkonform handeln, nämlich weil sie sich diesen Nutzen davon versprechen. Das mag z.B. dann der Fall sein, wenn Menschen den Rat Seligmans befolgen (2011, 20) und bewusst etwas Gutes tun, um ihre Niedergeschlagenheit zu bekämpfen. Einer sehr strengen Definition von Altruismus wird Handeln wohl nicht mehr entsprechen, wenn diese Resultate als Motive wirksam werden und nicht nach der Handlung quasi als Nebenprodukt anfallen. Jedoch scheint hier etwas vorzuliegen, was als Win-Win-Situation ganz im Sinne des Eudämonismus-Begriffs betrachtet werden kann: Das gute Leben umfasst das gute Leben für mich ebenso wie das gute Leben für die anderen.

> „Das Leben dieser Menschen [der Liebhaber der Tugend] bedarf also nicht zusätzlich der Lust wie eines schmückenden Umhangs, es hat vielmehr seine Lust in sich. Dem Gesagten ist nämlich hinzuzufügen, dass derjenige, der sich nicht an werthaften Handlungen freut, auch nicht gut ist; niemand würde denjenigen gerecht nennen, der sich nicht am gerechten Handeln freut, oder den großzügig, der sich nicht an großzügigen Handlungen freut, und ebenso in den anderen Fällen. Wenn dem aber so ist, dann müssen Handlungen der Tugend als solche erfreulich sein." (Aristoteles, Nikomachische Ethik I, 9, 1099 a 15-22)

Und nach Spaemann (2005, 174) bedeutet für Platon die Erkenntnis der Idee des Guten eine „innere Verwandlung": Der Philosoph erlebt unmittelbar, dass das „Schöne", also das Sittliche, identisch ist mit dem Zuträglichen, also dem, was für ihn selbst gut ist. Und damit sei ihm das Motiv „abhanden gekommen", unsittlich zu handeln, nämlich eine Vorstellung von Eigennutz, der dem Nutzen der Allgemeinheit entgegenstehen könnte.

Insbesondere Nunner-Winkler (z.B. 1993, 281; 1999, 168, 175) betont – ganz im Sinne von Kant –, dass aber auch die vernünftige Einsicht in das moralisch Richtige als Motiv für moralisches Handeln wirksam werden kann. Die Achtung vor dem moralischen Gesetz führe zu *Selbstbindung* und Identifikation. Bei der Bildung ihrer Vorstellung vom Guten und Gerechten wird Schülern Orientierungshilfe nützlich sein in der Form, dass sie mit grundlegenden Gedanken der wesentlichen Moraltheorien vertraut gemacht werden und die Gelegenheit bekommen, diese zu reflektieren und zu diskutieren (siehe Kap. 7.1.6).

In diesem Zusammenhang ist auch *Integrität/Selbstkonkordanz* als Motiv zu sehen. Gemeint ist damit das Bedürfnis, gemäß seiner Überzeugungen zu handeln: „Studien zeigen, dass diese Kongruenz zwischen impliziten und expliziten Motiven Folgen für das Wohlbefinden hat: Zielerreichung führt nur dann zu höherem Wohlbefinden, wenn implizite und explizite Motive übereinstimmen." (Haase/ Heckhausen 2012, 484) Unklar ist jedoch, wie dieses Motiv für sich genommen im Ethikunterricht gefördert werden könnte. Allerdings kann der Ethikunterricht Einfluss auf die „motivationalen Selbstbilder" (Rheinberg 2002, 193f; 2008, 198f) der Schüler nehmen, insbesondere im Bereich ihrer moralischen Identität. Motivationale Selbstbilder sind laut Rheinberg (2008, 198) „hoch verhaltenswirksam" (vgl. auch Merritt 2009, 34). Und laut Eisenberg et al. (2015, 641) ist es bei den älteren Kindern und Jugendlichen, die moralische Werte internalisiert haben und Moralität als zentralen Bestandteil ihres Selbstbildes betrachten, besonders wahrscheinlich, dass sie altruistisch handeln (vgl. auch Walker 2014, 503).

Eine besondere Rolle für die Motivation zum moralischen Handeln kommt der *Selbstwirksamkeit* zu. Zum einen kann das Streben nach Wirksamkeit als Teil der „motivationalen Grundausstattung der menschlichen Spezies" betrachtet werden (Heckhausen/Heckhausen 2010, 429). D.h. Menschen streben grundsätzlich danach, Wirkungen in ihrer Umgebung zu erzielen. Zum anderen ist offensichtlich eine Grundvoraussetzung dafür, dass Motivation zum Handeln stattfinden kann, dass Menschen Möglichkeiten zur Einflussnahme sehen (vgl. Schmitz 2002, 207).

> „Die für Moralvorstellungen zentrale Frage danach, ob Menschen meinen, handeln zu sollen, handeln zu müssen (bzw. nicht in bestimmter Weise handeln zu dürfen), hat nur dann Sinn, wenn sie auch Möglichkeiten der Einflussnahme sehen. Nur wenn es Chancen zum Handeln, Freiheitsgrade für Entscheidungen gibt, wird die Frage nach ihrer Verantwortung in einem moralischen Sinne, nach ihrer ethischen Verpflichtung für eine von denkbaren Handlungsalternativen akut." (Hoff 1999, 246)

Handlungsziele, die realistisch betrachtet nicht erreichbar zu sein scheinen, werden bereits sehr früh in der Motivationsphase ausgesondert (vgl. Heckhausen/Heckhausen 2010, 6; Rheinberg 2008, 139; Storch 2009, 220). Voraussetzung dafür, Handlungsziele als realistisch einzuschätzen, ist zum einen natürlich die Fähigkeit zum Handeln: Man muss die nötige Handlung auch ausführen können. Zum anderen ist dies aber auch abhängig von einer grundsätzlichen Haltung. Manche Menschen tendieren häufiger dazu, sich als aktive Gestalter ihres Lebens zu betrachten, andere sehen sich eher als Opfer der Umstände (vgl. Storch 2009, 221). Eine wichtige Fähigkeit ist in diesem Zusammenhang also, seine Wirksamkeit realistisch einschätzen zu können.

Als Selbstkontrollstrategien zur Verstärkung einer erwünschten Motivationstendenz lassen sich bereits in der Motivationsphase verschiedene Techniken einsetzen, z.B.:

- eigene Absichten so formulieren, dass deren Umsetzung unter der eigenen Kontrolle liegt (vgl. Storch 2009, 221);
- sich die langfristigen Folgen einer Handlung vorzustellen, um ein motivationales Gegengewicht zu kurzfristigen Versuchungen aufzubauen (vgl. Spinath 2005, 212; Baumeister/Bargh 2014, 44f);
- sich Strafen auferlegen für den Fall, dass man einer Versuchung erliegt bzw. Belohnungen in Aussicht stellen bei einer Verfolgung längerfristiger Ziele (vgl. Fishbach/Shen 2014, 459f).

Bei diesen Techniken darf man wohl davon ausgehen, dass sie auch in der Volitionsphase der Handlung (siehe unten) von Nutzen sein können.

4.1.4 Planung der Handlung

Fähigkeiten und Fertigkeiten zur Festlegung der Handlungsmodalitäten
Laut Becker (2008, 124) geht es in der Handlungsplanung zum einen darum festzulegen, wie man die gewählte Handlungsalternative ausführen will. Dazu brauche es:

- Verständnis der erwarteten Situation;
- Wissen um Handlungsstrategien;
- Selbstreflexion bzgl. der Fragen, worin meine Stärken und Schwächen liegen und was ich kann und was ich nicht kann (bzw. über welche Handlungsroutinen ich verfüge).

Da bei der Planung der Handlung die einzusetzenden Mittel festgelegt werden, muss hier auch eine Entscheidung über ihre moralische Vertretbarkeit getroffen werden. Hierfür werden alle unter „Zielsetzung" genannten Fähigkeiten und Fertigkeiten ebenfalls relevant. Und wenn in der Phase der Handlungsplanung ein Austausch mit anderen stattfindet, sind wiederum alle für die Handlungsphase beschriebenen kommunikativen Fähigkeiten und Fertigkeiten von Bedeutung (siehe Kap. 4.1.5).

Volitionale Fähigkeiten und Fertigkeiten
Die Zeit zwischen der Motivation zu einer Handlung und deren Ausführung bezeichnen Motivationspsychologen als „präaktionale Volitionsphase", in der es vor allem um die Durchsetzung meiner Intention gegen innere und äußere Widerstände geht (vgl. Kap. 3.2).
Im Kapitel 3.4.3 wurde die herausragende Bedeutung der Fähigkeiten zur Selbstreflexion und Selbstkontrolle für die Beherrschung innerer Widerstände ausführlich dargelegt. Für den Fall, dass kognitive Dissonanzen vorliegen, wird darüber hinaus

die Fähigkeit erforderlich, automatisierte Handlungsroutinen bewusst zu übersteuern. Kuhl (1987, 108) empfiehlt zur Steigerung der „Handlungskontrolleffizienz" Emotionskontrolle (vgl. Kap. 4.1.2). Darunter versteht er z.b., bewusst einen entspannten, zufriedenen Zustand herbeizuführen und ein Gefühl der Niedergeschlagenheit zu vermeiden. Als weiteres Mittel zur Durchsetzung einer Intention nennt er Aufmerksamkeitskontrolle: Informationen werden ausgeblendet, die eine widerstrebende Motivation stützen könnten. Durch Umweltkontrolle schließlich können äußere Umstände frühzeitig so gestaltet werden, dass ich gar nicht erst Versuchungen ausgesetzt werde, die das Verfolgen meiner Intention gefährden könnten (vgl. Kap. 3.4.3: „Odysseus-Pakt"). Dazu gehört z.b. der gezielte Umgang mit Menschen, die die Verfolgung der längerfristigen Ziele unterstützen, und die Vermeidung des Umgangs mit Menschen, die Versuchungen verstärken (vgl. Fishbach/ Shen 2014, 460).

Um äußeren Widerständen begegnen zu können, bedarf es der Fähigkeit zum Umgang mit Autorität, Konformitätsdruck und Versuchen der Einflussnahme z.b. durch Medien und der Konsum- und Freizeitindustrie. Hinzu kommt die kommunikative Fähigkeit, auf angemessene Weise Nein zu sagen (vgl. Reger et al. 2011, 110ff). Als zentrale Voraussetzung dafür, Autoritäten und Konformitätsdruck standzuhalten, wird im Allgemeinen ein stabiles Selbstwertgefühl genannt (vgl. z.B. Satir 2002, 67f).

4.1.5 Handeln

In der Handlungsphase wird der in der Situationserfassung festgestellte Handlungsbedarf schließlich angegangen. Dabei kommt es darauf an, dass Menschen das auch tun können, wofür sie sich entschieden haben. Oder anders ausgedrückt, Menschen haben nur dann die Option, sich für eine Handlung zu entscheiden, wenn sie sie auch ausführen können. Laufen, Autofahren, ein Brot backen, chemische Experimente durchführen, ein Baby wickeln und v.a.m. sind Dinge, die Menschen einmal haben lernen müssen, damit sie sich jetzt für sie entscheiden und sie tun können. Natürlich kann es nicht dic Aufgabe des Ethikunterrichts sein, Schülern all die Tätigkeiten beizubringen, die sie in ihrem Leben brauchen werden. Es stellt sich aber die Frage, welche Arten von Handlungen von besonderer moralischer Bedeutung sind.

Darunter finden sich Handlungen, die sehr spezifische Fähigkeiten und Fertigkeiten erfordern, wie z.B. die Hilfe in bestimmten Notsituationen. Für das Retten Ertrinkender oder die Erste Hilfe am Unfallort gibt es dementsprechend auch speziell geschulte Ausbilder. Aber ganz unabhängig von der spezifischen Situation hat der Umgang mit anderen Menschen immer eine moralische Dimension, und es gibt Fähigkeiten und Fertigkeiten im Umgang mit anderen Menschen, die weitgehend situationsübergreifend erworben werden können. Dabei handelt es sich vor allem um kommunikative Fähigkeiten und Fertigkeiten im Umgang mit Konflikten.

Sich verständlich auszudrücken lernen die Schüler vor allem im Sprachunterricht; darüber hinaus ist dies Gegenstand aller Fächer in der Schule. Besondere moralische Bedeutung kommt aber den Fähigkeiten und Fertigkeiten zu, auf eine konstruktive, gewaltfreie Weise mit anderen zu kommunizieren und moralisch zu argumentieren bzw. einen rationalen Diskurs zu führen. Da Kommunikation im Alltag oft nicht von (bewussten) Typ-2-Prozessen bestritten werden kann (vgl. Kap. 3.4.1), braucht es für konstruktive Kommunikation in hohem Maße automatisierte Handlungsroutinen.

> „Der Planung folgt das Handeln, wobei Fähigkeiten der Umsetzung des Handlungsplans relevant sind. Erforderlich ist vor allem die Ausbildung von und der konstruktive Umgang mit Handlungsroutinen, d.h. die Habitualisierung moralischen Handelns." (Becker 2008, 124)

Konstruktiv kommunizieren

Einen großen Einfluss auf die vielfältigen Programme zur Förderung kommunikativer Fähigkeiten und Fertigkeiten heute hatten sicherlich die Arbeiten von Watzlawik (z.b. Watzlawik et al. 2007) und darauf aufbauend von Schulz von Thun (z.b. 2011). Im Einzelnen werden z.b. folgende Fähigkeiten und Fertigkeiten als Voraussetzung für eine Art von Kommunikation betrachtet, die Konflikten vorbeugen und das Finden konstruktiver Lösungen erleichtern kann:

- aktiv zuhören (vgl. Gordon 2000; Schulz von Thun 2003, 70ff; Schulz von Thun 2011, 63f);
- spiegeln (vgl. Lakämper et al. 2006, 81f);
- Ich-Botschaften formulieren (vgl. Gordon 2000; Schulz von Thun 2011, 88f);
- Feedback geben und annehmen (vgl. Schulz von Thun 2011, 76ff; Birkenbihl 1997, 175ff; Bastian et al. 2007, 109ff);
- Gefühle angemessen ausdrücken (vgl. Jugert et al. 2006, 141ff; Lakämper et al. 2006, 33ff);
- Störungen in der Kommunikation erkennen und in der Metakommunikation ansprechen (vgl. Schulz von Thun 2011, 101ff).

Einen rationalen Diskurs führen

Das Führen eines rationalen Diskurses erfordert all die formalen Fähigkeiten und Fertigkeiten, die bereits im Kapitel 4.1.2 als „Fähigkeiten und Fertigkeiten zum expliziten moralischen Urteil" genannt wurden. Darüber hinaus sind die Fähigkeiten gefragt, auf andere Argumente einzugehen und sein Urteil im Gespräch zu differenzieren bzw. zu revidieren, und sich ggf. gegen Techniken unlauteren Argumentierens durchsetzen zu können (z.B. Autoritätsargumentation, Ausschließlichkeitsargumentation).

Habermas' Ideal eines Diskurses lässt sich knapp so zusammenfassen: „In Argumentationen müssen die Teilnehmer davon ausgehen, dass im Prinzip alle Betroffenen als Freie und Gleiche an einer kooperativen Wahrheitssuche teilnehmen, bei der einzig der Zwang des besseren Arguments zum Zuge kommen darf." (Habermas, 1991, 13f) Grundvoraussetzung dafür, dass ein solcher Diskurs zustande kommen kann, dürften wiederum die oben formulierten Fähigkeiten und Fertigkeiten zur konstruktiven Kommunikation sein. Hinzu kommt die Motivation, die gemeinsame Suche nach Wahrheit und Gerechtigkeit zum Ziel des Diskurses zu machen und nicht die Durchsetzung der eigenen Interessen.

Konflikte konstruktiv austragen

Eine häufige Ursache von Konflikten werden sicherlich Probleme in der Kommunikation sein, manchmal treten aber auch Interessenkonflikte auf. Zu deren Lösung sind kommunikative Fähigkeiten und Fertigkeiten wiederum unerlässlich, darüber hinaus werden aber auch ein schrittweises Vorgehen nach einem Konfliktlösungsmodell (vgl. Reger et al. 2011,126) und die Fähigkeit zur Deeskalation als hilfreich beschrieben (vgl. Bärsch 2011, 108f; Bärsch und Rohde 2012, 38f, 48ff; Rösch 2011, 301ff).

4.1.6 Bewertung der Handlung

Das Bewerten der Handlung erfordert schließlich Reflexionsfähigkeit und Selbstevaluationsfähigkeit. Die Erfahrungen mit der Handlung und deren Auswertung werden dann Einfluss haben auf zukünftige Entscheidungen und Handlungen. Insbesondere wird in dieser Phase Lernbedarf festgestellt. Damit nötige Lernprozesse auch in Angriff genommen werden, braucht es wiederum Motivation sowie motivationale und volitionale Fähigkeiten und Fertigkeiten.

4.2 Ein Strukturmodell der Kompetenz zum sittlichen Handeln

4.2.1 Die Grundstruktur der Kompetenz zum sittlichen Handeln

Wie oben bereits gesagt, beschreibt ein Prozessmodell einen Ablauf von Aktivitäten, in der Regel in Phasen. Dabei kommt es für gewöhnlich vor, dass Redundanzen entstehen, weil bestimmte Teilaktivitäten (in diesem Fall bestimmte Komponenten der Kompetenz zum sittlichen Handeln) in mehreren Phasen eines Ablaufs gefordert sein können. So sind z.B. Fähigkeiten und Fertigkeiten zum moralischen Urteil nicht nur in der Phase der Zielsetzung gefordert, sondern auch in der Handlungsphase, nämlich dem Fall, dass ein Diskurs zu führen ist (s.o.). Weiterhin wird es häufig der Fall sein, dass Teilaktivitäten bzw. Teilkomponenten, die in verschiedenen Phasen eines Ablaufs vorzufinden sind, sinnvoll unter einer bestimmten Überschrift zusammengefasst werden können.

So lassen Prozessmodelle meist keinen optimalen Überblick zu, wenn es um die Betrachtung der Teilkomponenten eines komplexen Zusammenhangs in der Summe geht. Dafür sind Strukturmodelle besser geeignet, die ohne Rücksicht auf Abläufe Redundanzfreiheit anstreben und sinnvolle, möglichst trennscharfe Zusammenfassungen von Teilkomponenten herstellen.

Für die Darstellung der Kompetenz zum sittlichen Handeln bietet sich, angelehnt an Weinerts Systematik (vgl. Klieme 2007, 72f), die folgende Grundstruktur an: Zum sittlichen Handeln braucht es

• Wissen,
• Einstellungen,
• Motivation,
• Fähigkeiten und Fertigkeiten.

4.2.2 Wissen als Komponente der Kompetenz zum sittlichen Handeln

Wissen spielt bereits bei der Situationserfassung eine große Rolle, wo Erwartungsschemata beeinflussen, wie und was wir wahrnehmen, und uns erlauben, Wahrgenommenes zu interpretieren (vgl. Kap. 3.4.1), und wird insbesondere bei der Zielsetzung und der Planung der Handlungsmodalitäten benötigt (z.B. Wissen um Handlungsstrategien). Dabei ist zu unterscheiden zwischen Wissen, das als implizites Erfahrungswissen im emotionalen Erfahrungsgedächtnis abgespeichert ist, und Wissen, das wir in unser zentrales Arbeitsgedächtnis rufen können und das uns dann für explizite Verarbeitungsprozesse zur Verfügung steht. Implizites Erfahrungswissen werden sich Schüler im Ethikunterricht nur dann aneignen können, wenn sie Gelegenheiten bekommen zu handeln. Beim expliziten Wissen handelt es sich um die Form des Wissens, die klassischerweise im Unterricht vermittelt und zum Gegenstand von Leistungserhebungen gemacht wird. Im Kapitel 7 wird gezeigt werden, welche vielfältigen Wissensbereiche heute relevant für sittliches Urteilen und damit auch für den Ethikunterricht sind.

4.2.3 Einstellungen als Komponenten der Kompetenz zum sittlichen Handeln

Definition
„Einstellungen sind, einfach ausgedrückt, Bewertungen von Menschen, Gegenständen oder Ideen ... Einstellungen sind bedeutsam, weil sie häufig als Richtschnur für unser Handeln wirken ..." (Aronson et al. 2014, 218; vgl. Kap. 3.4.1).

Einstellungen – implizite wie explizite – spielen also eine große Rolle bei der Zielsetzung, aber auch bei der Wahrnehmung, wo sie Einfluss auf Interpretationen nehmen, bei der Handlungsplanung, vor allem, wenn es um die Frage der moralischen Vertretbarkeit der eingesetzten Mittel geht, und bei der Bewertung der Handlung.

Im Bereich der expliziten Einstellungen wird es darum gehen, die Schüler im Unterricht zu überzeugen. Dann kann es aber immer noch zu Dissonanzen mit ihren impliziten Einstellungen kommen (vgl. Kap. 3.4.3), so dass ihre neu erworbenen expliziten Einstellungen nicht handlungswirksam werden. Deshalb brauchen sie Gelegenheiten, Handeln einzuüben, das ihren expliziten Einstellungen entspricht (vgl. ebd.; siehe Kap. 9).

Wie in Kapitel 1 bereits ausführlicher erläutert, orientiert sich der Ethikunterricht in Deutschland bei der Frage, welche grundlegenden Wertvorstellungen zu vermitteln sind, vor allem an den Grundsätzen, wie sie im Grundgesetz und in den Menschenrechten formuliert werden. Diese Grundsätze werden nur dann handlungsleitend, wenn sie bei uns in Form entsprechender expliziter und impliziter Einstellungen Eingang in den Entscheidungs- und Handlungsprozess finden. Beispielhaft seien hier einige Einstellungen genannt, die sich direkt aus dem Grundgesetz (I. Die Grundrechte) ableiten lassen:

Der Respekt vor
- der Würde,
- dem Leben und der körperlicher Unversehrtheit,
- dem Glauben und Gewissen,
- der Freiheit der Meinungsäußerung,
- dem Eigentum,
- dem Recht auf Asyl

aller Mitmenschen.

Im Bereich der Einstellungen – vor allem der expliziten Einstellungen – wird eine wesentliche Aufgabe des Ethikunterrichts darin bestehen, den Schülern Orientierungshilfen anzubieten, damit sie ihr eigenes Bild vom Guten entwickeln können und moralische Identität erreichen.

> „Orientierung bedeutet, die Quellen unseres kulturellen Selbst zu ergründen, unsere kulturellen Werte zu reflektieren und zu verlebendigen. Indem dabei eine Orientierungskompetenz angestrebt wird, welche stets auch in der Fähigkeit besteht, eine kritische Distanz zu bestehenden Normen einzunehmen und begründet Alternativen zu diskutieren, handelt es sich bei diesem Ansatz gerade nicht um eine unreflektierte Werteerziehung, vor der etwa Hare zu Recht warnt." (Thomas 2004, 27)

Wie in Kapitel 2.7 ausgeführt, muss die Entwicklung eines kritischen Geistes als eines der wesentlichen Ziele des Ethikunterrichts betrachtet werden, und damit geht eine kritische Haltung einer bzw. bestimmte „intellektuelle Tugenden" (vgl. Siegel 1988, 39ff), die größtenteils als Einstellungen zu betrachten sind, wie z.B. Unparteilichkeit im Urteil, intellektuelle Aufrichtigkeit, das Verlangen nach Belegen oder die Bereitschaft Fehler einzugestehen und ggf. seine eigene Meinung zu ändern (vgl. Kap. 2.7).

4.2.4 Motivation als Komponente der Kompetenz zum sittlichen Handeln

In Kapitel 4.1.3 wurde dargestellt, welche Motive als relevant für die Motivation zum sittlichen Handeln betrachtet werden. Es wurde dann diskutiert, bei welchen dieser Motive es sowohl moralisch vertretbar als auch praktikabel erscheint, sie im Ethikunterricht zu stärken. Im Einzelnen sind dies:

• der Gedanke der Reziprozität;
• Empathie;
• der Gedanke (bzw. die Erfahrung), dass Gutes tun Freude bereitet;
• vernünftige Einsicht und moralische Identität;
• das Gefühl von Selbstwirksamkeit.

4.2.5 Fähigkeiten und Fertigkeiten als Komponenten der Kompetenz zum sittlichen Handeln

Wilhelm und Nickolaus (2013) betrachten es als wünschenswert, dass der Kompetenzbegriff trennscharf von anderen, etablierten Begriffen, u.a. *Fähigkeit* und *Fertigkeit*, abgegrenzt wird. Ein Blick in für die Fachdidaktik des Ethikunterrichts relevante Literatur zeigt aber, dass dort teils *Kompetenzen* und *Fähigkeiten* weitgehend gleichgesetzt werden (vgl. Rösch 2011, 294; Meyer 2015, 104ff). Teils wird nicht klar, was den Begriff *Fertigkeit* von *Fähigkeit* unterscheidet (vgl. Rösch 2011, 32; Pfeifer 2013, 343) oder es wird der Begriff *Techniken* verwendet (vgl. Meyer 2015, 110).

In einschlägigen Lexika herrscht Einigkeit darüber, dass *Fähigkeit* nicht synonym mit *Begabung* zu verstehen ist, da *Fähigkeiten* auch durch Lernprozesse zu beeinflussen sind (vgl. Tenorth/Tippelt 2012, 236; Wirtz 2013, 520f; Zeitverlag 2005, Bd. 4, 416; Brockhaus 2001, Bd. 7, 63). Bei Wirtz (2013, 520f) findet sich eine Definition des Begriffs *Fähigkeit*, die eine relativ deutliche Abgrenzung zum Kompetenzbegriff ermöglicht: „Fähigkeit, die Gesamtheit der zur Ausführung einer bestimmten *Leistung* erforderlichen personalen Bedingungen. In der Lebensgeschichte entstandene, komplexe Eigenschaften, die als verfestigtes System verallgemeinerter ps. Prozesse den Tätigkeitsvollzug steuern."

Festzuhalten ist, dass Wirtz hier *Fähigkeiten* der Steuerung des *Vollzugs* von Tätigkeiten zuordnet. Auf diese Weise können Fähigkeiten von den anderen Komponenten einer Kompetenz abgegrenzt werden, nämlich Wissen, Motivation und Einstellungen. Eingeräumt werden muss allerdings, dass die Steuerung des Vollzugs von Tätigkeiten so eng mit bestimmten Formen von Wissen verbunden sein wird, dass die Trennung an dieser Stelle unscharf wird. Da die Unterscheidung zwischen Wissen und der Fähigkeit, Tätigkeiten auch tatsächlich vollziehen zu können, sich für die Methodik des Ethikunterrichts aber vielfach als wichtig erweist, soll sie trotzdem aufrechterhalten bleiben. Denn zur Vermittlung von (explizitem) Wissen mag Instruktion häufig ausreichend sein, zur Entwicklung einer Fähigkeit dürfte aber in den meisten Fällen Übung notwendig werden.

Deutlicher als der Fähigkeitsbegriff lässt sich der Fertigkeitsbegriff von anderen Komponenten einer Kompetenz abgrenzen: „Fertigkeit, ... (2) Erklärender Begriff für menschliche Leistungen; erworbene spezielle Strukturen für die Steuerung bestimmter Handlungen ..., die dann weitgehend automatisch ... vollzogen werden können." (Wirtz 2013, 550) Wie bereits oben ausgeführt, sind wir in Alltagssituationen vielfach ganz auf automatisierte Handlungsschemata – mit anderen Worten *Fertigkeiten* – angewiesen, insbesondere im Umgang mit anderen Menschen (vgl. Kap. 3.4.1). Wenn nun im Weiteren von *Fähigkeiten* und *Fertigkeiten* die Rede sein wird, soll damit das Folgende gemeint sein:

Definition

Fähigkeiten sind verfestigte Systeme, die zur Steuerung kognitiver und motorischer Leistungen dienen.

Definition

Fertigkeiten sind Fähigkeiten, die den weitgehend automatisierten Vollzug von Leistungen erlauben.

Wie in Kapitel 4.1 ausgeführt, werden in allen Phasen einer Handlung Fähigkeiten und Fertigkeiten benötigt. Zusammenfassend lässt sich sagen, dass es sich dabei mit Blick auf die Relevanz für den Ethikunterricht vor allem um Fähigkeiten und Fertigkeiten

* zur Erfassung der äußeren Situation,
* zum Wissenserwerb,
* zu Urteil und Argumentation,
* zur Selbstkontrolle,
* zur Selbstbehauptung und
* zur konstruktiven Kommunikation

handelt. Da Fähigkeiten und Fertigkeiten zur Selbstreflexion in der psychologischen Literatur in der Regel als Teil der Fähigkeiten und Fertigkeiten zur Selbstkontrolle behandelt werden (vgl. Kray und Schneider 2012, 468, 471f; Sodian 2012, 395; Ricco 2015, 523), sollen sie im Strukturmodell im Weiteren auch dort subsumiert werden. Fähigkeiten und Fertigkeiten zur Kooperation werden deshalb nicht als eigenständiger Punkt aufgeführt, weil sie bei näherer Betrachtung schon weitestgehend berücksichtigt sind, nämlich als Fähigkeiten und Fertigkeiten zur konstruktiven Kommunikation, Selbstkontrolle und Selbstbehauptung. Fähigkeiten und Fertigkeiten zur Kooperation, die speziell eine Effizienzsteigerung zum Ziel haben – z.B. effiziente Arbeitstechniken oder Organisationsformen – betrachten wir als nicht relevant genug für die wesentlichen Ziele des Ethikunterrichts, um sie in das Kompetenzmodell aufzunehmen. Allerdings sind Unterrichtssituationen, die den Schülern Kooperation abverlangen, sicherlich gute Übungsfelder und wertvolle Erfahrungsräume für ethisch relevante Fähigkeiten und Fertigkeiten. Diese noch recht abstrakten Bereiche von Fähigkeiten und Fertigkeiten müssen nun weiter konkretisiert werden, damit sie für den Unterricht fassbar werden. Bei der folgenden Auflistung wurden (Teil-)Fähigkeiten und Fertigkeiten berücksichtigt, die unseres Erachtens nicht nur von besonderer Bedeutung für das Fach Ethik sind, sondern sich im Rahmen des Ethikunterrichts auch sinnvoll und mit Aussicht auf Erfolg fördern lassen.

a) Erfassung der äußeren Situation
    - Perspektivwechsel und Empathie:
      • das Einnehmen der *Wahrnehmungsperspektive* einer anderen Person;
      • das Einschätzen der *Gedanken* einer anderen Person;
      • das Einschätzen der *Emotionen* einer anderen Person.
    - die Interpretation von dem, was jemand zu mir gesagt hat, insbesondere „vierohriges Hören" nach Schulz von Thun;
    - die Analyse von Gruppensituationen und -prozessen;
    - das Erkennen eines Handlungsbedarfs, insbesondere das Erkennen und die Diagnose von Konflikten bzw. von Anzeichen für einen sich entwickelnden Konflikt;
    - die Berücksichtigung der Tatsache, dass meine Wahrnehmung und Interpretation immer subjektiv geprägt sind und andere die Situation anders erfassen können.

b) Wissenserwerb
Fähigkeiten und Fertigkeiten zum Wissenserwerb gehören mit unterschiedlichen Schwerpunktsetzungen zum Gegenstand aller Fächer, z.B. allgemeines Sach- und Textverständnis, Fertigkeiten zur Recherche, die Einschätzung der Zuverlässigkeit von Quellen. Spezifisch für das Fach Ethik dürfte vor allem die folgende Fähigkeit sein:
    - das Verstehen philosophischer Texte (z.B. durch den Einsatz eines philosophischen Texterschließungsmodells), insbesondere durch eine philosophische Form der Begriffsanalyse.

c) Explizites Urteil und Argumentation
    - eine angemessene Balance zwischen Anpassung und Selbstbestimmung sowie eigenen Bedürfnissen und Interessen und den Bedürfnissen und Interessen anderer finden;
    - typisch philosophische Argumentationsmuster anwenden;
    - Begriffe sachgerecht und präzise verwenden;
    - Regeln des Schließens anwenden;

- Argumente durch Belege untermauern;
- Maßstäbe der Richtigkeit und der Wahrheit anwenden;
- Argumente klar und präzise formulieren;
- ein eigenes Urteil aus einer rationalen Argumentation schlüssig entwickeln bzw. ein eigenes Urteil rational und schlüssig begründen (Induktion/Deduktion);
- auf andere Argumente eingehen;
- sein Urteil im Gespräch ggf. differenzieren bzw. revidieren;
- sich ggf. gegen Techniken unlauteren Argumentierens durchsetzen (z.B. Autoritätsargumentation, Ausschließlichkeitsargumentation).

d) Selbstkontrolle
- Impulskontrolle, insbesondere die Fähigkeit, automatisierte Handlungsroutinen bewusst zu übersteuern;
- Emotionskontrolle, z.B.:
  • bewusst einen entspannten, zufriedenen Zustand herbeiführen;
  • ein Gefühl der Niedergeschlagenheit vermeiden;
  • aversive Gefühle vermeiden, wenn Empathie mit leidenden Menschen entsteht (vgl. Kap. 4.1.3);
  • sich die langfristigen Folgen einer Handlung vorstellen, um ein motivationales Gegengewicht zu kurzfristigen Versuchungen aufzubauen;
  • sich Strafen auferlegen für den Fall, dass man einer Versuchung erliegt bzw. Belohnungen in Aussicht stellen bei einer Verfolgung der längerfristigen Ziele.
- Aufmerksamkeitskontrolle: Informationen ausblenden, die eine widerstrebende Motivation stützen könnten;
- Techniken des Primings zur Selbstbeeinflussung (vgl. Storch 2009, 224f; Kahneman 2011, 72ff);
- Implementations Intentions (das mentale Durchspielen einer konkreten Situation) und Mental Contrasting, bei dem sich sowohl zu erwartende Hindernisse als auch positive Folgen des geplanten Verhaltens vor Augen geführt werden (vgl. Bauer 2015, 146 f);
- Umweltkontrolle:
  • äußere Umstände frühzeitig so gestalten, dass ich gar nicht erst Versuchungen ausgesetzt werde, die das Verfolgen meiner Intention gefährden könnten;
  • mich in eine soziale Umgebung begeben, die förderlich für die Verfolgung meiner expliziten Ziele und die Erreichung meines Selbstideals ist.
- eigene Absichten so formulieren, dass deren Umsetzung unter der eigenen Kontrolle liegt;

- Selbstreflexion, z.B.:
  - Sensibilität für sich evtl. in Form sog. somatischer Marker meldende Intuitionen und ggf. der angemessene Umgang mit ihnen, d.h. sie interpretieren und entscheiden, inwieweit sie im bewussten Teil des Entscheidungsprozesses berücksichtigt werden sollen;
  - dasselbe gilt für eindeutiger benennbare moralische Gefühle wie Ärger, Scham, Wut, Empörung, Verachtung, Stolz, Bewunderung, Empathie, Schuldgefühle oder Reue und insbesondere für Angst;
  - Selbstreflexion bzgl. der Fragen, worin meine Stärken und Schwächen liegen und was ich kann und was ich nicht kann (bzw. über welche Handlungsroutinen ich verfüge);
  - eine gründliche Prüfung spontaner Einschätzungen;
  - eine realistische Einschätzung der eigenen Wirksamkeit.
- Selbstevaluation.

e) Selbstbehauptung
  - die Fähigkeit zum Umgang mit Autorität, Konformitätsdruck und Versuchen der Einflussnahme, z.B. durch Medien und der Konsum- und Freizeitindustrie, insbesondere die kommunikative Fähigkeit, auf angemessene Weise Nein zu sagen.

f) Konstruktive Kommunikation, z.B.:
  - aktiv zuhören;
  - spiegeln;
  - Ich-Botschaften formulieren;
  - Feedback geben und annehmen;
  - Gefühle angemessen ausdrücken;
  - Störungen in der Kommunikation erkennen und in der Metakommunikation ansprechen;
  - ein Konfliktlösungsmodell schrittweise anwenden;
  - deeskalieren.

Zusammenfassung

Die folgende Grafik fasst die wesentlichen Komponenten der Kompetenz zum sittlichen Handeln in einem Strukturmodell zusammen.

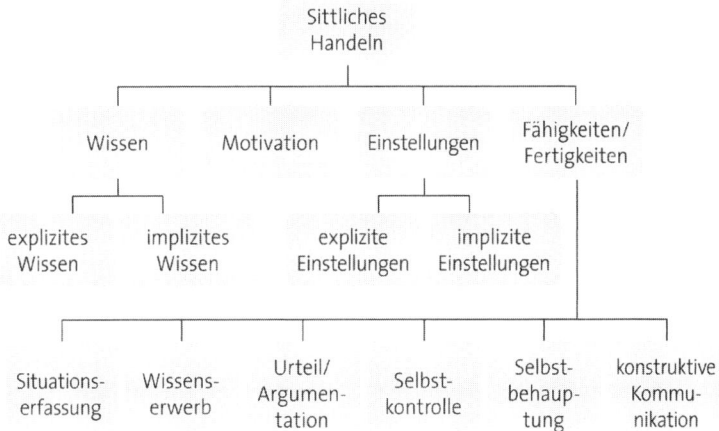

Abb. 13 : Die Komponenten der Kompetenz zum sittlichen Handeln

Literatur

Aronson, E. et al. (2014): Sozialpsychologie. Hallbergmoos: Pearson.

Aristoteles: Nikomachische Ethik. Reinbek b.H. 2. Auflage 2008.

Bärsch, T. (2011): 125 Übungen zur Gewaltprävention. Norderstedt: Books on Demand.

Bärsch, T./Rohde, M. (2012): Kommunikative Deeskalation. Norderstedt: Books on Demand.

Bastian, J. et al. (2007): Feedback-Methoden. Weinheim und Basel: Beltz.

Bauer, J. (2015): Selbststeuerung. München: Blessing.

Baumeister, R. F./Bargh, J. A. (2014): Conscious and Unconscious. In: J. W. Sherman et al. (Hrsg.): Dual-Process Theories of the Social Mind. New York und London: The Guilford Press, 35-49.

Bauschke, M. (2000): Die Goldene Regel. Berlin: EB.

Becker, G. (2008): Soziale, moralische und demokratische Kompetenzen fördern. Weinheim und Basel: Belz.

Birkenbihl, V. F. (1997): Kommunikationstraining: zwischenmenschliche Beziehungen erfolgreich gestalten. Landsberg a.L.: mvg.

Brockhaus (2001). Leipzig: Brockhaus.

Carlo, G. (2014): The Development and Correlates of Prosocial Moral Behaviors. In: M. Killen/J. G. Smetana (Hrsg.): Handbook of Moral Development. New York und London: Psychology Press, 208-234.

Eisenberg, N. et al. (2014): Empathy-Related Responding in Children. In: M. Killen/J. G. Smetana (Hrsg.): Handbook of Moral Development. New York und London: Psychology Press, 184-207.

Eisenberg, N. et al. (2015): Prosocial Development. In: M. E. Lamb (Hrsg.): Handbook of Child Psychology and Developmental Science. Vol. 3 Socioemotional Processes. Hoboken, New Jersey: Wiley, 610-656.

Falk, A./Fischbacher, U. (2006): A theory of reciprocity. In: Games and Economic Behavior 54, 293-315.

Fishbach, A./Shen, L. (2014): The Explicit and Implicit Ways of Overcoming Temptation. In: J. W. Sherman et al. (Hrsg.): Dual-Process Theories of the Social Mind. New York und London: The Guilford Press, 454-467.

Frankl, V. E. (2003): Das Leiden am sinnlosen Leben. Freiburg, Basel, Wien: Herder.

Glasl, F. (2011): Konfliktmanagement. Bern, Stuttgart, Wien: Haupt.

Goleman, D. (1997): Emotionale Intelligenz. München: dtv.

Gordon, T. (2000): Parent Effectiveness Training. New York: Three River Press.

Haase, C. M./Heckhausen, J. (2012): Motivation. In: W. Schneider/U. Lindenberger (Hrsg.): Entwicklungspsychologie. Weinheim und Basel: Beltz, 477-496.

Habermas, J. (1991): Erläuterungen zur Diskursethik. Frankfurt a.M.: Suhrkamp.

Hastings, P. D. et al. (2014): The Neurological Bases of Emphatic Concern for Others. In: M. Killen/J. G. Smetana (Hrsg.): Handbook of Moral Development. New York und London: Psychology Press, 411-434.

Heckhausen, H./Heckhausen, J. (Hrsg.) (2010): Motivation und Handeln. Berlin: Springer.

Hoff, E. H. (1999): Kollektive Probleme und individuelle Handlungsbereitschaft. In: Grundmann, M. (Hrsg.): Konstruktivistische Sozialisationsforschung. Frankfurt a.M.: Suhrkamp.

Jugert, G. et al. (2006): FIT FOR LIFE. Weinheim und München: Juventa.

Kahneman, D. (2011): Schnelles Denken, langsames Denken. München: Siedler.

Kant, I. (1980): Grundlegung zur Metaphysik der Sitten. Stuttgart: Reclam.

Klieme, E. et al. (2007): Zur Entwicklung nationaler Bildungsstandards. Bonn: Bundesministerium für Bildung und Forschung. http://www.bmbf.de/pub/zur_entwicklung_nationaler_bildungsstandards. pdf (Zugriff am 19.6.2015).

Klimecki, O. et al. (2013): Empathie versus Mitgefühl. In: T. Singer/M. Bolz (Hrsg.): Mitgefühl. München: Max Planck Society, 282-295.

Kray, J./Schneider, W. (2012): Kognitive Kontrolle, Selbstregulation und Metakognition. In: W. Schneider/U. Lindenberger (Hrsg.): Entwicklungspsychologie. Weinheim und Basel: Beltz, 457-476.

Kuhl, J. (1987): Motivation und Handlungskontrolle: Ohne guten Willen geht es nicht. In: H. Heckhausen et al. (Hrsg.): Jenseits des Rubikon – Der Wille in den Humanwissenschaften. Berlin und Heidelberg: Springer, 101-120.

Lagattuta, K. H./Weller, D. (2014): Interrelations Between Theory of Mind and Morality. In: M. Killen/J. G. Smetana (Hrsg.): Handbook of Moral Development. New York und London: Psychology Press, 385-407.

Lakämper, C. et al. (2006): Soziale Kompetenzen entwickeln und stärken. Stuttgart und Leipzig: Ernst Klett.

Malti, T./Ongley, S. F. (2014): The Development of Moral Emotions and Moral Reasoning. In: M. Killen/J. G. Smetana (Hrsg.): Handbook of Moral Development. New York und London: Psychology Press, 163-183.

Matsuba, M. K. et al. (2014): Moral Identity Development and Community. In: M. Killen/J. G. Smetana (Hrsg.): Handbook of Moral Development. New York und London: Psychology Press, 520-537.

Merritt, M. (2009): Aristotelean Virtue and the Interpersonal Aspect of Ethical Character. In: Journal of Moral Philosophy 6, 23-49.

Merritt, M. W. et al. (2013): Character. In: J. M. Doris & the Moral Psychology Research Group (Hrsg.): The Moral Psychology Handbook. Oxford: Oxford University Press, 355-401.

Meyer, K. (2015): Kompetenzorientierung. In: Nida-Rümelin, J. et al. (Hrsg.): Handbuch Philosophie und Ethik. Band I: Didaktik und Methodik. Paderborn: Ferdinand Schöningh, 104-113.

Nunner-Winkler, G. (1993): Die Entwicklung moralischer Motivation. In: W. Edelstein et al. (Hrsg.): Moral und Person. Frankfurt a.M.: Suhrkamp, 278-303.

Nunner-Winkler, G. (1999): Empathie, Scham und Schuld. In: M. Grundmann (Hrsg.): Konstruktivistische Sozialisationsforschung. Frankfurt a.M.: Suhrkamp, 149-179.

Nunner-Winkler, G. et al. (2006): Integration durch Moral. Wiesbaden: VS.

Petermann, F./Petermann, U. (1993): Training mit Jugendlichen: Förderung von Arbeits- und Sozialverhalten. Weinheim: Beltz.

Pfeifer, V. (2013): Didaktik des Ethikunterrichts. Stuttgart: Kohlhammer.

Rawls, J. (2006): Gerechtigkeit als Fairneß. Frankfurt a.M.: Suhrkamp.

Reger, N. et al. (2011), Staatsinstitut für Schulqualität und Bildungsforschung (Hrsg.): Kommunikation und Ethik. München: Kastner.

Rheinberg, F. (2002): Emotionen in die Tat umsetzen. In: M. v. Salisch (Hrsg.): Emotionale Kompetenz entwickeln. Stuttgart: Kohlhammer, 179-206.

Rheinberg, F. (2008): Motivation. Stuttgart: Kohlhammer.

Ricco, R. B. (2015): The Development of Reasoning. In: L. S. Liben/U. Müller (Hrsg.): Handbook of Child Psychology and Developmental Science. Vol. 2 Cognitive Processes. Hoboken, New Jersey: Wiley, 519-570.

Rösch, A. (2011): Kompetenzorientierung im Philosophie- und Ethikunterricht. Zürich und Berlin: LIT.

Roetz, H. (1992): Die chinesische Ethik der Achsenzeit. Frankfurt a.M.: Suhrkamp.

Roetz, H. (2013): Überlegungen zur Goldenen Regel. Das Beispiel China. In: J. O. Beckers et al. (Hrsg.): Dialog – Reflexion – Verantwortung. Würzburg: Könighausen & Neumann, 221-139.

Saarni, C. (2002): Die Entwicklung von emotionaler Kompetenz in Beziehungen. In: M. v. Salisch (Hrsg.): Emotionale Kompetenz entwickeln. Stuttgart: Kohlhammer, 3-30.

Satir, V. (2002): Selbstwert und Kommunikation. Stuttgart: Pfeiffer bei Klett-Cotta.

Schmitz, G. S. (2002): Bedeutung der Selbstwirksamkeitserwartung für emotional kompetentes Verhalten. In: M. v. Salisch (Hrsg.): Emotionale Kompetenz entwickeln. Stuttgart: Kohlhammer, 207-225.

Schulz von Thun (2003): Miteinander Reden: Kommunikationspsychologie für Führungskräfte. Reinbek b.H.: Rowohlt.

Schulz von Thun, F. (2011): Miteinander reden: 1. Reinbek b.H.: Rowohlt.

Seligman, M. E. P. (2009): Der Glücks-Faktor. Bergisch Gladbach: Lübbe.

Seligman, M E. P. (2011): Flourish. New York: Free Press.

Siegel, H. (1988): Educating Reason. New York und London: Routledge.

Singer, T. (2015): Perspektiven der Empathie- und Compassion-Forschung. In: J. Nida-Rümelin et al. (Hrsg.): Handbuch der Philosophie und Ethik. Band 2: Disziplinen und Themen. Paderborn: Ferdinand Schöningh, 256-264.

Sloman, S. A. (2014): Two Systems of Reasoning. In: J. W. Sherman et al. (Hrsg.): Dual-Process Theories of the Social Mind. New York und London: The Guilford Press, 69-79.

Sodian, B. (2012): Denken. In: W. Schneider/U. Lindenberger (Hrsg.): Entwicklungspsychologie. Weinheim und Basel: Beltz, 385-411.

Spaemann, R. (2005): Die Philosophenkönige. In: O. Höffe (Hrsg.): Platon Politeia. Berlin: Akademie Verlag.

Spinath, B. (2005): Motivation als Kompetenz: Wie wird Motivation lehr- und lernbar? In: R. Vollmeyer/J. Brunstein (Hrsg.): Motivationspsychologie und ihre Anwendung. Stuttgart: Kohlhammer, 203-219.

Stich, S. et al. (2013): Altruism. In: J. M. Doris & the Moral Psychology Research Group (Hrsg.): The Moral Psychology Handbook. Oxford: Oxford University Press, 147-205.

Storch, M. (2009): Hausaufgaben! Oder lieber nicht? In: U. Herrmann (Hrsg.): Neurodidaktik. Weinheim und Basel: Beltz, 207-227.

Tetens, H. (2006): Philosophisches Argumentieren. München: C. H. Beck.

Tenorth, E./Tippelt, R. (Hrsg.) (2012): Beltz Lexikon Pädagogik. Weinheim und Basel: Beltz.

Thomas, P. (2004): Kulturelle Werte reflektieren und verlebendigen. In: Ethik macht Schule II. edition ethik kontrovers 12/2004. Seelze: Friedrich.

Uhl, S. (1996): Die Mittel der Moralerziehung und ihre Wirksamkeit. Bad Heilbrunn: Klinkhardt.

Walker, L. J. (2014): Moral Personality, Motivation, and Identity. In: M. Killen/J. G. Smetana (Hrsg.): Handbook of Moral Development. New York und London: Psychology Press, 497-519.

Watzlawik, P. et al. (2007): Menschliche Kommunikation. Bern: Hans Huber.

Wilhelm, O./Nickolaus, R. (2013): Was grenzt das Kompetenzkonzept von etablierten Kategorien wie Fähigkeit, Fertigkeit oder Intelligenz ab? In: Zeitschrift für Erziehungswissenschaft 16 (1), SUPP/1, 23-26.

Wilke, H./Lanzetta, J. T. (1970): The obligation to help. In: Journal of experimental social psychology 6, 488-493.

Wirtz, M. A. (Hrsg.) (2013): Lexikon der Psychologie. Bern: Hans Huber.

Zeitverlag (Hrsg.) (2005): Das Lexikon in 20 Bänden. Hamburg.

5 Die Zielgruppe: Kinder und Jugendliche

Jede Didaktik muss sich mit den Lernvoraussetzungen ihrer Zielgruppe auseinandersetzen. Für eine Fachdidaktik des Ethikunterrichts sind zum einen die Forschungsergebnisse zur sozio-moralischen Entwicklung von Kindern und Jugendlichen relevant. Verschiedene Aspekte der sozio-moralischen Entwicklung werden von je eigenen Forschungszweigen untersucht, die hier in jeweils spezifischen Unterkapiteln behandelt werden. Im Einzelnen sind dies: die Entwicklung moralischen Handelns, des expliziten moralischen Urteils, des logischen Denkens, moralischer Motivation, moralischer Gefühle und der Selbstkontrolle.

Darüber hinaus werden Aspekte der phasenspezifischen Entwicklungsaufgaben der Heranwachsenden dargestellt. Diese sind in der Altersphase der Pubertät besonders vielfältig und durchweg moralisch relevant. Dazu gehören z.B. die Auseinandersetzung mit neuen Rollenerwartungen in der Geschlechtsreife und der emotionalen Ablösung vom Elternhaus sowie die Reflexion und Kritik von Wertvorstellungen.

Schon die Unwägbarkeiten und Grenzen des Lebens wie Unfälle, Krankheit und Tod lassen Menschen über deren Sinn nachdenken. Die gegenwärtigen Entwicklungen in der Welt führen zu weiteren existenziellen Fragen wie z.B. nach der Gerechtigkeit und zu möglichen Sinngebungen für das eigene Leben. Wie Jugendliche auf die damit verbundenen Herausforderungen reagieren, dokumentiert die Shell Jugendstudie 2015. Aus ihr werden hier u.a. die Wertorientierungen der 12-25-Jährigen, ihr gesellschaftliches Engagement und ihre religiösen bzw. weltanschaulichen Überzeugungen vorgestellt.

5.1 Zur sozio-moralischen Entwicklung von Kindern und Jugendlichen
Rolf Roew

5.1.1 Zur Relevanz von empirischer Forschung zur sozio-moralischen Entwicklung von Kindern und Jugendlichen für den Ethikunterricht

„Die Frage, wie sich die moralische Urteilsfähigkeit von Menschen entwickelt, ist eine empirische Fragestellung: Sie fragt danach, was der Fall ist." (Roew 2015, 68) So sind die Aussagen der empirischen Forschung zur sozio-moralischen Entwicklung von Kindern und Jugendlichen *deskriptiver*, d.h. rein beschreibender Natur.

Aus der Tatsache, dass in einem Veränderungsprozess der Zustand B zeitlich auf den Zustand A folgt, lässt sich nicht ableiten, dass der Zustand B der bessere Zustand ist. Für die Bewertung der Zustände A und B müssen andere Kriterien als die zeitliche Folge angewendet werden. Wenn man z.b. die Entwicklung des menschlichen Körpers im Laufe eines Menschenlebens betrachtet, wird man bedauerlicherweise wohl zu der Einschätzung kommen müssen, dass wir es spätestens ab einem mittleren Alter mit degenerativen Erscheinungen zu tun haben.

Ebenso braucht es zur Beantwortung der Frage, ob es sich bei der sozio-moralischen Entwicklung von Kindern und Jugendlichen um eine Entwicklung zum Besseren handelt, andere Kriterien, nämlich moralische (vgl. z.b. Lapsley 2006, 39f). Und moralische Kriterien sind *normativer* Natur. Deutlich wird dies z.b. bei Aussagen wie der folgenden: „... und sie legen nahe, dass kleine Kinder potenziell ein größeres Netz auswerfen als Jugendliche und Erwachsene, wenn es um die Frage geht, welche Gruppen Schutz und menschliche Behandlung brauchen." (Lagattuta/Weller 2014, 394, eigene Übersetzung) Aus der Tatsache, dass Jugendliche und Erwachsene wählerischer sind bei der Frage, ob sie einer bestimmten Personengruppe helfen wollen, lässt sich nicht der Schluss ziehen, dass dies die moralischere Haltung ist. Vielmehr bedarf es eines moralischen Kriteriums, um eine solche Bewertung vorzunehmen.

Normative Sätze lassen sich grundsätzlich nicht aus *deskriptiven* Sätzen herleiten. Und so kann uns die empirische Forschung zur sozio-moralischen Entwicklung von Kindern und Jugendlichen auch keine Vorgaben dafür geben, welche Einstellungen, Handlungsweisen, Argumentationsformen etc. zum Ziel des Ethikunterrichts gemacht werden sollten. Sie kann uns aber wertvolle Informationen dazu liefern, was wir von Schülern in einem bestimmten Alter erwarten können und auf welche Weise wir am zielführendsten mit ihnen arbeiten.

5.1.2 Zur Entwicklung moralischen Handelns

Zu der Frage, inwieweit moralisches Handeln insgesamt einer ontogentischen Entwicklung unterworfen ist, also einer Entwicklung im Lebenslauf eines Individuums, findet man in der einschlägigen Literatur vorwiegend Aussagen zur Entwicklung des prosozialen Handelns.

Laut Vaish und Tomasello (2014, 283ff) zeigen bereits 2-3-jährige Kinder ausgeprägtes und differenziertes prosoziales Handeln. Dieses ist „intrinsisch motiviert, beruht auf einem Interesse für andere und einer Interpretation der Situation, ist flexibel in Abhängigkeit von den Interaktionen und Bewertungen von anderen und wird durch Zusammenarbeit erleichtert" (ebd., 285, eigene Übersetzung). Schon sehr kleine Kinder helfen auf unterschiedliche Weisen und auch dann, wenn sie daraus selbst keinen Nutzen ziehen (vgl. ebd., 287).

Grundsätzlich scheint von der frühen Kindheit bis zum frühen Jugendalter ein Anstieg im prosozialen Verhalten stattzufinden. Im Jugendalter nimmt prosoziales

Verhalten allerdings wieder ab, um dann im späten Jugendalter oder frühen Erwachsenenalter wieder etwas anzusteigen (vgl. Eisenberg et al. 2015, 615f). Dieses Gesamtbild muss aber differenzierter betrachtet werden. So unterscheiden Kinder mit zunehmendem Alter stärker zwischen Mitgliedern der eigenen Gruppe und anderen, denen sie in der Folge weniger helfen. Dies wird aber dadurch mehr als kompensiert, dass sie insgesamt aufgrund ihrer Entwicklung mehr Gelegenheiten zum Helfen wahrnehmen können. (Vgl. ebd.) In Situationen, wo in Untersuchungen prosoziales Handeln damit verbunden war, der anderen Person mehr zu geben, gingen prosoziale Entscheidungen zwischen dem Alter von drei Jahren und dem Alter von ca. acht Jahren zurück und stiegen dann bis zum Alter von 14 Jahren deutlich an. Und Jugendliche sind tendenziell hilfsbereiter als Kinder im Alter von sieben bis zwölf Jahren, wenn es um teilen und spenden geht. (Vgl. ebd.) Eine besondere Rolle in der Entwicklung von Kindern und Jugendlichen spielen dauerhafte und stabile Freundschaften, denn sie fördern Perspektivübernahme und Empathie, Vertrauen und soziale Sensibilität sowie die Fähigkeit und Bereitschaft, Kritik zu ertragen und Streit beizulegen (vgl. Berk 2011, 459f).

5.1.3 Zur Entwicklung des expliziten moralischen Urteils
Kohlbergs Stufenmodell
Von den 1970er Jahren bis zum Ende des 20. Jahrhunderts hatte Lawrence Kohlbergs Stufenmodell einen außerordentlich großen Einfluss auf die Vorstellungen von Psychologen und Didaktikern, wie sich Kinder und Jugendliche sozio-moralisch entwickeln (vgl. Lapsley 2006, 37). Sein Modell beschreibt eine Entwicklung in Stufen, wobei die nächsthöhere Stufe jeweils mit einem qualitativ höheren Grad an Differenzierung und Integration des Denkens verbunden sei. Dabei unterscheidet Kohlberg zwischen drei Niveaus und auf den einzelnen Niveaus jeweils zwei Stufen (vgl. Kohlberg 1968, 26ff; Kohlberg/Kramer 1969, 51ff).

I. Präkonventionelles Niveau
- Stufe 1: Orientierung an Strafe und Gehorsam
- Stufe 2: Instrumentell-relativistische Orientierung

II. Konventionelles Niveau
- Stufe 3: Orientierung an zwischenmenschlicher Harmonie
- Stufe 4: Orientierung an Gesetz und Ordnung

III. Postkonventionelles Niveau
- Stufe 5: Legalistische Sozialvertragsorientierung
- Stufe 6: Orientierung an universellen ethischen Prinzipien

Abb. 13: Kohlbergs Stufenmodell

In seinen Untersuchungen ging Kohlberg so vor, dass er Probanden moralische Dilemmata vorlegte. Das bekannteste Beispiel ist wahrscheinlich Kohlbergs „Heinz-Dilemma": Heinz' Ehefrau ist schwer erkrankt und er kann ihr Leben nur dadurch retten, dass er ein teures Medikament stiehlt. Die Probanden mussten entscheiden, wie sie handeln würden und ihre Entscheidung begründen. Je nach Art der Begründung wurden ihre Antworten dann den Stufen zugeordnet. (Vgl. Colby/Kohlberg 1987a, 1987b)

Die Auswahl dieses Verfahrens führt dazu, dass die Aussagen, die Kohlbergs Untersuchungen zulassen, grundsätzlich zumindest zwei Einschränkungen unterworfen sind. Zum einen handelt es sich um Begründungen, die Menschen formulieren, wenn sie danach gefragt werden. Diese dürften kaum Rückschlüsse darauf zulassen, welche Faktoren tatsächlich an der Entscheidung der Probanden beteiligt waren, da sie naturgemäß keine Auskunft über die unbewussten Anteile ihres Entscheidungsprozesses geben können (siehe dazu Kap. 3.4.1; vgl. Haidt 2001, 822, 830). Was die bewussten Anteile ihrer Entscheidung angeht, so ist es möglich, dass die Probanden nicht ehrlich antworten, sondern sich den (vermeintlichen) Erwartungen ihrer Versuchsleiter anpassen und/oder bestrebt sind, ihre Entscheidung auf rationale Art möglichst überzeugend zu rechtfertigen. Dazu Harman (2013, 217):

> „Diese Methode kann allenfalls zeigen, dass Menschen, wenn sie danach gefragt werden, auf unterschiedlichen Entwicklungsstufen verschiedene Arten von Gründen äußern. Das ist interessant als eine Untersuchung der Formen öffentlicher Rhetorik, die Menschen an unterschiedlichen Punkten an ihrem Leben benutzen, aber es zeigt nichts über die internen Prozesse, die zu ihrem Urteil geführt haben." (Eigene Übersetzung)

Zum anderen sind es für die Probanden immer rein hypothetische Entscheidungen. Wenn sie in ihrem Leben tatsächlich einmal in eine solche Dilemma-Situation kommen sollten, ist es gut vorstellbar, dass ihre Entscheidung anders ausfällt und auch andere Faktoren bei der Entscheidung eine Rolle spielen, z.B. weil ihre emotionale Verfassung vollkommen anders ist (vgl. Haidt 2001, 822).

Die Ergebnisse von Kohlbergs Untersuchungen bereiteten seiner Theorie u.a. dadurch Schwierigkeiten, dass es selbst auf den unteren Stufen nur wenige Versuchspersonen gab, deren Antworten im Zusammenhang mit den verschiedenen Dilemmata durchgängig einer einzigen Stufe zugeordnet werden konnten (vgl. Harman et al. 2013, 216). Häufig wurden die Antworten einer Versuchsperson je nach dem verwendeten Dilemma sogar einer Bandbreite von drei unterschiedlichen Stufen zugeordnet (vgl. Becker 2008, 190). Außerdem konnten kaum Menschen gefunden werden, deren Antworten Kohlbergs Stufe 6 zuzuordnen waren. Als Beispiele für solche Menschen verwendete er berühmte Figuren der Menschheitsgeschichte; in den wenigen Fällen, in denen Menschen tatsächlich im Interview entsprechende Antworten gaben, handelte es sich um Personen mit einer umfangreichen philosophischen Ausbildung (vgl. Harman 2013, 216). Und so findet sich die sechste

Stufe nicht mehr in Kohlbergs Handbuch für die Durchführung der Interviews (vgl. Colby/Kohlberg 1987a, 1987b).

Die wohl schwerwiegendste Kritik an Kohlberg besteht aber darin, dass einige seiner Aussagen sich als empirisch nicht haltbar erwiesen haben. „Eine große Menge von Untersuchungen hat ... sehr starke Belege dafür geliefert, dass die Arten von Differenzierungen, die von Piaget und Kohlberg vorgeschlagen wurden, die Entwicklung moralischer Urteile nicht angemessen beschreiben ..." (Turiel 2006, 24; vgl. Turiel 2014, 8; Vaish/Tomasello 2014, 279). Und Keller (2001, 120) urteilt: „Sie [Kohlbergs Theorie] führt zu einer falschen Sicht auf kindliche Moral."

Entgegen Kohlbergs Charakterisierung, dass das Urteil „präkonventioneller" Kinder weitestgehend an Eigeninteresse, Autoritäten und Angst vor Strafe orientiert sei, konnte in zahlreichen Studien gezeigt werden, dass bereits Vorschulkinder regelmäßig auf eine Art und Weise urteilen, wie sie laut Kohlberg späteren Entwicklungsstufen vorbehalten sein müsste:

* sie schreiben moralischen Geboten eine autoritäts- und sanktionsunabhängige, kategorische Gültigkeit zu und begreifen damit schon früh den Kern eines deontologischen Moralverständnisses (vgl. Haidt 2001, 822; Nunner-Winkler 1993, 280f; 1999, 161ff; 2007, 403; Reuss/Becker 1996, 38; Keller 2001, 118f; Vaish/ Tomasello 2014, 279, 290; Killen/Cooley 2014, 343; Turiel 2006, 28f);
* sie nehmen eine altruistische Haltung ein (vgl. Nunner-Winkler 1993, 280f; 1998, 135; 1999, 161ff; 2007, 403; Reuss/Becker 1996, 38; Keller 2001, 119);
* sie lassen situationsabhängig differenziert Ausnahmen zu (vgl. Nunner-Winkler 1999, 161ff; 2007, 403);
* sie orientieren sich an der Frage, welche Handlungen die Aufrechterhaltung von Beziehungen gefährden (vgl. Keller 2001, 118).

Döbert (1987, 498) vermutet, „dass man bei der Bestimmung des präkonventionellen Denkens Forschungsartefakten aufgesessen ist". Lapsley (2006, 37f) schätzt den Stellenwert, der Kohlbergs Theorie heutzutage zukommt, wie folgt ein:

> „Die Wissenschaftsgeschichte wird die letzten Jahrzehnte des 20. Jahrhunderts als die Apotheose der kognitiven Tradition in der Entwicklungspsychologie erfassen ... Und jetzt von einer Apotheose zu sprechen, die vorbei ist, und von einer post-Kohlberg-Ära in der Moralpsychologie, bedeutet darauf hinzuweisen, dass etwas mit dem Status der Stufentheorie der moralischen Entwicklung geschehen ist. Tatsächlich wird die Behauptung, dass die Moralpsychologie an einem Scheideweg angekommen ist, mit zunehmender Häufigkeit geäußert ... Angesichts der knappen und oberflächlichen Behandlung der Stufentheorie der moralischen Entwicklung in gegenwärtigen Fachbüchern und ihrer vergleichsweisen Obskurität auf Fachveranstaltungen gewinnt man den Eindruck, dass sie eher eine Frage schwachen historischen Interesses ist als eine Quelle angeregter Aktivität in der Spitzenforschung der Wissenschaft von der menschlichen Entwicklung." (Eigene Übersetzung)

Das Neo-Kohlberg-Modell

In den frühen 1970er Jahren entwickelte James Rest den „Defining Issues Test" (DIT). Wie Kohlberg ging er davon aus, dass die kognitiven Anteile von moralischen Urteilen eine zentrale Rolle beim Verständnis moralischen Urteilens und Handelns spielen. Für seine Untersuchungen benutzte er ebenfalls ein Interview, in dem den Probanden Geschichten mit moralischen Dilemmata zur Beurteilung vorgelegt wurden.

In den Jahren danach wurde der DIT so umfassend weiter entwickelt, dass der gegenwärtige DIT-2 und die damit verbundene Theorie von ihren Vertretern als neo-Kohlbergisch bezeichnet wird, um zu kennzeichnen, dass es bedeutsame Veränderungen im Vergleich zu Kohlbergs ursprünglicher Theorie gegeben hat. (Vgl. Thoma 2006, 67f) So wurde die Vorstellung von Stufen, die streng eine nach der anderen durchlaufen werden, aufgegeben. Stattdessen beschreibt das Modell Entwicklung als einen „graduellen Übergang von niedrigeren zu komplexeren Konzeptionen von sozialer Kooperation" (Thoma 2006, 69). Zudem wird davon ausgegangen, dass Menschen auf jedem Entwicklungsstand mehrere Konzeptionen zur Verfügung stehen, so dass für eine Bestimmung des Niveaus, auf dem ein Proband sich befindet, ermittelt werden muss, welche Konzeption von ihm überwiegend bevorzugt wird. Das bedeutet, dass Schülern aller Altersstufen grundsätzlich alle Niveaus des moralischen Urteils zur Verfügung stehen; es wächst mit zunehmendem Alter lediglich die Häufigkeit, mit der komplexere Konzeptionen verwendet werden.

Das höchste Niveau ist nicht mehr wie bei Kohlberg mit bestimmten Moraltheorien verbunden, sondern wird im Neo-Kohlberg-Modell so formuliert, dass die meisten gängigen Moraltheorien die Kriterien erfüllen (vgl. Thoma 2006, 71). Schließlich verwenden Neo-Kohlbergianer als Konzept für ein Niveau nicht die Stufe wie Kohlberg, sondern den Schema-Begriff. Schemata sind Netzwerke von Wissen, die Menschen dabei unterstützen, neue Informationen vor dem Hintergrund vorangegangener Erfahrungen zu verstehen. Schemata sind in hohem Maße kontextabhängig und operieren häufig auf der impliziten Ebene, d.h. sie sind dem Individuum dann nicht bewusst. (Vgl. Kap. 3.4.1; Thoma 2006, 72) Die drei unterschiedlichen Niveaus moralischen Urteilens sind im Neo-Kohlberg-Modell das „Schema des persönlichen Interesses", das „Schema der Einhaltung von Normen" und das postkonventionelle Schema (vgl. Thoma 2006, 78f).

Für die Schule ist dieses Modell jedoch nur in eingeschränktem Maße von Nutzen, da der DIT ein Leseverständnis der Probanden voraussetzt, das in etwa dem Niveau auf der 9. Jahrgangsstufe entspricht. Und so lässt der DIT nur sehr ungefähre Aussagen über den Stand der Entwicklung des moralischen Urteils bei Schülern zu: Zu Beginn des Jugendalters wird das „Schema des persönlichen Interesses" nur noch als untergeordneter Gesichtspunkt bei moralischen Urteilen einbezogen und im Laufe des zweiten Lebensjahrzehnts weicht die Ausrichtung auf Normen einem postkonventionellen Verständnis von Moral. (Vgl. Thoma 2006, 78f, 87)

Das prosoziale moralische Urteil

Das prosoziale moralische Urteil betrifft die Frage, ob man jemandem helfen sollte. Um zu untersuchen, wie sich das prosoziale moralische Urteil entwickelt, wurden Kindern und Jugendlichen Dilemma-Situationen zum Urteil vorgelegt – z.B. ob sie einem Opfer von Gewalt zur Hilfe kommen würden, obwohl dies für sie gefährlich wäre – und ihre Überlegungen dazu wurden festgehalten. (Vgl. Lapsley 2006, 55; Eisenberg 2015, 616). Somit wurde ihr explizites Urteil in einer hypothetischen Situation erfasst.

Grundsätzlich ließ sich dabei feststellen, dass die Entwicklung bei Kindern und Jugendlichen nicht stufenförmig in dem Sinne abläuft, dass eine bestimmte Art zu argumentieren auf der folgenden Altersstufe komplett durch eine andere Art abgelöst würde. Vielmehr ergibt sich ein additives Modell, in dem mit zunehmendem Alter immer mehr Arten zu argumentieren zur Verfügung stehen, dabei manche aber bevorzugt angewendet werden (vgl. Lapsley 2006, 56).

Kleine Kinder argumentieren noch stark an Eigeninteressen orientiert, bis zu einem Alter von 7-8 Jahren lässt sich aber ein stetiger Rückgang egoistischer Argumentation beobachten, verbunden mit einer verstärkten Berücksichtigung der Bedürfnisse anderer und der sozialen Anerkennung, die man für die Hilfeleistung bekommt (vgl. ebd.; Eisenberg 2015, 616). Die Orientierung an den eigenen Bedürfnissen nimmt bis zum Eintritt in das Jugendalter weiter ab, nimmt aber im späten Jugend- und frühen Erwachsenenalter wieder leicht zu. Mit den Bedürfnissen anderer wird bis in das frühe Jugendalter vermehrt argumentiert, danach nimmt die Häufigkeit solcher Argumente aber wieder ab. Soziale Anerkennung wird nach dem 8. Lebensjahr bis zum mittleren Jugendalter stetig weniger als Argument verwendet und bleibt danach stabil auf diesem Stand. Verschiedene Arten abstrakterer Argumentationsmuster wie allgemeine Reziprozität oder der Gebrauch von internalisierten Normen tritt in der späten Kindheit zuerst auf und nimmt an Bedeutung danach stetig zu.

Eisenberg (2015, 636) betont, dass laut verschiedener Untersuchungen ein positiver Zusammenhang besteht zwischen prosozialem Handeln und einer Art zu argumentieren, die sich an den Interessen anderer orientiert, hingegen ein negativer Zusammenhang zwischen prosozialem Handeln und hedonistischer Argumentation. Allerdings brauche es häufig die zusätzliche Motivation durch moralische Gefühle, damit das Individuum auch tatsächlich zum Handeln bewegt wird.

Fragen der Verteilungsgerechtigkeit

Die Entwicklung der Vorstellungen zur Verteilungsgerechtigkeit gilt als sehr gut untersucht (vgl. Lapsley 2006, 54). Bereits Kleinkinder zeigen einen Sinn für Gleichheit, wenn es um die Verteilung von Gütern geht (vgl. Vaish/Tomasello 2014, 287). Während jüngere Kinder noch vornehmlich nach Kriterien wie individuelle Stärke des Verlangens nach dem Gut, Alter oder Körpergröße entscheiden, bevorzugen 5-6-Jährige bereits eine strikte Gleichverteilung. Ab einem Alter von sechs Jahren rückt das Verdienst als Kriterium in den Mittelpunkt, und schließlich integrieren Kinder sowohl Informationen zu Bedürftigkeit als auch Verdienst in ihr Urteil. Mit acht Jahren können Kinder dann auf angemessene Weise situationsabhängig entscheiden, eine Fähigkeit, die sich besonders im Jugendalter weiter entwickelt. (Vgl. ebd, 286; Lapsley 2006, 52; Smetana et al. 2014, 39)

Allerdings weisen Killen und Smetana (2015, 723) darauf hin, dass bereits 3,5-6-jährige Kinder das Wohlergehen anderer in ihre Entscheidungen einfließen lassen, wenn es nicht um die Verteilung von Luxusgütern, sondern um notwendige Ressourcen geht, und damit auch grundsätzlich die Fähigkeit unter Beweis stellen, Situationen differenziert zu betrachten.

> „Während der Jugendzeit werden die Konzepte von Fairness umfassender, universell anwendbar und über Situationen hinweg verallgemeinerbar. Gleichzeitig werden Jugendliche aber besser darin, situationsbedingte Unterschiede zu berücksichtigen ..." (Smetana et al. 2014, 39; eigene Übersetzung).

5.1.4 Zur Entwicklung des logischen Denkens

Logisches Denken ist gleichermaßen eine der Voraussetzungen für ein schlüssiges moralisches Urteil und schlüssige moralische Argumentation. Die Entwicklung des logischen Denkens scheint weniger damit verbunden zu sein, dass Menschen neue logische Operationen erlernen, „sondern auf verbesserter Kapazität des Arbeitsgedächtnisses, verbesserten Problemlösestrategien, inhaltlichem Wissen, das zur Aufgabenlösung erforderlich ist, sowie metalogischem Verständnis" zu basieren (Sodian 2012, 399), wobei die Leistungsfähigkeit des Arbeitsgedächtnisses in der Kindheit stark ansteigt und dann noch bis in das Jugendalter weiter zunimmt (vgl. ebd., 394).

Moshman (2009, 145) beschreibt kleine Kinder – spätestens ab einem Alter von 4-5 Jahren – als rationale Agenten, die Gründe für ihre Meinungen und ihr Handeln haben und gewohnheitsmäßig Schlüsse ziehen, darunter auch streng logische Deduktionen. Sie tun dies aber vollkommen unbewusst und können z.B. nicht sagen, was Schlüsse sind und was der Unterschied zwischen Prämissen und Schlüssen ist (vgl. ebd., 147). Menschen hören in ihrem Leben nie damit auf, auf eine implizite, weitgehend automatische Weise Schlüsse zu ziehen, und laut Moshman (ebd.) würden wir sonst unser Leben auch nicht bewältigen können.

Was sich aber ab etwa einem Alter von 6 Jahren entwickelt, ist Metakognition, was in diesem Zusammenhang explizites Wissen um die Regeln logischen Denkens und die bewusste Kontrolle logischer Denkprozesse heißt. Und genau das ist nach

Moshman gemeint, wenn von der Entwicklung von Rationalität die Rede ist (vgl. ebd, 146f, 151). Sie ist das Ergebnis der Reflexion von implizit bereits vorhandenem metalogischem Wissen (vgl. Ricco 2015, 534). Dadurch werden die Elemente impliziten logischen Denkens einer expliziten Verwendung zugänglich gemacht und können in der Folge auf ein breiteres Anwendungsfeld übertragen werden. Eine zunehmende Bewusstheit bzgl. verschiedener Formen von Schlüssen in unterschiedlichen Zusammenhängen entwickelt sich über einen Zeitraum vieler Jahre. Vor allem während der mittleren Kindheitsjahre erwerben Kinder immer mehr explizites Wissen über logische Kategorien wie Schlüssigkeit, Konsistenz und Notwendigkeit, über Beweisstrategien, die Suche nach Gegenbeispielen etc. Parallel dazu verbessert sich die Fähigkeit zum deduktiven Denken (z.B. bei der Bewältigung komplexerer Strukturen), und metalogische Normen (z.B. Regeln des Schließens) werden vermehrt bewusst dazu eingesetzt, Denkprozesse zu steuern (vgl. Ricco 2015, 523, 533). Alte Denkstrukturen werden allerdings nicht sofort abgelöst, wenn neue Denkstrukturen entwickelt werden, sondern über einen längeren Zeitraum immer noch – in abnehmendem Maße – weiter verwendet und nach und nach durch die neuen Denkstrukturen ersetzt (vgl. Kuhn 2013, 755). Dabei treten anspruchsvollere Strategien meist zunächst in einfachen Kontexten auf und ihre Anwendung in anderen Kontexten bleibt zunächst schwierig. Durch häufiges Üben in einfachen Kontexten wird aber schließlich der Einsatz in diversen anderen Kontexten möglich und die Strategie gewinnt an Allgemeinheit (vgl. ebd., 744, 755). Von besonderer Bedeutung – vor allem für den schulischen Bereich – ist der Umstand, dass sehr anspruchsvolle Strategien logischen Denkens höherer Ordnung nicht im Rahmen der normalen Entwicklung erworben werden, sondern nur dann, wenn logisches Denken in vielfältiger Form, auf angemessene Weise und in ausreichendem Umfang praktiziert wird (vgl. ebd., 754, 758).

6-Jährige verstehen bereits, dass Schlüsse eine Basis für Wissen und Überzeugungen sein können und dass Wissen aus Prämissen für Schlüsse wichtig ist. Bei ihren eigenen Denkprozessen messen sie deduktiven Schlüssen ein höheres Maß an Gewissheit zu als bloßem Raten. Sie können aber noch nicht entscheiden, wann ausreichend Informationen da sind, um daraus Schlüsse ziehen zu können, und wann nicht, und erst mit 8-9 Jahren können Kinder in Bezug auf Denkprozesse anderer zwischen Deduktion und Raten unterscheiden. (Vgl. Ricco 2015, 235) Bis zu einem Alter von mindestens 8-9 Jahren glauben Kinder, dass empirische Belege eine logische Wahrheit noch überzeugender machen können, und selbst 10-Jährige verstehen häufig noch nicht, das valide deduktive Schlüsse a priori als richtig erkannt werden können und keine alternativen Lösungen zulassen. (Vgl. ebd.)

Eine voll entwickelte Fähigkeit zu deduktivem Schließen kann typischerweise nicht vor dem Einsetzen der Adoleszenz erwartet werden (vgl. ebd., 532). Dieser Umstand wird dadurch verschärft, dass es offensichtlich kaum möglich ist, vor dem

Erreichen bestimmter Altersgrenzen das Verständnis logischer Konzepte durch Instruktion und Üben zu fördern (vgl. ebd., 152).

5.1.5 Zur Entwicklung moralischer Motivation

Allgemeine Aussagen

Nunner-Winkler (2007, 406) beschreibt moralische Entwicklung als einen Prozess, der in zwei Schritten abläuft. In einem ersten Schritt eignen sich Kinder demnach ein Verständnis von dem intrinsischen Wert moralischer Regeln an. Moralische Motivation entwickelt sich aber erst danach, in einem zweiten Lernprozess. Decety und Howard (2014, 463) charakterisieren Kinder im Vorschulalter wie folgt: „ ... obwohl kleine Kinder viele der ‚Regeln' moralischen Verhaltens verstehen, sind sie u.U. zurückhaltend, wenn es darum geht, sie in die Praxis umzusetzen" (eigene Übersetzung; vgl. Kap. 5.1.6).

Nunner-Winkler (2007, 410) weist auf eine Meta-Studie zur Entwicklung von Persönlichkeitsmerkmalen hin, die zeigt, dass noch bis ins späte Erwachsenalter beträchtliche Veränderungen der Persönlichkeit stattfinden können und dies auch häufig geschieht. So sei die menschliche Persönlichkeit und im Besonderen die moralische Motivation nicht durch frühe Erfahrungen in der Familie festgelegt. Auch spätere Einflüsse seien von Bedeutung (vgl. ebd., 412).

Empathie und Theory of Mind

Von Geburt an machen Menschen moralrelevante Erfahrungen. Als Baby erleben sie eine Befriedigung oder Versagung ihrer physischen, emotionalen und sozialen Bedürfnisse. Mit sechs Wochen beginnt dann im präverbalen Austausch die Spiegelung von Emotionen. „Das Gefühl, gemocht zu werden und andere zu mögen, wird schließlich zur Grundlage der Empathie" (Greenspan et al. 1999, 175). Die Fähigkeit zum eigenen Mitschwingen mit den Gefühlen eines Gegenübers und zu deren Spiegelung im eigenen Ausdruck haben bekanntermaßen schon Säuglinge. „Es bildet ... den Startpunkt jeder zwischenmenschlichen Beziehung" (Bauer 2006, 58). Im Rahmen der Entwicklung der Kompetenz von Kindern und Jugendlichen zum sittlichen Handeln spielt die Entwicklung von Empathie bzw. Compassion (vgl. Kap. 4.1.3) offenbar eine zentrale Rolle (vgl. Uhl 1996, 120). Der positive Zusammenhang zwischen Empathie/Compassion und der Bereitschaft zu helfen konnte in einer Vielzahl von Untersuchungen belegt werden (vgl. z.B. Uhl 1996, 118; Carlo 2014, 222; Stich et al. 2013, 174; Malti/Ongley 2014, 177; Lagattuta/Weller 2014, 398f; Eisenberg et al. 2014, 184f). Als Voraussetzungen dafür, dass Kinder Fortschritte in ihrem Verständnis von anderen machen, wird zum einen die Entwicklung einer *Theory of Mind* betrachtet und zum anderen die Entwicklung der Fähigkeit zur Perspektivübernahme (vgl. Eisenberg et al. 2014, 187; Stich et al. 2013, 173).

Definition

„*Theory of Mind* ist das Konzept, dass Menschen geistige Wesen sind und Interaktionen interpretiert und erklärt werden können, indem man ihre geistigen Zustände berücksichtigt. Diese geistigen Zustände – wie Vorstellungen, Wünsche und Intentionen – sind Repräsentationen, die die Aktivitäten von Menschen in der Welt beeinflussen." (Astington/Hughes 2013, 398)

Damit ist die Theory of Mind die Grundlage jeglicher Form von Selbstreflexion und dem Verständnis anderer (vgl. ebd., 399). Bereits sehr kleine Kinder im Alter von unter 4 Jahren sind sich Gefühlen bewusst und reagieren auf Gefühle. Sie erkennen, dass sich Wünsche und Intentionen anderer von ihren unterscheiden können. (Vgl. ebd., 407) Aber erst in einem Alter von ca. 4 Jahren machen sie einen Entwicklungsschritt, der von vielen Forschern als Meilenstein betrachtet wird: Sie erkennen, dass andere Menschen andere Vorstellungen bzgl. der Welt haben können als sie selbst und dass diese Vorstellungen der anderen falsch sein können (vgl. ebd., 408).

Das zeigen sie bei der Bewältigung der so genannten False-Belief-Aufgaben. In einer typischen False-Belief-Aufgabe wird Kindern z.B. eine Geschichte erzählt, in der der Protagonist ein Objekt an einem bestimmten Ort ablegt und diesen Ort dann verlässt, das Objekt danach aber von jemandem an einen anderen Ort gelegt wird. Sodann werden die Kinder gefragt, wo der Protagonist denn nach dem Objekt schauen wird, wenn er wieder zurückkehrt. Kleine Kinder antworten in der Regel, er werde dort schauen, wo das Objekt jetzt tatsächlich ist, obwohl sie sich daran erinnern, dass er selbst das Objekt am Anfang der Geschichte an einem anderen Ort abgelegt hatte. Erst ab einem Alter von 4-5 Jahren erwarten Kinder, dass er dort schauen wird, wo er selbst das Objekt abgelegt hat. (Vgl. ebd., 399) Dies setzt die Erkenntnis voraus, dass andere Menschen Vorstellungen haben können, die von unseren abweichen, und dass sie sich von ihnen leiten lassen, auch wenn sie falsch sind. Mit anderen Worten haben sie verstanden, dass Menschen mentale Repräsentationen der Welt herstellen und diese es sind, auf deren Basis sie entscheiden und handeln. (Vgl. ebd.) In ungefähr demselben Alter lernen Kinder auch, zwischen scheinbaren und tatsächlichen Gefühlen zu unterscheiden (vgl. ebd., 410).

Im Grundschulalter machen Kinder dann weitere große Fortschritte in der Entwicklung ihrer Theory of Mind. So entdecken sie, dass zwei Personen dieselbe Situation unterschiedlich interpretieren können, ohne dass dabei eine Interpretation die einzig legitime wäre, aber auch, dass andererseits nicht jede denkbare Interpretation gleichermaßen vernünftig ist (vgl. ebd., 412; Moshman 2009, 153f). Sie werden sich ihres Bewusstseinsstroms bewusst, was unabdingbare Voraussetzung dafür ist, dass sie bezüglich ihres eigenen Denkens Selbstreflexion betreiben können (vgl. Astington und Hughes 2013, 413). Und schließlich wird ihnen klar, dass Menschen Vorstellungen vom Inhalt des Geistes anderer haben (z.B. davon, was andere denken oder wollen) und dass diese Vorstellungen falsch sein können (vgl. ebd., 411). Darüber hinaus erwerben 7-8-Jährige sogenanntes deontisches Verstehen, d.h. sie erkennen, dass Menschen nicht nur von ihren Wünschen motiviert werden können, sondern auch von Pflichten (vgl. ebd., 417).

Die Fähigkeit zur Perspektivübernahme trägt dazu bei, dass moralische Gefühle und rationales moralisches Urteilen bzw. Argumentieren differenzierter werden (vgl. Malti/Ongley 2014, 167), und Lapsley (2006, 58) betrachtet Perspektivübernahme gar als „die ursprüngliche Entwicklungsleistung, die jedem Bereich der sozial-kognitiven Entwicklung zugrunde liegt." (Vgl. auch Becker 2008, 114) Laut Krettenauer et al. (2011, 363; vgl. auch Greenspan et al. 1999, 157) verfügen bereits 4-5-jährige Kinder über ausreichende Fähigkeiten der Perspektivübernahme, um sich vorstellen zu können, wie sie sich an der Stelle von jemand anders fühlen würden. In den Vorschuljahren und den frühen Schuljahren findet dann eine allgemeine Zunahme an Empathie bzw. Compassion statt (vgl. Eisenberg et al. 2014, 187). Mit dem Erreichen der späten Kindheitsjahre (ca. 11-14 Jahre) können Kinder sich in die allgemeine Verfassung oder Notlage einer anderen Person einfühlen, und im Weiteren verstehen Kinder schließlich die Notlage von einer ganzen Gruppe von Menschen und können darauf empathisch reagieren (vgl. Eisenberg et al. 2014, 186). Was die Entwicklung von Empathie bzw. Compassion bei Jugendlichen angeht, so ist die Datenlage laut Eisenberg et al. zur Zeit noch zu dürftig und widersprüchlich, um verlässliche Aussagen zuzulassen.

Die Fähigkeit zur Empathie garantiert aber noch nicht mitfühlendes Handeln. „Beispielsweise könnte sich jemand in die Lage eines anderen versetzen, um herauszufinden, wie er diesen hereinlegen oder manipulieren kann, aber er wird kein Mitgefühl empfinden, wenn er nicht selbst Mitgefühl erfahren hat" (Greenspan 1999, 158).

Moralische Identität

Die Schülerinnen und Schüler als Subjekte sittlichen Urteilens und Handelns sind kein unbeschriebenes Blatt. Durch die Abstammung von ihren Eltern sowie biografische Erfahrungen und Prägungen zeichnen sich Kinder und Jugendliche schon früh durch eine unverwechselbare Individualität aus. Dabei bildet ihre Identität „ein selbstreflexives Scharnier zwischen der inneren und äußeren Welt" (Keupp 1999, 28).

Definition

Unter *Identität* wird einmal objektiv die Unverwechselbarkeit der Person im Unterschied zu anderen verstanden und „subjektiv das Gefühl, wer man ist" (vgl. Der Brockhaus 2001, 260).

Sie wird von genetischen Anlagen und Identifizierungen im Lauf der Biografie bestimmt. Bei der Ausdifferenzierung seiner persönlichen Identität entscheidet das Kind immer bewusster, „was es übernehmen oder worin es sich unterscheiden will. Am stärksten ausgeprägt ist dieser Prozess in der Adoleszenz, wenn der Jugendliche sich mit den elterlichen und gesellschaftlichen Normen und Werten auseinandersetzt" (ebd.). Bedingt durch eine ständige Flexibilisierung, Mobilisierung und Verunsicherung in der Arbeitswelt und den Lebensverhältnissen ist der Identitätsprozess heute „nicht mehr nur ein Mittel, um am Ende der Adoleszenz ein bestimmtes Plateau einer gesicherten Identität zu erreichen, sondern der Motor lebenslanger Entwicklung" (Keupp 1999, 190). Zur Identitätsarbeit gehört auch die Entwicklung eines Selbstkonzepts, das auf Erinnerung, Selbstinterpretation und Selbsterkenntnis beruht, eines Selbstwertgefühls, das auf Akzeptanz und Anerkennung von Anderen (vgl. ebd., 252-256) und Selbstachtung aufbaut und der Fähigkeit, Emotionen und Verhalten zu regulieren, Entscheidungen zu treffen und Pläne für die Zukunft zu schmieden (vgl. Aronson et al. 2008, 151f).

Laut Nunner-Winkler (2007, 410) ist es die gesteigerte Fähigkeit von Jugendlichen zu hypothetischem Denken, die dazu führt, dass sie sich bewusst mit den moralischen Vorstellungen auseinandersetzen können, die sie als Kinder aufgebaut haben. Damit sei eine intensive Identitätskrise verbunden, die auch dazu führen könne, dass sie affektiv besetzte Selbstverpflichtungen revidieren, die sie sich einmal auferlegt hatten. Schwartz et al. (2013, 340) heben hervor, dass sich im Jugendalter die Fähigkeit entwickelt, sich eine Vorstellung davon zu bilden, welche der möglichen zukünftigen Identitäten erstrebenswert sind und welche man vermeiden möchte. Und Krettenauer et al. (2011, 361) sehen das Jugendalter als entscheidend für die Integration von Moral in das Selbst an (vgl. auch Malti/Ongley 2014, 171).

5.1.6 Zur Entwicklung moralischer Gefühle

Wie Nunner-Winkler (vgl. Kap. 5.1.5) betrachten Malti und Ongley (2014, 168f) die moralische Entwicklung von Kindern als einen Prozess in zwei Schritten. Zunächst lernen Kinder, zwei Perspektiven voneinander zu unterscheiden: die eigene Perspektive und die Perspektive der anderen. Aber es braucht noch einen weiteren Entwicklungsschritt, damit Kinder diese beiden Perspektiven auch koordinieren können. Und erst dann stellen sie fest, dass der Bruch von Regeln nicht nur negative Folgen für andere hat, sondern dass damit für sie auch moralische Gefühle wie Schuld oder Scham verbunden sind.

Moralische Gefühle unterscheiden sich von elementaren Gefühlen insofern, als sie das Bewusstsein meiner Selbst und Selbstrepräsentation erfordern. Darüber hinaus sind sie kognitiv komplex und setzen die sog. Theory of Mind voraus (vgl. Kap. 5.1.5). Darum entwickeln sie sich später als elementare Gefühle wie Glück oder Angst und treten zum ersten Mal wohl gegen Ende des dritten Lebensjahrs auf (vgl. Malti/Ongley 2014, 166), ein differenzierteres Verständnis moralischer Gefühle wie Schuld oder Scham findet sich aber erst im Alter von sechs bis acht Jahren (ebd., 167).

Gefühlserwartungen, die Kinder und Jugendliche mit der Vorstellung bestimmter moralischer oder unmoralischer Handlungen verbinden, haben sich in einer großen Zahl von Untersuchungen als zuverlässiger Prädikator für das spätere Verhalten der Kinder und Jugendlichen erwiesen (vgl. Eisenberg et al. 2015, 637; Krettenauer et al. 2011, 359; Arsenio 2014, 238; Lagattuta/Weller 2014, 399; Nunner-Winkler 2007, 406). Einfach ausgedrückt heißt das: Wenn Kind A erwartet sich gut zu fühlen, nachdem es einem anderen Kind etwas gestohlen hat, und Kind B erwartet, sich danach schlecht zu fühlen, so wird Kind A in einer entsprechenden Situation mit einer höheren Wahrscheinlichkeit einem anderen Kind etwas stehlen. „Amoralische Emotionszuschreibungen korrelieren mit Mogelverhalten, rücksichtsloser Interessendurchsetzung, Aggressivität, Mobbing, Verhaltensauffälligkeiten, höheren Delinquenzraten, offener Freude bei Konfliktinitiierung" (Nunner-Winkler 2012, 533).

Die meisten 4-Jährigen erwarten, dass Kinder (sie selbst eingeschlossen), die gegen moralische Normen verstoßen, indem sie z.b. andere Kinder verletzen oder bestehlen, sich nach der Tat gut fühlen, weil sie ihr Bedürfnis befriedigen konnten, und das, obwohl sie die Geltung dieser moralischen Normen anerkennen, wenn sie moralisch argumentieren. Dies ist als *happy-victimizer*-Phänomen bekannt und wurde durch eine große Zahl von Untersuchungen bestätigt (vgl. Nunner-Winkler 2007, 405; Malti/Ongley 2014, 170; Krettenauer et al. 2011, 359). Immerhin erkennen 4-5-Jährige an, dass es sich schlechter anfühlt, wenn man bekommt, was man will, indem man gegen Regeln verstößt, als wenn man es ohne Regelverstoß bekommt, und dass es sich besser anfühlt, etwas nicht zu bekommen, weil es einem gelungen ist, ein Verlangen zu unterdrücken, als wenn man es einfach so nicht bekommt (vgl. Lagattuta/Weller 2014, 391).

In einem Alter von sechs Jahren schreibt immer noch eine Mehrzahl der Kinder Übeltätern positive Gefühle zu (vgl. Nunner-Winkler 2007, 405), aber die Zahl der Kinder, die ihnen negative oder gemischte Gefühle zuschreiben, steigt (vgl. Malti/Ongley 2014,170). So beginnen Kinder im Alter zwischen sieben und elf Jahren zu erwarten, dass Akteure, die sich moralisch verhalten, Stolz empfinden (vgl. ebd, 172). Und bei 8-Jährigen sind sog. happy victimizers bereit in der Minderheit (vgl. Arsenio 2014, 237).

Wenn ältere Kinder schließlich lernen, wie man andere so behandelt, dass gegenseitiges Vertrauen entstehen kann, entwickeln sie Gefühle von Scham und Schuld, wenn sie dieses Vertrauen verletzen (*unhappy moralist*). Im Jugendalter tritt typischerweise in verstärktem Maße ein Gefühl von Stolz auf, wenn man seinen Verpflichtungen nachkommt (*happy moralist*; vgl. Malty/Ongley 2014, 168f). Jedoch tritt das happy-victimizer-Phänomen gelegentlich bis in das Jugend- und Erwachsenenalter weiterhin auf (vgl. ebd., 169, 172).

Wenn man Kinder über Fälle urteilen lässt, in denen jemand hilfsbedürftigen Menschen nicht hilft (also nicht wie oben über Fälle, in denen jemand anderen schadet), ergibt sich interessanterweise das Bild, dass 5-6-Jährige und 11-13-Jährige Akteuren, die Hilfsbedürftige ignorieren, die positivsten Gefühle zuschreiben und 7-10-Jährige die am wenigsten positiven Gefühle (vgl. Lagattuta und Weller 2014, 393).

5.1.7 Zur Entwicklung von Selbstkontrolle

Kleine Kinder sind häufig noch impulsiv, unaufmerksam, reagieren stark auf äußere Stimuli und haben Schwierigkeiten damit, wichtige Informationen zu behalten (vgl. Carlson et al. 2013, 711). Mit anderen Worten ist ihre Fähigkeit zur Selbstkontrolle noch wenig ausgeprägt. Ab dem 3. Lebensjahr bis zu einem Alter von 5 Jahren verbessert sie sich dann aber deutlich (vgl. ebd., 712; Kray und Schneider 2012, 469; Sodian 2012, 395). Sodian (ebd.) weist darauf hin, dass diese Entwicklung eng mit der Entwicklung der *Theory of Mind* (vgl. Kap. 5.1.5) in dieser Altersstufe korreliert.

Dabei spielt insbesondere zunehmendes metakognitive Wissen über Emotionen und ihre Regulation eine Rolle, was Holodynski und Oerter (2012, 516) als *Theory of Emotion* bezeichnen, z.B. Wissen darüber, wie Emotionen sich bei den Kindern selbst und bei anderen äußern und mit welchen Strategien sich eigene Emotionen und die Emotionen anderer beeinflussen lassen. Dieses Wissen steht ihnen zunächst aber nur auf einer impliziten, intuitiven Ebene zur Verfügung. (Vgl. ebd.) Für Kinder unter 5 Jahren sind Emotionen immer auch mit ihrem Ausdruck verbunden, und sie halten Emotionen für nicht beeinflussbar; erst danach erkennen sie, dass man Gefühle und ihren Ausdruck auch willkürlich voneinander trennen kann und dass es Strategien gibt, seine eigenen Emotionen zu beeinflussen (vgl. ebd.).

Wenn Kinder eingeschult werden, hat ihre Selbstkontrolle einen Stand erreicht, der es ihnen z.B. erlaubt, sich auf aktuell relevante Dinge zu konzentrieren und Ablenkungen auszublenden (vgl. Carlson 2013, 714). Während der weiteren Kindheit und insbesondere dem Jugendalter nimmt die Fähigkeit zur Selbstkontrolle kontinuierlich weiter zu (vgl. ebd., 712; Holodynski/Oerter 2012, 516; Sodian 2012, 395). Diese Fortschritte sind vor allem gekennzeichnet durch eine zunehmende Kontrolle von Aufmerksamkeit, Effizienz, Flexibilität und der Selbstkontrolle bei der Bewältigung komplexerer Probleme (vgl. Carlson et al. 2013, 714). Ihren Höhepunkt erreicht die Fähigkeit zur Selbstkontrolle bei einem Alter von ungefähr 25 Jahren (vgl. ebd., 712).

5.2 Entwicklungsaufgaben und existenzielle Erfahrungen

Peter Kriesel

Die Entwicklung von Kindern und Jugendlichen verläuft in Auseinandersetzung mit inneren physischen und psychischen Prozessen sowie Einwirkungen der äußeren sozialen und materiellen Umwelt. Für die menschliche Entwicklung vom Säugling bis zum Greis hat Erik Erikson (vgl. Erikson 2002) ein Konzept mit Stadien bzw. Phasen der Entwicklung vorgestellt, in denen jeweils bestimmte Entwicklungsaufgaben zu bearbeiten sind. Dabei gilt: „Die Entwicklungsaufgaben müssen von jedem Individuum altersgemäß bewältigt werden, um den Erfolg auf der nächsten Stufe zu ermöglichen." (Grossmann/Grossmann 2014, 385)

5.2.1 Entwicklung und Entwicklungsaufgaben

In der Psychologie wurden u.a. zur Phase der mittleren Kindheit (6-12 Jahre) und der Adoleszenz (12-18 Jahre) Entwicklung und Entwicklungsaufgaben (vgl. Oerter/Dreher 2002, 270) ermittelt und dargestellt. „Als Quellen von Entwicklungsaufgaben gelten physische Reifung, gesellschaftliche Erwartungen und individuelle Zielsetzungen und Werte." (Oerter/Dreher 2002, 268) In diesem Zusammenhang wird das Individuum „als Produkt und Produzent von Entwicklung" (Oerter/Dreher 2002, 265) verstanden.

Entwicklungsaufgaben in der mittleren Kindheit

Die Entwicklungsaufgaben „werden in der mittleren Kindheit wesentlich komplexer und vielschichtiger." (Grossmann/Grossmann 2014, 385) In dieser Altersphase steht für die Kinder die Bewältigung „von vier großen Entwicklungsaufgaben im Vordergrund:

- die Entwicklung von sozialer Kompetenz in der Gruppe der Gleichaltrigen und im Umgang mit unvertrauten, aber kundigen Erwachsenen (Lehrer, Erzieher usw.);
- die Entwicklung von Vorstellungen zu Moral und Werten im Umgang mit anderen;
- der Aufbau eines positiven Selbstbildes;
- der Erwerb von Sachkompetenzen, ‚Formwillen', Schaffensfreude und eines Sinns für Ziele, die es wert sind, mit Anstrengung verfolgt zu werden (‚Wertsinn')."
(Grossmann/Grossmann 2014, 433)

Darüber hinaus wird „für dieses Alter die Umsetzung von Erkenntnis in Sprache eine zentrale Entwicklungsaufgabe" genannt (ebd., 373). Zur Entwicklung sozialer Kompetenz gehören u.a. der „Umgang mit Gleichaltrigen, das Schließen und Erhalten von Freundschaften, Kooperation in Spiel und Sport, Arbeiten im Team." (Ebd., 384) Gute Voraussetzungen für die Weiterentwicklung ihrer sozialen Fähigkeiten sind gegeben, wenn die Kinder bereits gelernt haben, „Gefühle, Gedanken und Absichten von sich selbst und/oder von den Bezugspersonen" (ebd., 370) im Sinne einer Motivklärung aus den Anlässen her zu verstehen, zu benennen und lösungsorientiert damit umzugehen. Dies beinhaltet „die Fähigkeit, trotz negativer Gefühle klar genug zu denken, um ‚gute‘, adäquate und partnerschaftlich orientierte Lösungswege für das angestrebte Ziel zu finden. … Das übergeordnete Konzept für angemessene Motivklärung und eine ‚gute‘ Lösungsorientierung nennen wir *Konstruktive Internale Kohärenz*."(Ebd., 368; Hervorhebung durch Grossmann/ Grossmann) Dazu gehört auch, Erwachsene (z.B. Lehrkräfte) zielorientiert um Unterstützung, Hilfe und Beistand zu bitten.

Entwicklung und Entwicklungsaufgaben in der Adoleszenz
Der Übergang vom Kind zum Jugendlichen markiert eine stürmische Entwicklungsphase in ihrer Biografie. „Für die Mehrheit der Jugendlichen sind die Jahre zwischen 12 und 16 die ereignisreichsten ihres Lebens, sowie Wachstum und Entwicklung betroffen sind." (Tanner in Oerter 1985, 24) Denn dieser Entwicklungsabschnitt ist für sie sowohl mit physischen, psychischen als auch sozialen Veränderungen verbunden. Aus ihnen hat die Psychologie für die Heranwachsenden eine Vielzahl von Entwicklungsaufgaben abgeleitet, die alle für den Ethikunterricht relevant sind. (Vgl. Kriesel 2005, 810-815)
Diese von den Heranwachsenden in der Adoleszenz zu bewältigenden Herausforderungen und Aufgaben werden in der Fachliteratur umfassend ausgewiesen und ausführlich erläutert; hier z.B. von Oerter und Dreher (2002, 271):

„Entwicklungsaufgaben im Jugendalter
Peer. Einen Freundeskreis aufbauen, d.h. zu Altersgenossen beiderlei Geschlechts neue, tiefere Beziehungen herstellen.
Körper. Veränderungen des Körpers und des eigenen Aussehens akzeptieren.
Rolle. Sich das Verhalten aneignen, das in unserer Gesellschaft zur Rolle eines Mannes bzw. einer Frau gehört.
Beziehung. Engere Beziehungen zu einem Freund bzw. einer Freundin aufnehmen.
Ablösung. Sich von den Eltern ablösen, d.h. von den Eltern unabhängig werden.
Beruf. Sich über Ausbildung und Beruf Gedanken machen: Überlegen, was man werden will und was man dafür können bzw. lernen muss.
Partnerschaft/Familie. Vorstellungen entwickeln, wie man die eigene zukünftige Familie bzw. Partnerschaft gestalten möchte.
Selbst. Sich selbst kennen lernen und wissen, wie andere einen sehen, d.h. Klarheit über sich selbst gewinnen.
Werte. Eine eigene Weltanschauung entwickeln: Sich darüber klar werden, welche Werte man vertritt und an welchen Prinzipien man das eigene Handeln ausrichten will.
Zukunft. Eine Zukunftsperspektive entwickeln: Sein Leben planen und Ziele ansteuern, von denen man annimmt, dass man sie erreichen könnte."

Aus didaktischer Sicht ist für die Frage nach der Motivation der Heranwachsenden, sich mit diesbezüglichen Themen im Unterricht auseinander zu setzen, die folgende Feststellung bedeutsam: „Die Beschäftigung mit Entwicklungsaufgaben findet bei Jugendlichen nicht nur hohes Interesse, sondern wird als Bereich des Lernens in eigener Sache auch aktiv verfolgt." (Oerter/Dreher 2002, 273) Diese Einschätzung gilt auch unbeschadet der dokumentierten Tatsache, dass sich die Bedeutsamkeit für die einzelnen Aufgaben von 1985 zu 1997 z.T. erheblich verschoben hat und auch zwischen männlichen und weiblichen Jugendlichen unterschiedlich ausfällt. (Vgl. Oerter/Dreher 2002, 270)

Die Phase der Pubertät gilt als Zeit verstärkter Konflikte und Krisen in Bezug auf die Identitätsentwicklung Jugendlicher. (Vgl. Krampen 2002, 686) Das zentrale Thema der Identitätsentwicklung umfasst personale, soziale, moralische und weltanschauliche bzw. religiöse Aspekte.

Tab. 2: Bezüge der Entwicklungsaufgaben (Oerter/Dreher 2002, 270) zu personalen, sozialen, moralischen, weltanschaulichen bzw. religiösen Aspekten der Identitätsentwicklung

Aspekte	Entwicklungsaufgaben – als Inhalte im Ethikunterricht
personal	Selbst, Körper, Beruf, Zukunft und „Übernahme der männlichen/weiblichen Geschlechtsrolle"
sozial	Peer, Rolle, Beziehung, Ablösung vom Elternhaus, Partnerschaft/Familie
moralisch	„Werte und ein ethisches System erlangen, das als Leitfaden für Verhalten dient", „sozial verantwortliches Verhalten erstreben und erreichen"
weltanschaulich bzw. religiös	„eine eigene Weltanschauung entwickeln", „Entwicklung einer Ideologie"

Neben dieser groben Zuordnung der Entwicklungsaufgaben zu den inhaltlichen Aspekten bzw. Hauptinhalten der Ethikfächer wird bei näherer Sichtung deutlich, dass sie alle auch eine ethische Relevanz aufweisen (vgl. Kriesel 2005, 812-814). Die Entwicklung einer eigenen Weltanschauung bzw. Ideologie korrespondiert mit der rechtlichen Erreichung der Religionsmündigkeit mit 14, in Bayern mit 18 Jahren. Der bleibende heuristische Wert des Konzepts der Entwicklungsaufgaben zur Motiviertheit Jugendlicher für bestimmte Lerninhalte wird auch durch seine Verwendung in der 17. Shell Jugendstudie 2015 im Kapitel 1.3 zu den „Veränderungen in den Entwicklungsaufgaben des Jugendalters" (Shell Deutschland 2015, 39) bestätigt.

Die *Entwicklungsaufgaben* stellen einmal Anforderungen an die Gestaltung des Lebens jedes einzelnen für sich selbst dar. Sie markieren darüber hinaus auch einen

Teil des Feldes möglicher sozio-moralischer Problemlagen und Konflikte im Zusammenleben der Schülerinnen und Schüler. Diese werden in Zusammenhang mit ihrer sittlichen Relevanz an anderer Stelle (vgl. Kap 6.2.) dargelegt.

In der *Shell Jugendstudie 2015* wird darauf hingewiesen, dass Veränderungen in der Gesellschaft einige Entwicklungsaufgaben zu sehr anstrengenden Herausforderungen werden lassen: So können die Aufgaben „Beruf" und „Zukunft" durch die gesellschaftliche Perspektive von „unsicheren Arbeitsverträgen mit kurzfristigen Kündigungsmöglichkeiten, Teilzeitjobs und Kettenverträgen …" (Shell Deutschland 2015, 40) erheblich belastet sein. Dies „macht sich auch im Bereich der persönlichen Beziehungen und Bindungen und der sozialen Kontakte bemerkbar." (Ebd., 42) So verstärken sich unter Heranwachsenden Probleme bei der Erfüllung dieser beiden Entwicklungsaufgaben.

Erweiterung der Entwicklungsaufgaben?

Die Autoren der Shell-Studie 2015 haben mit der Anforderung an die Jugendlichen „eine eigenständige Rolle als *Konsument*, wirtschaftlich Handelnder und Nutzer von *Medien* zu finden und mit *Geld* souverän *umgehen* zu können" (Shell Deutschland 2015, 40; Hervorhebung durch P.K.) zwei neue Entwicklungsaufgaben eingeführt. Die breite Beteiligung Jugendlicher an Online-Petitionen und Demonstrationen zu globalen Problemen der *Umwelt* spricht dafür, dass auch dieses Thema zu ihren „individuellen Zielsetzungen und Werten" gehört. Die Staatsverschuldung von 2,270 Billionen Euro (Schuldenuhr 21.11.2016) betrifft ebenso in hohem Maße die Interessenlage der Jugend und gleichzeitig die der Gesellschaft. Die Sorge um *Generationengerechtigkeit* in der gegenwärtigen Gesellschaft ist heute ein Element der Selbstsorge der jungen Generation im Horizont ihrer eigenen Zukunft geworden. Darüber hinaus erscheint es als zweckmäßig, die Entwicklungsaufgaben zu erweitern um das Element der *Selbstsorge* (vgl. Schmid 2004, 67ff), verstanden als die Fähigkeit, die eigene Gesundheit, also das „physische, psychische und soziale Wohlergehen" im Umgang mit Stress, Problemen und Konflikten und in der allgemeinen Lebensführung zu erhalten. „Die Übernahme der Selbstsorge, körperlich, seelisch, geistig, ist grundlegend für jede Lebenskunst. Sie ermöglicht die bewusste Lebensführung und kommt in Formen des Umgangs mit sich selbst zum Ausdruck, die das jeweilige Selbst aus sich heraus und mithilfe von Anregungen und Anstößen anderer entwickelt." (Schmid 2004, 406f) Schon alleine die Tatsache, „dass bei den 14-17-Jährigen bei etwa einem Fünftel das Risiko einer psychischen Krankheit besteht" (Shell Deutschland 2015, 41), spricht für die Relevanz dieser Aufgabe für Jugendliche.

Selbstsorge, verbunden mit Selbstaufmerksamkeit und Selbststeuerung sind auch aus Gründen der Selbstbestimmung, Urteils- und Handlungsfreiheit für die Heranwachsenden erforderlich. Die Selbstaufmerksamkeit gilt der Verfassung des Körpers und seinen Bedürfnissen, den Gefühlen und Affekten, den Gedanken und Absichten sowie der Verbundenheit des Selbst zu Menschen und Welt. (Vgl. Schmid 2004, 74) Zur Realisierung von Selbstbestimmung gehören auch die bewusste Selbstreflexion und Selbststeuerung. „Selbststeuerung ist ganzheitliche Selbstfürsorge und besteht in der Kunst, Impulse und deren Kontrolle miteinander zu verbinden" (Bauer 2015, 15), wobei die Impulse von Innen- und Außenwelt kommen können. Selbstsorge hat zudem eine starke moralische Dimension (vgl. Kap. 6.1).

Wachsende Freiheiten führen zu größerer Verantwortung

Die Erfahrung, dass größere Fähigkeiten zu mehr Freiheiten führen können, machen alle Kinder und Jugendlichen. Dieses Wachstum liegt in ihrem eigenen Interesse. Dass größere Fähigkeiten und Freiheiten auch zu neuen Aufgaben und größerer Verantwortung in Familie, Schule und Freizeit führen, wird von ihnen als Äquivalent zu den erstrebten Freiheiten in Kauf genommen. Der Gesetzgeber überlässt diesen Entwicklungsprozess nicht allein der Moral und der Aushandlung von Eltern und Heranwachsenden. Mit 14 Jahren erreichen Jugendliche die Strafmündigkeit und Religionsmündigkeit. Mit 16 dürfen sie rauchen, alkoholische Getränke kaufen und genießen, ein Konto führen und Verträge schließen, z.B. für die Ausbildung. Mit diesen neuen Freiheiten beginnt für sie eine erheblich größere Verantwortung wegen der Reichweite der möglichen Folgen ihrer Entscheidungen und Handlungen für ihr eigenes Leben und das Leben anderer.

Die globale Verflechtung und gegenseitige Abhängigkeit in der Welt erweitert die Wirkung von privaten Handlungen und somit die Verantwortlichkeit in eine neue weltbürgerliche Dimension hinein. „Eine beispiellose kausale Reichweite in die Zukunft" und „dazu die schiere Größenordnung der Fernwirkungen und oft auch ihre Unumkehrbarkeit … rückt Verantwortung ins Zentrum der Ethik." (Jonas 2003, 9) Ein Beispiel für solche Verantwortungszusammenhänge kann der Biospritverbrauch bei uns sein, der verbunden ist mit Urwaldrodungen für Palmenplantagen in Indonesien und einem unumkehrbaren Verlust von Pflanzen- und Tierarten.

Moralische Herausforderungen in den Entwicklungsaufgaben

Unabhängig von der Zuordnung der Entwicklungsaufgabe „Werte" zum Inhaltsbereich von Moral und Ethik ergeben sich bei allen Entwicklungsaufgaben Bezüge zu ethischen Fragen, Aspekten und Herausforderungen. Dies soll in Anlehnung an Ausführungen an anderer Stelle (vgl. Kriesel 2005, 814f) im Folgenden dargestellt werden.

1. *Peergroups*: In den Gruppen Gleichaltriger tragen die Jugendlichen oft Konkurrenz aus um Rang und Anerkennung, begegnen Gruppennormen und Konformitätsdruck und stehen erneut dem Freiheitsdilemma von Selbst- und Fremdbestimmung gegenüber. Ein ähnlicher Konflikt ist ihnen aus ihrem Umgang mit Eltern vertraut. In der Regel machen sie in Peergruppen Erfahrungen mit einer Kleingruppenmoral, zu der zumeist eine doppelte Moral nach innen

und außen gehört. Nicht selten werden Mutproben und Risikoverhalten bis zur Gewalt gegen Fremde und sogenannte Feinde von ihnen erwartet.

2. *Körper*: Werbung zu Mode, Kosmetik und Körperstyling beeinflusst – verbunden mit Konformitätsdruck – die Wahrnehmung, Akzeptanz und Selbstinszenierung ihres Körpers und die Bewertung anderer nach äußeren Merkmalen.

3. *Rolle*: Die Jugendlichen begegnen geschlechtsspezifischen Rollenerwartungen in Familie, Gruppen und Gesellschaft, die häufig mit ihren eigenen Zielen und Normen kollidieren. Dies wird ihnen in der Pubertät besonders an den Geschlechterrollen deutlich.

4. *Beziehungen*: Hier geht es um Selbstbestimmung, Fremdbestimmung und Gleichberechtigung bei der Aushandlung von Kompromissen sowie um Freiheit und Verantwortung in intimen Beziehungen. Freundschaften sind ein ideales Erfahrungs- und Testfeld für soziales und moralisches Lernen wie z.B. Kommunikation, faire Kooperation, gegenseitige Hilfe und Rücksichtnahme, Offenheit, Echtheit und Ehrlichkeit und in all dem die weitere Entwicklung der Selbststeuerung. (Vgl. Kriesel/Rolf/Wiesen 2008, 54f)

5. *Ablösung von den Eltern*: Dieser Prozess erfordert eine Ausgewogenheit von Selbständigkeit und Verbundenheit, Freiheit und Verantwortung und die Fähigkeit zur fairen Lösung von Konflikten. Die Bindungsforschung weist darauf hin, „dass eine kompetente Selbständigkeit umso besser gelingt, je deutlicher die Verbundenheit mit den Eltern aufrechterhalten und gleichzeitig neu bewertet und neu gestaltet wird." (Grossmann/ Grossmann 2014, 497)

6. *Beruf*: Es bestehen Bezüge zwischen eigener Wertorientierung und dem angestrebten Beruf, z.B. in den Bereichen Umwelt, Medizin und soziales Engagement.

7. *Partnerschaft/Familie*: Hier stehen zuallererst die Fragen zur Gestaltung von Beziehungen im Raum, dann aber auch zu Elternschaft und Rahmenbedingungen für eine gute Entwicklung künftiger Kinder.

8. *Selbst*: Eine Aufgabe besteht hier darin, seine Bedürfnisse wahrzunehmen und mehr Selbststeuerung zu seinen Affekten zu erlernen. Zudem gilt es für Jugendliche, sowohl ihre Identität und Autonomie gegenüber Fremdbestimmung und Manipulationsversuchen zu behaupten als auch offen zu sein für fremde Sichtweisen, konträre Wertorientierungen und neue Entwicklungen.

9. *Werte:* Die Heranwachsenden entwickeln Regeln, Normen und Wertorientierungen gern selber. Sie übernehmen diese aber auch aus Familie, Peergruppen und Gesellschaft. Dabei wechseln Phasen der Erprobung mit Phasen der Neuorientierung. In der pluralistischen Gesellschaft begegnen ihnen vielfältige Wertekritiker und Wertewerber für Waren, Lebensstile und Ideologien. Bei deren Bewertung können ihnen die Menschenrechte als Orientierungsmaßstab dienen.

10. *Zukunft*: Hier sind sie gefordert, ihre Wünsche und Pläne für die Zukunft anhand von ökonomischen, ökologischen, sozialen und ethischen Aspekten zu betrachten und in Bezug auf Machbarkeit, Verallgemeinerbarkeit und Folgenabschätzung zu überprüfen.

5.2.2 Existenzielle Erfahrungen

Für die Heranwachsenden in der Pubertät zählen zu ihren neuen existenziell bedeutsamen Erfahrungen der Zuwachs an Freiheiten und Verantwortung, Spannungen im Prozess der emotionalen Loslösung vom Elternhaus, die körperliche Entwicklung von Sexualität und Veränderungen ihrer Gestalt und damit verbunden neue Orientierungen und Erwartungen im sozialen Umfeld. Veränderungen der wirtschaftlichen Lage führen verstärkt zu Unsicherheit und Ängsten in Bezug auf Beruf und Zukunft. (Shell Deutschland 2015, 40-42)

Zugenommen hat hier „die existenzielle Angst, überhaupt keinen Ausbildungs- und Arbeitsplatz zu bekommen". Sie korrespondiert mit der Tatsache, „dass der psychische Druck gewachsen ist, den insgesamt als sehr hoch wahrgenommenen Leistungsanforderungen gerecht zu werden." (Shell Deutschland 2015, 41) Dass gegenwärtig 7,5 Millionen funktionale Analphabeten (Taz_de, 2011) – schon vor der Flüchtlingswelle – in Deutschland lebten und jährlich 150 000 Jugendliche als nicht berufsbildungsfähig die deutschen Schulen verlassen, verdeutlicht die „Problematik der hier ‚Abgehängten' mit nur geringen oder ganz ohne Bildungschancen." (Shell Deutschland 2015, 42)

Gemeinsam mit allen Menschen beschäftigen auch Jugendliche die existenziellen Fragen zu Krieg und Frieden, Gerechtigkeit und Wohlergehen und somit auch die Erfüllung ihrer Grundbedürfnisse (vgl. Zimbardo 1992, 352; Galtung 1994, 114ff). Mit der Erreichung von Zielen und Erfahrungen von Wohlwollen, Freundschaft, Liebe und Sexualität hängen tiefgreifende Gefühle der Freude, Erfüllung und Glück zusammen, während Enttäuschungen, Verluste und Verletzungen zu negativ getönten Emotionen führen. So erleben Kinder und Jugendliche Trauer bei existenziellen Erfahrungen von Sterben und Tod, Trennung und Abschied von lieben Menschen, bei Unglück, Naturkatastrophen und schwerer Krankheit sowie Gefühle von Wut bei Ungerechtigkeit, zugefügtem Schmerz und Gewalt. Gerade die negativ gefärbten existenziellen Erfahrungen und schwerwiegende moralische Dilemmata bei Entscheidungen werfen Fragen auf nach dem Sinn solcher Ereignisse und des Lebens als Ganzem. Die Menschen stellen hier öfter wie das Buch Hiob in der Bibel und der Philosoph Leibnitz die Frage nach der Gerechtigkeit Gottes oder der Gesellschaft und Welt.

5.3 Kinder und Jugendliche heute

Peter Kriesel

Unter der Fülle von Literatur zum Aufwachsen von Kindern und Jugendlichen in unserer Gesellschaft wird hier exemplarisch eine Fokussierung auf die Ergebnisse der Shell-Studie „Jugend 2015. Eine pragmatische Generation im Aufbruch" vorgenommen. Für den Ethikunterricht sind daraus besonders die Daten zur Wertorientierung, der religiösen und weltanschaulichen Orientierung, der Mediennutzung, zu Sexualität und Partnerschaft sowie zum gesellschaftlichen Engagement der 12- bis 25-Jährigen von Interesse.

5.3.1 Wertorientierungen

Begriff, Funktion und Bedeutung von Werten

Definition

„Unter *Werten* versteht man die bewußten oder unbewußten Orientierungsstandards und Leitvorstellungen, von denen sich Individuen und Gruppen bei ihrer Handlungswahl leiten lassen." (Horn 1997, 332)

Zur komplexen Funktion und Bedeutung von Werten sind folgende Ausführungen erhellend: „Werte setzen letztgültige Maßstäbe für erwünschte soziale Verhältnisse, individuelle Verhaltensweisen, gesellschaftliche und politische Strukturen, Lebensziele und Ideale für das individuelle und kollektive Selbst. Sie binden darüber hinaus auch die Gefühle der Menschen und leiten ihr moralisches Urteil." (Meyer 1997, 85) Nach diesen Darlegungen kann die Orientierung an Werten als Kriterium und Motiv für Entscheidungen verstanden werden. So gesehen könnte es für die Erfassung der Vielzahl von möglichen Motiven für sittliches Handeln nützlich sein, sich daraufhin Wertorientierungen unter Jugendlichen in unserer Gesellschaft anzusehen.

Wertorientierungen Jugendlicher in der Gegenwart (Shell Deutschland 2015)
Das ganze Feld von Werthaltungen und Wertorientierung im Umfeld der Heranwachsenden kann hier nicht dargestellt werden. Eine solche Auflistung müsste sich zwischen der Geschichte der Ethik-Konzepte, den Religionen, der Aufklärung bis zu den Menschenrechten sowie den globalen ökonomischen Beeinflussungen bewegen. Dazu erleben Jugendliche heute eine Pluralität der Wertorientierungen und Normen in ihrem unmittelbaren Umfeld, je nachdem, in welchen jugendkulturellen Szenen (vgl. Farin 2011), kulturellen (vgl. Kelek 2012, 94-96; Kaddor 2015, 55-77; Ates 2016, 11) oder sozialen (vgl. Schulze 1997, 384, 391ff) Milieus sie beheimatet sind. Dazu spielt es auch eine Rolle, ob ihre Herkunftsfamilien ökono-

misch auf der hohen Stufe der Erlebnisgesellschaft, der mittleren der Wohlstandsgesellschaft oder der unteren der Grundversorgung (Hartz IV) stehen.
Die neueste Untersuchung zur Wertorientierung Jugendlicher (vgl. Shell Deutschland 2015, 260ff) stellt zusammenfassend fest: „Obwohl es zwischen 2010 und
2015 im Alltag der Jugendlichen eine weitere ‚Revolution der Kommunikation‘
gegeben hat, hat das die wichtigen Leitlinien ihres Wertesystems wenig beeinflusst.“
(Ebd., 272)
Die folgende Auswahl unter den 24 erhobenen Wertorientierungen in der Jugendstudie 2015 bietet einen ersten Einblick in die Datenbasis (vgl. ebd., 262f), auf der
dort die weiteren Analysen aufbauen.
Soziale Werte hält die überwiegenden Mehrzahl der männlichen (m) und weiblichen (w) Jugendlichen für „wichtig“ (hier Angaben in Prozent):
• „Freunde haben, die einen anerkennen“ (m 96/w 97);
• „einen Partner haben, dem man vertrauen kann“ (m 92/w 95);
• „ein gutes Familienleben führen“ (m 87/w 93);
• „viele Kontakte zu anderen Menschen haben“ (m 79/w 80).

Folgende positiv getönten moralischen Wertorientierungen werden für wichtig gehalten:
• „eigenverantwortlich leben und handeln“ (m 87/w 89);
• „Gesetz und Ordnung respektieren“ (m 84/w 85);
• „sich unter allen Umständen umweltbewusst verhalten“ (m 58/w 74);
• „sozial Benachteiligten und Randgruppen helfen“ (m 56/w 64).

Andere durchaus auch moralrelevante Wertorientierungen betreffen folgende
Punkte:
• „das Leben in vollen Zügen genießen“ (m 81/w 80);
• „gesundheitsbewusst leben“ (m 75/w 84);
• „nach Sicherheit streben“ (m 75/w 82);
• „einen hohen Lebensstandard haben“ (m 72/w 65);
• „eigene Bedürfnisse gegenüber anderen durchsetzen“ (m 58/w 56);
• „Macht und Einfluss haben“ (m 36/w 29);
• „das tun, was die anderen auch tun“ (m 22/w 17).

**Weltanschauliche und religiöse Orientierungen Jugendlicher
(Shell Deutschland 2015)**

Soziologisch hat sich in Deutschland ein erheblicher Wandel der religiösen und weltanschaulichen Orientierung von 1970 zu 2010 (vgl. Kress 2012, 28) vollzogen.

Tab. 3: Wandel der religiösen und weltanschaulichen Orientierung in Deutschland (Prozentangaben)

	katholisch	evangelisch	muslimisch	konfessionsfrei	andere
1970	44,6	49	1,3	3,9	1,2
2010	29,7	29,6	4,4	34,6	1,7

Das Ausmaß dieser Entwicklung wird vollends deutlich, wenn man die Fakten einer Umfrage unter Katholiken und Protestanten in Köln von 1994 zu dem obigen Befund mit einbezieht: „Von den Kirchenmitgliedern erwiesen sich als ‚ungläubig' bzw. ‚eher ungläubig' nicht weniger als 9,6%/52,2% bei den Katholiken und 17,3%/43,4% bei den Protestanten." (Czermak 2009, 316) Dies kann als Hinweis interpretiert werden, dass von den bei REMID angegebenen Mitgliederzahlen der beiden großen Kirchen in Deutschland für 2016 auch ein namhafter Prozentsatz zur Weltanschauung der Agnostiker und Atheisten zu rechnen ist.

Bei der Shell Jugendstudie 2015 ergaben die Befragungen unter Jugendlichen folgendes Bild.

Zu den vier angebotenen Aussagen über ihre religiösen oder weltanschaulichen Überzeugungen positionierten sich die Kinder und Jugendlichen von 12-25 Jahren folgendermaßen (Shell Deutschland 2015, 253).

Tab. 4: Religiöse und weltanschauliche Überzeugungen Jugendlicher 2015

„Es gibt einen persönlichen Gott."	26%	„Ich glaube nicht, dass es einen persönlichen Gott oder eine überirdische Macht gibt."	27%
„Es gibt eine überirdische Macht."	21%	„Ich weiß nicht richtig, was ich glauben soll."	24%
Religiöse 12-25-Jährige	47%	Nichtreligiöse 12-25-Jährige	51%

Danach glauben von den gesamten Jugendlichen in Deutschland 26% an einen persönlichen Gott und 21% an eine überirdische Macht und sind somit religiös. Jene Jugendliche, die sich keinem eindeutig religiösen Glauben zugehörig fühlen, sind mit 51 Prozent vertreten (keine Angaben 2%). Die Shell Jugendstudie bietet (für 2002-2015 kumuliert) weiterhin interessante Informationen über Differenzierungen u.a. innerhalb der Großgruppen Jugendlicher, die sich als katholisch, evangelisch oder keiner Konfession zugehörig betrachten, in Bezug auf ihre Überzeugungen. (Shell Deutschland 2015, 254)

Tab. 5: Binnendifferenzierung großer religiöser und weltanschaulicher Gruppen Jugendlicher (in Prozent)

Angebotene Überzeugungen	katholisch	evangelisch	konfessionsfrei
„Es gibt einen persönlichen Gott."	35	27	6
„Es gibt eine überirdische Macht."	23	22	10
„Ich weiß nicht richtig, was ich glauben soll."	24	29	18
„Ich glaube nicht, dass es einen persönlichen Gott oder eine überirdische Macht gibt."	16	19	63
Keine Angaben	2	3	3

Die Gruppe der Konfessionsfreien weist bei ihrer zentralen weltanschaulichen Überzeugung eine größere Kohärenz auf als die evangelischen und katholischen Jugendlichen bezüglich eines Kernpunktes ihres Glaubens.

5.3.2 Mediengebrauch

Die Nutzung von Medien gehört nach der Shell Jugendstudie 2015 zu den häufigsten Freizeitbeschäftigungen Jugendlicher. So steht nach dem Treffen mit Leuten (57%) und Musik hören (54%) das Surfen im Internet auf Rang drei (52%) gegenüber 2002 (26%). Hinzu kommen die neue Nutzung von sozialen Medien (35%), Computerspiele (23%) und das Anschauen von Videos (16%), während Zeitschriften und Magazine mit 6% um die Hälfte weniger als 2002 (13%) genutzt werden. So verfügen denn auch 99% der Jugendlichen über einen Zugang zum Internet, in der Form von Smartphone (81%), Laptop (64%), Computer (42%) und Tablet (25%).

„Das Internet wird zunehmend zum Sozialraum" (Shell Deutschland, 126), „als Plattform zur Kommunikation, als Möglichkeit zur schnellen Verbreitung eigener Inhalte, als interaktives Mitmach-Netz sowie als Feld zur Zusammenarbeit zum Zweck der Problemlösung." (Ebd. 2015, 126f) Wichtig ist für 39% das Dabei-Sein, wenn auch für viele die Aussage eines Jugendlichen gilt: „Ich bin so oft im Internet, dass mir für andere Dinge wenig Zeit bleibt." (Ebd., 128). Das Profil der Nutzung reicht von der Unterhaltung und Information bis zum interaktiven Austausch. Das Internet nutzen die Heranwachsenden darüber hinaus als neue Möglichkeit des Engagements. So haben 27% schon eine Online-Petition unterzeichnet bzw. sind über Internet und Twitter Aktionsaufrufen gefolgt.

5.3.3 Sexualität und Partnerschaft

Zum Thema Sexualität und Partnerschaft bietet die Shell-Studie (nur) qualitative Erhebungen. Zur Partnerschaft haben Vertrauen, Treue und gegenseitiges Verständnis ein starkes Gewicht. Das Bedürfnis nach Geborgenheit wird jedoch von den Eltern erwartet und erfüllt. So ergeben sich für Jugendliche Freiheitsgrade in ihren Beziehungen, „ohne Einbußen an Geborgenheit, die ja durch ihre Familie abgesichert wird, befürchten zu müssen." (Ebd., 296; vgl. Grossmann/Grossmann 2014, 427) Neben diesen zentralen Interessen und Erwartungen, die von Jugendlichen mit Partnerschaft verbunden werden, werden in einer Grafik (Shell Deutschland 2015, 294) u.a. folgende präsentiert: Aufeinander verlassen können, Glück, Vertrautheit, Zufriedenheit, Abwechslung, Zweisamkeit, über alles reden können, Ehrlichkeit, Verständnis, Intimität, Treue und Sexualität. Dabei werden auch „die Mühen der Rollenfindung von Frau und Mann und das Ausbalancieren von Nähe und Distanz" (ebd., 297, 300) genannt.

Zur Frage, wie sich bei ihnen eine Partnerschaft in den nächsten 5 Jahren entwickelt, wird angegeben, man warte auf den „Richtigen" oder die „Richtige", bevor die Kinderfrage entschieden werden soll. Mädchen und junge Frauen im Alter von 12-25 Jahren empfinden aus der Erfahrung ihrer Herkunftsfamilie die „Mutterrolle als Sackgasse oder als bewusste Entscheidung in einem Abwägungsprozess" (ebd., 300). In die Überlegungen zur zukünftigen Partnerschaft werden Fragen der eigenen Qualifizierung und eines sicheren Jobs (des Partners) einbezogen.

5.3.4 Gesellschaftliches und politisches Engagement

Das persönliche Engagement ist 2015 gegenüber 2010 leicht zurückgegangen. Die Rückläufigkeit bei Gymnasiasten (von 43% zu 37%) und Realschülern (von 44% zu 27%) (ebd. 2015, 196f) ist wohl auf die G8-Schulverkürzung zurückzuführen. Das Engagement bei Hauptschülern blieb konstant (39% zu 38%). Interessant sind die Bereiche, in denen sich Jugendliche oft bzw. gelegentlich engagieren: Darüber gibt ein Auszug aus der tabellarischen Dokumentation (vgl. Shell Deutschland 2015, 194) Aufschluss:

Tab. 6: Gesellschaftliches Engagement Jugendlicher
(nach Shell Jugendstudie 2015)

Bereiche, für die Jugendliche aktiv sind	oft	gelegentlich
Interessen von Jugendlichen	11	37
Sinnvolle Freizeitgestaltung von Jugendlichen	13	29
Hilfsbedürftige ältere Menschen	9	30
Umwelt- und Tierschutz	10	27
Ein besseres Zusammenleben mit Migranten	10	23
Sozial schwache Menschen	7	26
Menschen in den armen Ländern	5	22
Behinderte Menschen	6	16
Soziale und politische Veränderungen	4	17
Ein besseres Zusammenleben am Wohnort	5	22

Hier ist einmal ein Schwerpunkt mit hohem Eigeninteresse in den beiden Spitzen-positionen und der letztgenannten zu erkennen, wobei keine konkreten Interessen oder Freizeitbereiche genannt, sondern nur Orte des Engagements angeführt werden wie „in Organisationen oder Gruppen, in der Schule oder Hochschule, im Verein oder ggf. auch alleine über persönliche Aktivitäten." (Ebd., 194) Zum anderen betrifft es Nennungen mit altruistischem Akzent, der auf Mitgefühl für hilfsbedürftige Menschen und auch Tieren fußt.

Im Erhebungsbereich der „politischen Teilhabe und Erfahrungen mit politischen Aktionen" (ebd., 198) haben sich insgesamt 56% der Jugendlichen beteiligt. „An der Spitze der Nennungen steht die Aktionsform ‚aus politischen, ethischen oder Umweltgründen bestimmte Waren nicht mehr gekauft' (34%), gefolgt von ‚eine Online-Petition unterzeichnet' (27%) sowie ‚eine Unterschriftenliste unterschrie-ben' (26%)." (Ebd., 198f). Eine Beteiligung an einer Demonstration gaben 23% von ihnen an, an Aktionen über Twitter oder Internet 14% und an Bürgerinitiati-ven 10%. Demgegenüber engagierten sich unter den 12-25-Jährigen lediglich 4% in politischen Gruppen oder Parteien und 3% an Besetzungen und Blockaden.

Zusammenfassung

Zur sozio-moralischen Entwicklung von Kindern und Jugendlichen lässt sich insgesamt festhalten, dass Kinder schon sehr wesentliche Meilensteine erreicht haben, wenn sie in die Grundschule kommen. Von diesem Zeitpunkt an entwickeln sie sich in den meisten Bereichen ihrer sozio-moralischen Entwicklung bis ins späte Jugendalter recht kontinu-ierlich weiter. Erst vergleichsweise spät erreichen Kinder bzw. Jugendliche allerdings einen

Entwicklungsstand, der ihnen einen bewussten, reflektierten Umgang mit Fragen der Logik gestattet.

In der Psychologie werden für die mittlere Kindheit u.a. folgende Entwicklungsaufgaben genannt: Erweiterung von sozialer Kompetenz z.b. in der Gruppe Gleichaltriger und von Vorstellungen zu Moral im Umgang mit anderen, der Aufbau eines positiven Selbstbildes sowie der Ausbau der Fähigkeit, Erkenntnis in Sprache umzusetzen. Zu den phasenspezifischen Entwicklungsaufgaben in der Jugendphase gehören: der Aufbau neuer Beziehungen zu Gleichaltrigen, Akzeptanz der körperlichen Veränderungen und Positionierung zu Geschlechtsrollen, Ablösung von den Eltern, Vorbereitung auf Beruf, Ehe und Familie, Entwicklung eigener Wertvorstellungen, Weltdeutungen und Sinngebungen.

Das zentrale Thema der Identitätsentwicklung in der Jugendphase umfasst somit personale und soziale, moralische und weltanschauliche bzw. religiöse Aspekte. Folgende Aufgabe ist dabei für Jugendliche zentral: „Sich darüber klar werden, welche Werte man vertritt und an welchen Prinzipien man das eigene Handeln ausrichten will." (Oerter/Dreher 2002, 270)

Neben den allgemein menschlichen Sinnfragen bei Grenzerfahrungen wie Unglück, Unfall und Tod ergibt sich angesichts vieler gegenwärtiger Entwicklungstrends für Jugendliche die existenzielle Frage und Sorge um ihre Zukunft.

Die vorgestellten Analysen der 17. Shell Jugendstudie zeigen: Jugendliche schätzen soziale Werte sehr hoch ein, aber auch moralische und moralrelevante Wertorientierungen haben einen hohen Rang. Sie vertreten eine breite Palette weltanschaulicher sowie religiöser Ansichten. Die Heranwachsenden nutzen das Internet häufig und zunehmend als Sozial- und Aktionsraum, gehen flexibel mit Sexualität und Partnerschaft um und engagieren sich für eigene, soziale und politische Anliegen, für Letzteres sogar zu 56 Prozent.

Literatur

Aronson, E. et al. (2008): Sozialpsychologie. Halbergmoos: Pearson.

Arsenio, W. F. (2014): Moral Emotion Attributions and Aggression. In: M. Killen/J. G. Smetana (Hrsg.): Handbook of Moral Development. New York und London: Psychology Press, 235-255.

Astington, J. W./Hughes, C. (2013): Theory of Mind: Self-Reflection and Social Understanding. In: P. D. Zelazo (Hrsg.): The Oxford Handbook of Developmental Psychology. Vol. 2 Self and Other. New York: Oxford University Press, 398-424.

Ates, S. (2016): „Auf dem Schulhof werden religiöse Kriege weitergeführt". Berliner Zeitung 26.01.2016.

Bauer, J. (2006): Warum ich fühle, was du fühlst. Intuitive Kommunikation und das Geheimnis der Spiegelneurone. München: Heyne.

Bauer, J. (2015): Selbststeuerung. Die Wiederentdeckung des freien Willens. München: Blessing.

Becker, G. (2008): Soziale, moralische und demokratische Kompetenzen fördern. Weinheim und Basel: Belz.

Berk, L. E. (2011): Entwicklungspsychologie. München: Pearson Studium.

Carlo, G. (2014): The Development and Correlates of Prosocial Moral Behaviors. In: M. Killen/J. G. Smetana (Hrsg.): Handbook of Moral Development. New York und London: Psychology Press, 208-234.

Carlson, S. M. et al. (2013): Executive Function. In: R. M. Lerner/P. D. Zelazo (Hrsg.): The Oxford Handbook of Developmental Psychology. Vol. 1 Body and Mind. New York: Oxford University Press, 706-743.

Colby, A./Kohlberg, L. (1987a): The Measurement of Moral Judgment Volume I. Cambridge, New York, New Rochelle, Melbourne, Sydney: Cambridge University Press.

Colby, A./Kohlberg, L. (1987b): The Measurement of Moral Judgment Volume II. Cambridge, New York, New Rochelle, Melbourne, Sydney: Cambridge University Press.

Czermak, G. (2009): Religion und Weltanschauung in Gesellschaft und Recht. Ein Lexikon für Praxis und Wissenschaft. Aschaffenburg: Alibri.

Der Brockhaus (Hrsg.) (2001): Psychologie. Fühlen, Denken und Verhalten verstehen. Mannheim und Leipzig.

Döbert, R. (1987): Horizonte der an Kohlberg orientierten Moralforschung. In: Zeitschrift für Pädagogik 33, 491-512.

Eisenberg, N. et al. (2014): Empathy-Related Responding in Children. In: M. Killen/J. G. Smetana (Hrsg.): Handbook of Moral Development. New York und London: Psychology Press, 184-207.

Eisenberg, N. et al. (2015): Prosocial Development. In: M. E. Lamb (Hrsg.): Handbook of Child Psychology and Developmental Science. Vol. 3 Socioemotional Processes. Hoboken New Jersey: Wiley, 610-656.

Erikson, E. E. (2002): Identität und Lebenszyklus. Frankfurt a.M.: Suhrkamp.

Farin, K. (2011): Jugendkulturen in Deutschland. Bonn: Bundeszentrale für politische Bildung.

Greenspan, S. et al. (1999): Die bedrohte Intelligenz. Die Bedeutung der Emotionen für unsere geistige Entwicklung. München: Bertelsmann.

Grossmann, K. und K. E. (2014): Bindungen – das Gefüge psychischer Sicherheit. Stuttgart: Klett-Cotta.

Haidt, J. (2001): The Emotional Dog and Its Rational Tail: A Social Intuitionist Approach to Moral Judgment. In: Psychological Review 108 (4), 814-834.

Harman, G. et al. (2013): Moral Reasoning. In: J. M. Doris & the Moral Psychology Research Group (Hrsg.): The Moral Psychology Handbook. Oxford: Oxford University Press, 206-245.

Horn, C. (1997): Wert. In: O. Höffe (Hrsg.): Lexikon der Ethik. München: C. H. Beck, 332.

Jonas, H. (2003): Prinzip Verantwortung. Versuch einer Ethik für die technologische Zivilisation. Frankfurt a.M.: Suhrkamp.

Kelek, N. (2012): Chaos der Kulturen. Die Debatte um Islam und Integration. Köln: Kiepenheuer & Witsch.

Keller, M. (2001): Moral in Beziehungen. Die Entwicklung des frühen moralischen Denkens in Kindheit und Jugend. In: W. Edelstein et al. (Hrsg.): Moralische Erziehung in der Schule. Weinheim und Basel: Beltz, 111-140.

Keupp, H. et al. (1999): Identitätskonstruktionen. Reinbek b.H.: Rowohlt.

Killen, M./Cooley, S. (2014): Morality, Exclusion, and Prejudice. In: M. Killen/J. G. Smetana (Hrsg.): Handbook of Moral Development. New York und London: Psychology Press, 340-360.

Kohlberg, L. (1968): Moralische Entwicklung. In: L. Kohlberg (1995): Die Psychologie der Moralentwicklung. Frankfurt a.M.: Suhrkamp, 7-40.

Kohlberg, L./Kramer, R. (1969): Zusammenhänge und Brüche zwischen der Moralentwicklung in der Kindheit und im Erwachsenenalter. In: L. Kohlberg (1995): Die Psychologie der Moralentwicklung. Frankfurt a.M.: Suhrkamp, 41-80.

Krampen, G. (2002): Persönlichkeits- und Selbstkonzeptentwicklung. In: R. Oerter/L. Montada (Hrsg.): Entwicklungspsychologie. Weinheim: Beltz, 693-697.

Kray, J./Schneider, W. (2012): Kognitive Kontrolle, Selbstregulation und Metakognition. In: W. Schneider/U. Lindenberger (Hrsg.): Entwicklungspsychologie. Weinheim und Basel: Beltz, 457-476.

Kreß, H. (2012): Ethik der Rechtsordnung. Staat, Grundrechte und Religionen im Lichte der Rechtsethik. Stuttgart: Kohlhammer.

Krettenauer, T. et al. (2011): The role of emotion expectancies in adolescents' moral decision making. In: Journal of Experimental Child Psychology 108 (2), 358-370.

Kriesel, P. (2005): Der interdisziplinäre Blick als kreativer Impuls für eine Weiterentwicklung des Ethikunterrichts – für eine entwicklungsorientierte Ethikdidaktik. In: G. Abel (Hrsg.): Kreativität. XX. Deutscher Kongress für Philosophie, Bd. 2. Berlin: Universitätsverlag der TU Berlin, 807-819.

Kriesel, P./Rolf, B./Wiesen, B. (2008/2015): Grundwissen Ethik/Praktische Philosophie. Stuttgart: Klett.

Kuhn, D. (2013): Reasoning. In: R. M. Lerner/P. D. Zelazo (Hrsg.): The Oxford Handbook of Developmental Psychology. Vol. 1 Body and Mind. New York: Oxford University Press, 744-764.

Lagattuta, K. H./Weller, D. (2014): Interrelations Between Theory of Mind and Morality. In: M. Killen/J. G. Smetana (Hrsg.): Handbook of Moral Development. New York und London: Psychology Press, 385-407.

Lapsley, D. K. (2006): Moral Stage Theory. In: M. Killen/J. G. Smetana: Handbook Of Moral Development. Lawrence Erlbaum Associates: Mahwah, New Jersey und London, 37-66.

Malti, T./Ongley, S. F. (2014): The Development of Moral Emotions and Moral Reasoning. In: M. Killen/J. G. Smetana (Hrsg.): Handbook of Moral Development. New York und London: Psychology Press, 163-183.

Meyer, T. (1997): Identitäts-Wahn. Die Politisierung des kulturellen Unterschieds. Berlin: Aufbau.

Moshman, D. (2009): The Development Of Rationality. In: H. Siegel (Hrsg.): The Oxford Handbook of Philosophy of Education. New York: Oxford University Press, 145-161.

Nunner-Winkler, G. (1993): Die Entwicklung moralischer Motivation. In: W. Edelstein et al. (Hrsg.): Moral und Person. Frankfurt a.M.: Suhrkamp, 278-303.

Nunner-Winkler, G. (1998): Zum Verständnis von Moral – Entwicklungen in der Kindheit. In: F. E. Weinert (Hrsg.): Entwicklung im Kindesalter. Weinheim: Psychologie Verlags Union, 133-152.

Nunner-Winkler, G. (1999): Empathie, Scham und Schuld. Zur moralischen Bedeutung von Emotionen. In: M. Grundmann (Hrsg.): Konstruktivistische Sozialisationsforschung. Frankfurt a.M.: Suhrkamp, 149-179.

Nunner-Winkler, G. (2007): Development of moral motivation from childhood to early adulthood. In: Journal of Moral Education 36 (4), 399-414.

Nunner-Winkler, G. (2012): Moral. In: W. Schneider/U. Lindenberger (Hrsg.): Entwicklungspsychologie. Weinheim und Basel: Beltz, 521-541.

Oerter, R. (2002): Kindheit. In: R. Oerter/L. Montada (Hrsg.): Entwicklungspsychologie. Weinheim: Beltz, 210-220, 243-257.

Oerter, R./Dreher, E. (2002): Jugendalter. In: Oerter, R./Montada, L. (Hrsg.): Entwicklungspsychologie. Weinheim: Beltz, 290-318.

Reuss, S./Becker, G. (1996): Evaluation des Ansatzes von Lawrence Kohlberg zur Entwicklung und Messung moralischen Urteilens. Berlin: Max-Planck-Institut für Bildungsforschung.

Ricco, R. B. (2015): The Development of Reasoning. In: L. S. Liben/U. Müller (Hrsg.): Handbook of Child Psychology and Developmental Science. Vol. 2 Cognitive Processes. Hoboken, New Jersey: Wiley, 519-570.

Roew, R. (2015): Kohlbergs Stufenmodell – eine Richtschnur für den Ethikunterricht? In: Zeitschrift für Didaktik der Philosophie und Ethik 37 (1), 68-72.

Schmid, W. (2004): Mit sich selbst befreundet sein. Von der Lebenskunst im Umgang mit sich selbst. Frankfurt a.M.: Suhrkamp.

Schwartz, S. J. et al. (2013): Identity Development, Personality, and Well-Being in Adolescence and Emerging Adulthood. In: R. M. Lerner et al. (Hrsg.): Handbook of Psychology. Vol. 6 Developmental Psychology. Hoboken, New Jersey: Wiley, 339-364.

Shell Deutschland Holding (Hrsg.) (2015): Jugend 2015. Eine pragmatische Generation im Aufbruch. Frankfurt a.M.: Fischer.

Smetana, J. G. et al. (2014): The Social Domain Approach to Children's Moral and Social Judgments. In: M. Killen/J. G. Smetana (Hrsg.): Handbook of Moral Development. New York und London: Psychology Press, 23-45.

Sodian, B. (2012): Denken. In: W. Schneider/U. Lindenberger (Hrsg.): Entwicklungspsychologie. Weinheim und Basel: Beltz, 385-411.

Staatsschuldenuhr (2016): Verfügbar unter: www.staatsschuldenuhr.de (Zugriff am 21.11.2016).

Stich, S. et al. (2013): Altruism. In: J. M. Doris & the Moral Psychology Research Group (Hrsg.): The Moral Psychology Handbook. Oxford: Oxford University Press, 147-205.

Tanner, J. M.: zitiert von Olbrich, E. (1985): Konstruktive Auseinandersetzung im Jugendalter. Entwicklung, Förderung und Verhaltenseffekte. In: R. Oerter (Hrsg.): Lebensbewältigung im Jugendalter. Weinheim: VCH Verlagsgesellschaft, 22.

Taz_de, 28.2.2011 zur Vorstellung der „leo. – Level-One-Studie" zu Analphabeten in Deutschland.

Thoma, S. J. (2006): Research On The Defining Issues Test. In: M. Killen/J. G. Smetana (Hrsg.): Handbook Of Moral Development. Mahwah, New Jersey und London: Lawrence Erlbaum Associates, 37-66.

Turiel, E. (2006): Thought, Emotions, And Social Interaction Processes In Moral Development. In: M. Killen/J. G. Smetana (Hrsg.): Handbook Of Moral Development. Mahwah, New Jersey und London: Lawrence Erlbaum Associates, 7-35.

Turiel, E. (2014): Morality: Epistemology, Development, and Social Opposition. In: M. Killen/J. G. Smetana (Hrsg.): Handbook of Moral Development. New York und London: Psychology Press, 3-22.

Uhl, S. (1996): Die Mittel der Moralerziehung und ihre Wirksamkeit. Bad Heilbrunn: Klinkhardt.

Vaish, A./Tomasello, M. (2014): The Early Ontogeny of Human Cooperation and Morality. In: M. Killen/J. G. Smetana (Hrsg.): Handbook of Moral Development. New York und London: Psychology Press, 279-298.

Walker, L. J. (2014): Moral Personality, Motivation, and Identity. In: M. Killen/J. G. Smetana (Hrsg.): Handbook of Moral Development. New York und London: Psychology Press, 497-519.

Zimbardo, P. G. (1992): Psychologie. Berlin: Springer.

6 Ethische Aufgabenfelder unserer Zeit

Peter Kriesel

Die Heranwachsenden begegnen Aufgaben mit ethischer Relevanz zum einen in ihrem sozialen Umfeld und zum anderen bei der Planung und Vorbereitung ihres zukünftigen Lebens in der Gesellschaft und Welt, die sich heute dynamisch verändern und ständig komplexer und unübersichtlicher werden. Für die systematische Darstellung der Anforderungen an die ethische Urteils- und Handlungsfähigkeit der Kinder und Jugendlichen werden in diesem Kapitel deshalb ein Überblick und vertiefende Einblicke in diese moralrelevanten Aufgabenfelder geboten. Sie werden in folgender Struktur dargestellt:

- der Umgang mit sich selbst,
- das nähere soziale Umfeld sowie
- das gesellschaftliche und globale Feld der epochaltypischen Schlüsselprobleme.

Die ethischen Aufgaben bezüglich des Umgangs mit sich selbst und anderen sind für die Lernenden unmittelbar praktisch und zugleich moralisch relevant. Die epochaltypischen Schlüsselprobleme nach Klafki haben sowohl eine objektiv-gesellschaftliche als auch eine subjektiv-persönliche Bedeutung und besitzen ebenfalls moralische Relevanz. Ihnen können alle bekannten Bereichsethiken zugeordnet werden, die im Rahmen der angewandten Ethik seit jeher die Reflexion und verantwortliche Lösung solcher und ähnlicher Probleme des persönlichen und gesellschaftlichen Lebens zum Ziel haben.

6.1 Der Umgang mit sich selbst

Der Umgang mit sich selbst, der in hohem Maße von sozialen Erfahrungen in der Biografie der Einzelnen abhängig ist, beeinflusst auch den Umgang mit anderen. Die Moralrelevanz des Umgangs mit sich selbst wird zum einen dadurch deutlich, dass dieser auch das sozio-moralische Empfinden, Wahrnehmen, Denken, Urteilen und Handeln der Kinder und Jugendlichen beeinflusst. Zum anderen ergeben sich weitere moralrelevante Aspekte, die bei den nachfolgenden Darstellungen zu Gesundheit, Bedürfnissen, Identität, Glück und Sinn (einschließlich Berufsfindung und Zukunftspläne) zur Sprache kommen.

6.1.1 Gesundheit

Gesundheit umfasst körperliches, psychisches und soziales Wohlbefinden. Beim Thema Gesundheit geht es um die Ziele und Werte des Organismus, „dass er insgesamt als selbstregulierendes System funktioniert" (Tomasello 2014b, 27). Dem dienen die Schmerz- und Wohlfühlsignale des Körpers, negativ und positiv getönte Gefühle – darunter soziale und ausgesprochen moralische – sowie informierte und vernunftbetonte Entscheidungen des Einzelnen und Institutionen des Gesundheitswesens in der Gesellschaft.

Zur Verantwortung der Heranwachsenden für die eigene Gesundheit gehört auch die Fähigkeit, mit Misserfolgen und Stress, Problemen und Konflikten offen und konstruktiv umzugehen anstatt sie herunterzuschlucken oder/und sich in aggressivem Verhalten zu entladen beziehungsweise mit Chemie für die Seele (vgl. Zehentbauer 1997) wegzuregulieren.

Mediziner sprechen heute von einem Trend zur „Medikalisierung von Lebensfreude, Ärger und Streß." (Sass 1994, 231) Die Widerstandskräfte bei gesundheitlichen Belastungen werden nach Antonovsky jedoch wesentlich von einer Grundeinstellung zum Leben bestimmt, „dass

- erstens die Anforderungen aus der inneren und äußeren Erfahrenswelt im Verlaufe des Lebens strukturiert, vorhersagbar und erklärbar sind und dass
- zweitens die Ressourcen verfügbar sind, die nötig sind, um den Anforderungen gerecht zu werden.
- Und drittens, dass diese Anforderungen Herausforderungen sind, die Investitionen und Engagement verdienen." (Antonovsky bei Bengel 2001, 30)

Moralische Relevanz des Umgangs mit der Gesundheit
Fragen von Lebensqualität „gehören primär in den Bereich der Patientenethik und die Verantwortung des Bürgers für seinen Lebensstil und Lebensvollzug, inklusive seiner Verantwortung für die gesundheitlichen Aspekte seines Lebens." (Sass 1994, 230)
Mangelnde Selbstachtsamkeit, Tablettenkonsum zur Erlebnis- und Leistungssteigerung, Flucht in die Sucht und risikoreiches selbstschädigendes Verhalten von Kindern und Jugendlichen sowie Verletzungen durch aggressive Austragung von Konflikten und lebensstilbedingte Erkrankungen sind auch moralrelevant, weil sie Angehörigen und Beitragszahlern von Kranken- und Unfallversicherungen unter Ausnutzung des Solidarprinzips unnötige Leistungen und Kosten abverlangen. Über eine notwendige Akutbehandlung hinaus können auch längerfristige Behandlungen und u.U. eine lebenslange persönliche Leistungsminderung und Behinderung die Folge sein.

6.1.2 Bedürfnisse

Bedürfnisse beeinflussen bewusst oder unbewusst unser Denken, Fühlen und Handeln. Sie stellen Handlungsmotive dar und orientieren auf Werte wie z.b. Leben, Gesundheit, Freiheit, Anerkennung in der Gemeinschaft, Sicherheit und Liebe. Die Grundbedürfnisse verbinden uns mit allen Menschen, gehören zum allgemeinen Menschenbild und sie haben vielfach Entsprechungen in den Menschenrechten.

Stufenmodell der Bedürfnisse nach Maslow
Der Vertreter der humanistischen Psychologie Maslow hat eine Theorie der Bedürfnisse der Menschen entwickelt, die das heutige Menschenbild weitgehend beeinflusst hat. Er ordnet sie in Ebenen mit einer gestuften Reihenfolge ein. „Die Bedürfnisse jeder Ebene sind, Maslow zufolge, angeboren, nicht erlernt, wenn auch die Art der Anregung und des Ausdrucks durch die Werte beeinflußt wird, die in der Familie und Kultur eines Menschen gelernt werden." (Zimbardo 1992, 352)

Tab. 7: Die Grundbedürfnisse der Menschen nach Maslow (Zimbardo 1992, 352)

Bedürfnisse	Angestrebte Güter, Zustände, Werte
Transzendenz	Spirituelle Bedürfnisse, sich mit dem Kosmos in Einklang zu fühlen
Selbstverwirklichung	Bedürfnis, das eigene Potential auszuschöpfen und bedeutende Ziele zu haben
ästhetische	Ordnung, Schönheit
kognitive	Wissen, Verstehen, Bedürfnis nach Neuem
Selbstwert	Vertrauen und das Gefühl etwas zu sein und kompetent zu sein, Selbstwertgefühl und Anerkennung von anderen
Bindung	Zugehörigkeit, Verbindung mit anderen, lieben und geliebt werden
Sicherheit	Sicherheit, Behaglichkeit, Ruhe, Freiheit von Angst
biologische	Nahrung, Wasser, Sauerstoff, Ruhe, Sexualität, Entspannung

Maslow stellte die Ebenen der Bedürfnisse als Pyramide dar. Denn er vertrat die Auffassung, dass erst nach der Befriedigung der biologischen Bedürfnisse die Befriedigung der darauf folgende Bedürfnisebene angestrebt werde und dann weiter bis zur Ebene der Transzendenz. Die Stufenfolge der Bedürfnisbefriedigung erscheint plausibel.
Die angenommene Zwangsläufigkeit der Stufenfolge wird jedoch durch Beispiele widerlegt, in denen für die Ehre, das Vaterland oder eine Idee viele Menschen Leib und Leben und ihre Sicherheit gefährden. Auch die Existenz von Asketen, Eremiten und Selbstmordattentätern aus religiös-transzendenten Motiven wie z.B.

die Erlangung von Nirwana, Himmel oder Paradies spricht dagegen. Nach dem Sprichwort „Not lehrt beten" wird auf die Gefährdung von Existenz und Sicherheit häufig mit einer verstärkten Hinwendung zu Transzendenz eine Abhilfe, Befreiung und Erlösung gesucht. Damit würde sogar die Stufe 1 übergangen und sofort ein Sprung in die angeblich höchste Stufe erfolgen.

Eine hierarchische Stufung mit zwingender Folge der Bedürfnisbefriedigung wurde auch öfter von Menschen in der existenzgefährdenden Situation eines Konzentrationslagers widerlegt. So berichtet der Psychologe Frankl, wie im KZ Auschwitz der Häftlingskoch F. das Essen wörtlich „ohne Ansehen der Person" austeilte, um jedem gegenüber gerecht zu sein. (Frankl 1987, 80) Von einem ähnlich fair-selbstlosen Verhalten eines Mitgefangenen trotz Gefahr für die eigene Existenz berichtet der ungarische Schriftsteller Kertész. (Kertész 2002, 58) Diese Beispiele stehen dafür, dass Ideale wie Gerechtigkeit und Fairness zu einer inneren Freiheit auch in Situationen der Bedrohung der eigenen biologischen Existenz führen können. Sie sind ein Argument dafür, die Bedürfnisse nicht als Stufenfolge zu betrachten, sondern in paralleler Anordnung mit der Offenheit bezüglich ihrer jeweils handlungsleitenden Wirkung.

Bedürfnisse und Menschenrechte (nach Galtung)

Der Friedensforscher Johann Galtung hat die Bedürfnisse der Menschen mit den Menschenrechten in Bezug gesetzt (vgl. Galtung 1994). Dabei ordnet er sie etwas anders, nämlich in:

• Überlebens-Bedürfnisse – nach Vermeidung von Gewalt;
• Wohlergehens-Bedürfnisse – nach Vermeidung von Elend;
• Identitäts-Bedürfnisse – nach Vermeidung von Entfremdung;
• Freiheits-Bedürfnisse – nach Vermeidung von Unterdrückung.

In seiner Liste nennt er die Bedürfnisse dann wesentlich differenzierter und konkreter und setzt sie mit Rechten und den Menschenrechten in Beziehung. Für die Beziehung zwischen Bedürfnissen und Rechten führt Galtung vier Varianten an.

	Rechte +	Rechte -
Bedürfnisse +	Bedürfnisse mit Rechtsentsprechung	Bedürfnisse ohne Rechtsentsprechung
Bedürfnisse –	Rechte ohne entsprechendes Bedürfnis	Weder Bedürfnisse noch Rechte

Liste menschlicher Grundbedürfnisse nach Galtung (Galtung 1994, 114)
Folgende Bedürfnisse sollten nach Galtung in einer Gesellschaft für die Bürger gesichert sein:

Überlebens-Bedürfnisse: nach Vermeidung von Gewalt
- gegen individuelle Gewalt (Vergewaltigung, Folter);
- gegen kollektive Gewalt (Kriege, Bürgerkriege, zwischenstaatliche Kriege).

Wohlergehens-Bedürfnisse: nach Vermeidung von Elend
- für Ernährung, Wasser, Luft;
- für Bewegung, Ausscheidung, Schlaf, Sex;
- für Schutz gegen Klima, Umwelt;
- für Schutz gegen Krankheiten;
- für Schutz gegen harte, erniedrigende und langweilige Arbeit;
- für Selbstdarstellung, Dialog, Erziehung.

Identitäts-Bedürfnisse: nach Vermeidung von Entfremdung
- für Selbstausdruck, Kreativität, Praxis, Arbeit;
- für Selbstverwirklichung, Verwirklichung von Fähigkeiten;
- für Wohlergehen, Glück, Freude;
- für Aktivität und gegen Passivität, Subjekt nicht Objekt;
- für Herausforderungen und neue Erfahrungen;
- für Zuneigung, Liebe, Sex, Freunde, Partner, Kinder;
- für Wurzeln, Zugehörigkeit, Netzwerke, Unterstützung, Wertschätzung;
- für ein Verstehen sozialer Kräfte, soziale Transparenz;
- für Erfahrung von Sinn, Sinn des Lebens, Nähe zum Transzendenten, Transper-
  sonalen.

Freiheits-Bedürfnisse: nach Vermeidung von Unterdrückung
- Freiheit, Information zu empfangen, Meinungsfreiheit;
- des Besuchens und des Besuchtwerdens (Menschen wie Orte);
- der Bewusstseinsbildung;
- der Mobilisierung;
- der Konfrontation;
- des Arbeitsplatzes;
- der Partnerwahl;
- der Güter/Dienstleistungen;
- des Lebensstils.

Beziehungen zwischen Bedürfnissen und Menschenrechten
(vgl. Galtung 1994, 235)
Der Idee des Friedensforschers, die Bedürfnisse der Menschen mit den Menschenrechten in Beziehung zu setzen, liegt folgende Sicht und Hypothese zugrunde: „Ein
Menschenrecht wird hier als Norm aufgefasst, welche die Grundlagen menschli-

cher Existenz betrifft, ja diese schützt. Es gibt eine Verbindung zu menschlichen Grundbedürfnissen, wodurch sich Menschenrechte möglicherweise ohne zeitliche und räumliche Grenzen auf Menschen anwenden lassen." (Galtung 1994, 10f) Dahinter steht die Auffassung, „daß Menschenrechte letztlich menschlichen Grundbedürfnissen dienen sollen." (Ebd., 12) Für 16 Artikel von insgesamt 30 in der allgemeinen Erklärung der Menschenrechte konnte Galtung Bezüge zwischen Grundbedürfnissen und Menschenrechten nachweisen. (Vgl. ebd., 235) In dem kulturübergreifenden Diskurs über die Grundlagen der Menschenrechte vertritt der Friedensforscher die Position, dass die Menschenrechte offen sind für Weiterentwicklungen, „in denen andere normative Quellen wie menschliche Bedürfnisse und Werte aus anderen Zivilisationen ins Spiel kommen." (Ebd., 12)

6.1.3 Identität

Identität als Entwicklungsschwerpunkt in der Adoleszenz
„Identität wird in den meisten heutigen Lehrbüchern der Entwicklungspsychologie zum zentralen Thema des Jugendalters erklärt." (Grossmann/Grossmann 2014, 496) Die Schülerinnen und Schüler als Subjekte sittlichen Urteilens und Handelns bilden durch biografische Erfahrungen und Prägungen schon früh eine unverwechselbare Individualität aus. Sie sind ausgestattet mit der Fähigkeit zur Wahrnehmung und Reflexion ihrer eigenen Innenwelt und sozio-kulturellen Außenwelt. Dabei bildet ihre Identität „ein selbstreflexives Scharnier zwischen der inneren und äußeren Welt." (Keupp 1999, 28) Im Laufe ihrer biografischen Erfahrungen verbinden Menschen „anthropologisch-universelle Identitätsdimensionen" (Keupp 1999, 12) in einer Art Identitätsarbeit mit gesellschaftlich und kulturell bedingten Erfordernissen von Entwicklung.

Die Identität, ihre Gestalt und Gestaltung sowie deren Darstellung und Inszenierung sind ein zentrales Thema für die Heranwachsenden, insbesondere in der Phase der Adoleszenz, die für sie mit vielen körperlichen, psychischen und sozialen Veränderungen und einer Zunahme von Freiheiten und Verantwortlichkeiten verbunden ist. Bei der Ausdifferenzierung seiner persönlichen Identität entscheidet ein Kind immer bewusster, „was es übernehmen oder worin es sich unterscheiden will. Am stärksten ausgeprägt ist dieser Prozess in der Adoleszenz, wenn der Jugendliche sich mit den elterlichen und gesellschaftlichen Normen und Werten auseinandersetzt." (Brockhaus Psychologie 2001, 260) Nach Keupp verweist die Notwendigkeit zur Identitätskonstruktion „auf das menschliche Grundbedürfnis nach Anerkennung und Zugehörigkeit." (Keupp 2013, 28) Sie „soll den individuellen Bedürfnissen sozial akzeptable Formen der Befriedigung eröffnen" und stellt insofern „immer eine Kompromissbildung zwischen ‚Eigensinn' und Anpassung dar" (ebd., 28). Für die Identitätsentwicklung der Kinder und Jugendlichen leisten Schule (vgl. Rumpf 1986, 143-166) und Ausbildung einen besonderen Beitrag.

Bedingt durch eine ständige Flexibilisierung, Mobilisierung und Verunsicherung im Bereich von Arbeit und Lebensverhältnissen ist der Identitätsprozess heute „nicht mehr nur ein Mittel, um am Ende der Adoleszenz ein bestimmtes Plateau einer gesicherten Identität zu erreichen, sondern der Motor lebenslanger Entwicklung." (Keupp 2013, 28) Zur Entwicklung von Jugendlichen merkt Fend bereits 1991 an, dass Identitätsangebote im beruflichen Bereich meist beschränkt sind, „so daß die Entstehung einer Identität zu einem Prozess des sich Abfindens mit unattraktiven Identitätsangeboten verkümmert." (Fend 1991, 15)

Wir begegnen in unserer pluralistischen Gesellschaft Menschen mit Ausprägungen ihrer Identität in unterschiedlichen Formen:

- als Ich-Identität einschließlich sexueller Identität;
- soziale Identität (in familialer, jugendkultureller und kultureller Ausprägung);
- weltanschauliche oder religiöse Identität (vgl. Shell-Deutschland 2015, 251-260);
- kulturelle Identität (vgl. Keupp 2013, 170-172; Meyer 1998, 84-104);
- moralische Identität, die in Form des Gewissens bis ins Grundgesetz (Artikel 4) hohe Achtung genießt.

Moralische Aspekte zur Identitätsentwicklung

Die Identität der Heranwachsenden ist einmal geprägt von ihrer genetischen Abstammung, zum anderen von den persönlichen Erfahrungen mit ihren körperlichen, emotionalen (vgl. Lelord/André 2007) und sozialen Bedürfnissen (vgl. Goleman 2008) und deren Erfüllung oder Frustrierung in der Biografie bei ihren sozialen Kontakten, z.B. in Familie, Freundschaft und Bezugsgruppe. Insofern gehören auch Elemente der Selbsterkenntnis und Selbstreflexion der Akteure ethischen Urteilens und Handelns zu den Inhalten des Ethikunterrichts. Das Selbstbild der Schülerinnen und Schüler beeinflusst einmal die Bewertung des eigenen Handelns. Es fließt aber auch in die Beurteilung anderer ein, wenn sie ihnen real begegnen oder im gedanklichen Rollentausch und Perspektivwechsel versuchen, sich in diese hineinzuversetzen.

Die Erweiterung der persönlichen Erfahrungen durch Kontakte mit fremden Personen und Gruppen lässt im Prozess notwendiger Verständigung und Kompromissfindung neue Themen und Sichtweisen wichtig werden, die zur selbstkritischen Modifizierung bisheriger Normen und Wertorientierungen und damit der eigenen moralischen Identität führen können.

6.1.4 Glück und Sinn

Auf der Suche nach Glück und Sinn

Aristoteles beginnt seine Nikomachische Ethik mit der Feststellung, dass alle Menschen nach einem Gut, einem höchsten Gut, einem Endziel streben. „Als solches gilt in hervorragendem Sinne das Glück. Denn das Glück erwählen wir stets um seiner selbst willen und niemals zu einem darüber hinaus liegenden Zweck." (Aristoteles: Nikomachische Ethik, 1. Buch, Kap.5, 1097b)

Das Erleben von Wohlbefinden, Freude, Glück und Sinn gibt den Menschen Energie und fördert ihre Gesundheit. Glückserfahrungen sind z.B. verbunden mit der momentanen Erfüllung von Grundbedürfnissen, nämlich vital-körperlichen, sinnlichen, psychischen und sozialen, geistigen und kulturellen. Die Vielfalt unserer Glücks- und Sinnerfahrungen spiegelt sich wider im Nachdenken der Philosophen über das Wesen des Menschen. Sie nennen ihn ein soziales Lebewesen (zoon politikon), ein spielendes (homo ludens), arbeitendes (homo faber), neugieriges, liebendes, fühlendes und denkendes, Kunst, Kultur und Moral schaffendes und über sich selbst hinaus schauendes Wesen.

Neben den gemeinsamen Grundlagen haben Glück und Sinn ihre Besonderheiten. Glück ist eher ein Erleben bei Erreichung von Einzelzielen, Sinn mehr eine Einschätzung für das Leben als Ganzes, entweder im Rückblick oder in der Vorausschau. Zum Sinn des Lebens gibt es einmal die Auffassung, dieser sei vorgeben. So sehen das Religionen, Ideologien und einige Weltanschauungen. Demgegenüber steht die Position, dass weder in der Natur noch für die Geschichte ein vorgegebener Sinn existiert, sodass jeder selbst seinem Leben einen eigenen Sinn geben muss.

Moralische Aspekte zu Glück und Sinn

Der erste moralische Aspekt von Glück und Sinn ist die Selbstsorge. Ob als Zufallsglück oder Erfolgsglück nach Mühen, als Wohlfühlglück oder „Glück der Fülle" (Schmid 2004, 379), das nichts zu wünschen übrig lässt, Glück hat zuerst einen Selbstbezug. Da Menschen aber soziale Wesen sind, finden wir auch in sozialen und prosozialen Tätigkeiten Chancen zum Glücklich-Sein, z.B. in gemeinsamen Unternehmungen, Feiern und Spielen, in Freundschaft, Ehe- und Familienglück, im gegenseitigen Helfen und Beschenken. Soziale Wege zum Glück verlangen in aller Regel die Fähigkeit und Bereitschaft zu Empathie und Fairness, Perspektivwechsel und Reziprozität.

Ein moralisches Problem besteht bei Versuchen, sein Glück auf Kosten anderer zu machen und beim Griff zu Drogen als Weg zu oder Steigerung von Glücksempfinden. Wenn eine Gesellschaft „ohne irgendeine Unterscheidung, wie etwa nach Rasse, Farbe, Geschlecht, Sprache … sozialer Herkunft, nach Eigentum, Geburt und sonstigen Umständen" (Artikel 2) die in den Menschenrechten „verkündeten Rechte und Freiheiten" garantieren würde, käme sie der Forderung des englischen Philosophen F. Hutcheson an die Regierenden recht nahe: „Das größtmögliche Glück der größtmöglichen Zahl der Menschen."

Der Politologe Inglehart hat übrigens nachgewiesen, dass die erreichte Höhe des Glücksindex nicht vom Pro-Kopf-Einkommen eines Volkes abhängt. (Vgl. Klein 2002, 261) Wenn allerdings die Schere zwischen armen und reichen Menschen und Völkern so bleibt, wie in der Gegenwart (vgl. Kapitel 6.3.5), wird die damit verbundene Gerechtigkeitslücke für die arme Hälfte der Weltbevölkerung – ohne Chancen auf Verbesserung – sich möglicherweise in Gefühlen von Unglück und Sinnlosigkeit niederschlagen. (Vgl. Bengel 2001, 28ff)

6.2 Das nähere soziale Umfeld

Zu den Kontakten im näheren sozialen Umfeld gehören jene in Familien, Freundschaften, Gruppen und mit Partnerschaft, Liebe und Sexualität. Charakteristisch für diese Räume der sozialen und moralischen Erfahrungen ist die Begegnung im face-to-face-Kontakt verbunden mit Rückmeldungen in unmittelbarer Gegenseitigkeit. Dazu gehören auch die Spannung und herzustellende Balance zwischen Fremd- und Selbstbestimmung, erlebter Verbundenheit und erstrebter Autonomie im gemeinsamen Leben.

6.2.1 Familie

Verbundenheit, Orientierung und Streben nach Autonomie in der Familie
Die Eltern sind in der Familie – in der Regel und insbesondere in der frühen Kindheit – die natürliche und wohlwollende, versorgende und schützende Macht und Autorität für ihre Kinder. Die Heranwachsenden stellen diese Funktionen und Position der Erwachsenen ab der Pubertät auf den Prüfstand und vermehrt infrage. Aus moralpsychologischer Sicht legen und bilden die Erfahrungen in der Familie den Grundstein für sozio-moralisches Empfinden, Fühlen und Denken sowie Urteilen und Handeln der Kinder als spätere Jugendliche und Erwachsene. Dieses wird u.a. in der engen Beziehungsform der Dyade mit grundgelegt. Diese ist durch eine „enge Koordination charakterisiert, wie sie sich etwa bei der wechselseitigen Nachahmung zwischen einer Mutter und ihrem Säugling beobachten lässt oder in den reziproken Verhaltensweisen von Sexualpartnern." (Maccoby 2000, 123)
Hier werden die angeborenen Fähigkeiten zu Empathie und emotionalem Verstehen (vgl. Bauer 2006, 15-17, 46-51), Mitgefühl und Mitleid sowie die Neigung zum Helfen (vgl. Tomasello 2012, 21-26) und Teilen (ebd., 31-35) sowie zu reziprokem Verhalten und Beachtung von Normen (ebd., 36-48) entweder gefestigt und weiter entwickelt oder durch mangelnde Nutzung vernachlässigt und abgewöhnt. „Denn eine Grundregel unseres Gehirns lautet: ‚Use it or lose it.‘ Nervenzellsysteme, die nicht benutzt werden, gehen verloren." (Bauer 2006, 57)

Moralische Aspekte zum Aufwachsen in der Familie
In der Familic sammeln die Kinder und Jugendlichen grundlegende Erfahrungen zu Sozialität und Moral. Gleichzeitig erleben sie hier hautnah, praktisch und eindrücklich ein Grundmodell für den Weg von wohlwollender Vormundschaft, kind-

lich vertrauensvoller Unmündigkeit und Gehorsam gegenüber Autoritäten (vgl. Eibl-Eibesfeld 2004, 444f) zu unabhängigem Urteilen und eigenverantwortlichem Handeln. Piaget ordnete diesen Entwicklungsschritt von einer Heteronomie zur Autonomie als Merkmal der Jugendphase zu (vgl. Montada 2002, 629f).

Die ungleiche Macht und Freiheit in der Beziehung von Kindern und Eltern basiert auf der Ohnmacht, Unwissenheit und Unmündigkeit auf der einen und Übermacht, Weltkenntnis und Verantwortlichkeit auf der anderen Seite. Sie ist geprägt von der physischen und emotionalen Abhängigkeit der Kinder von der Annahme und sozialen Zugehörigkeit, der Erfahrung von Autorität in Form von Stärke und „Allwissenheit" der Erwachsenen (vgl. Freud 1960, 299-325). Aber auch Jugendliche sind noch auf die Verlässlichkeit und ökonomische Absicherung durch ihre Eltern bzw. Angehörigen angewiesen. In der Familie erhalten die Heranwachsenden eine sozio-moralische Orientierung für ihr Urteilen und Handeln durch das Feedback in Form von Billigung oder Missbilligung, Lob und Tadel, Lohn oder Strafe und dessen Begründung. Familien können leider auch eine Belastung für Kinder und Jugendliche darstellen, nämlich bei Vernachlässigung und Körperstrafen (vgl. Engfer 2002, 801-806, 809) sowie Trennung und Scheidung der Eltern (vgl. Walper 2002, 818-826).

Jugendliche gehen im Rahmen ihrer Entwicklungsaufgaben (vgl. Kapitel 5.2) Schritte von Gehorsam und Unmündigkeit zur Autonomie und Eigenverantwortung. Dazu gehören die emotionale Ablösung von ihren Eltern und eine differenzierte Beurteilung ihrer Ansichten, Reden und Handlungen. Eine Skepsis gegenüber Fremdbestimmung und Gehorsam legen übrigens auch die Ergebnisse des Milgram-Experiments (vgl. Aronson et.al. 2014, 291-300; Milgram 1995, 9) zur Gehorsamsbereitschaft gegenüber Autoritäten nahe.

6.2.2 Freundschaft

Sympathie, freie Verbundenheit und Gegenseitigkeit in Freundschaften
Die Freundschaft stellt ein Grundmodell für den Aufbau und die Gestaltung einer selbst gewählten, wohlwollenden, gleichberechtigten und fairen Beziehung unter gleich Starken und gleich Freien dar. Die Entwicklung von Sozialität und Moralität in der Freundschaft beruht auf Erfahrungen in „zweitpersonaler" Kommunikation und Interaktionen mit direkter Reziprozität und in gedanklicher Vorwegnahme möglicher Bewertung und Reaktionen des Gegenübers. (Vgl. Tomasello 2014, 115-117)

Zum Unterschied zwischen Verwandtschaft und Freundschaft führt Cicero aus, „dass das Wohlwollen unter Verwandten beseitigt werden kann, unter Freunden dagegen nicht. Durch die Beseitigung des Wohlwollens wird nämlich der Name ‚Freundschaft' getilgt, der Name ‚Verwandtschaft' aber bleibt." (Zitiert nach Eichler 2000, 56) Sie gründet auf der Gegenseitigkeit von Sympathie und Wohlwollen, Rücksicht, Hilfe und Fairness. Freundschaft ist eine Beziehung auf Augenhöhe, mit einfühlendem Verstehen und direktem sozialem Perspektivwechsel (vgl. Tomasello 2014, 108f) durch Feedback geben und nehmen. In face-to-face-Kontakten werden nonverbale und verbale Signale in Kommunikation und Interaktion gleichzeitig erfasst. So können Offenheit und Wahrhaftigkeit sowie Fairness unmittelbar überprüft und sichergestellt werden. Unter Freunden sind Druck und Gewalt als Mittel der Beeinflussung ausgeschlossen. Dies würde das Ende der Freundschaft bedeuten.

Moralische Aspekte zur Freundschaft

Das prosoziale Lernen in Freundschaften wirkt sich insbesondere auf die Verbesserung von Empathie und Perspektivwechsel, Kommunikation, Kooperation und Selbststeuerung aus. Diese in der Freundschaft erworbenen bzw. gefestigten Fähigkeiten können sich sowohl im Zusammenleben der Familie, Klasse und Schule positiv bemerkbar machen als auch für die Teamfähigkeit in Ausbildung, Studium und Beruf bedeutsam sein. Aber auch für die Gestaltung von Partnerschaft und Liebesbeziehung sind die sozio-moralischen Erfahrungen und Fähigkeiten aus der Freundschaft von Nutzen.

Die unter Freunden geltenden Anforderungen bzw. Normen wie Gewaltfreiheit, Wohlwollen, Gegenseitigkeit und Fairness bereiten die Heranwachsenden darüber hinaus auch auf die Rahmenbedingungen vor, welche leicht abgewandelt bei ethischen Diskursen sowie der Lösung von Problemen und Konflikten gelten.

6.2.3 Gruppen

Zusammenleben in Gruppen

Das Leben in Gruppen stellt wegen ihrer eigenen Struktur und Dynamik an die Mitglieder neue soziale und moralische Herausforderungen. Denn hier verbinden sich Elemente der Freundschaft unter Gleichberechtigten mit solchen von Rang und Rolle, Dominanz und Autorität. Merkmale von Gruppen sind gemeinsame Ziele und Interessen, Konformität und Solidarität gegenüber ihren Mitgliedern und Abgrenzung zu Nichtmitgliedern und fremden Gruppen. Übrigens „kennzeichnen sich menschliche Gruppen selbst, um die Mitgliedschaft in der Gruppe abzusichern …". (Tomasello 2014, 225) So können Eigenheiten in Kleidung, Nahrung, Körperschmuck, Frisur, Symbolen und Praktiken wie Beschneidung zur Abgrenzung und Versicherung einer Gruppenidentität und Entwicklung eines Wir-Gefühls dienen. (Vgl. Morris 1993, Gröning 2001) In Gruppen entstehen unterschiedliche Rollen und Rangordnungen sowie doppelte soziale Normen für Mitglieder, „die Anderen" und Fremde.

Die Fähigkeiten der Heranwachsenden im Umgang mit Freunden sowie der Autorität von Eltern und Erwachsenen – insbesondere zu Fremd-, Selbst- und Mitbestimmung – sind ihnen hier von Nutzen.

Peergruppen wirken auf ihre Mitglieder auf spezifische Art und Weise ein, nämlich durch normativen und informativen Einfluss. Von normativem sozialem Einfluss wird dann gesprochen, „wenn der Einfluss anderer uns zu konformem Verhalten führt, weil wir gemocht und akzeptiert werden möchten." (Aronson et al. 2014, 269) Weiterhin üben Gruppen einen informativen sozialen Einfluss insbesondere in zweideutigen Situationen aus, in denen andere Menschen als Experten angesehen werden, weil diese so erscheinen oder sich selbst so darstellen. Dann verhalten wir uns konform, „weil wir glauben, dass ihre Interpretation einer mehrdeutigen Kombination von Umständen zutreffender ist als unsere und uns helfen wird, angemessen zu handeln." (Aronson et al. 2014, 262)

Zu „Symptomen des Gruppendenkens" gehören: „Die Gruppe beginnt, sich unverwundbar zu fühlen und meint, sie wäre unfehlbar. Einzelne äußern ihre gegenteiligen Standpunkte nicht (sie üben Selbstzensur aus), weil sie die gute Stimmung in der Gruppe nicht stören wollen oder weil sie die Kritik vonseiten der anderen befürchten." (Aronson et al. 2014, 327) Zu diesen Merkmalen gehört auch der „Glaube an die korrekte Moral der Gruppe, ... stereotypisierte Sicht auf Fremd-Gruppe ... Selbstzensur ... direkter Druck auf Andersdenkende ... Illusion der Einmütigkeit" (Aronson et al. 2004, 337) und eine Abschirmung gegen entgegengesetzte Standpunkte. Dieses Phänomen des überhöhten Selbstwertgefühls und der Abwertung von Anderen findet sich auch in Großgruppen wie Nationen, Rassen, Religionen, Sekten und Ideologien.

Moralische Aspekte zum Einfluss in Gruppen

Eine zentrale Problematik stellt der Konformitätsdruck in Gruppen dar. Weiterhin ist die Doppelmoral in Gruppen, verbunden mit dem Aufbau von Vorurteilen und Feindbildern bis zu Hass und aggressivem Verhalten gegenüber Außenseitern moralrelevant. Dieses Phänomen zieht sich von Peergruppen, Fanclubs, Subkulturen bis hin zu Ideologien, Religionen, Staaten und Militärbündnissen. In moralischer Hinsicht interessant ist, „dass sogar misstrauische und sogar feindselige Gruppen ihre Neigung zu Stereotypen, Vorurteilen und diskriminierenden Verhaltensweisen reduzieren, wenn diese sechs Bedingungen von Kontakt – gegenseitige Abhängigkeit, ein gemeinsames Ziel, gleicher Status, zwangloser interpersoneller Kontakt, vielfältige Kontakte, soziale Normen von Gleichheit – erfüllt sind." (Aronson et al. 2004, 519; vgl. Aronson et al. 2014, 506-512)

Aus moralischer Sicht sind insbesondere für Jugendliche die Fragen relevant, auf welche Art und Weise soziale Kontrolle in Gruppen ausgeübt wird, wie sie diesem normativen sozialen Einfluss widerstehen können, welche Chancen sie in der Minderheitsposition haben, die Mehrheit zu beeinflussen, und wie sie begründete Urteile von individuellen und kollektiven Vorurteilen unterscheiden können.

6.2.4 Liebe

Liebe als Thema aller Zeiten und Kulturen

Liebe und ihre Merkmale in ihren verschiedenen Formen sind ein zentrales Thema der Menschen in allen Kulturen und Zeiten. Figurinen und Felszeichnungen in Europa und Afrika zeugen schon aus der Steinzeit davon. Alte Kulturen aller Kontinente erdachten zu Liebe und Fruchtbarkeit eigene Mythen und Gottheiten. Die Inder und Chinesen schrieben Bücher zur Liebeskunst, z.B. das „Kamasutra" (vgl. Vatsyayana 1987) und „Das Tao der Liebe" (vgl. Chang 1993). In der antiken Kultur Europas bezeugen u.a. altgriechische Liebesgedichte und „Die Liebeskunst" von Ovid die Präsenz dieses Themas. In der Literatur der islamischen Welt nehmen die Themen Erotik und Liebe einen breiten Raum ein. So gibt es im Arabischen „nicht weniger als siebzig Synonyme für die Liebe" (Chebel 1997, 252). Die Philosophen der griechischen Antike unterschieden bei der Liebe zwischen Agape, der selbstlosen Liebe zu Kindern, Kranken, Alten und Hilfsbedürftigen, der erotischen Anziehung und der sexuellen Liebe. In Stammeskulturen, großen Reichen und Kulturen wurden Gebote zum Schutz von ehelichen Liebesbeziehungen aufgestellt, die u.a. auch Eingang in die Gesetze heutiger Staaten gefunden haben.

Darwin betonte in seinem zweiten Werk „Die Abstammung des Menschen und die geschlechtliche Zuchtwahl" (Darwin 1971), „bei der Menschwerdung habe das Gefühl, das männliche und weibliche Partner verbindet, um gemeinsame Nachkommen zu zeugen und aufzuziehen, eine viel entscheidendere Rolle gespielt" (Hüther 2000, 30) als die natürliche Zuchtwahl, die vorrangig bei der Evolution von Pflanzen- und Tierarten gilt. Durch die Wissenschaftsentwicklung stehen heute weitere Erkenntnisse zur Verfügung. So ist in der Medizin bekannt, dass bei der Physiologie der Liebe einige Hormone eine besondere Rolle spielen. „Für Langzeitbindung scheint Oxytocin ein wichtiger hormoneller Faktor" (Eibl-Eibesfeld 2004, 328) zu sein. In erhöter Konzentration wird Oxytocin, das stimmungsaufhellend bis euphorisch wirkt, bei der Mutter durch das milchsaugende Baby ausgeschüttet und löst dabei umsorgende Muttergefühle aus. „Maximalwerte werden während des Orgasmus erreicht." (Zehentbauer 2000, 172) Hinzu kommt beim Stillen, Berühren und Streicheln: „Körperkontakt stimuliert im Gehirn die Ausschüttung des körpereigenen Opiats Endorphin" (Grossmann/Grossmann: 2012, 44), das Mutter und Baby entspannt und Schmerzen verringert.

Für die Gestaltung von Liebesbeziehungen sind Erkenntnisse der Sozialpsychologie interessant. Einmal wurde für die Einschätzung ihrer Festigkeit und Dauer ein sogenanntes „Investitionsmodell" (Aronson et al. 2014, 378) zur inneren Verpflichtung auf die Beziehung entwickelt. Zum anderen werden als Grundbestandteile der Liebe Leidenschaft, Intimität und Verbindlichkeit herausgestellt und miteinander im sogenannten Dreieck der Liebe (Aronson et al. 2004, 379) in Beziehung gesetzt. Aus den verschiedenen Ausprägungen und Kombinationen der drei Elemente entstehen verschiedene Arten von Liebe.

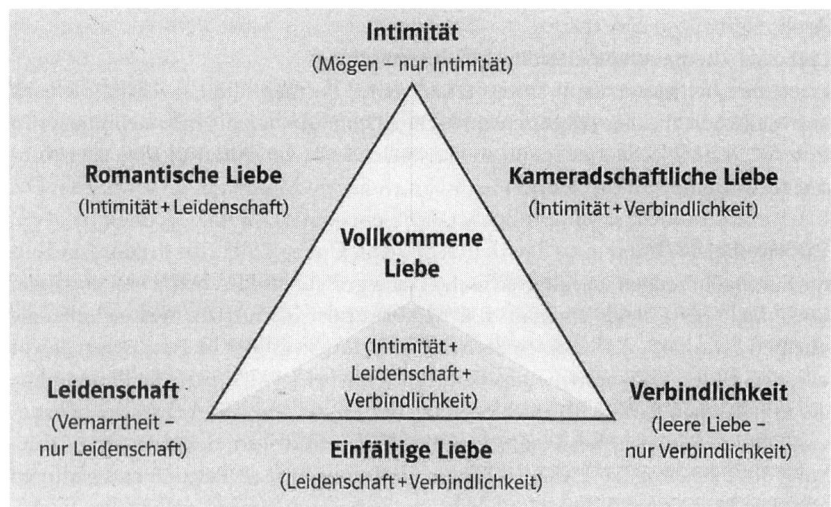

Abb. 14: Das Dreieck der Liebe (nach Aronson 2004, 379)

Generell kann man sagen: Liebe bietet Erfahrungen von Glück und Sinn, ermöglicht die Befriedigung des beziehungsorientierten und bindungsfördernden Grundbedürfnisses nach sexuellem Kontakt und fördert die Bereitschaft zu prosozialem Verhalten und Moralität.

Moralische Aspekte zu Formen der Liebe
In der Liebe in Form einer verbindlichen intim-sexuellen Paarbeziehung finden wir eine Kombination von Selbstinteresse (Egoismus) und Altruismus sowie Einfühlung (Empathie) und Fairness dem Partner gegenüber. Gleichzeitig verbindet sich ihre Liebe zu den eigenen Kindern mit Gemeinnutz, wenn diese nämlich gesund aufwachsen und von ihnen sozial verträglich erzogen und leistungsfähig gebildet werden. Solche Erkenntnisse stimmen mit dem „sozialen Wesen" des Menschen bei Aristoteles überein, entgegen einem Bild vom Menschen in Kämpfer- und Killerideologien.

In der Liebe ist Sympathie mit gegenseitigem Wohlwollen (Reziprozität) verbunden. Sie ist bestimmt von einer positiven Vergeltung wie bei der goldenen Regel, wenn auch zumeist unreflektiert. Mit Aufmerksamkeit und fairer Kooperation bewältigen Liebende idealerweise ihre alltäglichen Aufgaben. Mit Einfühlung und Anteilnahme stehen sie einander bei schweren Belastungen zur Seite und in Gefahren bei. Eheliche Liebesbeziehungen sind auch auf Zukunft und Nachhaltigkeit ausgelegt. So investieren Eltern mit vielfältig prosozialem und altruistischem Verhalten Zeit und Energie in ihre Kinder. Denn als „extreme Nesthocker" brauchen diese mindestens fünf Jahre Pflege, Nahrung, Schutz und geduldiges Lehren bis sie selbst überlebensfähig sind. Als Erwachsene werden die Kinder – hoffentlich aus Dankbarkeit – dann ihre Eltern im Alter unterstützen und umsorgen, nach dem Grundsatz „Wie du mir, so ich dir". Liebende erfüllen zumeist jene Kriterien, die für wohlwollend-faires und altruistisches Empfinden, Urteilen und Handeln gelten.

6.2.5 Sexualität

Sexualität als Vorgabe und Aufgabe

Sexualität ist zentral mit dem Leben verbunden sowie mit Formen des Glücks und der Sinngebung der Menschen und – nicht zuletzt – mit dem Fortbestehen der Menschheit.

Im Bewusstsein der Heranwachsenden erhält mit dem Erreichen der Geschlechtsreife das Thema Sexualität ein besonderes Gewicht, weil damit für sie bedeutsame physische und psychische Veränderungen und soziale Anforderungen verbunden sind.

So geht es für sie einmal um die Akzeptanz ihrer Geschlechtsidentität und des Wandels ihrer äußeren Erscheinung, der mit der Entwicklung der sekundären Geschlechtsmerkmale verbunden ist. In diesem Zusammenhang müssen sie sich mit starken neuen Gefühlen und den Geschlechterstereotypen in der Gesellschaft auseinandersetzen. Wie differenziert die Aspekte der Entwicklung einer Geschlechtsidentität in der Pubertät sind, wird in der Huston-Matrix (Trautner 2002, 653) zusammenfassend dargestellt. Zu den vielfältigen Impulsen und Anwendungsmöglichkeiten des sozialen Lernens in sexuellen Beziehungen wird auf die Ausführungen zu Freundschaft (Kap. 6.2.2) und Liebe (Kap. 6.2.4) verwiesen. Die Bewertung der Sexualität im Leben der Menschen ist in den Kulturen mitunter sehr unterschiedlich. Beispielhaft seien hier China, der Wandel vom Hinduismus zum Buddhismus sowie von der griechischen Antike zum Christentum angeführt.

Die Bewertung von Sexualität und das Verhältnis von Mann und Frau in China bringen die Symbole Yin und Yang im Kreis zum Ausdruck (Parrinder 1991, 99f). Sie sind wie Mann und Frau aufeinander bezogen. „Das Ziel ist nicht, das eine über das andere triumphieren zu lassen, sondern eine vollkommene Ausgewogenheit der beiden Prinzipien herbeizuführen." (Ebd., 100) Der Taoismus vertrat außerdem die Ansicht, sexuelle Aktivität verlängere das Leben und bilde die Vereinigung im Universum ab. (Ebd., 106, 108) In Indien stehen sich zwei Haltungen zur Sexualität gegenüber: „Vier Ideale oder Ziele des Menschen galten als Grundbegriffe der hinduistischen Lebensführung: Pflichtgefühl, Gelderwerb, Sinnenlust und Erlösung." (Ebd., 19) Sexualität wird als positiv, ja sogar heilig angesehen, was u.a. zur Tempelprostitution (vgl. Bellinger 1999, 218ff) geführt hat. Demgegenüber wird Sexualität im Buddhismus negativ betrachtet. Dies ist in dem Glauben begründet, dass „Geschlechtsdurst und Geschlechtsverkehr" (vgl. Bellinger 1999, 250) zur Fortsetzung der Wiedergeburt führen und so das Eingehen ins Nirwana vereiteln.

In der griechischen Antike wurde Sexualität zumeist positiv bewertet. Die Verbreitung des Christentums, insbesondere sein Mönchtum sowie das Eheverbot für Priester in der Katholischen Kirche, führte in Europa zu einer Abwertung bis Verteufelung der sexuellen Lust. Sexualität sollte nun lediglich dem Zweck der Erzeugung von Kindern dienen. So gilt gemäß einer verbindlichen Festlegung von Papst Paul VI. (1968) noch heute, „dass jeder Geschlechtsakt für die Zeugung neuen Lebens offenbleiben müsse und deshalb jede Form einer künstlichen Empfängnisverhütung unsittlich sei". (Denzler 1991, 335)

Die in den USA (Robertson 2011, 39-53) und Europa festgestellten Missbrauchsfälle durch katholische Priester, davon in Irland mit 13 000 Opfern (Fox 2011, 202; vgl. Robertson 2011, 54-59), weisen auf moralische Probleme in Verbindung mit dem Zölibat. Hinzu kommt erschwerend, „dass das weltweit in Kraft gesetzte Vertuschungssystem von klerikalen Sexualvergehen gesteuert war von der römischen Glaubenskongregation" im Vatikan (Küng, SZ 15.4.2010).

Im Laufe des letzten Jahrhunderts haben tiefgreifende Veränderungen und Diskussionen zur Rolle der Sexualität im Leben der Menschen stattgefunden. Erst konnte die Medizin die Kindersterblichkeit stark senken. Dann ermöglichte sie mit der Pille den Genuss sexueller Lust ohne Kinderwunsch. Das führte zu einem Geburtenknick. Die Frauenbewegung veränderte das Bild und die Rolle der Frau in Beruf und Gesellschaft und förderte auch ihre sexuelle Selbstbestimmung. In Deutschland ist heute die Schließung gleichgeschlechtlicher Partnerschaften möglich.

Moralische Aspekte zum Umgang mit Sexualität

Über medizinische Aufklärung hinaus, die im Biologieunterricht erfolgt, sind zum Thema Sexualität eine Reihe moralischer Probleme von Bedeutung. Mit den digitalen Medien wird das Handlungsfeld für sexuell motivierte Kontaktaufnahmen – an den Eltern vorbei – erweitert. „Im Internetzeitalter herrscht fast ein verordneter ‚digitaler Exhibitionismus'. Alle sind aufgefordert, sich zu ‚präsentieren'. ‚Nacktselfies' und ‚Sexting' sind im Trend, an dem sich auch Kinder und Jugendliche beteiligen." (Von Weiler 2015, 2) Viel zu spät merken sie dann, dass sie sich damit erpressbar gemacht haben. So kann diese Anmache u.U. vom Sexting (Oestreich 2015, 21f) bis zu Kinderpornografie und sexuellem Missbrauch gehen. (Vgl. Haas-Rietschel 2015, 16-18)

Die Beschneidung von männlichen Babys in jüdischen und von Jungen in islamischen Familien (Graf 2013, 67-73) sowie die Genitalverstümmelung von Mädchen in islamischen Ländern (Graf 2013, 35f; Dirie 1998, 66-76) ist unabhängig davon, welche kulturellen und religiösen Traditionen das befürworten, ein zu diskutierendes moralisches und rechtliches Problem. (Vgl. Krása 2009, 286f) Kinderehen, die in islamisch geprägten Ländern erlaubt sind, untersagt das deutsche Zivilrecht. Bei sogenannten Ehrenmorden an Frauen gilt das Strafgesetzbuch. Für Ausführungen zur Ungleichbehandlung von Männern und Frauen aufgrund ihres Geschlechts wird auf Kapitel 6.3.5 verwiesen.

Sexueller Missbrauch von Kindern und Jugendlichen ist auch in Deutschland zu finden. (Vgl. Engfer 2002, 807-812) Zu sexuellem Missbrauch und Kinderpornografie ist zwar das Strafrecht reformiert worden. Dies „bescherte den Strafverfolgungsbehörden zwar viel mehr Arbeit – aber keinen einzigen zusätzlichen Arbeitsplatz." (Von Weiler 2015, 2) Um die Verstöße gegen Strafrecht, Kinderrechte (Art. 19 und 34) und Menschenrechte (Art. 5, 8 und 16) durch Prävention, Aufklärung und Unterstützung der Opfer zu senken, sind also weiterhin zivilgesellschaftliche Aktivitäten wie z.B. von Innocence in Danger e.V., der Opferinitiative Zartbitter e.V. und Fortbildungen zur Pornokompetenz (Goddar 2015, 23) gefragt.

6.3 Das gesellschaftliche und globale Feld der epochaltypischen Schlüsselprobleme

Das soziale und moralische Sensorium von uns Menschen ist in der Stammesgeschichte für unmittelbare persönliche Begegnungen im face-to-face-Kontakt geeicht. Durch die Ausstattung mit Spiegelneuronen haben wir die angeborene Fähigkeit, Stimmungen und Gefühle eines Mitmenschen aus Stimme und Mimik, Gestik und Körperhaltung zu entschlüsseln. So entwickeln wir – bei normalem Entwicklungsverlauf – Empathie und Mitgefühl für Freude und Leid von Bekannten und Fremden. Schon Kleinkinder helfen, kooperieren und teilen von sich aus (vgl. Tomasello 2012, 19-35). Wir Menschen sind in vier Millionen Jahren auf Überlebensfähigkeit in überschaubaren Sozialverbänden getestet. Dabei wurde das als genetisches Erbe weitergegeben, was sich für ein sozial verträgliches und faires Zusammenleben bewährt hat. In anonymen Großgesellschaften (vgl. Eibl-Eibesfeldt 1994), die sich in Herrschaftsgebieten und Staaten entwickelt haben, sind wir ohne eigene Erfahrung mit allen Personen, denen wir begegnen, auf vermittelte Informationen angewiesen. Hier gilt nun auch für soziale Kontakte: „Die Welt ist nicht ‚selbstevident‘, sie gibt dem Auge nicht unmittelbar preis, wie sie wirklich ist – selbst dem gesunden Auge nicht." (Ziegler 2012, 19) Die medial vermittelte Information in unüberschaubaren Großgesellschaften wie Staaten und Welt mit komplexen Bezügen und Vernetzungen überfordert so unsere angeborenen kognitiven und sozio-moralischen Fähigkeiten. Denn ab hier treffen wir auf eine vermittelte Wahrnehmung der Wirklichkeit von Personen, Gruppen und Institutionen. Unmittelbare Erfahrungen werden durch mündliche und schriftliche Überlieferung und ausgewählte mediale Informationen ersetzt. Zur Moral, welche bis dahin von sozialer Kontrolle garantiert und vom Glauben an Göttinnen wie Dike und Justitia unterstützt wurde, treten Recht und Gesetze sowie Strafverfolgung, Gerichte und Strafvollzug der Justiz.

6.3.1 Das Konzept der epochaltypischen Schlüsselprobleme

Indem der soziale Horizont über die zwischenmenschliche Originalbegegnung hinaus in die Gesellschaft und globalisierte Welt erweitert und das Handeln über die Befriedigung des unmittelbaren Eigenbedarfs in eine gesellschaftliche Produktion und Wirtschaft ausgedehnt wurde, entstanden neue Arten und Dimensionen von moralischen Problemen. Diese sind in der didaktischen Diskussion zum Gegenstand heutiger Bildung unter dem Begriff der „epochaltypischen Schlüsselprobleme" (Klafki 1999, 200f) zusammengefasst worden. Sie haben sowohl eine objektiv-gesellschaftliche als auch subjektiv-persönliche Bedeutsamkeit und besitzen alle eine moralische Relevanz.

Die epochaltypischen Schlüsselprobleme sind

> „primär aus einer objektiven Perspektive formuliert. Sie benennen überindividuelle Entwicklungen und Problemfelder, allerdings im Hinblick darauf, daß sie die Subjekte, uns alle – direkt oder indirekt – in unserer individuellen personalen Existenz betreffen, auch wenn wir uns dessen gar nicht immer bewußt sind:
> - in unserem Selbstverständnis,
> - in unseren zwischenmenschlichen Beziehungen,
> - im jeweiligen sozialen Umfeld,
> - hinsichtlich unserer Hoffnungen und Befürchtungen,
> - unserer Lebensgestaltung,
> - unserer ethischen und religiösen Auffassungen,
> - unseres Identitätsbewußtseins." (Klafki 1999, 200f)

Damit stellen die epochaltypischen Schlüsselprobleme eine didaktische Brücke zwischen den Erfahrungen und dem Problembewusstsein der Kinder und Jugendlichen im sozialen Nahraum und vielen Problemen in Gesellschaft und globalisierter Welt dar. Mit ihrer zunehmenden Wirksamkeit und Eroberung von Freiheiten in diesen drei sozialen Dimensionen – auf ihrem Weg vom Kind zum Jugendlichen und zum Erwachsenen – betreten die Schüler stets größere Kreise der Verantwortlichkeit. Bei der Reflexion und Übernahme der wachsenden Verantwortung in Gesellschaft und Welt werden sie alle Erfahrungen und Einsichten zu den Kriterien sittlichen Urteilens und Handelns benötigen, die sie schon bei der erfolgreichen Bewältigung der Probleme im sozialen Nahraum – gleichsam im Kern – genutzt haben.

Dass die von Klafki erfassten globalen Problemlagen aktuell sind, verdeutlichen die in den folgenden Abschnitten (vgl. Kap. 6.3.1-6.3.8) angeführten Beispiele. Ihre Moralrelevanz lässt sich daran ablesen, dass die meisten epochaltypischen Schlüsselprobleme in Bereichsethiken thematisiert und bearbeitet werden.

Tab. 8: Epochaltypische Schlüsselprobleme und Bereichsethiken

Epochaltypische Schlüsselprobleme nach Klafki	Bereichsethiken
Die ökologische Problematik	Bioethik, Ökologieethik, Tierethik, Technik- und Wissenschaftsethik
Alte und neue Kriegsgefahren	Friedensethik
Welternährungsfrage und wachsende Weltbevölkerung	Sozialethik, Medizinethik
Gesellschaftlich produzierte alte und neue Ungleichheiten	Wirtschafts- und Sozialethik
arme und reiche Menschen, ökonomisch und militärisch starke und schwache Völker	Wirtschaftsethik (Ordnungs-, Unternehmens-, Konsumententhik) und Friedensethik
Männer und Frauen	-
Behinderte und nicht Behinderte	Sozialethik
Weltweite Vernetzungen und Abhängigkeiten – Globalisierung	Wirtschaftsethik, Friedensethik
Informations- und Steuerungsmedien	Medienethik
Die oft spannungsreiche Begegnung zwischen Menschen verschiedener Kulturen, Ethnien und Religionen	Friedensethik
Die Frage der personalen Identitätsbildung	-

Die Frage der *Identitätsbildung* wird in Psychologie und philosophischer Anthropologie sowie in der interkulturellen Pädagogik und Religionswissenschaft erforscht und behandelt.

6.3.2 Die ökologische Problematik

Beispiele für ökologische Problemlagen

Exemplarisch seien hier einige Fakten zur ökologischen Problematik genannt. Die Verluste an Regenwald betragen „39 Fußballfelder pro Minute" das entspricht einer Fläche von „152.000 Quadratkilometer im Jahr = 42% von Deutschland". (Welthaus Bielefeld 2001, 144f) „Wenn wir die Entwaldungsrate bis 2030 um die Hälfte senken, würde die Welt Umweltkosten in Höhe von 3,7 Billionen Dollar einsparen." (Gore 2014, 448) „Bis zu drei Viertel der gesamten genetischen Vielfalt der Pflanzen sind unter Umständen bereits verloren gegangen." (Ebd., 205f) In Folge weiterer Rodung von Regenwald „könnte bis Ende des Jahrhunderts zwischen einem Fünftel und der Hälfte aller (verbliebenen) auf der Erde lebenden Arten unwiederbringlich verschwunden sein." (Ebd., 250)

„Das Phänomen der Desertifikation (Wüstenbildung) betrifft 43% der produktiven Landfläche oder 70% der wirtschaftlichen Tätigkeit und 40% der Bevölkerung des Kontinents" (ebd., 262) Afrika. Die Weltbank errechnete für 2008 und 2009, „dass ausländische Staaten und Unternehmen in diesem Zeitraum von zwei Jahren fast 80 Millionen Hektar Land kauften – was der Fläche Pakistans entspricht – und dass zwei Drittel dieser Geschäfte in Afrika abgewickelt wurden." (Ebd., 267) In China, das ebenso wie Afrika mit der Wüstenbildung zu kämpfen hat, sind seit 1981 „alle Chinesen im Alter von 12 bis 59 Jahren offiziell verpflichtet, pro Jahr mindestens drei Bäume zu pflanzen." Die Wirkung: „In den vergangenen Jahren sind in China 40 Prozent mehr Bäume neu gepflanzt worden als im gesamten Rest der Welt." (Ebd., 448) In Kenia wurden auf Initiative der späteren Umweltministerin Wangari Maathai 30 Millionen Bäume von Frauen gepflanzt, um Versteppung und Erosion zu stoppen und dabei auch ihren eigenen Lebensunterhalt zu sichern. (Vgl. Lüpke 2003, 131ff)

Es „wirkt sich der weltweit wachsende Fleischanteil an der Ernährung besonders stark auf den Landverbrauch aus", da für 1 kg Fleisch „über 7 Kilogramm pflanzliches Protein aufgewendet werden müssen." (Gore 2014, 446) Die Massentierhaltung und Tiertransporte quer durch Europa bedeuten dazu noch Leiden und Elend für die Tiere.

Moralische Relevanz ökologischer Problemlagen

Die angeführten Beispiele und weitere Aspekte zur ökologischen Problematik werfen vielfältige moralische Fragen auf. Einige seien hier genannt: Die Wüstenbildung gefährdet ebenso wie die Verschmutzung von Grundwasser und Meeren unsere eigenen Lebensgrundlagen und gehört somit zur moralischen Aufgabe der Selbstsorge für uns und der Vorsorge für Kinder und Enkel. Eine Mäßigung im Fleischverbrauch würde uns nicht schaden und sogar Tieren viel Leid ersparen. Warum motiviert uns nicht Mitleid mit ihnen zur Selbstbeschränkung?

Es ist eine Frage der Technikethik, wenn Menschen für Biosprit Urwälder roden, anstatt eine technisch mögliche bis zu fünffache Energieproduktivität zu nutzen. Sind wir gegenwärtig Lebenden unseren Nachgeborenen nicht eine ebenso lebensfreundliche und artenreiche Natur schuldig, wie wir sie von unseren Vorfahren übernommen haben? (Vgl. Lüpke 2003, 137f)

Ein erster Imperativ im ökologischen Wirkungs-, Verantwortungs- und Handlungshorizont Jugendlicher könnte heißen: „Handle so, dass du die Grundlagen deiner eigenen Existenz nicht ruinierst." (Schmid 2008, 59) In einem zweiten Imperativ werden andere einbezogen: „Handle so, dass du die Konsequenzen deines Handelns für Andere in einer Weise berücksichtigst, wie du selbst dies von Anderen erwarten würdest." (Schmid 2008, 60) Und in einem dritten, auf nach uns Geborene ausgedehnt: „Handle so, daß die Wirkungen deiner Handlungen verträglich sind mit der Permanenz echten menschlichen Lebens auf Erden." (Jonas 1979/2003, 36)

6.3.3 Alte und neue Kriegsgefahren

Neue Hochrüstung und Kriege

Das Konzept der vorweggenommenen Selbstverteidigung, „ein beschönigender Ausdruck für willkürliche Aggression" (Chomsky 2014, 182) auf der einen und Terrorismus auf der anderen Seite bestimmen zunehmend das Bild einer infrage gestellten Sicherheitsarchitektur, die in der Zeit einer militärischen Pattsituation zwischen West und Ost etabliert wurde. „Im letzten Jahrzehnt des 20. Jahrhunderts hat sich die Weltlage tief greifend verändert. Zum ersten Mal in der Geschichte trat ein außereurasischer Staat nicht nur als *der* Schiedsrichter eurasischer Machtverhältnisse, sondern als die überragende Weltmacht schlechthin hervor." (Brzezinski 2015, 15; Hervorhebung durch Brzezinski) Gemeint ist hier die USA, im Verbund mit der NATO. Ihre Kriege im Nahen Osten haben zu einer Welle von Flüchtlingen bei uns geführt.

Nach dem Abtreten der Sowjetunion von der Weltbühne blieb die erhoffte Abrüstung in der Welt aus. So wurden im Jahr 2014 laut SIPRI weltweit 1,8 Billionen US-Dollar für Rüstung ausgegeben. Das bedeutet einen Einsatz von Intelligenz, Kapital und Rohstoffen, von dem ein Bruchteil ausreichen würde, um Hunger, Armut und Analphabetismus in der Welt deutlich zu verringern. Dazu sind noch die Haushaltskosten für die Durchführung von Kriegen zu rechnen. Diese betragen z.B. für den Irak- und Afghanistankrieg (hier nur von 2001-2007, einschließlich Zinskosten für Kredite) ca. 3 Billionen Dollar. (Stiglitz/Bilmes 2008, 74) Dabei fehlen noch die Kosten der Zerstörungen, Toten (wieviel ist das Leben eines Irakers oder US-Soldaten wert?) und Kriegsversehrten in den bekriegten Ländern. Dazu Henry Ford: „Sagt mir, wer vom Krieg profitiert, und ich sage euch, wie man den Krieg beendet." (In: Feinstein 2012, 6)

Moralische Relevanz von Hochrüstung und neuen Kriegen

Zu den Bedingungen für gerechte Kriege zählen u.a. das Vorliegen des schwerwiegenden Grundes angegriffen zu werden, die Nutzung aller diplomatischen Mittel zur Beilegung eines Konflikts, eine gerechte Absicht und die Erklärung durch eine legitime Autorität (UNO).

Ein durchaus moralisches Problem stellt die Tatsache dar, dass im Vorfeld von Kriegen oft durch profitorientierte Lieferungen von Waffen eine Militarisierung von sozialen, ethnischen und religiösen Konflikten stattfindet. Hier sind die Rüstungsgüter exportierenden Länder wie Deutschland (an 3./4. Stelle) moralisch in der Pflicht, insbesondere wenn sie an Länder mit schlechter Menschenrechtslage liefern (Grässlin 2013, 82f).

Kriege „für Menschenrechte" stellen einen Widerspruch in sich dar. Denn niemals werden so viele Menschenrechte wie in Kriegen gebrochen. Man denke nur daran, das 90% der Kriegsopfer – als „Kollateralschäden" bzw. „weiche Ziele" – Zivilisten, Frauen, Kinder und Greise sind, die ihr Menschenrecht auf Leben verlieren und damit zugleich alle anderen. Sir Peter Ustinov bringt das Verhältnis von Terror und Krieg so auf den Punkt: „Terror ist der Krieg der Schwachen. Krieg ist der Terror der Starken." (Ustinov bei Farkas 2006, 185)

Für die Friedenserziehung gibt es nach den Erkenntnissen aus Politik und Soziologie drei Kernelemente: Die „Stärkung der Affektkontrolle, der Skepsis gegenüber Freund-Feind-Schemata und der kommunikativen Kompetenz kann Menschen dazu bringen, auf die gewaltsame Durchsetzung ihrer Interessen zu verzichten." (Nicklas 1998, 112)

6.3.4 Die Welternährungslage und die wachsende Weltbevölkerung

Hungersterben trotz guter Welternährungslage

„Alle fünf Sekunden verhungert ein Kind unter zehn Jahren. 37.000 Menschen verhungern jeden Tag und fast eine Milliarde sind permanent schwerstens unterernährt." (Ziegler 2011a, 5) Nach Aussagen des ehemaligen Sonderberichterstatters für das Recht auf Nahrung bei der UNO „könnte die Weltlandwirtschaft problemlos zwölf Milliarden Menschen ernähren ... Insofern ist die Situation alles andere als unabwendbar. Ein Kind, das an Hunger stirbt, wird ermordet." (Ziegler 2012, 15) Dies ist eine humanitäre und moralische Katastrophe, die täglich stattfindet, ohne dass sie in der Öffentlichkeit angemessen Aufmerksamkeit erhält.

Kriege sind ein Grund für Hungersterben. „Fast ein Drittel der zivilen und militärischen Toten während des Zweiten Weltkrieges gehen auf das Konto des Hungers und seiner unmittelbaren Folgen." (Ziegler 2012, 15)

Zu den Zusammenhängen mit Unterernährung und Hungersterben zählen die Spekulation mit Nahrungsmitteln an Börsen, das Wegwerfen von 50% der Nahrungsmittel bei uns (vgl. Löwenstein 2011, 87) sowie der Anbau von Nahrungsmitteln zur Energiegewinnung (vgl. Randers 2014, 166f), Deckung des Eiweißbedarfs in reichen Ländern aus Fleisch (vgl. ebd.) und sinkende Zahlungen der Länder an das Welternährungsprogramm (WFP) der UNO.

Moralische Relevanz der gegenwärtigen Welternährungslage

Die Spekulation mit Lebensmitteln an der Börse und die dadurch verursachte Verdoppelung der Preise für Getreide und Reis (Ziegler 2011a, 7) für die ohnehin schon Hungernden und am Hunger Sterbenden der Welt zerstört deren Menschenrechte auf Leben (Art. 3) und Gesundheit (Art. 25). Die moralische Fragwürdigkeit wird dadurch deutlich, dass dies im deutschen Strafrecht nach § 323c den Tatbestand der unterlassenen Hilfeleistung erfüllt. Sie wird noch dadurch gravierender, dass die Länder der EU für die Rettung von „notleidenden" Finanzspekulations-Banken hunderte Milliarden gezahlt haben und 60% aller Rüstungsausgaben der Welt (1,7 Billionen US-$) von NATO-Ländern ausgegeben werden, während sie ihre zugesagten Gelder für das Welternährungsprogramm (WFP) nur reduziert beglichen haben.

Die Moralrelevanz des UNO-Milleniumziels, bis 2015 den Hunger in der Welt zu halbieren, wird deutlich an den Folgen von Unterernährung bei Kindern (erhöhte Sterblichkeit, geistige Behinderung, Erblindung) bei gleichzeitig realistischer Möglichkeit von Ökostrom und verbesserter Energieeffizienz als Alternative zur Energiegewinnung aus Nahrungsmitteln. Hinzu kommen vernetzte Auswirkungen wie verstärkte Urwaldrodung und Spekulation an Börsen mit Nahrung, die deren Preis zusätzlich zum Mangel noch mehr in die Höhe treibt und damit zu Krisen und Bürgerkriegen in Hungergebieten und Flüchtlingsströmen führen kann.

6.3.5 Gesellschaftlich produzierte Ungleichheiten

Ungleichheiten zwischen Männern und Frauen

Im Folgenden seien Beispiele für eine Ungleich-Behandlung zum Nachteil von Frauen genannt. Es gab 2010 ca. 800 Millionen Analphabeten in der Welt. „Fast zwei Drittel von ihnen waren Frauen." (LE MONDE diplomatique 2012, 70) In Deutschland erhalten – seit 10 Jahren konstant – die Frauen gegenüber Männern für gleiche Arbeit ca. 21% weniger Lohn (Reinsch 2016); eine Ungerechtigkeit, die gegen Artikel 3 des Grundgesetzes und Artikel 23 Abs. 2 der Menschenrechte verstößt. In vielen Kulturen wird, insbesondere von religiös-ethnischen und fundamentalistischen Strömungen, das Geschlecht von Männern höher bewertet als das von Frauen. So wird mit Berufung auf allgemein akzeptierte Gewohnheiten und Rechte versucht, geschlechtsspezifische Diskriminierungen von Frauen entgegen den Menschenrechten (Artikel 2) zu „legitimieren". (Vgl. Stiftung Entwicklung und Frieden 2007, 204) Bei „Gesetze(n) zur strafrechtlichen Verfolgung von Gewalt gegen Frauen" (Stiftung Entwicklung und Frieden 2007, 204) in Form von häuslicher Gewalt, Vergewaltigung und Missbrauch, ist Lateinamerika Vorreiter vor Westeuropa, während sie in arabischen Staaten fehlen. Weiterhin ist die Prostitution zu nennen. „Schätzungsweise 500.000 Frauen werden jährlich illegal nach Westeuropa eingeschleust und für sexuelle Dienstleistungen verkauft." (Rodenberg 2007, 197) „Der Durchschnittspreis eines Menschen beträgt heute etwa 90 US$." (Lücke 2016, 36) „Jedes Jahr werden weltweit rund 1,4 Millionen Menschen, überwiegend Frauen und Mädchen, in die Sexsklaverei gezwungen." (Cacho 2011, 19f). Frauen und Mädchen sind weltweit in Kriegen Ziel von Misshandlungen und Vergewaltigung. „Sexualisierte Gewalt gegen Frauen und Mädchen ist kriegsimmanent" (Hauser 2009, 242), was Bürgerkriege in Afrika (vgl. Feinstein 2012, 19f) sowie die Gewalt von IS-Kämpfern gegen Töchter und Frauen der Jesiden im Irak und Syrien (vgl. Tekkal 2016, 25) neu belegen.

Im Zusammenhang mit den angeführten Beispielen der Ungleichbehandlung der Geschlechter sind verschiedene moralische Problemlagen verbunden. Sie sind ein Verstoß gegen den moralischen und Rechtsgrundsatz der gleichen Würde und Gleichberechtigung von Männern und Frauen sowie insbesondere gegen Artikel 3 des Grundgesetzes und Artikel 23,2 der Menschenrechte, wonach „das Recht auf gleichen Lohn für gleiche Arbeit" festgestellt wird. Weiterhin haben alle Menschen ein Recht auf Bildung. Ohne Bildung und Beruf begeben sich Frauen eher in verschiedene Formen sexueller Ausbeutung, deren Nutznießer i.d.R. Männer sind. Die Vergewaltigung von Frauen in und nach Kriegen von den jeweiligen Siegern ist nur bei Vermeidung bzw. Abschaffung von Kriegen zu verhindern. (Vgl. Kap. 6.3.3) Die Moralrelevanz von Gesetzen gegen sexuelle Gewalt wird darin deutlich, dass sie zum einen Ausdruck von Moral sind und zum anderen auch die Funktion haben, „alltagsweltlich Gerechtigkeit zu stabilisieren" (Kreß 2012, 75). So hat der Bundestag im Juli 2016 eine Klärung und Verschärfung des Strafrechts zu sexueller Gewalt beschlossen, wonach ein „Nein" ein Nein ist und das Übergehen dieser Aussage strafrechtlich relevant ist.

Ungleichheit zwischen reichen und armen Menschen und Ländern
Als Beispiele für diese Form der Ungleichheit und Ungleichbehandlung seien folgende genannt. In einem Interview 2015 teilte der Armutsforscher Pogge mit: Die reichsten „30.000 Menschen in den USA verdienen so viel wie die ärmsten 2,8 Milliarden der Welt." (Pogge 2015) Im Januar 2015 wurde der Oxfam-Bericht über globale Ungleichheit vorgelegt und mit Forderungen nach mehr Umverteilung verbunden. Kernzahlen sind nach den Quellen Oxfam, Forbes und Credit Suisse: Das „Vermögen der reichsten 62 Einzelpersonen" der Welt beträgt „1760 Milliarden US-Dollar". Diese Summe entspricht dem „Vermögen der ärmeren Hälfte der Weltbevölkerung (3,5 Milliarden Menschen)". Die Entwicklung bei den Reichsten seit 2010 betrug „+44 Prozent (542 Milliarden US-Dollar)", während die ärmere Hälfte ein Minus von „41 Prozent (rund eine Billion US-Dollar)" (tos 2015, 1) hinnehmen musste. Hier wurde eine „Um-FAIR-Teilung" angemahnt. „Entwicklungsländer verlieren durch Steuervermeidung von multinationalen Konzernen jährlich mindestens 100 Milliarden an Steuereinnahmen." (tos 2015, 3) Hinzu kommt nach Oxfam und Weltbank: „Reiche Einzelpersonen haben 7,6 Billionen US-Dollar in Steueroasen angelegt … Den Heimatländern dieser Personen entgehen so rund 190 Milliarden US-Dollar jährlich an Steuereinnahmen." (Ebd.) Die höchste Verteilungsungleichheit in der EU weist Deutschland auf: Die Hälfte der Bevölkerung besitzt hier vom Reichtum „nur etwa ein Prozent. Die reichsten 10 Prozent besitzen zwei Drittel des Geldes. Die reichsten 0,1 Prozent (etwa 67.000 Personen) verfügen über 22 Prozent des Reichtums." (Müller 2014, 171)
Im Zusammenhang mit der Verteilung von Reichtum und Armut ergeben sich folgende moralische Aspekte. Es ist eine Frage der Ordnungsethik, die das Verhältnis von Wirtschaftssystem und seiner Lebensdienlichkeit in einer wohlgeordneten Gesellschaft reflektiert (vgl. Ulrich 2001, 333f) und der Verteilungsgerechtigkeit, wie die Regierungen beim Bankencrash 2008 reagiert haben. Die Pleitebanken in der EU wurden damals mit 1,7 Billionen Euro gestützt (Ziegler 2011b, 194), aber für das Welternährungsprogramm (WFP) der UNO standen 2008 nur 6 Mrd. Dollar

zur Verfügung (Ziegler 2011a, 7). Die Hilfe für Spekulationsbanken erfolgte letztlich auf Kosten der Steuerzahler und der Verschuldung künftiger Generationen. Schon die Entstehung der Finanzmarktkrise wird mit plausiblen Argumenten „als Konsequenz der ‚Hofierung' des Kapitals" (Thielemann 2010, 199ff) angesehen. In die Unternehmensethik gehören die Steuerflucht von Unternehmen und Konzernen sowie die Kapitalflucht von Reichen aus armen Ländern in Industrieländer (vgl. Sinn 2010, 49; tos 2016, 1) und 84 Steuerparadiese (LE MONDE diplomatique 2006, 97) sowie die Verlagerung der Produktion in 250 steuergünstige Sonderwirtschaftszonen in 70 Ländern (ebd.) der Welt. Handlungsspielräume zur Konsumentenethik ergeben sich z.B. bei Textilien, die weltweit zu Niedrigstlöhnen produziert und oft nach einer Saison als unmodern weggelegt werden.

Ungleichbehandlung von Behinderten und Nicht-Behinderten

Einige Beispiele für diese Form der Ungleichbehandlung seien genannt: Kinder mit Behinderungen werden heute verstärkt in Integrationsklassen unterrichtet. Für erwachsene Behinderte jedoch gibt es trotz Förderprogrammen und Einstellungsquoten zu wenige Arbeitsplätze. In der globalisierten Welt stellt sich die Frage der Behinderung eher als ein Problem der Prävention dar. Denn: „Jedes Jahr bringen Millionen unterernährte Mütter körperlich und geistig behinderte Kinder zur Welt" (Ziegler 2011b, 31f), obwohl die Landwirtschaft „problemlos das Doppelte der Weltbevölkerung normal ernähren könnte." (Ziegler 2011a, 5; vgl. Kap. 6.3.4) „Bei Kleinkindern richtet Unterernährung schon nach wenigen Wochen bleibende Hirnschäden an." (Pogge 2015) Eine weitere Ursache für Behinderungen sind Kriege. Oft werden mit Waffenlieferungen in Krisenregionen ethnische, politische und „soziale Konflikte militarisiert" (vgl. Feinstein 2012, 601f) und eskalieren so zu Bürgerkriegen mit Versehrten und dauerhaft Behinderten. Zu den Kriegsfolgen des letzten USA-Irakkriegs zählen „Gehirnverletzungen, Amputationen, Verbrennungen, Erblindung" (Stiglitz/Bilmes 2008, 79) und psychische Gesundheitsschäden und somit die Invalidisierung von ca. 200 000 Veteranen. (Vgl. ebd.)

Als moralische Aspekte zum Thema Behinderte und Behinderungen sei auch exemplarisch auf Folgendes hingewiesen. Gegen die Behinderungen als Folge von Hungerschwangerschaften gäbe es zur Prävention durchaus Finanzen in den reichen Ländern, wie die Rettung „notleidender" Banken gezeigt hat. Ein Stopp des Waffenhandels in Krisengebiete und Länder mit Problemen bezüglich der Menschenrechte (vgl. Grässlin 2013, 82f) könnte die Anzahl der Kriegsversehrten verringern. Viele Landminen machen noch Jahre später im Frieden Erwachsene und Kinder zu Körperbehinderten.

6.3.6 Weltweite Vernetzungen und Abhängigkeiten – Globalisierung

Weltweite Vernetzungen und Abhängigkeiten

Mit der Globalisierung sind neue Vernetzungen und Abhängigkeiten von hoher Komplexität entstanden. Zudem sind alte wie die zwischen Mensch und Natur erneut in den Blick geraten.

Diese Verbundenheiten im globalen Weltdorf haben eine räumliche, zeitliche und sozial-humanitäre Dimension. Dies kann am Biodiesel, der Bankenrettung und den weltweiten Flüchtlingen verdeutlicht werden.

Während der NS-Diktatur flohen „mehr als 836.000 Menschen aus Deutschland." (Grenz et al. 2015, 32). Diese waren aus politischen und rassistischen Gründen in Gefahr. Heute sind weltweit 50 Millionen auf der Flucht. Sie fliehen vor Kriegen (vgl. Kap. 6.3.3) – so im Irak 2,5 Millionen und 6,5 Millionen in Syrien (Grenz et al. 2015, 69) – aus wirtschaftlicher Not und Elend (vgl. Kap. 6.3.4) und vor Klimaschäden (vgl. Kap. 6.3.2).

Die weltweiten Hilfen für Crash-Banken von 2009 „summieren sich auf etwa 5 Billionen Euro" (Sinn, 2010, 265). Ende 2015 war dann der Staat (Steuerzahler) in Deutschland mit 2,1 Billionen Euro verschuldet. Diese Gelder fehlen z.B. für die Schaffung neuer Arbeitsplätze, für Forschung und Innovation und die Integration von 150 000 nicht berufsbildungsfähigen Schulabgängern jährlich in Ausbildung und Beruf. Der Abbau der Staatsverschuldung heute wird noch unsere Kinder und Urenkel belasten. „Wegen des Zusammenbruchs der Finanzmärkte sind die Hedgefonds und andere Großspekulanten auf die Agrarrohstoffbörsen … umgestiegen." (Ziegler 2011a, 7) Danach sind die Weltmarktpreise für Getreide um 100% gestiegen und für Reis um 110 Prozent (ebd.) mit erheblichen Folgen für die ca. 800 Mill. Unterernährten in der Welt. (Vgl. Kap. 6.3.4/6.3.5)

Die Herstellung von Biodiesel verschärft schon bestehende ökologische Probleme (vgl. Kap. 6.3.2), da nun vermehrt Urwald für Kokosplantagen gerodet wird. Die zeitliche Dimension der Folgen wird in drei Richtungen deutlich: durch die Auswirkungen auf das Klima in der Gegenwart, durch den genetischen Verlust von Tierarten als Zeugen unserer Naturgeschichte, die dadurch in Zukunft unwiederbringlich für alle Nachgeborenen verloren sind.

Ein besonderes Risiko für Gerechtigkeit, Frieden und Leben auf unserem Globus liegt in dem finanziellen, militärischen und technischen Potenzial von Staaten und sogar Einzelpersonen.

Die globale Vernetzung wird bei der Warenwelt von Geschäften und Wohnungen deutlich, aber auch bei einzelnen Produkten wie z.B. dem Weg der Jeans von Baumwollfeldern zum Weben, Färben, Nähen, Stonewash bis auf den Kassentisch oder bei einer Analyse der Rohstoffe und ihrer Herkunftsländer bei einem Computer. Alle großen Probleme wie z.B. Umwelt, Klima und Ressourcen, Ernährung (Meadows 1994, 282-288) und Frieden verweisen bei Ursachenanalyse und Lösung auf globale Verbundenheit.

Moralische Probleme zur globalen Vernetzung
Bezüglich der moralischen Probleme zu den Vernetzungen in der globalisierten Welt wird auf die Ausführungen in den Kapiteln 6.3.2 bis 6.3.5 verwiesen.

6.3.7 Elektronische Informations- und Steuerungsmedien

Medien als Steuerungsmacht
Medien dienen der Information und Meinungsbildung, als Orientierung in der Ereignisflut der Welt sowie der Unterhaltung, Ablenkung, Manipulation und Vermittlung von Kultur. Dabei geht es auch um Informationsauswahl und Deutungshoheit bei der Herstellung von Öffentlichkeit. So stehen die Medien im Zentrum der Einflussversuche und der Beeinflussung von Staat, Kapital und Zivilgesellschaft. (Vgl. Greis 2003, 15)
Bei der Wahrheitssuche gilt schon für die empirischen Wissenschaften der Satz: „Die Theorie bestimmt, was wir beobachten können." (Einstein; zitiert in: Watzlawick 1993, 57) Unsere Welt- und Menschenbilder sowie Überzeugungen beeinflussen ebenso, was wir sehen und tun. So gab die Katholische Kirche von 1556 bis 1967 ein Verzeichnis („Index") der verbotenen Bücher heraus (Wolf 2007, 28, 59), die für die Kirche gefährliches Wissen enthielten. Darauf standen u.a. die Lutherbibel, Galilei, Kant und Heinrich Heine. In der Nazi-Diktatur wurden 1933 landesweit Verbrennungen von Büchern inszeniert. Heute treffen zumeist Medienkonzerne die Auswahl, welche von vielen bedeutsamen Tatsachen uns bekannt werden. Das ist bedenklich. Denn für jedes Medium gilt: „Weil es uns bei der Organisation unseres Denkens und der Integration unserer Erfahrungen lenkt, prägt es unser Bewußtsein und unsere gesellschaftlichen Institutionen auf mannigfaltige Weise." (Postman 2002, 28f)

Moralische Aspekte zu Medien und Medieneinfluss
Im Aufgabenfeld Medien geht es aus moralischer Sicht zentral um Wahrheit und wahre Informationen als Voraussetzungen aller rationalen Prüfung und moralischen Entscheidungen. Denn was sind Reflexion und Wahlfreiheiten wert, wenn man die Wahrheit nicht erfährt. Rationale moralische Entscheidungen im Alltag Einzelner und in der Demokratie sind ohne wahrheitsgemäße Informiertheit der Bürger, Parlamente und Regierungen schlechterdings nicht möglich. So wird die Kenntnis und Nutzung von zuverlässigen unabhängigen Informationsquellen zu Entscheidungs- und Handlungsfeldern – von persönlichen Themen über gesellschaftliche Prozesse bis zur internationalen Politik – eine zentrale Bedingung für Rationalität, Freiheit und informierte Verantwortung in einer globalisierten Welt.
Mit Internet und den sozialen Medien bestehen heute gute Möglichkeiten zur Beschaffung unabhängiger oder zumindest kontroverser Informationen, die jedoch neuerdings Organisationen und Staaten durch beauftragte Meinungsmacher, sogenannte Trolle, zu beeinflussen suchen.

Das Medium Internet wird gegenwärtig auch kritisch angesehen, wegen seiner gestiegenen Nutzungsdauer unter Kindern und Jugendlichen (Shell Deutschland 2015, 134, 147) und wegen der ca. 250 000 Vierzehn- bis Vierundzwanzigjährigen, die als internetabhängig gelten sowie der 1,4 Millionen, die als problematische Nutzer eingestuften werden (vgl. Spitzer 2012, 7). Weiterhin werden Computerspiele wegen ihrer z.T. aggressiven Inhalte problematisiert. Dabei ist aus ethischer Sicht von Belang, dass die Nutzung gewalttätiger Spiele zur „Abstumpfung gegenüber Gewalt sowie einer Reduzierung der Mitleidsfähigkeit beim Anblick realer Gewalt (Empathie)" (Mößle/Kleimann 2009, bei Amendt 2013, 12) führen kann.

6.3.8 Pluralismus von Kulturen, Religionen und Weltanschauungen

Zum weltanschaulichen Pluralismus in Deutschland

Unsere offene, an Grundgesetz und den Menschenrechten orientierte Gesellschaft ist geprägt von einer Pluralität der Religionen, Kulturen, Weltanschauungen und Ideologien. Dieser Vielfalt von unterschiedlichen Weltdeutungen und Menschenbildern, Sinngebungen und Wertorientierungen begegnen die Heranwachsenden auch in der Institution Schule. In Großstädten haben bis zu 40% der Schüler einen Migrationshintergrund, der ethnisch, national, religiös und kulturell geprägt sein kann.

Das Zusammenleben in einer kulturell, religiös und weltanschaulich pluralen Gesellschaft wird durch die Festlegung der Gleichberechtigung aller im Grundgesetz garantiert und in der Erklärung der Menschenrechte proklamiert. Mit den absoluten Wahrheitsansprüchen in Religionen und Ideologien ist jedoch in der Regel ein dogmatischer Fundamentalismus verbunden. Dieser gewinnt moralische und praktische Relevanz, wenn aus seinem doppelten Menschenbild ein unterschiedliches Recht und eine Doppelmoral gegenüber Andersgläubigen und Andersdenkenden abgeleitet werden. Dabei gilt dann: Minderwertig, böse und „ungläubig sind immer die Anderen" (vgl. Schweizer 2002; Lüdemann 2004, 118f). Den Angehörigen anderer Religionen, Überzeugungen, Kulturen und Völker gegenüber werden u.U. fünf Stufen der Feindseligkeit praktiziert: Verleumdung, Kontaktvermeidung, Diskriminierung, Gewalt und Raub bis zu Attentaten (vgl. Kaddor 2015, 53-57; Tekkal 2016) und Kriegen (vgl. Khoury et al. 2003, 9f).

Zum Pluralismus in unserer offenen Gesellschaft gehören auch religionsfreie und evolutionäre Weltanschauungen. Diese stehen für ein Weltbild, das an Aufklärung und wissenschaftlicher Rationalität orientiert ist sowie ein Menschenbild, das vom Humanismus der Gleichheit und Gleichberechtigung aller Menschen geprägt ist, das den Menschenrechten (insbesondere Art. 3) zugrunde liegt. Diese Weltanschauungen vertreten eine große Anzahl von Menschen in einer religionsfrei-agnostischen oder einer betont religionskritisch-atheistischen Form. (Vgl. Shell Deutschland 2015, 253f) Sie haben sich nur z.T. als Weltanschauungsgemeinschaft organisiert.

Bekannte Vertreter sind z.b. der Biologe und Philosoph Wuketits (vgl. Wuketits 2014) und der Philosoph Schmidt-Salomon (vgl. Schmidt-Salomon 2005).

Die Förderung von Ideologiekritik ist ein wichtiger Beitrag zur Autonomie und Mündigkeit der Jugendlichen in Fragen von Religion, Weltanschauung und Ideologien. Vom Gesetzgeber wird den Heranwachsenden i.d.R. mit 14 Jahren eine Religionsmündigkeit bescheinigt. Mit der Aufklärung wurden Schritte getan, Ideen nicht als angeboren und gottgegeben zu betrachten, sondern die Absolutheitsansprüche von Weltanschauungen, Religionen und Ideologien rational zu prüfen und nach deren Interessengebundenheit zu fragen.

Moralische Aspekte von Welt- und Menschenbildern

Das doppelte Menschenbild in Religionen, Weltanschauungen und Ideologien kann, wie schon bei Peers und anderen Kleingruppen, zu doppelten Moralstandards für die eigene und fremde Gruppen führen. Dieses ist mit Bezug auf die Menschenrechte zu hinterfragen. Die freie Persönlichkeitsentfaltung und selbst verantwortete Entwicklung der religiösen oder weltanschaulichen Identität verlangt eine kundige und kritische Auseinandersetzung mit Religionen, Weltanschauungen und Ideologien. Denn: „Aus der Alltagerfahrung wissen wir, dass Ideen oft genug dazu dienen, unseren Handlungen rechtfertigende Motive anstelle der wirklichen zu unterschieben. Was auf dieser Ebene Rationalisierung heißt, nennen wir auf der Ebene kollektiven Handelns Ideologie. In beiden Fällen ist der manifeste Gehalt von Aussagen durch die unreflektierte Bindung eines nur zum Scheine autonomen Bewusstseins an Interessen verfälscht." (Habermas 1969, 159f)

Zusammenfassung

Als ethische Aufgabenfelder für die Heranwachsenden in unserer Zeit wurden der Umgang mit sich selbst, das Zusammenleben im näheren sozialen Umfeld und das gesellschaftliche und weltweite Feld der epochaltypischen Schlüsselprobleme dargestellt. Im Umgang mit sich selbst ergeben sich als moralrelevante Aufgaben die zunehmende Verantwortung der Kinder und Jugendlichen für die Gesundheit, Bedürfniserfüllung und Identitätsentwicklung sowie für ihr Streben nach Glück und Sinn. Diese Aufgaben sind zunächst eingebettet in den sozial nahen Erfahrungs-, Verantwortungs- und Handlungsraum von Familie, Freundschaft und Peergruppen. In der Pubertät werden sie erweitert durch moralische Aspekte von Sexualität, Geschlechterrolle und Liebe.

In anonymen Großgesellschaften stellen sich viele bekannte Aufgaben in neuen Dimensionen dar. Im Konzept der epochaltypischen Schlüsselprobleme von Klafki wird der Verbundenheit und Verflochtenheit von individuellen, gesellschaftlichen und globalen Problemlagen Rechnung getragen. Sie sind gegenwärtig durch einen rasanten Wandel charakterisiert, der nicht selten Grenzen mit unumkehrbaren Prozessen und unwiederbringlichen Verlusten berührt. Die minimale Verantwortung von einzelnen unter Millionen anderer Mitbürger sowie die Aufgabenteilung und Komplexität in gesellschaftlichen

Prozessen begünstigen eine Tendenz zur Verantwortungsdiffusion. Die Moralrelevanz der Schlüsselprobleme ist dennoch gegeben und wird u.a. auch daran deutlich, dass sie Gegenstand der Reflexion und Diskurse der Angewandten Ethik sind wie z.B. in der Medizinethik, Friedens-, Wissenschafts- und Technikethik, Umwelt- und Medienethik.

Literatur

Abel, G. (Hrsg.) (2005): Kreativität. XX. Deutscher Kongress für Philosophie, Bd. 2. Berlin: Universitätsverlag der TU Berlin.

Altvater, E./Mahnkopf, B. (2007): Grenzen der Globalisierung. Ökonomie, Ökologie und Politik in der Weltgesellschaft. Münster: Westfälisches Dampfboot.

Amendt, J. (2013): Die Hemmschwelle sinkt. In: E & W. Erziehung und Wissenschaft 12/2013, 10-14.

Aristoteles (1991): Nikomachische Ethik. Berlin. Akademie Verlag.

Armstrong, T. (2002): Das Märchen vom ADHS-Kind. 50 sanfte Möglichkeiten, das Verhalten Ihres Kindes zu verbessern – ohne Zwang und ohne Pharmaka. Paderborn: Jungfermann.

Aronson, E./Wilson, T. D./Akert, R. M. (2004): Sozialpsychologie. München: PEARSON.

Aronson, E./Wilson, T. D./Akert, R. M. (2014): Sozialpsychologie. München: PEARSON.

Bales, K./Cornel, B. (2008): Moderne Sklaverei. Hildesheim: Gerstenberg Verlag.

Bauer, J. (2006): Warum fühle ich, was du fühlst. Intuitive Kommunikation und das Geheimnis der Spiegelneurone. München: Heyne.

Bauer, J. (2007): Prinzip Menschlichkeit. Warum wir von Natur aus kooperieren. Hamburg: Hoffmann und Campe.

Bauer, J. (2013): Die Schmerzgrenze. Ursprünge alltäglicher und globaler Gewalt. München: Heyne.

Bayertz, K. (Hrsg.) (1994): Praktische Philosophie. Grundorientierungen angewandter Ethik. Reinbek b.H.: Rowohlt.

Bengel, J./Strittmatter, R./Willmann, H. (2001): Was erhält Menschen gesund? Antonovskys Modell der Salutogenese – Diskussionsstand und Stellenwert. Köln: Bundeszentrale für gesundheitliche Aufklärung (BZgA).

Bellinger, G. J. (1999): Sexualität in den Religionen der Welt. Frechen: Komet.

Blum, D. (2010): Die Entdeckung der Mutterliebe. Die legendären Affenexperimente des Harry Harlow. Weinheim: Beltz.

Bundesministerium für Bildung und Forschung (Hrsg.) (2003): Zur Entwicklung nationaler Bildungsstandards. Eine Expertise. Bonn: BMWF.

Bosbach, G./Korff, J. (2011): Lügen mit Zahlen. Wie wir mit Statistiken manipuliert werden. München: Heyne.

Breuer-Bergmann, H. (1975): Die Welt der Liebenden. Berlin: edition weltkultur.

Brzezinski, Z. (2015): Die einzige Weltmacht. Amerikas Strategie der Vorherrschaft. Rottenburg: Kopp.

Bussemer, T. (2004): Die verschwundenen Bomben des Saddam Hussein. Eine Analyse der angloamerikanischen Kriegsbegründungspropaganda. In: vorgänge 167. Zeitschrift für Bürgerrechte und Gesellschaftspolitik, 43 (13), 66-69.

Cacho, L. (2011): Sklaverei. Im Inneren des Milliardengeschäfts Menschenhandel. Frankfurt a.M.: S. Fischer.

Codex Hammurabi (2009): Die Gesetzesstele Hammurabis. In der Übersetzung von Wilhelm Eilers. Wiesbaden: marix.

Chang, J. (1993): Das Tao der Liebe. Unterweisungen in altchinesischer Liebeskunst. Reinbek b.H.: Rowohlt.

Chebel, M. (1997): Die Welt der Liebe im Islam. Eine Enzyklopädie. Wiesbaden: VMA Verlag.

Chomsky, N. (2014): Die Herren der Welt. Essays und Reden aus fünf Jahrzehnten. Wien: promedia.

Csikszentmihalyi, M. (2007): Flow. Das Geheimnis des Glücks. Stuttgart: Klett-Cotta.

Dawkins, R. (2010): Die Geschichte vom Ursprung des Lebens: Eine Zeitreise auf Darwins Spuren. Berlin: Ullstein.

Debiel, T./Messner, D./Nuscheler, F. (Hrsg.) (2006): Globale Trends 2007. Frieden Entwicklung Umwelt. Bonn: Bundeszentrale für politische Bildung.

Denzler, G. (1991): Die verbotene Lust. 2000 Jahre christliche Sexualmoral. München: Piper.

Der Brockhaus (Hrsg.) (2001): Psychologie. Fühlen, Denken und Verhalten verstehen. Mannheim und Leipzig: F. A. Brockhaus.

Deutscher Presserat: Der Pressekodex. Verfügbar unter: http://www.presserat.de (Zugriff am 10.10.2015).

Dirie, W. (1998): Wüstenblume. Augsburg: Schneekluth.

Dritte Welt Haus Bielefeld (1992): Atlas der Weltverwicklungen. Ein Schaubilderbuch über weltweite Armut, globale Ökologie und lokales Engagement. Wuppertal: Hammer.

Eckart, W. U. (Hrsg.) (2009): Verletzungen der Menschenrechte. Gefährliche Forschungsversuche. In: A. Frewer/S. Kolb/K. Krása: Medizin, Ethik und Menschenrechte. Göttingen: Vandenhoeck & Ruprecht.

Eibl-Eibesfeldt, I. (1991): Liebe und Hass. Zur Naturgeschichte elementarer Verhaltensweisen. München: Piper.

Eibl-Eibesfeldt, I. (1994): Wider die Mißtrauensgesellschaft. Streitschrift für eine bessere Zukunft. München und Zürich: Piper.

Eibl-Eibesfeldt, I. (2004): Die Biologie des menschlichen Verhaltens. Grundriß der Humanethologie. Vierkirchen-Pasenbach: Blank.

Eichler, K.-D. (Hrsg.) (2000): Philosophie der Freundschaft. Leipzig: Reclam.

Ekman, P. (2011): Gefühle lesen. Wie Sie Emotionen erkennen und richtig interpretieren. Heidelberg: Spektrum Akademischer Verlag.

Engfer, A. (2002): Misshandlung, Vernachlässigung und Missbrauch von Kindern. In: R. Oerter/L. Montada (Hrsg.) (2002): Entwicklungspsychologie. Weinheim: Beltz.

Faller, K./Kerntke, W./Wackmann, M. (1996): Konflikte selber lösen. Ein Trainingshandbuch für Mediation und Konfliktmanagement in Schule und Jugendarbeit. Mülheim a.d.R.: Verlag an der Ruhr.

Farkas, V. (2004): Lügen in Krieg und Frieden. Die geheime Macht der Meinungsmacher. Wien: Orac.

Farkas, V. (2006): Mythos Informationsgesellschaft. Was wir aus den Medien nicht erfahren. Rottenburg: Kopp.

Feinstein, A. (2012): Waffenhandel. Das globale Geschäft mit dem Tod. Hamburg: Hoffmann und Campe.

Fend, H. (1991): Lebensentwürfe, Selbstfindung und Weltaneignung in beruflichen, familiären und politisch-weltanschaulichen Bereichen. Entwicklungspsychologie der Adoleszenz in der Moderne. Band II. Stuttgart: Huber.

Fox, M. (2011): Ratzinger und sein Kreuzzug. Ein engagiertes Plädoyer für Schöpfungsspiritualität statt Dogmenmacht. Uhlstädt-Kirchhasel: Arun.

Frericks, H. (2013): „Wer einmal lügt, …". Kant und das Lügenverbot. In: H. Frericks: Kant und seine Relevanz für ethische Probleme der Gegenwart. Vorträge und Aufsätze. Stuttgart: Edition Amici, 199-239.

Freud, S. (1960): Die Zukunft einer Illusion. In: Das Unbewusste. Frankfurt a.M.: S. Fischer, 287-338.

Frewer, A./Kolb, S./Krása, K. (Hrsg.) (2009): Medizin, Ethik und Menschenrechte. Göttingen: Vandenhoeck & Ruprecht.

Galtung, J. (1994): Menschenrechte – anders gesehen. Frankfurt a.M.: Suhrkamp.

Global 2000 (1981): Bericht an den Präsidenten. Frankfurt a.M.: Zweitausendeins. (Copyright: Das Volk der Vereinigten Staaten von Amerika 1980).

Goddar, J. (2015): Unterricht in „Pornokompetenz". Interview mit Katharina Zillmer. In: E & W. Erziehung und Wissenschaft 11/2015, 22f.

Goleman, D. (2002): Emotionale Intelligenz. München: Deutscher Taschenbuch Verlag.

Goleman, D. (2008): Soziale Intelligenz: Wer auf andere zugehen kann, hat mehr vom Leben. München: Knaur.

Gordon, T. (1992): Lehrer-Schüler-Konferenz. Wie man Konflikte in der Schule löst. München: Heyne.

Gore, A. (2014): Die Zukunft. Sechs Kräfte, die unsere Welt verändern. München: Siedler.

Graf, J. (2013): Weibliche Genitalverstümmelung aus Sicht der Medizinethik. Göttingen: Vandenhoeck & Ruprecht.

Grässlin, J. (2013): Schwarzbuch Waffenhandel. Wie Deutschland am Krieg verdient. München: Heyne.

Greenwald, G. (2014): Die globale Überwachung. Der Fall Snowden, die amerikanischen Geheimdienste und die Folgen. München: Droemer.

Greiner-Mai, H. (1984): Liebe ist nicht Lieb allein. Altgriechische Liebesgedichte. Berlin Weimar: Aufbau.

Greis, A./Hunold, G. W./Koziol, K. (Hrsg.) (2003): Medienethik. Ein Arbeitsbuch. Tübingen: A. Francke.

Grenz, W./Lehmann, J./Keßler, S. (2015): Schiffbruch. Das Versagen der europäischen Flüchtlingspolitik. München: Knaur.

Grimm, H.-U. (2012): Vom Verzehr wird abgeraten. Wie uns die Industrie mit Gesundheitsnahrung krank macht. München: Droemer.

Gröning, K. (Hrsg.) (2001): Geschmückte Haut. Eine Kulturgeschichte der Körperkunst. München: Frederking & Thaler.

Gross, W. (1995): Sucht ohne Drogen. Arbeiten, Spielen, Essen, Lieben… . Frankfurt a.M.: Fischer.

Grötzinger, K. E. et al. (Hrsg.) (1999): Religion in der schulischen Bildung und Erziehung. LER – Ethik – Werte und Normen in der pluralistischen Gesellschaft. Berlin: Berlin Verlag.

Gudjons, H. (1992): Spielbuch Interaktionserziehung. 185 Spiele und Übungen zum Gruppentraining in Schule, Jugendarbeit und Erwachsenenbildung. Bad Heilbrunn: Klinkhardt.

Haas-Rietschel, H. (2015): „Ozean der Kinderpornografie". Interview mit Christoph Becker und Holger Kind. In: E & W. Erziehung und Wissenschaft 11/2015, 16-18.

Habermas, J. (1969): Technik und Wissenschaft als „Ideologie". Frankfurt a.M.: Suhrkamp.

Habermas, J. (2002): Substanzmissbrauch und Ess-Störungen. In: R. Oerter/L. Montada (Hrsg.): Entwicklungspsychologie. Weinheim: Beltz, 847-858.

Hans-Bredow-Institut für Medienforschung (Hrsg.) (2006): Medien von A bis Z. Bonn: Bundeszentrale für politische Bildung.

Hasselmann, C. (2002): Die Weltreligionen entdecken ihr gemeinsames Ethos. Der Weg zur Weltethoserklärung. Mainz: Grünewald.

Hauser, M. (2009): Folter und Humanität: Sexualisierte Gewalt – verdrängtes Verbrechen. In: A. Frewer/S. Kolb/K. Krása (Hrsg.): Medizin, Ethik und Menschenrechte. Göttingen: Vandenhoeck & Ruprecht.

Hirschhausen, E. von (2009): Glück kommt selten allein. Reinbek b.H.: Rowohlt.

Höffe, O. (Hrsg.) (1997): Lexikon der Ethik. München: C. H. Beck.

Hoppe-Graff, S./Kim, H.-O. (2002): Die Bedeutung der Medien für die Entwicklung von Kindern und Jugendlichen. In: R. Oerter/L. Montada (Hrsg.): Entwicklungspsychologie. Weinheim: Beltz, 907-922.

Horster, D. (2011): Warum moralisch sein? Rechte und Pflichten, Werte und Normen. In: H. Schnädelbach/H. Hastedt/G. Keil: Was können wir wissen, was sollen wir tun? Zwölf philosophische Antworten. Reinbek b.H.: Rowohlt, 50-68.

Hüther, G. (2000): Die Evolution der Liebe. Was Darwin bereits ahnte und die Darwinisten nicht wahrhaben wollen. Göttingen: Vandenhoeck & Ruprecht.

Ikeda, D. (2003): Eine Globale Ethik der Koexistenz. Auf der Suche nach einem Paradigma, das unserem Leben entspricht. Friedensvorschlag 2003. Berlin: SGI Deutschland.

Jaenicke, H. (2015): Die große Volksverarsche: Wie Industrie und Medien uns zum Narren halten. München: Goldmann.

Jürgs, M. (2014): Sklavenmarkt Europa. Das Milliardengeschäft mit der Ware Mensch. München: C. Bertelsmann.

Kaddor, L. (2015): Zum Töten bereit. Warum deutsche Jugendliche in den Dschihad ziehen. München: Piper.

Kant, I. (1980): Grundlegung zur Metaphysik der Sitten. Stuttgart: Reclam.

Keupp, H. et al. (2013): Identitätskonstruktionen. Das Patchwork der Identitäten in der Spätmoderne. Reinbek b.H.: Rowohlt.

Khoury, A. T. (Hrsg.) (2003): Krieg und Gewalt in den Weltreligionen. Fakten und Hintergründe. Freiburg: Herder.

Kindelberger, H. (2004): Frauen im Islamismus – ein ägyptisches Fallbeispiel. In: Kindelberger, K. (Hrsg.): Fundamentalismus. Politisierte Religion. Potsdam: Brandenburgische Landeszentrale für politische Bildung, 78-85.

Klafki, W. (1999): Braucht eine „gute Schule" einen neuen Unterrichtsbereich LER? In: K. E. Grötzinger et al. (Hrsg.): Religion in der schulischen Bildung und Erziehung. LER – Ethik – Werte und Normen in der pluralistischen Gesellschaft. Berlin: Berlin Verlag, 197-209.

Klein, S. (2002): Die Glücksformel. Reinbek b.H.: Rowohlt.

Krása; K. (2009): Weibliche Genitalverstümmelung in Deutschland im Vergleich zu anderen westeuropäischen Ländern – ethische und rechtliche Aspekte. In: A. Frewer/S. Kolb/K. Krása (Hrsg.): Medizin, Ethik und Menschenrechte. Göttingen: Vandenhoeck & Ruprecht, 277-302.

Kriesel, P. (2005): Der interdisziplinäre Blick als kreativer Impuls für eine Weiterentwicklung des Ethikunterrichts – für eine entwicklungsorientierte Ethikdidaktik. In: G. Abel (Hrsg.): Kreativität. XX. Deutscher Kongress für Philosophie, Bd. 2. Berlin: Universitätsverlag der TU Berlin, 807-819.

Kriesel, P. (2014): „Da hört bei mir die Freundschaft auf". Normen der Fairness unterschiedlicher Kulturen mit Schülern entdecken. In: M. Tiedemann/J. Rohbeck (Hrsg.): Philosophie und Verständigung in der pluralistischen Gesellschaft. Jahrbuch für Didaktik der Philosophie und Ethik 2013. Dresden: Thelem, 101-114.

Kriesel, P./Rolf, B./Wiesen, B. (2008/2015): Grundwissen Ethik/Praktische Philosophie. Stuttgart: Klett.

Küng, H./Kuschel, K.-J. (Hrsg.) (1993a): Erklärung zum Weltethos. Die Deklaration des Parlamentes der Weltreligionen. München: Piper.

Küng, H./Kuschel, K.-J. (Hrsg.) (1993b): Weltfrieden durch Religionsfriede. Antworten aus den Weltreligionen. München: Piper.

Küng, H. (2010): Fünf Jahre Benedikt XVI. – ein offener Brief an die katholischen Bischöfe weltweit. Zitiert in: M. Fox (2011): Ratzinger und sein Kreuzzug. Ein engagiertes Plädoyer für Schöpfungsspiritualität statt Dogmenmacht. Uhlstädt-Kirchhasel: Arun, 199.

Langer, M./Wimmer-Puchinger, B. (2011): Der gemachte Körper – die genormte Frau. In: B. Lüttenberg/A. Ferrari/J. Ach (Hrsg.): Im Dienste der Schönheit? Interdisziplinäre Perspektiven auf die Ästhetische Chirurgie. Berlin: LIT.

Lelord, F./André, C. (2007): Die Macht der Emotionen und wie sie unseren Alltag bestimmen. München: Piper.

LE MONDE diplomatique (2006): Atlas der Globalisierung. Die Welt von morgen. Berlin: taz Verlag.

LE MONDE diplomatique (2012): Atlas der Globalisierung. Die Welt von morgen. Berlin: taz Verlag.

leo. – Level-One Studie. In: Taz_de 28.2.2011.

Löwenstein, F. zu (2011): Food Crash. Wir werden uns ökologisch ernähren oder gar nicht mehr. München: Pattloch.

Lücke, K. (2016): Wie viel kostet ein Mensch? Angebot und Nachfrage im 21. Jahrhundert. In: Abenteuer Philosophie 2016 (3), 36f.

Lüdemann, G. (2004): Das Unheilige in der Heiligen Schrift. Die dunkle Seite der Bibel. Springe: zu Klampen.

Lüder, J. (1998): Stresslexikon. Die wichtigsten Begriffe aus Medizin und Psychologie. Heidelberg: Hüthig.

Lüpke, G. von (2003): Die Alternative. Wege und Weltbild des alternativen Nobelpreises. Pragmatiker, Pfadfinder, Visionäre. München: Riemann.

Lüpke, G. von/Erlenwein, P. (2003): Projekte der Hoffnung. Der Alternative Nobelpreis. Ausblicke auf eine andere Globalisierung. München: oekom.

Lüttenberg, B./Ferrari, A./Ach, J. (Hrsg.) (2011): Im Dienste der Schönheit? Interdisziplinäre Perspektiven auf die Ästhetische Chirurgie. Berlin: LIT.

Maccoby, E. (2000): Psychologie der Geschlechter. Sexuelle Identität in den verschiedenen Lebensphasen. Stuttgart: Klett-Cotta.

Mary, M. (2005): Die Glückslüge. Vom Glauben an die Machbarkeit des Lebens. Bergisch Gladbach: Bastei Lübbe.

Meadows, D. H./Meadows D. L./Randers, J. (1994): Die neuen Grenzen des Wachstums. Reinbek b.H.: Rowohlt.

Meyer, T. (1998): Identitäts-Wahn. Die Politisierung des kulturellen Unterschieds. Berlin: Aufbau.

Mieth, C. (2011): Ist das gerecht? Fairness als Prinzip. In: H. Schnädelbach/H. Hastedt/G. Keil (Hrsg.): Was können wir wissen, was sollen wir tun? Zwölf philosophische Antworten. Reinbek b. H: Rowohlt.

Milgram, S. (1995): Das Milgram-Experiment. Zur Gehorsamsbereitschaft gegenüber Autorität. Reinbek b.H.: Rowohlt.

Minces, J. (1992): Verschleiert. Frauen im Islam. Reinbek b.H.: Rowohlt.

Montada, L. (2002): Moralische Entwicklung und moralische Sozialisation. In: R. Oerter/L. Montada (Hrsg.): Entwicklungspsychologie. Weinheim: Beltz.

Morris, D. (1993): Körpersignale. Vom Scheitel bis zum Kinn. München: Heyne.

Müller, D. (2014): Showdown. Der Kampf um Europa und unser Geld. München: Knaur.

Müller-Heidelberg, T. et al. (Hrsg.) (2007): Grundrechtereport 2000. Zur Lage der Bürger- und Menschenrechte in Deutschland. Frankfurt a.M.: Fischer.

Niklas, H. (1998): Erziehung zur Friedensfähigkeit. Stärkung der Affektkontrolle, der Skepsis gegenüber Freund-Feind-Schemata und der kommunikativen Kompetenz kann Menschen dazu bringen, auf die gewaltsame Durchsetzung ihrer Interessen zu verzichten. In: Spektrum der Wissenschaft: Spieltheorie – Evolution des Verhaltens – Egoismus. Digest 1/1998, 112-114.

Nida-Rümelin, J./Spiegel, I./Tiedemann, M. (2015): Handbuch Philosophie und Ethik. Band II: Disziplinen und Themen. Paderborn: Schöningh.

Niederberger, A./Schink, P. (Hrsg.) (2011): Globalisierung. Ein interdisziplinäres Handbuch. Stuttgart: J. B. Metzler.

Nowak, M. A./May, R. M./Sigmund, K. (1998): Das Einmaleins des Miteinander. Computerexperimente zeigen, wie sich selbst unter äußerst harten Bedingungen des Darwinschen Daseinskampfes Zusammenarbeit gegen Ausbeutung durchsetzen kann. In: Spektrum der Wissenschaft: Spieltheorie – Evolution des Verhaltens – Egoismus. Digest 1/1998, 68-75.

Nussbaum, M. (1999): Gerechtigkeit oder Das gute Leben. Frankfurt a.M.: Suhrkamp.

Oerter, R./Dreher, E. (2002): Jugendalter. In: R. Oerter/L. Montada (Hrsg.): Entwicklungspsychologie. Weinheim: Beltz, 270-318.

Oestreich, H. (2015): „Erzählen ist besser als sich quälen". In: E & W. Erziehung und Wissenschaft 11/2015, 21f.

Oser, F./Bucher, A. (2002): Religiosität, Religionen und Glaubens- und Wertegemeinschaften. In: R. Oerter/L. Montada, (Hrsg.): Entwicklungspsychologie. Weinheim: Beltz, 940-954.

Oser, F./Gmünder, P. (1992): Der Mensch – Stufen seiner religiösen Entwicklung. Strukturgenetischer Ansatz. Gütersloh: Gütersloher Verlagshaus Gerd Mohn.

Ovid (Publius Ovidius Naso) (1982): Die Liebeskunst. Leipzig: Reclam.

Parrinder, G. (1991): Sexualität in den Religionen der Welt. Olten: Walter Verlag.

Platon (2011a): Gesammelte Werke, Bd. 1. Reinbek b.H.: Rowohlt.

Platon (2011b): Gesammelte Werke, Bd. 2. Reinbek b.H.: Rowohlt.

Pogge, T. (2015): Mit falschen Zahlen beruhigt. Der Armutsforscher Thomas Pogge über beschönigte und verzerrende UN-Statistiken. In: Süddeutsche Zeitung 25.9.2015.

Porges, S. W. (2010): Die Polyvagel-Theorie. Neurophysiologische Grundlagen der Therapie: Emotionen, Bindungen, Kommunikation und ihre Entstehung. Paderborn: Jungfermann.

Postman, N. (2003): Wir amüsieren uns zu Tode. Urteilsbildung im Zeitalter der Unterhaltungsindustrie. Frankfurt a.M.: Fischer.

Pschyrembel (2003): Wörterbuch Sexualität. Bearbeitet von Stephan Dressler und Christoph Zink. Berlin und New York: Walter de Gruyter.

Rachet, G. (2005): Lexikon der griechischen Welt. Hamburg: Nikol.

Randers, J. (2014): 2052. Der neue Bericht an den Club of Rome. Eine globale Prognose für die nächsten 40 Jahre. München: oekom.

Ranke-Heinemann, U. (2008): Eunuchen für das Himmelreich. Katholische Kirche und Sexualität. München: Heyne.

Reinsch, M.: Billig abgespeist. Der Equal Pay Day markiert heute wieder die Verdienstdifferenz zwischen den Geschlechtern. Frankfurter Rundschau 19./20. März 2016.

Religionswissenschaftlicher Medien und Informationsdienst – REMID: Verfügbar unter: www.remid. de/info_zahlen (Zugriff am 24.11.2016).

Robertson, G. (2011): Angeklagt: Der Papst. Die Verantwortlichkeit des Vatikan für Menschenrechtsverletzungen. Marktheidenfeld: Gabriele-Verlag Das Wort.

Rodenberg, B. (2006): Geschlechtergerechtigkeit und internationale Frauenbewegungen. Globale Ungleichheit aus Geschlechterperspektive – Herausforderungen für Frauenbewegungen. In: T. Debiel/D. Messner/F. Nuscheler (Hrsg.): Globale Trends 2007. Frieden Entwicklung Umwelt. Bonn: Bundeszentrale für politische Bildung, 189-207.

Roetz, H. (1992): Die chinesische Ethik der Achsenzeit. Frankfurt a.M.: Suhrkamp.

Rodenstock, R.: Soziale Ungerechtigkeit in Deutschland. Die Sicht der Wirtschaft. In: Roman Herzog Institut (Hrsg.): Information Nr. 16, 2014. Verfügbar unter: www.romanherzoginstitut.de (Zugriff am 25.7. 2016), 2-28.

Rorty, R. (2004): Feind im Visier. Im Kampf gegen den Terror gefährden westliche Demokratien die Grundlagen ihrer Freiheit. In: Die Zeit 18.3.2004, 49f.

Roy, A. im Gespräch mit D. Barsamian (2004): Wahrheit und Macht. München: btb.

Sabet, S. (1992): Die Schuld des Nordens. Der 50-Billionen-Dollar-Coup. Frankfurt a.M.: Horizonte.

Rumpf, H. (1986): Unterricht und Identität. Perspektiven für ein humanes Lernen. Weinheim und München: Juventa.

Sass, H.-M. (1994): Medizin, Krankheit und Gesundheit. In: K. Bayertz (Hrsg.): Praktische Philosophie. Grundorientierungen angewandter Ethik. Reinbek b.H.: Rowohlt, 210-242.

Schleichert, H. (1997): Wie man mit Fundamentalisten diskutiert, ohne den Verstand zu verlieren. Anleitung zum subversiven Denken. München: C. H. Beck.

Schlensog, S./Lange, W. (Hrsg.) (2007): Weltethos in der Schule. Unterrichtsmaterialien der Stiftung Weltethos. Tübingen: Stiftung Weltethos für interkulturelle und interreligiöse Forschung – Bildung – Begegnung.

Schmid, W. (1998): Philosophie der Lebenskunst. Eine Grundlegung. Frankfurt a.M.: Suhrkamp.

Schmid, W. (2007): Glück. Alles, was Sie darüber wissen müssen, und warum es nicht das Wichtigste im Leben ist. Berlin: Insel.

Schmid, W. (2008): Ökologische Lebenskunst. Was jeder Einzelne für das Leben auf dem Planeten tun kann. Frankfurt a.M.: Suhrkamp.

Schmid, W. (2010): Die Liebe neu erfinden. Von der Lebenskunst im Umgang mit anderen. Frankfurt a.M.: Suhrkamp.

Schmid, W. (2011): Liebe. Warum sie so schwierig ist und wie sie dennoch gelingt. Berlin: Insel.

Schmid, W. (2012): Unglücklich sein. Eine Ermutigung. Berlin: Insel.

Schmidt, E./Cohen J. (2013): Die Vernetzung der Welt. Ein Blick in unsere Zukunft. Reinbek b.H.: Rowohlt.

Schmidt-Salomon (2005): Manifest des evolutionären Humanismus. Plädoyer für eine zeitgemäße Leitkultur. Aschaffenburg: Alibri.

Schnädelbach, H./Hastedt, H./Keil, G. (2011): Was können wir wissen, was sollen wir tun? Zwölf philosophische Antworten. Reinbek b.H: Rowohlt.

Schnädelbach, H. (2011): Ist alles bloß Ansichtssache? In: H. Schnädelbach/H. Hastedt./G. Keil: Was können wir wissen, was sollen wir tun? Zwölf philosophische Antworten. Reinbek b.H.: Rowohlt, 30-49.

Schneewind, K. A. (2002): Familienentwicklung. In R. Oerter/L. Montada (Hrsg.): Entwicklungspsychologie. Weinheim: Beltz, 105-127.

Schulze, G. (1997): Die Erlebnisgesellschaft. Kultursoziologie der Gegenwart. Frankfurt a.m.: Campus.

Schulz von Thun, F. (1992 a): Miteinander reden 1. Störungen und Klärungen. Allgemeine Psychologie der Kommunikation. Reinbek b.H.: Rowohlt.

Schulz von Thun, F. (1992 b): Miteinander Reden 2: Stile, Werte und Persönlichkeitsentwicklung. Differenzielle Psychologie der Kommunikation. Reinbek b.H.: Rowohlt.

Schweizer, G. (2002): Ungläubig sind immer die anderen. Weltreligionen zwischen Toleranz und Fanatismus. Stuttgart: Klett-Cotta.

Seiffge-Krenke, I. (2002): Gesundheit als aktiver Gestaltungsprozess im menschlichen Lebenslauf. In: R. Oerter/L. Montada (Hrsg.): Entwicklungspsychologie. Weinheim: Beltz, 833-846.

Sinn, H.-W. (2010): Kasino-Kapitalismus. Wie es zur Finanzkrise kam und was jetzt zu tun ist. Berlin: Ullstein.

Sozialgesetzbuch (SGB) Neuntes Buch (IX) – Rehabilitation und Teilhabe behinderter Menschen – (Artikel 1 des Gesetzes v. 19.6.2001, BGBl. I S. 1046), hier § 71 und § 77.

Spitzer, M. (2012): Digitale Demenz. Wie wir uns und unsere Kinder um den Verstand bringen. München: Droemer.

Stiglitz, J./Bilmes, L. (2008): Die wahren Kosten des Krieges. Wirtschaftliche und politische Folgen des Irak-Konflikts. München: Pantheon.

Strafgesetzbuch (1994) 28. Auflage. München: Deutscher Taschenbuch Verlag.

Tekkal, D. (2016): Deutschland ist bedroht. Warum wir unsere Werte jetzt verteidigen müssen. München und Berlin: Berlin Verlag.

Thielemann, U. (2010): System Error. Warum der freie Markt zur Unfreiheit führt. Bonn: Bundeszentrale für politische Bildung.

Thoraval, Y. (2005): Lexikon der islamischen Kultur. Hamburg: Nikol.

Tibi, B. (2003): Die fundamentalistische Herausforderung. Der Islam und die Weltpolitik. München: C. H. Beck.

Tillmann, K.-J. (2003): Sozialisationstheorien. Eine Einführung in den Zusammenhang von Gesellschaft, Institution und Subjektwerdung. Reinbek b.H.: Rowohlt.

Todenhöfer, J. (2013): Du sollst nicht töten. Mein Traum vom Frieden. München: C. Bertelsmann.

Tomasello, M. (2012): Warum wir kooperieren. Berlin: Suhrkamp.

Tomasello, M. (2014a): Die Ursprünge der menschlichen Kommunikation. Frankfurt a.M.: Suhrkamp.

Tomasello, M. (2014b): Eine Naturgeschichte des menschlichen Denkens. Berlin: Suhrkamp.

tos: „Wär ich nicht arm": Oxfam-Bericht über globale Ungleichheit. Forderungen nach mehr Umverteilung. In: Neues Deutschland 19.1.2016.

Trautner, H. M. (2002): Entwicklung der Geschlechtsidentität. In: R Oerter/L. Montada (Hrsg.): Entwicklungspsychologie. Weinheim: Beltz, 648-674.

Ulrich, P. (2001): Integrative Wirtschaftsethik. Grundlagen einer lebensdienlichen Ökonomie. Bern: Haupt.

Vatsyayana, M. (1987): Das Kamasutra. Leipzig: Reclam.

Waal, F. de (2009): Der Affe in uns. Warum wir sind, wie wir sind. München: dtv.

Walper, S. (2002): Verlust der Eltern durch Trennung, Scheidung oder Tod. In: R. Oerter/L. Montada (Hrsg.): Entwicklungspsychologie. Weinheim: Beltz, 818-832.

Walter, C./Kobylinski, A. (2010): Patient im Visier. Die neue Strategie der Pharmakonzerne. Hamburg: Hoffmann und Campe.

Watzlawick, P. (1983): Anleitung zum Unglücklichsein. München: Piper.

Watzlawick, P. (1993): Wie wirklich ist die Wirklichkeit? Wahn – Täuschung – Verstehen. München: Piper.

Weiler, J. von (2015): „Eldorado für Missbrauch". In: E & W. Erziehung und Wissenschaft 11/2015, 2.

Weizsäcker, E. U. von/Hargroves, K./Smith, M. (2010): Faktor fünf: Die Formel für nachhaltiges Wachstum. Der neue Bericht an den Club of Rome. München: Droemer Knaur.

Welthaus Bielefeld (Hrsg.) (2001): Atlas der Weltverwicklungen. Ein Schaubilderbuch über Armut, Wohlstand und Zukunft in der Einen Welt. Wuppertal: Hammer.

Wikipedia: Millenniumsziele. Verfügbar unter: http://de.wikipedia.org/wiki/Millenniums-Entwicklungsziele (Zugriff am 8.7.2016).

Wolf, H. (2007): Index. Der Vatikan und die verbotenen Bücher. München: C. H. Beck.

Wuketits, F. M. (2001): Naturkatastrophe Mensch. Evolution ohne Fortschritt. München: dtv.

Wuketits, F. M. (2014): Was Atheisten glauben. Gütersloh: Gütersloher Verlagshaus.

Zehentbauer, J. (1997): Chemie für die Seele. Psyche, Psychopharmaka und alternative Heilmethoden. München: AG SPAK.

Zehentbauer, J. (2000): Körpereigene Drogen. Die ungenutzten Fähigkeiten unseres Gehirns. München: Artemis und Winkler.

Ziegler, J. (2005): Das Imperium der Schande. Der Kampf gegen Armut und Unterdrückung. München: C. Bertelsmann.

Ziegler, J. (2011a): Der Aufstand des Gewissens. Die nicht-gehaltene Festspielrede 2011. Salzburg: Ecowin.

Ziegler, J. (2011b): Wir lassen sie verhungern. Die Massenvernichtung in der dritten Welt. München: C. Bertelsmann.

7 Die Inhalte des Ethikunterrichts

Peter Kriesel und Rolf Roew

In diesem Kapitel werden zuerst Inhalte und Wissensbestände vorgestellt, die im Zusammenhang mit den Komponenten des Kompetenzmodells (vgl. Kap. 4) erforderlich sind. Zu diesen gehören Kenntnisse über die Herkunft von implizitem Wissen und seine Bedeutung für Urteile und Entscheidungen, über Motivation und Einstellungen, Situationserfassung, Wissenserwerb, zu ethischem Urteil und ethischer Argumentation sowie zur Selbstkontrolle, Selbstbehauptung und konstruktiven Kommunikation.

Weiterhin werden die Schüler über Wissen verfügen müssen, um mit den ethischen Aufgabenfeldern unserer Zeit angemessen umgehen zu können. Das Wissen zum verantwortlichen Umgang mit sich selbst und zum Leben in nahen sozialen Kontexten ist wie im Kapitel 6.2 und 6.3 strukturiert und inhaltlich daraus abgeleitet. Die Wissensanteile zu den epochaltypischen Schlüsselproblemen werden hier in die entsprechenden Bereichsethiken eingeordnet. Das Wissen zu den ethisch relevanten Aufgabenfeldern der Kinder und Jugendlichen wird in zwei Teilen dargestellt, wobei der erste aus unserer Sicht den Charakter von Kernwissen hat und dann ggf. durch fakultative Elemente ergänzt wird. Wissensanteile für den Ethikunterricht in den höheren Klassenstufen sind gesondert ausgewiesen.

Insgesamt muss betont werden, dass wir bei den im Folgenden präsentierten Wissenselementen weder einen Anspruch auf Verbindlichkeit noch auf Vollständigkeit erheben. Vielmehr hat unsere Darstellung Vorschlagscharakter. Im Einzelnen wird es die Aufgabe von Lehrplankommissionen bzw. den Lehrkräften sein, konkrete Entscheidungen zu treffen.

7.1 Herleitung aus dem Kompetenzmodell

In Ableitung vom Kompetenzmodell zum sittlichen Handeln (vgl. Kap. 4) wird hier dargestellt, welches explizite Wissen die Schüler zum sittlichen Handeln brauchen werden bzw. was sie dabei unterstützt.

7.1.1 Wissen über implizites Wissen, seine Herkunft und Bedeutung

Was Menschen aus ihrer Sozialisation und Lerngeschichte an implizitem Wissen, Grundannahmen, Einstellungen, gewohnten Perspektiven und Erwartungsschemata sowie moralischen Orientierungen mitbringen, bestimmt weithin, was sie in einer Situation wahrnehmen und wie sie es beschreiben, benennen, erklären, bewerten und darauf reagieren.

Die Kinder und Jugendlichen treffen täglich Entscheidungen. Dabei machen sie z.b. beim Kaufen die Erfahrung, dass sie von ihren vorher gemachten Überlegungen und Vorsätzen vor Ort abweichen und „aus dem Bauch heraus" anders entscheiden. Oft verstehen sie das selber nicht. Hier brauchen die Schüler Wissen aus der Psychologie und Hirnforschung darüber,

- dass es implizites Wissen gibt: aufgrund von erfolgreichen Überlebensprogrammen aus der Evolution und biografischen Vorerfahrungen (vgl. Kap. 3.4);
- wie implizites Wissen bei Entscheidungen wirkt, z.b. bei intuitivem Denken in der Affektheuristik, bei der es sich um Urteile und Entscheidungen handelt, „die unmittelbar und ohne gründliche Überlegung von Gefühlen der Vorliebe und Abneigung bestimmt werden." (Kahneman 2011, 24) und Stimmungsheuristik (Kahneman 2011, 132, 492f), wonach zufällige oder medial erzeugte Stimmungen unabhängig vom Entscheidungsgegenstand unser Denken, Entscheiden und Handeln beeinflussen;
- wie man implizites Wissen entdecken kann, z.B. an somatischen Markern (vgl. Kap. 3.4.1) oder auch nutzen z.B. beim Priming (vgl. Kap. 7.1.7).

7.1.2 Motivation

Zur Motivation als Komponente der Kompetenz zum sittlichen Handeln (vgl. Kap. 4.2.4) gehört auch das Wissen

- darum, dass Gutes tun Freude bereitet und das Selbstwertgefühl steigert;
- darum, dass Reziprozität soziale Verbundenheit und Integration fördert;
- über die Wirkung und Bedeutsamkeit von Empathie für helfendes Handeln;
- über Theorien zum Guten und Gerechten;
- über Erkenntnisse der Sozialpsychologie zur Verantwortungsdiffusion unter vielen Zuschauern nach dem Experiment von Latané/Darley (vgl. Aronson 2004, 422-428).

7.1.3 Einstellungen

Was Menschen aus ihrer Biografie und Sozialisation an Einstellungen erworben haben, bestimmt in hohem Maße, wie sie eine moralrelevante Situation wahrnehmen, interpretieren und in ihr handeln.

Deshalb benötigen die Heranwachsenden Wissen,

- dass es auch implizite Einstellungen (vgl. Kap. 4.2.3) gibt, z.B. durch Bedürfnisse aus der stammesgeschichtlichen Evolution und Prägungen aufgrund biografischer Erfahrungen sowie Grundannahmen (Kahneman 2011, 19f) zu Welt, Mensch und Gesellschaft, zumeist verbunden mit Typisierungen, Vorurteilen und sogar Diskriminierungen (Aronson 2004, 95, 384ff), z.B. nach sozialer, nationaler, kultureller und religiöser Zugehörigkeit;

- dass implizite Einstellungen bei Entscheidungen wirken, z.B. wenn sie in Abhängigkeit von Gewohnheiten, Stereotypen oder Affekten (Kahneman 2011, 133f) getroffen werden (vgl. Kap. 4.1.2);
- wie man sie entdecken, ggf. übersteuern (Kap. 3.4.3) und auch ändern kann (Aronson 2004, 518f).

7.1.4 Situationserfassung

Für die Erfassung von interpersonalen Situationen ist Wissen erforderlich über

- die Subjektivität in der Situationserfassung; z.B. Fremd- und Selbstwahrnehmung, Vorurteil und Stereotyp, Verstehen von Perspektivität und dem Nutzen von Multiperspektivität;
- Emotionen und ihr Ausdruck in Stimme, Mimik, Körperhaltung (vgl. Molcho 2013; Birkenbihl 2014; Ekman 2010, 321f) als Begleiter von Wahrnehmungen und Denken; z.B. welche Emotionen es gibt und welche Funktionen sie haben (vgl. Kap. 4.1.1; Damasio 2000, 73f);
- Empfang und Sendung von Nachrichten: z.B. Schulz von Thun, „Vierohrigkeit" bei Berichten von Beteiligten und Betroffenen in Problem- und Konfliktsituationen;
- Gruppensituationen und Gruppenprozesse, z.B. Vorurteile;
- die Identifizierung der Problemhaftigkeit und Moralrelevanz von Situationen.

7.1.5 Wissenserwerb

Wie alle Unterrichtsfächer fördert Ethik allgemeine Methoden zum Wissenserwerb (z.B. Internet-Recherche) und die Kompetenz zum kritischen Umgang mit Quellen. Spezifisch für das Fach Ethik ist aber ein philosophisches Texterschließungsmodell, z.B. Västeras oder PLATO (vgl. Kap. 9.6.4).

7.1.6 Urteil und Argumentation

Für das Urteilen in moralrelevanten Situationen benötigen die Schüler eigene Vorstellungen vom Guten und Gerechten, für die Argumentation darüber hinaus Kenntnisse über das logische Schließen in rationalen Diskursen.

Moralische Urteile auf der Grundlage einer eigenen Vorstellung vom Guten und Gerechten
Moralische Urteile erfordern:

- Philosophische Ethik: z.B. Goldene Regel, Platon, Aristoteles, Kant, Mill, Habermas, Jonas;

- philosophische Vorstellungen zu Recht und Gerechtigkeit: z.b. Rechtspositivismus, Naturrecht und Menschenrechte; Aristoteles, Rawls, Kommunitarismus;
- philosophische, psychologische und soziologische Aussagen zur Frage von Freiheit und Determination: z.b. Hume, Kant, Sartre; Freud, zwei-System-Modelle der menschlichen Psyche; Konformität, Autorität, Sozialisation, Status, Rolle;
- Kernaussagen des Grundgesetzes und der Allgemeinen Erklärung der Menschenrechte;
- Vorstellungen vom Guten und Gerechten in Religionen, Kulturen und Ideologien.

Argumentieren und Schließen

Überzeugendes Argumentieren und schlüssige Beweise fußen auf Kenntnissen über

- Grundsätze eines rationalen Diskurses, z.b. die Forderung, Aussagen zu belegen;
- Grundprinzipien rationalen Argumentierens: Folgerichtigkeit, Widerspruchsfreiheit, Wahrheitsverpflichtung und Überprüfbarkeit;
- Maßstäbe der Richtigkeit und der Wahrheit;
- Logische Strukturen von Schlüssen: z.b. Praktischer Syllogismus, Toulmin-Schema;
- Typische Fehlschlüsse: z.b. Sein-/Sollens-Fehlschluss, Autoritätsargument, Ausschließlichkeitsargument;
- Heuristiken und ihre Schwächen (vgl. Kap. 4.1.2).

7.1.7 Selbstkontrolle

Die Wichtigkeit der Fähigkeit zur Selbstreflexion wurde schon bei der Situationserfassung deutlich (vgl. Kap. 7.1.4). Hier geht es um Wissen zur Selbststeuerung und Selbstkontrolle (vgl. Kap. 4.2.5) als Bedingung für freie Selbstbestimmung und Autonomie.

Die Fähigkeit zur Selbstkontrolle wird gefördert durch Wissen über

- Techniken der Impuls-, Emotions-, Aufmerksamkeits- und Umweltkontrolle;
- die Bedeutung von Selbstreflexion und Sensibilität für die eigenen impliziten Prozesse, insbesondere für Emotionen und somatische Marker;
- verschiedene Formen von Achtsamkeitsübungen (vgl. Kap. 9.5);
- die Strategien Implementation Intentions und Mental Contrasting (vgl. Kap. 4.2.5).

7.1.8 Selbstbehauptung

Für eine selbstbewusste Behauptung eigener Bedürfnisse, Interessen, Freiheiten und Rechte benötigen Schüler Wissen um

- die eigene Würde sowie zu Grundrechten (GG Art. 1-20) und Menschenrechten;
- Indoktrination, Konformitätsdruck, Autorität und Gruppendynamik;

- Manipulations- und Werbestrategien und ihre kritische Analyse (vgl. Beck 2009; Heller 1993);
- Formen, wie man im persönlichen Umgang auf angemessene Weise Nein sagen kann.

7.1.9 Konstruktive Kommunikation

Voraussetzung der Schüler für eine konstruktive Kommunikation sind Kenntnisse über

- grundsätzliche Aussagen der Kommunikationspsychologie: z.B. Schulz von Thun, Rosenberg, Berne;
- konkrete Techniken konstruktiver Kommunikation (vgl. Kap. 4.1.5): z.B. verbale Deeskalation, aktiv zuhören, spiegeln, Ich-Botschaften formulieren, Feedback geben und annehmen, Gefühle angemessen ausdrücken;
- Möglichkeiten, Störungen in der Kommunikation zu erkennen und in der Metakommunikation zu bearbeiten;
- ein Konfliktlösungsmodell.

7.2 Notwendiges Wissen – die Herleitung aus den ethischen Aufgabenfeldern

Zu den im Kapitel 6 dargestellten ethischen Aufgabenfeldern werden hier Stichpunkte exemplarisch aufgelistet, die unseres Erachtens zu einem Kernwissen gehören sollten, ergänzt durch weitere, fakultative Vorschläge.

7.2.1 Wissen zum Umgang mit sich selbst

Gesundheit
- der Gesundheitsbegriff der WHO: körperliches, psychisches, soziales Wohlbefinden;
- die Wichtigkeit von ausgewogener Ernährung und eines gesunden Lebensstils;
- Alarmsignale von Körper und Psyche und konstruktiver Umgang mit Stress;
- Eigenverantwortung für Gesundheit statt Medikalisierung und Risikoverhalten.

Bedürfnisse
- Arten von Bedürfnissen: physische, emotionale, soziale, materielle, geistige und kulturelle;
- Unterscheidung von Grundbedürfnissen und Gewohnheiten;
- Lebensqualität auf Basis von Grundbedürfnissen versus Konsum-Werbung und deren Versprechen;

- die Einteilung der Bedürfnisse nach Maslow und von Galtung mit seiner Ausrichtung auf Überleben, Wohlergehen, Freiheit und Identität und Bezug zu Menschenrechten.

Identität und Entwicklung
- Einmaligkeit durch Vererbung, Sozialisation und eigene Gestaltung der Identität;
- Impulse zur Entwicklung durch die körperlichen Veränderungen in der Pubertät verbunden mit neuen sozialen Beziehungen und Rollen;
- Moralische Identität – was unser Gewissen beeinflusst (hat);
- Wissen über die im Grundgesetz garantierte Freiheit zur Selbstbestimmung der religiösen oder weltanschaulichen Identität mit 14 bzw. 18 Jahren (vgl. Grundgesetz Artikel 3, 4 und 33 und Menschenrechte Art. 18);
- Merkmale und Ausprägungen geschlechtlicher Identität (vgl. Kap. 7.2.2).

Glück und Sinn
- Philosophische Vorstellungen zum glücklichen und sinnerfüllten Leben: z.B. Aristoteles, Epikur, Stoa, Frankl, Camus;
- Aussagen der empirischen Glücksforschung;
- Glücksvorstellungen für Diesseits und Jenseits in Weltanschauungen und Religionen;
- Unterschiede zwischen dem Sinn von einzelnen Aufgaben, Zielen, Tätigkeiten und dem Sinn des Lebens;
- Abhängigkeit von Sinngebungen der Menschen von ihren Lebenszielen in Altersphasen, von ihren sozialen Verhältnissen, vom Zeitgeist und von den Medien bzw. der Konsumwerbung.

7.2.2 Wissen zum Leben im näheren sozialen Umfeld

Familie
- vielfältige Formen der Familie heute;
- Familie als Primärbeziehung, Unterstützungssystem sowie als Ort für Rückzug, Persönlichkeitsentwicklung und Werteorientierung;
- Gehorsam, Selbstbestimmung und Eigenverantwortung von Kindern und Jugendlichen;
- Pflichten und Rechte von Eltern und Kindern.

Freundschaft
- verschiedene Formen von Freundschaft und deren Charakteristika (z.B. Aristoteles);
- Regeln und Normen des Zusammenlebens in der Freundschaft;
- Selbstbestimmung und Mitbestimmung unter Freunden.

Gruppen
- Merkmale von Gruppen;
- Konformitätsdruck in Gruppen, z.B. nach Asch (vgl. Aronson et al. 2004, 282ff);
- die vier Komponenten der sozialen Kontrolle in Gruppen (Verhaltens-, Gedanken-, Informations- und Gefühlskontrolle);
- unterschiedliche Gruppennormen gegenüber In-group und Out-group;
- überhöhtes Selbstwertgefühl und Abwertung Fremder in Nationen, Religionen und fundamentalistischen Gruppierungen.

Liebe
- Arten und Ausdrucksformen der Liebe;
- Kennzeichen der Liebe;
- lieben und verliebt sein;
- Bindungsfähigkeit und Verantwortungsbereitschaft in der Partnerschaft.

Sexualität
- Sexualität als Grundbedürfnis und Teil einer Liebesbeziehung;
- Liebe und Sexualität in der Werbung;
- Schönheitsideale;
- unterschiedliche Bewertung von Sexualität in Religionen und Kulturen;
- verschiedene Formen sexueller Orientierung.

Geschlechterrollen
- Geschlechterrollen zwischen Gleichberechtigung und Formen von Diskriminierung (z.B. ungleicher Lohn für gleiche Arbeit, unbezahlte Hausarbeit, Leichtlohngruppen für Frauen in den globalen Verteilungskämpfen);
- Rollenzuweisungen in Religionen und Kulturen;
- Gesetze zur Sicherung von Selbstbestimmung und Gleichberechtigung der Frauen.

7.3 Wissen zum gesellschaftlichen und globalen Feld der epochaltypischen Schlüsselprobleme und den Bereichsethiken

Die Strukturierung der folgenden Darstellung erfolgt nach den Bereichsethiken. Die Vielschichtigkeit der Schlüsselprobleme macht es erforderlich, bei bestimmten komplexen Fragestellungen u.U. mehrere Bereichsethiken zu befragen. Für die Auswahl unter der Vielzahl von Themen und Aspekten in den Bereichsethiken sollten hier von den Lehrkräften bzw. Lehrplanautoren z.B. folgende Kriterien angewendet werden:

- ihre Präsenz in der Lebenswelt und Erfahrung der Schüler;
- die eigene (Teil)-Verantwortlichkeit der Schüler und ihre Möglichkeiten zur Einflussnahme auf die thematisierten Probleme;
- die alsbaldige Anwendbarkeit des Gelernten;
- die integrative Verbundenheit von individueller, gesellschaftlicher und weltweiter Bedeutsamkeit bei einem Thema, um eine Motivation für die aufeinander aufbauende Steigerung der Komplexität und Vertiefung in den Klassenstufen zu sichern.

Die exemplarische Auswahl unter den Themen der Bereichsethiken wird sich hier auf wenige Nennungen beschränken. Sie kann aufgrund aktueller Entwicklungen und Medienpräsenz ergänzt und erweitert werden. Bei ähnlichen Schwerpunkten anderer Fächer sollten fächerübergreifende Absprachen bezüglich der jeweils fachspezifischen Akzente erfolgen. Im Folgenden sind Punkte angeführt, die u.E. als Grundlagenwissen verbindlich gemacht werden sollten. Diese werden mit Anregungen für weitere exemplarische bzw. fakultative Themen ergänzt.

7.3.1 Umweltethik, Tierethik

Umweltethik
- Überblick über Umweltprobleme;
- Nachhaltigkeit und das Bild vom ökologischen Fußabdruck;
- Grundpositionen der Umweltethik: Anthropozentrik, Pathozentrik, Biozentrik und Holismus; für höhere Jahrgangsstufen;
- Konsumentenethik (z.B. Wegwerfen von Lebensmitteln, sparsamer Umgang mit Ressourcen);
- die drei ökologischen Imperative (vgl. Kap. 6.3.2).

Tierethik
- ausgewählte spezifische Themen in der Tiefe (siehe fakultative Punkte);
- Kriterien für den moralischen Status von Lebewesen (u.a. P. Singer); für höhere Jahrgangsstufen.

Fakultativ z.B.:
- Zerstörung der Artenvielfalt und die Frage nach dem Überlebensrecht von Pflanzen- und Tierarten;
- artgerechte Tierhaltung;
- Tierversuche;
- Vegetarismus – u.a. Verhältnis von hohem Fleischgenuss und weltweitem Landverbrauch.

7.3.2 Friedensethik

- Maßnahmen zur Vorbeugung und Schlichtung von Konflikten;
- Theorien zur Entstehung von Aggression und Gewaltbereitschaft sowie Stufen der Eskalation (nach Glasl) und der Feindseligkeit; für höhere Jahrgangsstufen;
- Kant: bellum-iustum-Theorie; für höhere Jahrgangsstufen;
- Pazifismus; für höhere Jahrgangsstufen.

Fakultativ z.B.:
- Vergleich der Darstellung von Kriegseinsätzen in seriösen Dokumentationen und in Spielfilmen und Videospielen sowie Berichten von „eingebettetem Journalismus";
- Fundamentalismus sowie Konflikte und Kriege zwischen Religionen;
- Neue friedensethische Fragestellungen durch den Einsatz von moderner Waffentechnologie (z.B. Drohnen) und der Schutz von Zivilpersonen in Kriegszeiten (Genfer Abkommen, 1949);
- Kosten von Rüstung (vgl. SIPRI-Berichte) und Kriegen;
- die vertiefte ethische Betrachtung eines aktuellen bewaffneten Konflikts;
- Kontroversen um Asylrecht und soziale Integration von Kriegsflüchtlingen.

7.3.3 Arbeitsethik, Wirtschaftsethik

Arbeitsethik
- Fragen von Gesundheit (z.B. Unfälle, Giftstoffe, Burnout) und Gerechtigkeit im Arbeitsleben (z.B. gerechte Verteilung der vorhanden Arbeit, gerechte Entlohnung);
- der Wert der Arbeit jenseits vom Gelderwerb (z.B. Steigerung des Selbstwertgefühls durch Selbstwirksamkeit, Sinngebung durch Entwicklung und Zukunft).

Wirtschaftsethik
- das Konzept der ökonomischen Rationalität; für höhere Klassenstufen;
- Grundgedanken des Liberalismus; für höhere Klassenstufen;
- ausgewählte Spiele aus der Spieltheorie.

Fakultativ z.B.:
- die Folgen von Energiegewinnung aus Nahrung und Spekulation mit Lebensmitteln;
- Kredit-Verschuldung als privates, gesellschaftliches und globales Problem;
- Wachstum und Ökologie, Grenzen des Wachstums;
- Unternehmensethik;
- Externalisierung von Folgekosten;
- normative Modelle globaler Gerechtigkeit.

7.3.4 Medienethik

- Bedeutung unabhängiger Informationen für Urteile, Entscheidungen und Handeln;
- Manipulation und Suggestion;
- Gefahren bei der Internet-Nutzung (z.b. Cyber-Mobbing, Missbrauch von persönlichen Daten).

Fakultativ z.b.:

- Regierung, Kapital und Zivilgesellschaft als Akteure und Zielgruppen von Medien;
- Einfluss von medialen Inszenierungen auf einzelne, Zivilgesellschaft und Politik;
- globale Abhörpraxis und persönliche Freiheit, Wirtschaftsspionage und Cyberkrieg;
- soziale Netzwerke im Dienst von radikalen Gruppen.

7.3.5 Medizinethik

- aktuelle medizinethische Problembereiche, z.b. Medikation bei Kindern und Jugendlichen, Sterbehilfe, pränatale Diagnostik, Organspende und -handel;
- zentrale Begriffe der Medizinethik (z.b. Person, Autonomie, Würde); für höhere Jahrgangsstufen;
- typische Argumente in der medizinethischen Diskussion und ihre Schwächen (z.b. Dammbruchargument, Sein-/Sollens-Fehlschluss); für höhere Jahrgangsstufen;

7.3.6 Wissenschafts- und Technikethik

Die Wissenschafts- und Technikethik gewinnt in der „Weltrisikogesellschaft" (Beck, 2015) der Gegenwart eine zunehmende Bedeutung.

- Technikfolgenabschätzung; für höhere Jahrgangsstufen;
- Verantwortungsdiffusion in arbeitsteiliger Forschung, Produktion sowie Vermarktung und Konsum (vgl. Unternehmens- und Konsumentenethik Kap. 7.3.3); für höhere Jahrgangsstufen.

Fakultativ z.B.:

- ungenutzte Chancen der Wissenschaft und Technik für doppelten Wohlstand bei halbiertem Naturverbrauch durch „Stoffproduktivität";
- Einsatz von Pflanzenschutzmitteln und Folgen für Arbeiter, Insekten, Böden und Grundwasser sowie Konsumenten von Lebensmitteln;
- „Transnationale Akteur-Netzwerke der Risikodefinition und -verteilung" (Beck 2015, 303).

Zusammenfassung

Unter der Vielzahl der vorgeschlagenen inhaltlichen Schwerpunkte wird stets eine von Kriterien geleitete Auswahl zu treffen sein. Zu diesen gehören u.a. die Aktualität eines Themas sowie Aspekte der sozio-moralischen Entwicklung von Kindern und Jugendlichen einschließlich ihres logischen Denkens. Solche Faktoren beeinflussen ihre Wahrnehmung, sowie Lern- und Handlungsbereitschaft zur Bearbeitung eines bestimmten moralischen Problems im Ethikunterricht. Diesen und weiteren Kriterien wird seit langem mit abgestuftem Anforderungsniveau in den Rahmenlehrplänen bzw. Curricula der Ethikfächer von Grundschule, Sekundarstufe I und Gymnasialer Oberstufe entsprochen.

Literatur

Aronson, E./Wilson T. D./Akert, R. M. (2004): Sozialpsychologie. München: Pearson.

Bauer, J. (2007): Prinzip Menschlichkeit. Warum wir von Natur aus kooperieren. Hamburg: Hoffmann und Campe.

Bauer, J. (2013): Schmerzgrenze. Vom Ursprung alltäglicher und globaler Gewalt. München: Heyne.

Beck, G. (2009): Verbotene Rhetorik. Die Kunst der skrupellosen Manipulation. München: Piper.

Beck, U. (2015): Weltrisikogesellschaft. Auf der Suche nach der verlorenen Sicherheit. Frankfurt a.M.: Suhrkamp.

Birkenbihl, V. F. (2002): Signale des Körpers. Körpersprache verstehen. Landsberg und München: mvg Verlag.

Damasio, A. R. (2000): Ich fühle also bin ich. Die Entschlüsselung des Bewusstseins. München: List.

Dawkins, R. (1996): Das egoistische Gen. Reinbek b.H.: Rowohlt.

Ekman P. (2010): Gefühle lesen. Wie Sie Emotionen erkennen und richtig interpretieren. Heidelberg: Spektrum Akademischer Verlag.

Genfer Abkommen (2004): Genfer Abkommen vom 12. August 1949 zum Schutze von Zivilpersonen in Kriegszeiten (Auszug). In: Bundeszentrale für Politische Bildung (Hrsg.): Menschenrechte. Dokumente und Deklarationen. Bonn: Bundeszentrale für Politische Bildung, 279ff.

Kahneman D. (2011): Schnelles Denken, langsames Denken. München: Siedler.

Heller, E. (1993): Wie Werbung wirkt: Theorien und Tatsachen. Frankfurt a.M.: Fischer.

Molcho, S. (2013): Körpersprache. München: Goldmann.

SIPRI. Stockholmer internationales Friedensforschungsinstitut: Berichte jährlich über Waffenexport und -import. Verfügbar unter: http//www.sipri.org/databases/armstransfers (Zugriff am 04.12.2016).

Singer, P. (1994): Praktische Ethik. Stuttgart: Reclam.

Tomasello, M. (2012): Warum wir kooperieren. Berlin: Suhrkamp.

8 Didaktische Prinzipien im Ethikunterricht
Peter Kriesel und Rolf Roew

In diesem Kapitel sollen unter der Vielzahl didaktischer Prinzipien nur jene dargestellt werden, die unseres Erachtens von besonderer Bedeutung für den Ethikunterricht sind. Zur Einleitung kann ein erster Überblick das Themenfeld veranschaulichen. Die sieben allgemeinen didaktischen Grundprinzipien (unten) gelten an allen öffentlichen Schulen. Die meisten der ihnen (rechts) zugeordneten didaktischen Prinzipien sind in ihrer Bedeutung und Begründung wiederholt dargestellt worden (vgl. z.B. Jank/Meyer 1991; Peterßen 2001; Lehrpläne). Wichtige Aspekte ihrer spezifischen Bedeutung für den Ethikunterricht werden in diesem Kapitel dargestellt.

Tab. 9: Allgemeine didaktische Prinzipien in öffentlichen Schulen und Ethikfächern

Orientierung an Grundgesetz und Menschenrechten	• Verbindlichkeit von Grundgesetz und UN-Menschenrechten • Offenheit gegenüber Werte- und Normenpluralismus, soweit die Grundrechte anderer nicht bestritten oder verletzt werden • Argumentation und Handeln im Sinne von Grundgesetz und Menschenrechten • Diskurs zu Vielfalt und Geltung von Normen- und Wertpräferenzen
Religiöse und weltanschauliche Neutralität	• Überwältigungsverbot („Beutelsbacher Konsens 1") • Pluralität und Kontroversität („Beutelsbacher Konsens 2") • Authentizität und standpunktbezogene Toleranz
Schülerorientierung	• Altersgerechtheit und Entwicklungsphasenbezug • Erfahrungs- und Lebensweltbezug
Problemorientierung	• Nutzung von Problemerfahrungen • Problematisierung von Gewohntem
Förderung der gesamten Persönlichkeit	• Handlungsorientierung • Ganzheitlichkeit
Förderung eines kritischen Geistes	• Wissenschaftlichkeit • Interdisziplinäre Perspektivität und Kooperation • Intellektuelle Tugenden
Outcome-Orientierung	

8.1 Orientierung an Grundgesetz und Menschenrechten

Der Ethikunterricht orientiert sich an Werten und Normen, die dem Grundgesetz und den Menschenrechten zugrunde liegen. Darüber hinaus ist er offen gegenüber einem Werte- und Normenpluralismus im Meinungsspektrum der Schülerschaft und Gesellschaft, soweit die Grundrechte anderer nicht bestritten bzw. praktisch verletzt werden. Ist dies in der Schule der Fall, sind Lehrkräfte zur argumentativen Verteidigung der Rechte und notfalls zur schützenden Hilfe verpflichtet. Die Überzeugungskraft ihrer Argumentation hängt allerdings auch davon ab, dass sie ihr eigenes Handeln selber an Grundgesetz und Menschenrechten ausrichten.

Der Diskurs zur Vielfalt und Geltung von Normen- und Wertpräferenzen ist ein zentraler Bestandteil des Ethikunterrichts. Über die Menschenrechte hinaus sollte gegebenenfalls das „Übereinkommen über die Rechte des Kindes" in die Argumentation einbezogen werden. Bei Themen zu Flüchtlingen aus Kriegsgebieten ist auch eine Orientierung am Völkerrecht und dem Genfer Abkommen zum Schutze von Zivilpersonen in Kriegszeiten (1949) sinnvoll.

8.2 Religiöse und weltanschauliche Neutralität

Die Einlösung der Pflicht zu religiöser und weltanschaulicher Neutralität in Ethikfächern wird durch die Beachtung der folgenden drei didaktischen Prinzipien angestrebt.

1. Das Prinzip des *Überwältigungsverbots* im Ethikunterricht, ursprünglich für den Politikunterricht formuliert, ergibt sich aus der Religions- und Weltanschauungsfreiheit im Grundgesetz. Es wird in Bezug auf Themen zu Religionen bzw. Weltanschauungen in dem Gebot „Du sollst nicht bekehren Deines Nächsten Kind!" (Orth 1995, 3) verdeutlicht, das aus einem englischen Schulgesetz stammt (ebd., 5). Im Beutelsbacher Konsens 1 heißt es hierzu: „Es ist nicht erlaubt, den Schüler – mit welchen Mitteln auch immer – im Sinne erwünschter Meinungen zu überrumpeln und damit an der Gewinnung eines selbständigen Urteils zu hindern." (Schiele/Schneider 1977, 173f) Im Ethikunterricht zählt die logische Kraft eines Beweises, die Schlüssigkeit einer Argumentation, die plausible Begründung der Geltung von Normen und die Vertretbarkeit einer Handlung und ihrer Folgen.

2. Das Prinzip der *Pluralität und Kontroversität*, das ebenfalls zum „Beutelsbacher Konsens" gehört, bedeutet für die Ethikfächer: Was in Gesellschaft und Welt bezüglich Religionen und Weltanschauungen vielfältig und kontrovers ist, muss im Ethikunterricht auch in seiner Vielfalt und als Kontroverse erscheinen. Für das Zusammenleben in einer pluralen Gesellschaft und Welt ist die Fähigkeit zur Multiperspektivität (vgl. Münnix, 2002, 1-6) unerlässlich.

Das können Jugendliche schon bei der Kommunikation und Problemlösung in Familie, Freundschaft und Schule erfahren (vgl. Bönsch, 2006, 207-213). Von ebenso zentraler Bedeutung ist sie für die ethische Reflexion und Lösung epochaltypischer Schlüsselprobleme.

„Ein besonders wirksamer Schutz gegen Indoktrination besteht in der Anlage des Unterrichtes nach dem Kriterium der *Kontroversität*. Es gilt demnach, den Unterricht zu einem strittigen Sachverhalt so zu strukturieren, dass mehrere, wohlbegründete, voneinander abweichende Positionierungen möglich sind. Er besteht nicht allein im Austausch dieser Standpunkte, vielmehr sollen schlechter begründete und belegte Argumente aufgrund ihrer normativen, sachlichen oder logischen Fragwürdigkeit zurückgestellt und besser begründete und belegte Argumente demgegenüber gewürdigt werden können." (Fachverband Philosophie/Fachverband Ethik 2016, 106).

3. Der Anspruch der *Authentizität und standpunktbezogenen Toleranz* verlangt von den Lehrkräften, dass sie ihre Grundüberzeugung und Haltung zu Religionen und religionsfreien Weltanschauungen den Schülerinnen und Schülern mitteilen, damit diese auch bei persönlichen Färbungen von Sachinformationen und Bewertungen der Lehrenden geschützt sind. Zugleich wird von den Lehrerinnen und Lehrern eine Toleranz gegenüber religiös und weltanschaulich motivierten Ansichten erwartet, solange diese nicht, wie z.B. mit Diskriminierung und Gewaltaufrufen, gegen Grundgesetz und Recht verstoßen. Bei Formen tätlicher Gewalt sind Lehrkräfte zu schützendem und wehrendem Eingreifen bezüglich ihrer Schüler aufgrund ihrer Fürsorgepflicht gehalten.

Darüber hinaus dient auch das didaktische Prinzip der Wissenschaftlichkeit allen Unterrichts seiner religiös und weltanschaulich neutralen Erteilung.

8.3 Schülerorientierung

8.3.1 Altersgerechtheit und Entwicklungsbezug

Zur altersgerechten Gestaltung des Ethikunterrichts verdienen verschiedene Fähigkeiten der Kinder und Jugendlichen eine besondere Beachtung. Dementsprechend sind im Kapitel 5.1 die Entwicklungen von moralischen Gefühlen, des prosozialen moralischen Urteils, der Perspektivenübernahme, moralischen Motivation und des moralischen Handelns bei Heranwachsenden in der Schulzeit dargestellt. Mit Bezug auf das Konzept der altersspezifischen Entwicklungsaufgaben werden diese für das Grundschulalter (vgl. Kap. 5.2.1) benannt. Zur Adoleszenz folgen breitere Ausführungen darüber und über deren Moralrelevanz (vgl. Kap. 5.2.1).
Welche Auswirkungen die Entwicklung in den o.g. Bereichen sowie der Übergang vom konkret-anschaulichen Denken (Grundschule) zum abstrakt-logischen Den-

ken (Sek. II) auf die Gestaltung des Ethikunterrichts hat, wird im Folgenden dargelegt und exemplarisch verdeutlicht.

Definition

Ein *altersgerechter* Unterricht zeichnet sich dadurch aus, dass er sich passgenau auf die
Möglichkeiten einstellt, die den Schülern aufgrund ihres Alters gegeben sind, und sie
weder unter- noch überfordert.

Das wird dadurch erschwert, dass Aussagen der Entwicklungspsychologie zu einem bestimmten Alter immer statistische Mittelwerte darstellen, und Schüler einer
Klasse oder eines Kurses individuell deutlich unterschiedliche Entwicklungsstände
aufweisen können. So wird es keiner Lehrkraft erspart bleiben, sich jeweils ein eigenes Bild vom Entwicklungsstand ihrer Lerngruppe zu machen und ggf. auch
Maßnahmen der Binnendifferenzierung zu ergreifen.

Wenn die Schüler in einem Alter von ca. 6 Jahren eingeschult werden, haben sie bereits entscheidende Meilensteine ihrer Entwicklung erreicht (vgl. Kap. 5.1), und bis
zum Ende ihrer Schulzeit entwickeln sie sich in den meisten Bereichen recht kontinuierlich weiter. Die für den Ethikunterricht wohl gravierendste Einschränkung,
der jüngere Kinder unterworfen sind, findet sich im Bereich ihrer intellektuellen
Entwicklung: Sie sind nur in sehr begrenztem Maße zu abstraktem, analytischen
Denken fähig, was zu einem großen Teil auf die mangelnde Kapazität ihres Arbeitsgedächtnisses zurückzuführen sein wird (vgl. Kap. 5.1.4). Das dürfte einer der
Gründe dafür sein, dass die Grenzen von Kindern in diesem Bereich auch lange
Zeit durch Instruktion und Üben kaum über ein bestimmtes Maß hinaus verschoben werden können. Eine voll entwickelte Fähigkeit zu deduktivem Schließen z.B.
kann typischerweise nicht vor dem Einsetzen der Adoleszenz erwartet werden (vgl.
Kap. 5.1.4) und Kinder können in aller Regel hohe Grade an Komplexität nicht
bewältigen (vgl. Kap. 5.1).

So muss mit jüngeren Schülern, vor allem im Grundschulalter, konkret und anschaulich gearbeitet werden; erfolgversprechende Zugänge zu Fragestellungen des
Ethikunterrichts werden häufig kreativ, bildhaft und spielerisch sein, gelegentlich
den Körper einbeziehen und so insgesamt eher die Intuition der Schüler ansprechen,
chen, die z.B. im Bereich des Schließens schon deutlich früher entwickelt ist als die
explizite, bewusste Rationalität (vgl. Kap. 5.1.4). Die im Unterricht verwendete
Sprache wird sich durch konkrete, den Kindern geläufige Begriffe und relativ einfache Satzstrukturen auszeichnen.

Ein schönes Beispiel für altersgerechtes Arbeiten mit Kindern im Alter von ca. 6-7
Jahren findet sich im PATHS-Programm (vgl. Greenberg/Kusche 1998, 25 f.). Die
Kinder bekommen die Geschichte einer „weisen, alten Schildkröte" präsentiert,
die jungen Schildkröten dabei hilft, bessere Selbstkontrolle zu entwickeln. Jeder
der acht Teile der Geschichte ist dabei durch Bilder illustriert. Immer, wenn eine

Schildkröte sich bedrängt, wütend oder beunruhigt fühlt, zieht sie sich zunächst in ihren Panzer zurück. Aus dieser Geschichte werden für die Kinder drei Schritte für den Umgang mit solchen Gefühlen entwickelt:

1. Sage Dir selbst „Stopp";
2. Atme einmal lang und tief durch;
3. Sage Dir, was das Problem ist und wie Du Dich fühlst.

Das Zurückziehen in den Panzer wird dabei von den Schülern körperlich nachvollzogen, indem sie z.B. ihre Hände gekreuzt auf die Brust legen. Dies unterstützt die Selbstkontrolle auch dadurch, dass eine Bewegung der Arme und Hände nach innen aggressive körperliche Aktionen inhibiert.

Eine Frage, die sich angesichts der erst in Ansätzen entwickelten Rationalität jüngerer Kinder stellt, ist, inwieweit Philosophieren mit Kindern überhaupt möglich ist. Kindern fehlen „die begriffliche Schärfe und Übung, die Ausdauer bei komplizierten Gedankengängen, die Distanz zum Konkreten, eine breite lebenspraktische Erfahrung sowie schließlich die Kenntnisse an Theorien, Argumentationsfiguren und Begriffsunterscheidungen, die sich bei den Fachphilosophen und Erwachsenen finden lassen." (Martens 1999, 44) Sind mit Kindern also nur „pseudophilosophische Gespräche" möglich, die sich zwar auf philosophische Fragen beziehen, aber auf eine rationale Untersuchung verzichten? (Vgl. ebd., 76) Was auch Kinder im Grundschulalter offensichtlich schon können, ist Fragen stellen und weiter fragen, Aussagen bezweifeln, einfache Begründungen formulieren und von anderen Begründungen verlangen. Damit sind bereits die Voraussetzungen gegeben, um rationale Untersuchungen zumindest auf einem einfachen Niveau durchführen zu können. Und die Lehrkraft wird in jeder Unterrichtsstunde sehen müssen, wie weit sie dabei mit ihrer Lerngruppe kommen kann, wobei es aller Erfahrung nach in den meisten Gruppen Kinder gibt, die gelegentlich bereits Abstraktionsleistungen zeigen, die ihnen aufgrund ihres Alters eigentlich noch nicht möglich sein dürften. In den Kapiteln 2.7 und 8.6 wurde bereits unterstrichen, dass der Entwicklung eines kritischen Geistes der Schüler eine besondere Bedeutung zukommt. Dabei geht es zuallererst darum zu lernen, *dass* Begründungen anzugeben sind, und erst in zweiter Linie darum, welche Begründungen das sein könnten und wie man prüft, ob sie stichhaltig sind. Zu den „intellektuellen Tugenden" als Grundvoraussetzung einer kritischen Haltung gehören weiterhin z.B. die Fähigkeit, Dinge aus unterschiedlichen Perspektiven zu betrachten, intellektuelle Aufrichtigkeit, die Bereitschaft Fehler einzugestehen und ggf. seine eigene Meinung zu ändern oder auch die Wachsamkeit möglichen Vorurteilen gegenüber (vgl. Kap. 2.7). Und das ethische Unterrichtsgespräch bietet auch bereits Grundschülern ausgezeichnete Gelegenheiten, diese intellektuellen Tugenden zu üben, wenn es auch noch nicht das Niveau des Philosophierens älterer Jugendlicher oder Erwachsener erreichen kann. „Wenn die Kinder auf diese Weise lernen ..., ihre eigenen Gedanken besser auszudrücken und zu verstehen, einander zuzuhören, sich wechselseitig zu respektieren, unterschiedliche Auffassungen zu erkennen und argumentativ zu bearbeiten sowie offene Fragen auszuhalten, zumal bei den »großen Ideen« wie Glück, Gerechtigkeit, Freundschaft oder Schönheit, kämen sie dem Ideal einer wirklich demokratischen, freiheitlichen Gesellschaft ein Stück näher." (Martens 1999, 79)

Alle in Kapitel 9 beschriebenen Methoden dürften sich schon mit Gewinn und problemlos in der Grundschule einsetzen lassen; Ausnahmen dürften lediglich die Erschließung sozialpsychologischer Erkenntnisse und philosophisch-ethischer Texte, das Neo-Sokratische Gespräch und das Üben logischer und argumentativer Strukturen sein. Was die Inhalte des Ethikunterrichts angeht, so lässt sich ein sehr großer Teil auf altersgerechte Weise mit Grundschülern behandeln. Diese Inhalte werden dann auf höheren Jahrgangsstufen auf einem entsprechend höheren Niveau vertieft. Selbst für Grenzsituationen im Leben wie schwere Krankheit, Sterben und Tod gibt es inzwischen vielfältiges Material, das ausgezeichnet mit 6-8-Jährigen bearbeitet werden kann. Manche Inhalte dürften aber für diese Altersstufe noch zu abstrakt sein: z.b. philosophische Theorien bzw. wissenschaftliche Theorien insgesamt oder auch manche Argumentationsansätze in der Medizin- und Wirtschaftsethik.

8.3.2 Erfahrungs- und Lebensweltbezug

Mit der Nutzung der Erfahrungen der Schüler werden automatisch die didaktischen Prinzipien des Entwicklungsphasen- und Lebensweltbezugs sowie der Problemorientierung eingelöst.

Erfahrungsorientierung im Unterricht zielt auf vier Dimensionen:

• die bisherigen (realen und medialen) Erfahrungen der Schüler werden als Ausgangspunkt des Lernens genutzt;

• insbesondere die sozial und moralisch problem- bzw. konflikthaften unter ihnen können Gegenstand des Ethikunterrichts werden;

• hier werden auch neue Erfahrungen ermöglicht (z.B. in Übungen zur Kommunikation, Interaktion, Rollentausch, Perspektivwechsel und Achtsamkeit);

• Mit dem Gelernten (Kenntnisse, Fähigkeiten, Fertigkeiten) sollen die Schüler im Alltag bessere Erfahrungen machen können. Es geht um die Anwendbarkeit und Sinnhaftigkeit des Gelernten (vgl. Vester 1992, 141). Wenn die Erfahrungen und Lebenswelt der Kinder im Unterricht nicht vorkommen, findet das dort Gelernte schwerlich später einen Platz in ihrer Lebenswelt. „Das Erfahrungen und Anforderungen integrierende Ich verschwindet, wenn es in den Lerninhalten nicht vorkommt, sich in den ihnen zugelegten Bedeutungen nicht finden kann." (Rumpf 1986, 26)

Die Nutzung der Erfahrungen der Schüler hat eine besondere Bedeutung für ihre Motivation für Themen und Lernanstrengungen. Dabei merken sie: Es geht um mich und meine Welt. Ich bringe zum Thema etwas mit, was für den Unterricht bedeutsam ist (Selbstwertgefühl). Dazu tritt die Neugier, was Mitschüler herausgefunden haben bzw. was ihnen am Thema wichtig ist. Die ganze Klasse aktiviert so im Gehirn schon ein Netz von Aspekten und Begriffen, aus denen im weiteren Verlauf ausgewählt und mit denen gearbeitet werden kann. Die im Zusammenhang mit einem Thema geäußerten Probleme bzw. Konflikte verweisen zumeist auf ihre Moralrelevanz.

8.4 Problemorientierung

Die Bearbeitung von problem- und konflikthaften Situationen und Themen begünstigt die langfristige Speicherung des Gelernten. Denn Probleme und Konflikte haben für die Schüler eine emotional getönte Bedeutsamkeit und oft auch Dringlichkeit. Das fördert die Speicherung der dazu erworbenen Kompetenzen im Emotionsgedächtnis. Somit wird sowohl ihr Eingang in das implizite Gedächtnis (Typ 1) als auch ihre Verfügbarkeit in bewussten Erinnerungs- und Denkprozessen vom Typ 2 gefördert (vgl. Kap. 3.4.1; 3.4.2).

Leben ist Problemlösen. Probleme sind eine Chance. Sie zeigen einen Veränderungsbedarf an und motivieren zur Suche nach Lösungen und somit zum Lernen. Nach Erkenntnissen der Biologie zwingen Störungen autonomer Systeme diese zur Verhaltensmodifikation im Sinne einer besseren bzw. optimalen Anpassung. In Beratungssituationen haben Probleme ebenfalls ein neutrales bis positives Image: „Probleme *sind* Lösungen" (Mücke 2003, 17). Demnach hat, wer ein Problem empfindet, implizit schon eine Lösung als Alternative zum gegenwärtigen Zustand, z.B. als Wunsch, Ideal, Traum oder sogar als realisierbare Möglichkeit. Sonst müsste er den veränderungsbedürftigen Zustand als unabänderliches Schicksal hinnehmen, das er als alternativlos nur beklagen kann.

Im pädagogischen Konzept der themenzentrierten Interaktion gilt „Störungen haben Vorrang" (Cohn 1997, 122) im Unterricht, um ein gutes Lernklima und die Integration von Störern (= problemanzeigende Schüler) in den Lernprozess zu sichern (vgl. Pfeifer 2009, 119f). Dialektisch denkende Philosophen wie Heraklit haben Konflikte „als dauernden Kampf der Gegensätze, zum Vater aller Dinge erklärt" (Kunzmann et al. 2001, 33) bzw. verstehen Widersprüche als Triebkräfte für Entwicklung im Denken und Handeln. So gehört es zum Ethikunterricht, dass nicht nur Problemerfahrungen der Schüler aufgegriffen, sondern auch unerkannte Probleme hinter Gewohnheiten und fraglos Akzeptiertem aufgedeckt werden, um so Bedarf und Möglichkeiten für Entwicklungen zu erkunden.

Die Notwendigkeit von Moral und Ethik ergibt sich erst aus Problemen. Ohne Probleme und Konflikte im Zusammenleben der Menschen gäbe es keine Regeln und Normen, Ethiken und Gesetze und keine ethischen Diskurse über deren Geltung und Wege zur Realisierung. Moralische Probleme und Konflikte reichen von der persönlichen Entwicklung über das Zusammenleben im sozialen Nahbereich bis zu den epochaltypischen Schlüsselproblemen, an deren verantwortlicher Lösung sich auch Philosophen aus den Bereichsethiken beteiligen (vgl. Kap. 6.3). Der Ethikunterricht stellt sich den moralrelevanten Problemen und Konflikten im personalen und sozial nahen Bereich der Schüler sowie in Gesellschaft und Welt. Dazu gehört auch, ggf. die Problemhaftigkeit und Risiken (vgl. Beck 2008) von Gewohnheiten, Handlungen und Plänen bewusst zu machen.

8.5 Förderung der gesamten Persönlichkeit

8.51 Handlungsorientierung

Durch praktische Übungen und die wiederholte Anwendung des Gelernten in variablen Situationen werden neue Einsichten und Fähigkeiten sowohl im unbewusstem System (Typ 1), das durch praktische Erfahrungen lernt, gespeichert als auch im bewusst arbeitendem Gedächtnis vom Typ-2-System verankert. Schulisches Lernen zielt stets auf übendes Handeln im Unterricht und auf anwendendes Handeln in Freizeit und Lebenswelt sowie im späteren Beruf. Ziel aller Kompetenzentwicklung ist die Analyse von fachspezifischen Situationen und Problemen und deren Lösung durch sachgerechtes Handeln.

Der Ethikunterricht hat darüber hinaus einen spezifischen Bildungs- und Erziehungsauftrag zur Förderung eines fairen und friedlichen Zusammenlebens der Schüler. Schon die alternativen Namen für Ethik wie *Praktische* Philosophie und *praktische* Ethik verweisen auf die Entwicklung von Handlungsfähigkeit als einer zentraler Aufgabe dieses Unterrichts.

Die Kultusministerkonferenz bestimmt dies in ihren Einheitlichen Prüfungsanforderungen (EPA) für Ethik konkreter: „Ziel des Ethikunterrichts ist es, die Schülerinnen und Schüler zur *Wahrnehmung* ethisch relevanter Fragen und Problembereiche, zur selbständigen ethischen *Urteilsbildung* sowie zum *ethisch reflektierten Handeln* zu befähigen." (KMK 2006, 5, vgl. Kap. 1.1; Hervorhebungen von der KMK)

Somit trägt er „zur Persönlichkeitsbildung bei und will zur aktiven, mündigen Teilnahme an den relevanten Fragen des öffentlichen Lebens befähigen." (Ebd.) Dem entspricht das vorgelegte Konzept einer Fachdidaktik, die sich an der Handlungstheorie orientiert, von der Wahrnehmung moralischer Relevanz von Situationen über ethische Urteilsbildung bis zum verantwortlichen Handeln.

8.5.2 Ganzheitlichkeit

Bei der Ganzheitlichkeit geht es darum, „dass die Schüler als ganze Personen den Sachen in ihrer Ganzheit begegnen können." (Peterßen 2001, 115) Menschen sind bio-psycho-soziale Wesen, die sich denkend und handelnd die Welt und das Wissen über sie erobern und so Fähigkeiten zur ihrer Beeinflussung erwerben. Ganzheitlichkeit im Bereich des Lernens erfordert die Beachtung von Körper (vgl. Kap. 3.4.1; 6.1.1; 6.1.2), Gefühlen und Verstandesurteilen zur Wahrnehmung und Bewältigung von Aufgaben und Problemen mit ethischer Relevanz.

Dem Prinzip der Ganzheitlichkeit wird durch den Kompetenzbegriff (vgl. BMBF 2003, 74f) und im Prozessmodell zum sittlichen Handeln (vgl. Kap. 4.1) mit seiner Schrittfolge von Situationserfassung, Zielsetzung, moralischem Urteil, Motivation bis zum Handeln Rechnung getragen. Gleiches gilt für das Strukturmodell der Kompetenz zum sittlichen Handeln (vgl. Kap. 4.2) mit den Komponenten Wissen, Einstellungen, Motivation, Fähigkeiten und Fertigkeiten. Zur Ganzheit der Sachen gehört die Pluralität und Kontroversität von Meinungen, Ansichten und Kenntnissen über Situationen, Probleme und Konflikte.

Eine eigene Aufmerksamkeit verdienen im Bezug zur Ganzheitlichkeit die zwei Prozesstypen der menschlichen Psyche, also die Typ-1-Prozesse (vgl. Kap. 3.4.1), die sich auf implizites Wissen aus dem emotionalen Erfahrungsgedächtnis stützen, und Typ-2-Prozesse (vgl. Kap. 3.4.2), die bewusst Wahrgenommenes, Gelerntes und Erinnerbares nutzen, sowie das Zusammenwirken beider Prozesstypen (vgl. Kap. 3.4.3) beim Wahrnehmen, Urteilen, Entscheiden und Handeln.

8.6 Die Förderung eines kritischen Geistes

Die Erziehung zum sittlichen Handeln kann nur dann als legitim betrachtet werden, wenn sie immer auch mit einer Förderung des kritischen Geistes der Schüler verbunden ist (siehe Kap. 2.5). Damit ist die Förderung eines kritischen Geistes ein Prinzip, von dem aller Ethikunterricht getragen sein sollte, ganz unabhängig von seinem aktuellen Gegenstand. Denn neben spezifischen Fähigkeiten und Fertigkeiten, z.B. in der Argumentation, kommt es vor allem auf eine kritische Haltung an, die mit „intellektuellen Tugenden" wie intellektuelle Aufrichtigkeit und dem Verlangen nach Belegen verbunden ist. (Siehe Kap. 2.7 für nähere Erläuterungen). Diese Haltung gilt es in jeder Unterrichtsstunde durch die Lehrkraft vorzuleben und von den Schülern zu üben. Im Ethikunterricht sollte sich eine Atmosphäre entwickeln, die Kritik der Schüler nicht nur zulässt, sondern sie auch immer wieder einfordert.

8.6.1 Wissenschaftlichkeit

Für die Orientierung in einem kontroversen und pluralen Meinungsspektrum über Werte und Normen sind Kriterien wissenschaftlicher Arbeit, Analyse und Kritik erforderlich. Die Einführung in wissenschaftliches Denken und Arbeiten erfolgt in den Unterrichtsfächern mit verschiedenen Fachinhalten und Methoden. Im Ethikunterricht verlangt das Prinzip der Wissenschaftlichkeit erst einmal, dass zwischen empirisch gesicherten Fakten und deren Bewertung, Deutung und Sinngebung einerseits und Religionen, Weltanschauungen und Ideologien andererseits unterschieden wird. In den höheren Klassen gehört zur Wissenschaftlichkeit vor allem, dass Tatsachenbehauptungen (deskriptive Sätze) empirisch belegt werden mit dem Anspruch, dass diese Belege idealerweise unter Beachtung aller Regeln des wissenschaftlich empirischen Arbeitens entstanden sind.

In diesem Sinne ist das Streben nach Wissenschaftlichkeit eine der Forderungen an einen entwickelten kritischen Geist (siehe Kap. 2.7). Dazu gehört allerdings auch, dass ein kritischer Geist sich der Grenzen des wissenschaftlichen Denkens bewusst ist.

8.6.2 Interdisziplinäre Perspektivität und Kooperation

Interdisziplinäre Kooperation ist schon wegen der Angewiesenheit der Bereichsethiken auf die fachlichen Perspektiven und Spezialkenntnisse anderer Wissenschaften zur Bearbeitung der speziellen Probleme gefordert. Darüber hinaus sind für den Ethikunterricht auch Erkenntnisse aus anderen Unterrichtsfächern wie z.B. Sozialkunde, Politische Bildung, Geschichte, Geografie und Biologie relevant. Dies kann in fächerübergreifenden Projekten und fächerverbindendem Unterricht genutzt werden. Moralisch bedeutsame Experimente aus der Sozialpsychologie wie die zum Gehorsam gegenüber Autoritäten und Konformitätsdruck in Gruppen oder zur Verantwortungsdiffusion in Situationen mit vielen Zuschauern sind z.B. für Ethik, Sozialkunde und Geschichte interessant. Sie bieten sich auch zur Kooperation mit Deutsch an, wenn dort in einer Lektüre solche Probleme enthalten sind wie in dem Roman „Die Welle".

8.7 Outcome-Orientierung

Im Kapitel 3.1 wurde Outcome-Orientierung folgendermaßen definiert: „*Outcome-Orientierung* in der Schule bedeutet, dass der Erfolg schulischer Bildung daran gemessen wird, inwieweit Menschen im schulischen Kontext erworbene bzw. geförderte Kompetenzen auch außerhalb schulischer Übungssituationen anwenden." Mit anderen Worten ist ein Transfer anzustreben von dem, was Schüler in „schulischen Übungssituationen" bereits beherrschen, auf Situationen außerhalb dieser Übungen. Dabei sind grundsätzlich zwei Bereiche zu unterscheiden. Zum einen ist dies das schulische Umfeld außerhalb dieser spezifischen Übungssituationen, zum anderen geht es um das Leben außerhalb der Schule.

Zwar ist Schule in gewisser Weise immer ein „künstliches" Umfeld, da schon allein durch die Aufsichtspflicht gewährleistet ist, dass im Prinzip immer eine Lehrkraft präsent ist, die sich erzieherischen Zielen verpflichtet fühlt. Dies ist den Schülern durchaus bewusst und mag häufig dazu führen, dass sie sich in der Schule anders verhalten als außerhalb. Trotzdem ist ein großer Teil der vielen Zeit, die sie in der Schule verbringen, „echtes" Leben in dem Sinne, dass sie ständig intensiv mit anderen Menschen umgehen. Ob sie gehänselt, lächerlich gemacht oder aber auch mit Wohlwollen und Wertschätzung behandelt werden, ob sie in Gruppen integriert oder ob sie Außenseiter sind, wird sie in der Schule ebenso unmittelbar berühren wie in anderen Bereichen ihres Lebens, und ihr Handeln in der Schule wird andere Menschen ebenso berühren wie ihr Handeln außerhalb der Schule.

So ist ein großer Teil des Handelns der Schüler in der Schule sicher schon als „Outcome" zu betrachten, insofern es außerhalb von spezifischen Übungssituationen stattfindet und andere Menschen ganz unmittelbar betrifft. Andererseits haben die einzelnen Lehrkräfte und die Schule insgesamt wertvolle Möglichkeiten, das schulische Leben in einer Weise zu gestalten, dass es wiederum zum Übungsfeld werden kann. Dies beginnt im Klassenzimmer, wenn der Lehrer mit den Schülern und die Schüler miteinander umgehen (vgl. Greenberg/Kusche 1998, 11). Hier ist unbedingt zu fordern, dass die Dinge, die in der Theorie erarbeitet und in spezifischen Übungen gefestigt wurden, auch konsequent praktiziert werden. Eine Lehrkraft, die Wertschätzung predigt, selbst aber nicht wertschätzend mit den Schülern umgeht, wird sehr wahrscheinlich einen großen Teil des Lernerfolgs aus vorhergegangenen Unterrichtsstunden schnell wieder zu Nichte machen. Dasselbe gilt für eine Lehrkraft, die wertschätzendes Verhalten zwar in Übungen sehen will, dies aber später im Schulalltag nicht weiter von den Schülern einfordert.

Umgekehrt werden die Chancen, dass ein Transfer in außerschulische Lebensbereiche stattfindet, sicherlich dadurch erheblich verbessert, wenn Schüler z.B. nicht nur über Wertschätzung lesen und reden und sie in Übungen praktizieren, sondern wenn – idealerweise – der ganze Unterricht und darüber hinaus das ganze schulische Leben von einer Atmosphäre der gegenseitigen Wertschätzung getragen ist. Das fordert ein hohes Maß an Reflektiertheit auf Seiten der einzelnen Lehrkraft (Handle ich selbst so, wie ich es von den Schülern erwarte?) und an Zusammenarbeit der Lehrkräfte in einer Schule. Der Ethikunterricht allein wird oft auf weitgehend verlorenem Posten stehen, wenn er nicht durch die allgemeine Praxis in anderen Fächern bzw. der Schule insgesamt unterstützt wird. Dabei können die Ethiklehrkräfte durchaus zu denjenigen gehören, die ggf. die Initiative für eine entsprechende Schulentwicklung ergreifen.

Bereits in Kapitel 1.5 wurde auf das Recht der Eltern hingewiesen, ihre Kinder zu erziehen: „Pflege und Erziehung der Kinder sind das natürliche Recht der Eltern und die zuvörderst ihnen obliegende Pflicht" (GG Art. 6,2). Damit werden dem erzieherischen Auftrag der Schule Grenzen gesetzt. Wie wertschätzend die Eltern mit ihren Kindern umgehen, wie viele Stunden am Tag die Kinder vor dem Bildschirm verbringen, ob Bio-Lebensmittel gekauft werden etc., ist weitestgehend Sache der Eltern (und der Kinder), und die Schule muss sich mit Versuchen, sich in das Familienleben einzumischen, stark zurückhalten. Das bedeutet, dass der Einfluss der Schule auf den „Outcome" ihrer Bildungs- und Erziehungsbemühungen in aller Regel an den Grenzen des Schulgeländes endet.

Dennoch gibt es Möglichkeiten der Zusammenarbeit mit den Eltern, und die Eltern haben andererseits auch Mitspracherechte, wenn es um die Gestaltung des Schullebens ihrer Kinder geht. So können Ethiklehrkräfte die Eltern durchaus darüber informieren, auf welche Weise sie z.b. die Selbstkontrolle der Schüler fördern wollen oder welche Art von Kommunikation sie idealerweise anstreben (vgl. Greenberg/Kusche 1998, 97 ff.). Wenn sich auf diese Weise eine Zusammenarbeit zwischen Schule und Elternhaus entwickelt, ist das im Hinblick auf die „Outcome-Orientierung" sicher ein wertvoller Schritt. Darüber hinaus können Hausaufgaben in einer Form gegeben werden, die kaum als Übergriff auf die Hoheit der Eltern über die Gestaltung des Familienlebens angesehen werden dürfte, aber trotzdem Nutzen verspricht für den „Outcome" des Ethikunterrichts (vgl. ebd., 101 f.). Z.B. können Schüler den Auftrag bekommen, bis zur folgenden Unterrichtsstunde einmal die Technik des „Spiegelns" auszuprobieren (das zusammenfassende Wiedergeben dessen, was der Gesprächspartner gesagt hat oder der Gefühle, die er gerade ausdrückt) und ohne Nennung des Gesprächspartners und ohne Beschreibung der Situation oder des Gesprächsinhalts lediglich aufzuschreiben, wie gut das Spiegeln funktioniert hat, wie sie sich dabei gefühlt haben und wie der Gesprächspartner darauf reagiert hat. (Vgl. Reger et al. 2011, 118)

Es dürfte nicht von ungefähr kommen, dass ausgerechnet eines der erfolgreichsten und am besten evaluierten Programme zur Prävention von Gewalt – „Promoting Alternative Thinking Strategies" oder „PATHS" (vgl. Greenberg/Kusche 1998) – einen auffallend hohen Wert auf die „Outcome-Orientierung" legt. „Outcome-Orientierung" heißt dort „Generalization", also Transfer auf Kontexte außerhalb der durchgeführten Übungen, und zu jedem Thema werden Hinweise gegeben, mit welchen konkreten Maßnahmen der Transfer unterstützt werden kann. (Vgl. ebd., 7)

Zusammenfassung

Für die Erteilung des Unterrichts in Ethikfächern gilt zuerst eine Orientierung an Grundgesetz und Menschenrechten mit ihren Freiheitsgarantien und Wertpräferenzen. Hier hat die Offenheit gegenüber einer Pluralität der Meinungen im Unterricht und Wertorientierungen in Gruppen und der Gesellschaft eine normative Grenze für Akzeptanz. Diese ist in Diskursen aufzuzeigen und zu begründen. Die im Ethikunterricht geforderte religiöse und weltanschauliche Neutralität verlangt die Einhaltung des Überwältigungsverbots und die Reflexion der Vielfalt und Kontroversen von Religionen und Weltanschauungen in der Gesellschaft und Welt und ihrer gegenseitigen Kritik.

Indem die Ethiklehrkräfte die Erfahrungen von Kindern und Jugendlichen aufgreifen und den jeweiligen Stand ihrer Entwicklung und ihre Lebenswelten beachten, entsprechen sie wichtigen Aspekten der Schülerorientierung. Die Problemorientierung hat im Ethikunterricht eine grundlegende Bedeutung. Denn Probleme und Konflikte verweisen häufig auf ihre Moralrelevanz. Sie sind i.d.R. Anstoß zur ethischen Reflexion und Entwicklung von Regeln, Normen und Gesetzen. Die mit ihnen verbundene emotionale Tönung begünstigt die nachhaltige Speicherung der mit ihnen gemachten Diskurs- und Handlungserfahrungen.

In einem ganzheitlich angelegten Unterricht werden alle Persönlichkeitsanteile – sowohl Typ-1- als auch Typ-2-Prozesse der menschlichen Psyche – angesprochen.

Eine herausragende Bedeutung kommt im Ethikunterricht der Entwicklung eines kritischen Geistes der Schüler zu. Bei der Bewertung jeglicher Aussagen mit Wahrheits- und Geltungsansprüchen kommt der Wissenschaftlichkeit eine zentrale Rolle zu. Sie erfordert eine interdisziplinäre Perspektivität bei der Reflexion und Diskussion von Themen aus den Bereichsethiken und den hochkomplexen Schlüsselproblemen unserer Zeit.

Outcome-Orientierung bedeutet eine Orientierung des Unterrichts daran, welche Kompetenzen die Schüler (auch) außerhalb der Schule einsetzen sollen. Der Ethikunterricht wird dieser Forderung gerecht, indem er alle Komponenten der Kompetenz zum sittlichen Handeln fördert. Dabei kommt dem Transfer vom Unterricht in das ganze Schulleben und dann von der Schule in den Alltag eine große Bedeutung zu.

Literatur

Bönsch, M. (2006): Allgemeine Didaktik. Ein Handbuch zur Wissenschaft vom Unterricht. Stuttgart: Kohlhammer.

Bundesministerium für Bildung und Forschung (2003): Zur Entwicklung nationaler Bildungsstandards. Eine Expertise. Bonn: Bundesministerium für Bildung und Forschung.

Böttcher, G./Reich, A. (1998): Soziale Kompetenz und Kreativität fördern. Spiele und Übungen für die Sekundarstufe I. Berlin: Cornelsen.

Cohn, R. (1975): Von der Psychoanalyse zur Themenzentrierten Interaktion. Stuttgart: Klett-Cotta.

Fachverband Philosophie/Fachverband Ethik (2016): Dresdener Konsens für den Philosophie- und Ethikunterricht. ZDPE 2016 (3), 106.

Genfer Abkommen vom 12. August 1949 zum Schutze von Zivilpersonen in Kriegszeiten (Auszug). In: Bundeszentrale für politische Bildung (Hrsg.) (2004): Menschenrechte. Dokumente und Deklarationen. Bonn: Bundeszentrale für Politische Bildung, 279ff.

Greenberg, M. T./Kusche, C. (1998): Promoting Alternative Thinking Strategies (Paths). Blueprints For Violence Prevention Book Ten. Golden, Colorado: Venture Publishing.

Grundgesetz für die Bundesrepublik Deutschland (1990): Bonn: Bundeszentrale für Politische Bildung.

Gudjons, H. (1992): Spielbuch Interaktionserziehung. 185 Spiele und Übungen zum Gruppentraining in Schule, Jugendarbeit und Erwachsenenbildung. Bad Heilbrunn: Klinkhardt.

Jank, W./Meyer, H. (1994): Didaktische Modelle. Frankfurt a.M.: Cornelsen.

Kunzmann, P./Burkhard, F.-P./Wiedmann, F. (2001): dtv-Atlas Philosophie. München: Deutscher Taschenbuch Verlag.

Martens, E. (1999): Philosophieren mit Kindern. Stuttgart: Reclam.

Mücke, K. (2003): Probleme sind Lösungen. Systemische Beratung und Psychotherapie – ein pragmatischer Ansatz. Lehr- und Lernbuch. Potsdam: ÖkoSysteme Verlag.

Münnix, G. (2004): Zum Ethos der Pluralität. Postmoderne und Multiperspektivität als Programm. Münster: LIT.

Orth, G. (1995): „Du sollst nicht bekehren deines Nächsten Kind". Interkulturelles Lernen in Schule, Kirche und Gesellschaft. Frankfurt a.M.: Diesterweg.

Peterßen, W. H. (2001): Kleines Methoden-Lexikon. München: Oldenbourg.

Pfeifer, V. (2009): Didaktik des Ethikunterrichts. Bausteine einer integrativen Wertevermittlung. Stuttgart: Kohlhammer.

Reger, N. et al., Staatsinstitut für Schulqualität und Bildungsforschung (Hrsg.) (2011): Kommunikation und Ethik. München: Kastner.

Rumpf, H. (1986): Unterricht und Identität. Perspektiven für ein humanes Lernen. Weinheim und München: Juventa.

Schiele, S./Schneider, H. (Hrsg.) (1977): Das Konsensproblem in der politischen Bildung. (Reihe Anmerkungen und Argumente 17) Stuttgart: Klett.

Vester, F. (1992): Denken, Lernen, Vergessen. Was geht in unserem Kopf vor, wie lernt das Gehirn, und wann lässt es uns im Stich? München: dtv.

9 Die Methoden des Ethikunterrichts
Rolf Roew

Unabhängig von der jeweils gewählten Methode sind die oben erläuterten didaktischen Prinzipien von allgemeiner Bedeutung. So wird und sollte z.B. der Bezug zur Erfahrungswelt der Schüler immer gegeben sein. Die Frage nach den geeigneten Methoden für den Ethikunterricht lässt sich mithilfe zweier Kriterien beantworten, die in den ersten beiden Teilen dieses Kapitels beleuchtet werden: (1) Sind die untersuchten Methoden moralisch vertretbar? und (2) Sind sie wirksam im Hinblick auf das Ziel? Das Ziel ist die Erziehung der Schülerinnen und Schüler zu moralischem Urteilen und Handeln (vgl. Kap. 1), und so ist dann im Weiteren zu klären, mit welcher Palette von Methoden *alle* Komponenten der Kompetenz zum moralischen Handeln gefördert werden können. Die erfolgversprechenden Methoden werden im Einzelnen vorgestellt und es werden Hinweise gegeben, was bei ihrem Einsatz im Unterricht zu beachten sein wird.

9.1 Zur moralischen Vertretbarkeit von Methoden

Eine ganz selbstverständliche Grenze für den Einsatz von Methoden in der Schule wird durch das Gebot gezogen, die Würde der Schüler zu achten und ihre Gesundheit – auch ihre psychische Gesundheit – nicht zu gefährden. Dieser Grundsatz ist auch im BGB verankert (§ 1631, Abs. II): „Kinder haben ein Recht auf gewaltfreie Erziehung. Körperliche Bestrafungen, seelische Verletzungen und andere entwürdigende Maßnahmen sind unzulässig."

Eine weitere Grenze stellt das Indoktrinationsverbot dar. Im Kapitel 2.5 wurde der folgende Begriff von Indoktrination entwickelt: Schüler werden dann von ihrer Lehrkraft indoktriniert, wenn sie auf eine Art und Weise arbeitet, die es ihnen später deutlich erschweren wird, einen kritischen Abstand zu den Dingen herzustellen, die ihnen als Kinder und Jugendliche vermittelt wurden. Also lautet die Frage hier, welche Art und Weise der Arbeit mit den Schülern diesen später die kritische Prüfung und ggf. Revision dessen deutlich erschweren könnte, was sie in der Schule gelernt haben.

Eindeutig der Fall ist dies bei den typischen Methoden der Gehirnwäsche, die noch dazu allesamt mit einer Verletzung der Menschenwürde verbunden sein dürften. Subtiler und häufig schwerer zu erkennen sind hingegen Suggestionen.

Definition

Suggestion „ist die Beeinflussung des Denkens, Fühlens, Wollens oder Handelns eines Menschen unter Umgehung seiner rationalen Persönlichkeitsanteile ..." (Stokvis und Pflanz 1961, zitiert in Wirtz 2013, 1512)

Pawlowski und Riebensahm (2000, 11f) weisen darauf hin, dass wir uns gegenseitig im Alltag ständig Dinge zu suggerieren versuchen und dass uns diese Suggestionsversuche häufig gar nicht bewusst sind. Und Äußerungen von uns wirken auch dann oft suggestiv, wenn sie von uns gar nicht als Suggestion beabsichtigt waren (vgl. ebd.). Suggestionen durch die Lehrkraft im Ethikunterricht sind deshalb sehr problematisch, weil sie der Förderung der Autonomie der Schüler (vgl. Kap. 2.6) und der Entwicklung ihres kritischen Geistes (vgl. Kap. 2.7) eklatant widersprechen. Wie im Kapitel 2.6 ausgeführt, ist die Rationalität von Kindern je nach Alter und Entwicklungsstand aber nur eingeschränkt ausgeprägt. Aber daraus ergibt sich dennoch die Verpflichtung für die Lehrkraft, das, was an Rationalität bei ihren Schülern schon da ist, auch jederzeit einzubeziehen und es nicht zu umgehen. Mit anderen Worten haben wir unsere Absichten offenzulegen und den Schülern zu erklären und zu begründen, warum wir im Unterricht bestimmte Dinge mit ihnen tun.

Aus der Tatsache, dass auch ohne unsere bewusste Absicht vieles von dem, was wir sagen und tun, auf die Schüler suggestiv wirken wird, ergibt sich eine hoher Anspruch an die Reflektiertheit von Ethiklehrkräften: Wir müssen uns ständig daraufhin überprüfen, welche Einstellungen wir selbst zu bestimmten Themen haben und ob wir den Schülern diese Einstellungen auf eine implizite Weise zu vermitteln versuchen, ohne dass wir dies den Schülern gegenüber explizit machen. Denn den Schülern dürfte es später sehr viel schwerer fallen, implizite Beeinflussungen aufzudecken, als sich mit normativen Aussagen auseinanderzusetzen, die explizit geäußert wurden.

Eine weitere Aufgabe, die sich Ethiklehrkräften in diesem Zusammenhang stellt, ist das Aufzeigen von Suggestionsversuchen in Medien (vgl. Kap. 9.7).

9.2 Zur Wirksamkeit von Methoden

Das wesentliche Ziel des Ethikunterrichts liegt in der Förderung der Kompetenz zum sittlichen Handeln (vgl. Kap. 1). Welche Methoden sind nun dafür zielführend? Die vielleicht wichtigste Erkenntnis zu dieser Frage formuliert Uhl (1996, 109f) wie folgt: „Wie beim herkömmlichen Moralunterricht hat sich auch hier die Auffassung der Kritiker bestätigt, daß die rein rationalitätsorientierten Programme im Regelfall wenig bis gar nichts für das Werden der moralisch relevanten Wertüberzeugungen und Verhaltensbereitschaften beitragen." Dabei charakterisiert Uhl (ebd., 31) rationalitätsorientierte Programme folgendermaßen:

> „Die Erziehungsmittel Belehrung, Unterricht, Lehrgespräch und Lektüre haben zwei gemeinsame Merkmale. Das erste ist, daß bei ihnen die gesprochene bzw. geschriebene Sprache im Mittelpunkt steht: ‚das eigentliche, man möchte fast sagen, das Königsmittel ... [ist] das Wort' (P. OSWALD 1973, S. 69). Das zweite gemeinsame Merkmal ist, daß sie hauptsächlich auf das Denken und die Vernunft des Edukanden gerichtet sind. Sie sprechen in vielen Fällen natürlich auch das gefühlsmäßige Erleben an ... In erster Linie sollen sie aber auf die vernunftbestimmten Komponenten der Persönlichkeit wirken."

Mit anderen Worten wirken sie fast ausschließlich auf die sogenannten Typ-2-Prozesse der menschlichen Psyche (vgl. Kap. 3.4.1). Sie können u.a. auch deshalb kaum auf Typ-1-Prozesse wirken, da diese keine verbalisierten Informationen wie Argumente oder Instruktionen verstehen; Typ-1-Prozesse bzw. implizite Prozesse lernen durch wiederholte Erfahrung (vgl. Kap. 3.4.4). Da die Beteiligung von Typ-1-Prozessen in aller Regel aber unverzichtbar ist, damit sittliches Handeln stattfinden kann (vgl. Kap. 3.4), muss es schon aus theoretischen Erwägungen heraus nicht verwundern, dass die alleinige Förderung der Ratio in den meisten Fällen unzureichend ist, zumal kognitive Dissonanzen, also Diskrepanzen zwischen impliziten und expliziten Motiven und Einstellungen, offensichtlich ein sehr häufiges Phänomen sind (vgl. Kap. 3.4.3). McClelland et al. (1989, 700) geben die Höhe der Korrelation zwischen impliziten und expliziten Motiven sogar als praktisch null an.

Definition

Rationalitätsorientierte Methoden zielen im Wesentlichen auf die Unterstützung von Typ-2-Prozessen der Psyche, insbesondere auf eine Erweiterung des expliziten Wissens und eine Förderung des expliziten Urteilsvermögens.

Uhl belegt sein Urteil über rationalitätsorientierte Programme mit den Ergebnissen einer Vielzahl von Untersuchungen aus der empirischen Unterrichtsforschung und der Erziehungsstilforschung (vgl. Uhl 1996, 56f). Weitere Unterstützung bekommt Uhl durch eine sehr einfache Tatsache, die uns allen aus eigener Erfahrung vertraut sein dürfte: Zu wissen, was die richtige Handlung wäre, heißt noch lange nicht, dies auch zu tun. Das ist nicht nur eine Binsenweisheit, sondern empirisch sehr gut belegt. Dazu Lind (2003, 34): „Zwischen (moralischen) Einstellungen und Werthaltungen einerseits und dem Verhalten in kritischen Situationen andererseits gibt es kaum einen systematischen Zusammenhang." Dabei beruft sich Lind auf eine umfangreiche Untersuchung von Hartshorne und May (1928). Ganz ähnlich äußert sich Hoff (1999, 244) mit Blick auf eine Studie von Wehrspaun (1994) aus der Umweltbewusstseinsforschung: „Zwischen ... umweltfreundlichen Einstellungen einerseits und dem tatsächlichen Verhalten andererseits bestehen anscheinend keine nennenswerten Zusammenhänge." Und Damon (1999, 67) hält fest: „Das moralische Wissen genügt eben nicht als Antrieb für moralisch motiviertes Verhalten." Zudem weist Uhl (1996, 109) darauf hin, dass die meisten Kinder „wissen, daß sie nicht lügen, stehlen und andere Kinder quälen dürfen und ehrlich, freundlich und hilfsbereit sein sollen. Wenn sie sich nicht daran halten, dann liegt das nur in Ausnahmefällen an der mangelnden Urteilsfähigkeit." So ist an dieser Stelle zusammenfassend festzuhalten, dass die folgende grundsätzliche Aussage durch eine Vielzahl von Untersuchungen aus der Sozialpsychologie, der Erziehungsstilforschung und der Unterrichtsforschung bestätigt wird: Veränderungen im Bereich der rationalen Ebene bzw. der Typ-2-Prozesse allein werden nur in seltenen Fällen ein verändertes Handeln zur Folge haben.

Während diese grundsätzliche Aussage wie oben gezeigt als empirisch sehr gut belegt gelten kann, lässt der Stand der Forschung noch kaum belastbare Aussagen über die Wirksamkeit einzelner rationalitätsorientierter Methoden wie z.B. des Unterrichtsgesprächs zu. Ausnahmen sind herkömmliche Aufklärungsprogramme und Programme zur Wertklärung.

Herkömmliche Aufklärungsprogramme werden z.B. immer wieder im Rahmen von Anti-Drogen-Kampagnen oder im Rahmen der Sexualerziehung durchgeführt. Sie setzen typischerweise auf Wissensvermittlung, insbesondere z.B. hinsichtlich der schädlichen Folgen von Drogenkonsum oder Fahrlässigkeit bei der Verhütung von Geschlechtskrankheiten. Zumeist wird dabei unterstellt, dass Menschen Handlungen unterlassen werden, wenn sie denn genau genug um deren schädliche Folgen für sie selbst wissen: Niemand wird sich wissentlich selbst schaden wollen.

Uhl (1996, 51) bezeichnet die Lage bei der Erforschung der Wirksamkeit solcher Programme als „ausgezeichnet". Die Resultate dieser Programme sind ernüchternd:

> „Die Wissensziele werden in der Regel gut erreicht. Die große Mehrheit der Schüler verfügt am Ende der Unterrichtseinheit über die Wissenselemente, die vom Lehrer behandelt worden sind. Einstellungsänderungen in der gewünschten Richtung kommen seltener vor. Sie treten – wenn überhaupt – nur bei einem Teil der Schüler auf und gehen nach Abschluß der Programme meistens wieder verloren. Verhaltensänderungen, die auf den Erwerb neuer Dispositionen zum moralisch guten Verhalten schließen lassen, werden nur in sehr geringem Maß beobachtet und gelten daher als Ausnahme." (Uhl 1996, 53)

Paulus (2005) kommt zusammenfassend zu dem Schluss, dass bei Vorbeugungsprogrammen „die Hoffnung, dass reine Information und Aufklärung zu vernünftigerem Verhalten führt, trügt." Nach aller Erfahrung seien interaktive Programme mit Rollenspielen erfolgversprechender. Als eindrucksvolles Beispiel für ein erfolgloses herkömmliches Aufklärungsprogramm nennt Paulus (ebd.) das DARE-Programm:

> „Zur traurigen Bilanz trug auch DARE (Drug Abuse Resistance Education) bei, das wohl bekannteste Drogenpräventionsprogramm der Welt. Es kostete Milliarden und erreichte zeitweise drei Viertel der US-Schüler. Schon Anfang der neunziger Jahre bewiesen Unter-

suchungen, dass die Schüler dank DARE zwar mehr über Drogen wussten, aber unbeeindruckt weiter Rauschgift und Tabak konsumierten."

Gelegentlich haben sich herkömmliche Aufklärungsprogramme gar als kontraproduktiv erwiesen. So nahmen Teilnehmer an Anti-Drogen-Programmen an Schulen nach Beendigung des Programms häufiger Drogen als Mitglieder einer Vergleichsgruppe, die das Programm nicht durchlaufen hatte (vgl. Uhl 1996, 54; Paulus, 2005).

Die Programme zur *Wertklärung* sind laut Uhl (1996, 72) „recht gut erforscht". Ihre wesentlichen Ziele liegen darin, Schülern zu Klarheit darüber zu verhelfen, welche Werte sie selbst verfolgen, sie in die Lage zu versetzen, die relevanten Werte aus bestimmten Entscheidungssituationen herauszuarbeiten, aber auch die Bereitschaft, gemäß ihrer Überzeugungen zu handeln (vgl. ebd., 64). Dabei werden ihnen z.B. Fragen oder Texte zur Beurteilung vorgelegt. Die Lehrkraft hat eine konsequent neutrale Position einzunehmen und muss alle Meinungsäußerungen der Schüler gelten lassen. Die empirischen Untersuchungen dieser Methode zeigen, dass sich damit die erwarteten positiven Resultate nicht erreichen lassen (vgl. ebd., 75; Becker 2008, 84).

Als am erfolgversprechendsten haben sich Programme erwiesen, die neben rationalitätsorientierten Methoden auch Methoden berücksichtigen, die auf andere Bereiche der menschlichen Psyche abzielen. „Die höchsten Erfolgsaussichten sind bei den Programmen vorhanden, bei denen durch eine Kombination von Mitteln die gesamte Persönlichkeit des Edukanden angesprochen wird." (Uhl 1996, 199f; vgl. ebd., 77, 268) Damit bestätigt die empirische Unterrichtsforschung, was bereits in den Kapiteln 3 und 4 herausgearbeitet wurde: Kompetenz liegt erst dann vor, wenn *alle* Komponenten einer Kompetenz entwickelt sind. Das wesentliche Ziel des Ethikunterrichts, nämlich sittliches Handeln, wird nur dann effektiv verfolgt werden können, wenn neben explizitem Wissen und explizitem Urteil auch alle anderen im Kompetenzmodell (siehe Kap. 4) dargestellten Komponenten in angemessener Weise gefördert werden.

9.3 Das Pädagogische Rollenspiel und das Standbild

9.3.1 Charakterisierung des Pädagogischen Rollenspiels

In der Schule werden unterschiedliche Formen von Spiel eingesetzt, in denen Schüler Szenen darstellen. Sie unterscheiden sich vor allem darin, dass bei ihrer Zielsetzung unterschiedliche Schwerpunkte gesetzt werden. So steht etwa beim *Szenischen Lernen* die Veranschaulichung von Wissen im Vordergrund, wenn z.B. historische Szenen nachgestellt werden. Beim *Darstellenden Spiel* wird großer Wert auf die schauspielerische Leistung der Schüler gelegt. Diese Aspekte treten beim *Pädagogischen Rollenspiel* hingegen in den Hintergrund.

Definition

Das *Pädagogische Rollenspiel* ist durch die Inszenierung und Reflexion lebensnaher Situationen gekennzeichnet und will die Schüler mit pädagogischen Mitteln für die Bewältigung ihres Alltagslebens stärken.

Von großer Bedeutung ist dabei eine klare Abgrenzung von pädagogischer und therapeutischer Arbeit. Freudenreich (2003, 1f) sieht den Gegenstand der Therapie vor allem darin, „früh erworbene Blockierungen, Verletzungen und Defizite" aufzuarbeiten. Die Pädagogik aber beschäftige sich mit der „Erfüllung und Erweiterung des freien Potentials." Zwei konkrete, in der Praxis sehr gut umsetzbare Hinweise finden sich bei Schwehm (2004):

- im Rahmen der pädagogischen Arbeit in der Schule wird die Biographie des Schülers nicht angetastet, mit anderen Worten findet keine aufdeckende Arbeit statt (vgl. auch Wilhelmer 1995, 25);
- beim Einsatz des Pädagogischen Rollenspiels wird ausschließlich mit der beobachtbaren Oberfläche des Spiels gearbeitet.

Auf die Einhaltung dieser Einschränkungen ist streng zu achten, weil Lehrkräfte nicht über die nötige Ausbildung zum Therapeuten verfügen, die Schule keine geeignete Umgebung für Therapie darstellt und therapeutische Prozesse in jedem Fall ein ausdrückliches Einverständnis der Behandelten bzw. deren Eltern benötigen. Das wichtigste Mittel, um diese Vorgaben Schwehms umzusetzen, ist im Pädagogischen Rollenspiel die klare Trennung von Rolle und Person (siehe unten).

Das Erproben und Üben von Handlungsalternativen im Rollenspiel hat gegenüber Handeln im Alltag den großen Vorteil, dass die Schüler sich dabei in einem vergleichsweise geschützten Raum bewegen (vgl. Freudenreich 2003, 3). Denn im Alltag ist ihr Handeln praktisch immer mit Konsequenzen verbunden, im Rollenspiel kaum. Außerdem sind sie im Rollenspiel durch die Trennung von Rolle und Person geschützt: Es sind nie sie selbst, die bestimmte Dinge im Rollenspiel tun, sie spielen immer eine Rolle. Die Situationen im Rollenspiel sind meist weniger komplex, dieselbe Situation kann wiederholt mit verschiedenen Varianten gespielt werden und es sind Beobachter da, die in der Reflexionsphase ihre noch frischen Eindrücke wiedergeben. Zudem regt das Rollenspiel nach aller Erfahrung in stärkerem Maße Emotionen an als andere Formen des Unterrichts – und zwar sowohl bei den Spielern selbst als auch den Beobachtern.

9.3.2 Ziele des Pädagogischen Rollenspiels im Ethikunterricht

Je nach Schwerpunktsetzung ist zu erwarten, dass das Pädagogische Rollenspiel einen großen Teil der Komponenten der Kompetenz zum sittlichen Handeln fördern kann:

- die Schüler erlangen *implizites Wissen* durch ihre Handlungserfahrungen in Kombination mit den Emotionen, die sie dabei im Rollenspiel erleben;
- dadurch verändern sich u.U. auch ihre *impliziten Einstellungen*;
- wenn sie im Spiel Emotionen ausdrücken, in der Reflexionsphase Emotionen benennen und dann analysieren, woran sie diese erkannt haben, machen sie Fortschritte bei ihrer *emotionalen Alphabetisierung*;
- als Beobachter üben sich die Schüler in genauer *Situationserfassung* – insbesondere in der Unterscheidung von Wahrnehmung und Interpretation – und erfahren bei der Auswertung ihrer Ergebnisse, dass Situationen von verschiedenen Beobachtern oft unterschiedlich wahrgenommen und vor allem unterschiedlich interpretiert werden;
- die Fortschritte in der emotionalen Alphabetisierung und die Schärfung ihrer Wahrnehmung tragen weiter zu ihrer Fähigkeit zur *Situationserfassung* bei;
- die Erfahrungen im Umgang mit ihren Emotionen im Rollenspiel und die Fortschritte in der emotionalen Alphabetisierung fördern ihre *Emotionsregulierung*;
- die Perspektivwechsel im Rollenspiel fördern das Entstehen von *Empathie*, und die verbesserte Emotionsregulierung trägt dazu bei, dass aus Empathie nicht aversive Gefühle erwachsen, sondern *Compassion*;
- erfolgreiches Handeln im Rollenspiel gibt ein Gefühl von *Selbstwirksamkeit*;
- Compassion und ein Gefühl von Selbstwirksamkeit sind wichtige Quellen der *Motivation* zum sittlichen Handeln;
- im Rollenspiel können die Schüler *Selbstkontrolle*, *Selbstbehauptung* und *konstruktive Kommunikation* üben.

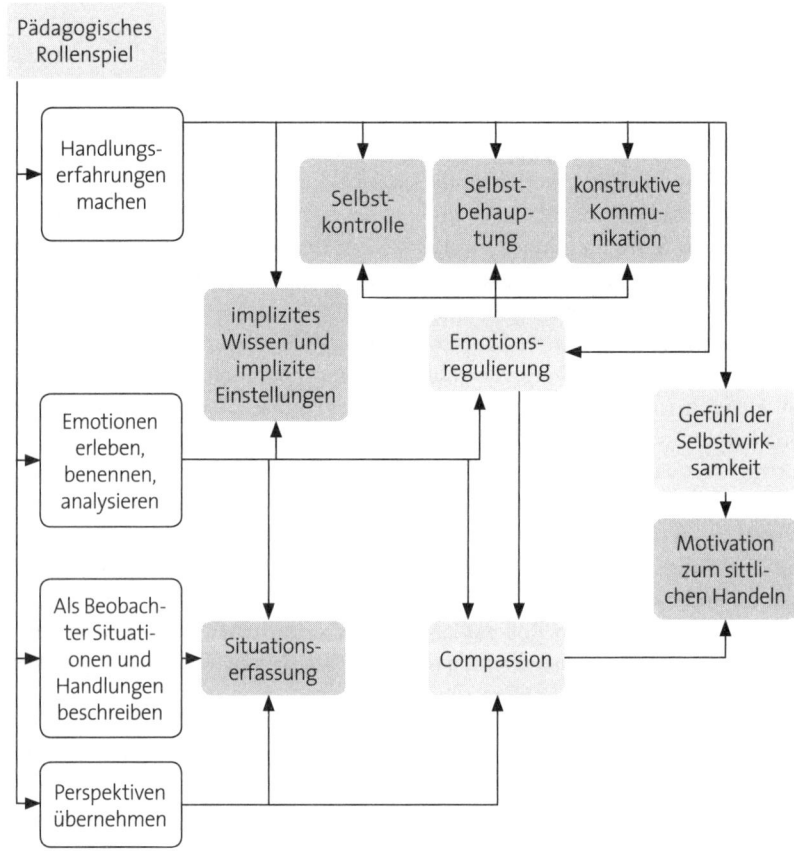

Abb. 15: Wirkungszusammenhänge im Pädagogischen Rollenspiel

Damit hat das Pädagogische Rollenspiel gerade in denjenigen Bereichen seine Stärken, zu denen rationalitätsorientierte Methoden wenig beitragen können. Wichtig für den Erfolg von Pädagogischen Rollenspielen ist dabei jedoch die Fokussierung (vgl. Freudenreich 2003, 4). Gerade weil sie so vielfältige Anknüpfungspunkte bieten, besteht die Gefahr, dass die Lehrkraft sich verzettelt. Ohne die bewusste Konzentration auf bestimmte Aspekte wird man die nötige Tiefe und Klarheit bei der Auswertung eines Rollenspiels wohl nicht erreichen können. „Wer alles zugleich erreichen will, erreicht meist gar nichts." (Gudjons 1998, 9)

9.3.3 Aussagen der empirischen Forschung zum Pädagogischen Rollenspiel

Mit dem Spielen einer Rolle ist notwendigerweise verbunden, eine bestimmte Perspektive zu übernehmen. Und in der Sozialpsychologie herrscht offenbar große Einigkeit darin, dass die Fähigkeit zur Perspektivübernahme die Grundlage ist für eine ganze Reihe sozialer Kognitionen: „Die grundlegende Entwicklungsleistung, die die Basis jeden Bereichs sozial-kognitiver Entwicklung bildet, ist die Perspektivübernahme." (Lapsley 2006, 58, eigene Übersetzung; vgl. auch Becker 2008, 114) Perspektivübernahme fördert Empathie (Eisenberg et al. 2015, 616; Batson et al. 2007, 65f, 70, 73) und prosoziales Verhalten (vgl. Carlo 2014, 212, 222; Eisenberg et al. 2015, 636; Batson et al. 2007, 72) und führt zu größerer Differenziertheit im Bereich moralischer Emotionen und moralischer Argumentation (Malti/Ongley 2014, 167) und zum direkten Nachempfinden von Emotionen (Haidt/Bjorklund 2008, 194).

Im Jahre 1972 führten Clore und MacMillan Jeffery eine Untersuchung durch, in der gesunde Probanden die Rolle eines Gehbehinderten spielten und auf einem Universitäts-Campus eine Stunde in einem Rollstuhl verbrachten. Dabei wurden sie mit einigem Abstand von einem weiteren Probanden begleitet, der sie bei ihren Erfahrungen beobachtete. Das Ergebnis waren deutliche, positive Veränderungen in den Einstellungen der Rollenspieler zu Behinderten und zu Fragen, die behinderte Studenten betrafen. Diese Veränderungen waren auch bei einer Nachuntersuchung vier Monate später noch festzustellen. Besonders interessant und von Bedeutung für das Rollenspiel in der Schule ist die Tatsache, dass bei den Beobachtern der Rollenspieler ganz ähnliche Effekte festzustellen waren.

Aronson et al. (2014, 237f) berichten von Programmen zum Abbau von Rauchen und Drogenkonsum, die Rollenspiele einsetzten und – im Gegensatz zu den oben beschriebenen herkömmlichen, rein rationalitätsorientierten Programmen – signifikant positive Ergebnisse erzielten. In einer Kurzzeitintervention von einem Tag Dauer setzten Mischo et al. (2004) in einer 7. Klasse ein Bild aus einem Comic zur Definition eines Problems und anschließend Rollenspiele ein. Danach zeigte die trainierte Gruppe eine deutlich Verbesserung bei der Perspektivübernahme, während bei den Werten der Kontrollgruppe, die in der Zeit normalen Unterricht bekam, keine Veränderungen festzustellen waren.

Uhl (1996, 128) stellte in einer Metastudie zur Wirksamkeit von Rollenspielen fest, dass die Ergebnisse der empirischen Untersuchungen „nicht übereinstimmend, sondern uneinheitlich und teilweise widersprüchlich" waren. Eine Gruppe von Untersuchungen zeigte positive Wirkungen, z.B. in Form von erhöhter Bereitschaft zu prosozialem Handeln und verbesserter Perspektivübernahme (vgl. ebd. 137f), in anderen Untersuchungen wurden diese positiven Wirkungen allerdings nicht bestätigt. Bei genauerer Betrachtung stellt sich aber heraus, dass die Feldversuche, in denen keine positiven Wirkungen von Rollenspielen gezeigt werden konnten, unter deutlich schlechteren Bedingungen stattfanden:

„Hier sind meistens durchschnittliche Lehrer ohne spezielle Ausbildung als Spielleiter eingesetzt worden; die Rollenspiele sind unzureichend geplant und laienhaft durchgeführt worden; sie waren nicht oder nur oberflächlich mit dem restlichen Unterricht verbunden; und die Schüler sind weder auf die neue Methode vorbereitet noch dazu angeleitet worden, in der Nachbereitungsphase aus ihren Rollenspielerfahrungen zu lernen." (Ebd., 139)

Dazu ist zum einen zu sagen, dass die Wirksamkeit jeder Art von Unterricht deutlich leiden wird, wenn er auf eine derart mangelhafte Weise durchgeführt wird, und die schlechten Resultate dieser Feldversuche sind vor diesem Hintergrund wenig überraschend. Zum anderen arbeitet Uhl punktgenau heraus, worauf es beim Einsatz des Pädagogischen Rollenspiels besonders ankommt:
• die Lehrkräfte brauchen Aus- bzw. Fortbildung für das Pädagogische Rollenspiel;
• der Einsatz von Rollenspielen ist sorgfältig zu planen und sinnvoll in den Unterrichtszusammenhang einzubetten;
• die Schüler müssen auf Rollenspiele in geeigneter Weise vorbereitet werden;
• die Reflexionsphase ist von essentieller Bedeutung für den Erfolg des Rollenspiels.

Grundvoraussetzung ist eine positive Haltung der Lehrkraft zum Pädagogischen Rollenspiel, und eigene Erfahrungen als Rollenspieler werden sicherlich sehr hilfreich sein (vgl. Wilhelmer 1995, 25).

9.3.4 Methodische Hinweise zum Einsatz des Pädagogischen Rollenspiels

Das Pädagogische Rollenspiel lässt sich grob in drei Phasen einteilen (vgl. z.B. Wilhelmer 1995, 26; Roew et al. 2006):
• Vorbereitungsphase;
• Spielphase;
• Reflexionsphase.

Ohne sorgfältige Vorbereitung der Schüler, der Spielphase und der Reflexionsphase wird das Pädagogische Rollenspiel nur wenig Aussicht auf Erfolg haben (vgl. z.B. Goldemund 1995, 35). Und „Rollenspiele sind fast wertlos, wenn der Jugendliche eine oberfächliche Rückmeldung erhält" (Petermann/Petermann 1993, 40; vgl. auch Gudjons 2003, 31). Zwar steht das Spiel im Zentrum der Methode, die Spielphase selbst wird aber mit einiger Sicherheit den deutlich geringsten Anteil an der Zeit haben, die für die Arbeit mit dem Pädagogischen Rollenspiel insgesamt eingesetzt wird. „Es wird höchstens 6-10 Minuten gespielt. In dieser Zeit ereignet sich so viel, dass eine Auswertung geschehen muss." (Freudenreich 2003, 6) Häufig ist aber bereits eine Spielzeit von 3-4 Minuten völlig ausreichend und liefert so viel Input – alleine für das Thema, auf das jeweils der Fokus der Stundensequenz liegt –, dass eine intensive, fruchtbare Reflexionsphase von einer halben Stunde oder mehr danach keine Seltenheit ist.

Die Vorbereitungsphase des Pädagogischen Rollenspiels

Zunächst macht die Lehrkraft die Schüler mit der Methode vertraut. Dazu gehören insbesondere die Trennung von Rolle und Person (vgl. Roew et al. 2006, 29) und Feedbackregeln für die Reflexionsphase, die sicherstellen, dass die Schüler die Trennung von Rolle und Person einhalten und ihre Mitschüler mit Wertschätzung behandeln. (Vgl. ebd, 48; Reger et al. 2011, 63ff) Zahlreiche Übungen zum Geben und Annehmen von Feedback finden sich z.B. bei Gudjons (2003, 137ff).

Von großer Bedeutung für den Erfolg von Rollenspielen ist eine förderliche Atmosphäre in der Gruppe. Nötig sind Vertrauen, Kooperationsbereitschaft, Spielfreude und Konzentration. Dafür gibt es jeweils spezifische Spiele und Übungen:

- Kennenlernspiele, um die ersten Voraussetzungen für Vertrauen zu schaffen (siehe z.B. Roew et al. 2006, 14f; Goldemund 1995, 37f);
- Vertrauensspiele (siehe z.B. Roew et al. 2006, 15f; Gudjons 2003, 137ff; Goldemund 1995, 38);
- Kooperationsspiele, von denen einige auch besonders dazu geeignet sind, eine konzentrierte Atmosphäre herzustellen (siehe z.B. Roew et al. 2006, 16ff; Gudjons 2003, 181ff);
- Fun & Power Games zur Steigerung der Spielfreude und des Energieniveaus (siehe z.B. Roew et al. 2006, 18ff).

Besonders gut zur Vorbereitung auf das Rollenspiel geeignet sind auch Übungen und Spiele aus dem Improvisationstheater. Darin können die Schüler eine Fertigkeit erwerben bzw. ausbauen, die sehr wichtig für ein gelingendes Rollenspiel ist: Bälle von ihren Mitspielern annehmen, d.h. spontan auf ihre Beiträge reagieren – zur Not irgendwie –, und ihren Mitspielern andererseits auf eine Art und Weise Bälle zuzuspielen, die es ihnen erleichtert, im Spiel zu bleiben. Wenn die Schüler in diesen Spielen und Übungen erleben, dass sie tatsächlich in der Lage sind zu spielen, ohne dass peinliche Pausen entstehen, wird das dazu beitragen, dass ihre Schwellenangst vor dem Rollenspiel abnimmt. Darüber hinaus vermitteln Improvisationsübungen und -spiele viel Freude und Lust am Spiel und regen die Kreativität an. Eine reiche Auswahl findet sich z.B. bei Vlcek (2003).

Der Zeitbedarf für die Vorbereitung der Schüler auf das Pädagogische Rollenspiel wird je nach Gruppe stark unterschiedlich ausfallen. Eine ideale Gruppe hat schon viel Erfahrung mit dem Rollenspiel, ist konzentriert, spielfreudig und voller Vertrauen. Dann kann die Lehrkraft schon nach kurzer Zeit mit dem Spiel beginnen. Die meisten Gruppen haben aber mehr oder weniger stark ausgeprägte Defizite, meist in einem bestimmten Bereich. Und in diesem Bereich muss dann entsprechend viel Vorbereitungszeit investiert werden. Eine sehr ruhige, zurückhaltende Gruppe z.B. braucht vor allem Fun & Power Games, während gerade diese Art von Spielen eine aufgedrehte Gruppe von Sechstklässlern u.U. vollends außer Rand und

Band bringt; diese braucht wiederum eher Konzentrationsübungen und -spiele und eine Lehrkraft, die ruhig und bestimmt auftritt. Dabei haben die oben angeführten Spiele und Übungen einen hohen diagnostischen Wert, wenn die Lehrkraft sich zunächst ein Bild von der Gruppe machen möchte, bevor sie Schwerpunkte in der Vorbereitung setzt. Eine weitere Möglichkeit zur Vorbereitung des Rollenspiels liegt darin, zunächst mit Standbildern zu arbeiten (siehe unten), da diese für Lehrkräfte und Schüler aufgrund ihrer geringeren Komplexität und Dynamik einfacher zu handhaben sind. Grundsätzlich sollte mit dem Spiel erst begonnen werden, wenn die Lehrkraft das Gefühl hat, dass ihre Gruppe tatsächlich ausreichend vorbereitet ist. Das braucht u.U. anfangs Geduld, aber die investierte Zeit wird sich sehr wahrscheinlich merklich rentieren.

Für die spezifische Vorbereitung eines bestimmten Rollenspiels ist im Weiteren vor allem das Folgende zu tun (vgl. Roew et al. 2006, 28ff; Freudenreich 2003, 5f):

* die Schüler erarbeiten die Spielanleitung bzw. arbeiten sich in eine vorbereitete Spielanleitung ein,
* besetzen die Rollen,
* richten die Szene ein und
* fühlen sich in die Rollen ein.

Petermann und Petermann (1993, 43) weisen darauf hin, dass eine Übertragung von im Unterricht gemachten Erfahrungen auf den Alltag u.a. davon abhängt, wie wirklichkeitsnah die Übungssituationen gestaltet werden.

Die Spielphase des Pädagogischen Rollenspiels
Eine Gruppe wird ausgewählt, die zuerst spielen soll. Alle anderen Schüler erhalten einen detaillierten Beobachtungsauftrag, mit dem sie sich vertraut machen (ein Beispiel bei Roew et al. 2006, 79; siehe auch das Unterrichtsbeispiel unten). Um die Trennung von Rolle und Person deutlich zu markieren, sollte ein Bühnenraum im Klassenzimmer gekennzeichnet werden (vgl. Freudenreich 2003, 3). Jeweils ein Rollenspieler betritt die Bühne und wird von der Lehrkraft eingerollt (siehe Roew et al. 2009, 42). Die Schüler stellen sich dem Publikum kurz in ihrer Rolle vor und nehmen die Ausgangspositionen für den Beginn ihres Spiels ein. Die Lehrkraft erinnert die Beobachter an ihre Aufgabe und startet das Spiel mit einem deutlichen Signal.

Häufig wird die Lehrkraft das Spiel ohne Unterbrechung durchlaufen lassen – insbesondere, wenn die Schüler und/oder die Lehrkraft noch wenig Erfahrung mit dem Rollenspiel haben. Für Fortgeschrittene gibt es aber eine Reihe sogenannter Handlungs- bzw. Interventionstechniken, mit denen sich das Spiel intensivieren lässt (vgl. Freudenreich 2003, 7f; Roew et al. 2006, 43ff). Z.B. kann die Lehrkraft das Spiel *einfrieren*, um eine bestimmte, sehr aussagekräftige Szene in einem Spiel genauer mit den Schülern zu analysieren, und das Spiel danach weiterlaufen lassen (vgl. das Unterrichtsbeispiel unten).

Das Spiel wird grundsätzlich durch die Lehrkraft beendet und zwar wiederum mit einem deutlichen Signal, wenn die Gruppe am Ende ihres Spiels angekommen ist, wenn das Spiel sich totgelaufen hat oder – in eher seltenen Fällen – wenn es zu intensiv wird, die Schüler das Rollenspiel für Blödsinn missbrauchen oder andere Regeln verletzen. Bevor die Schüler aus dem Spiel entlassen werden, gibt es noch die Möglichkeit des Interviews von Figuren in ihrer Rolle durch die Lehrkraft oder beobachtende Schüler, in dem z.B. die Frage danach gestellt werden kann, inwieweit die jeweilige Figur mit dem Ausgang der gespielten Szene zufrieden ist oder wie sie sich jetzt fühlt („Wie geht es Ihnen jetzt, Herr Meier?"). Der Spieler antwortet dann aus der Rolle heraus, nicht als Schüler.

Wenn die Spieler die Bühne verlassen, werden sie von der Lehrkraft ausgerollt (vgl. Freudenreich 2003, 6; Roew et al. 2006, 48), setzen sich zum Publikum und sprechen danach nicht mehr aus ihrer Rolle heraus.

Die Reflexionsphase des Pädagogischen Rollenspiels

Speziell Lehrkräfte, die selbst wenig Erfahrung als Rollenspieler haben, unterschätzen möglicherweise die emotionale Wirkung des Rollenspiels bzw. die emotionale Belastung, die Rollenspieler erleben, wenn das Spiel intensiver wird. Einerseits resultiert gerade daraus ein Teil der Wirkung des Pädagogischen Rollenspiels, andererseits sollte die Lehrkraft dies berücksichtigen, wenn sie das Rollenspiel plant und wenn sie das Spiel leitet. So sollte Schülern, die gerade eine Rolle abgelegt haben, nach einem intensiven Spiel unbedingt die Gelegenheit gegeben werden, sich zumindest kurz auszusprechen, indem sie z.B. berichten, wie es ihnen als Person (nicht in der Rolle) im Spiel ergangen ist, wie es ihnen jetzt geht oder um sich vielleicht von einer negativ besetzten Rolle explizit distanzieren zu können (z.B. „Mir fällt es schwer, auf diese Art aufzutreten."). Da auch die Beobachter vom Rollenspiel emotional berührt werden (vgl. Freudenreich 2003, 3f), sollten auch sie nach einem ausgesprochen intensiven Spiel diese Gelegenheit bekommen.

Erst dann tragen die Beobachter ihre Ergebnisse mit Hilfe ihrer Notizen auf dem Beobachtungsbogen vor, und diese werden verglichen, diskutiert und schließlich als Basis für die weitere Auswertung verwendet. Dabei kommen der Lehrkraft vor allem die folgenden Aufgaben zu:

- das Gespräch immer wieder auf denjenigen Aspekt fokussieren, der Thema der Rollenspiel-Einheit ist;
- das Einhalten der Trennung von Rolle und Person konsequent durchsetzen („Das war nicht Thomas, sondern Herr Meier!"; vgl. Freudenreich 2003, 3);
- die Schüler Wahrnehmungen und Interpretationen trennen lassen;
- das Gespräch vertiefen z.B. ggf. durch In-Frage-Stellen von Schüleräußerungen, Hinzufügen eigener Beobachtungen oder Anregungen zum Weiterdenken;
- wichtige (Zwischen-)Ergebnisse zusammenfassen und festhalten.

Die darstellerische Leistung der Schüler im Rollenspiel stellt kein zentrales Ziel des Ethikunterrichts dar. Deshalb sollte von einer Benotung des Spiels wohl abgesehen werden (vgl. Freudenreich 2003, 4), zumal das von der Konzentration auf die relevanten Themen ablenken und bei einigen Schülern eher hemmend wirken könnte. Es dürfte aber keinen Grund dafür geben, die Beiträge der Schüler in der Reflexionsphase nicht zu benoten; insbesondere kann die Sorgfalt und Genauigkeit bei der Erfüllung ihrer Beobachteraufgaben eine gute Basis für eine mündliche Note sein.

9.3.5 Ein Beispiel für den Einsatz des Pädagogischen Rollenspiels im Ethikunterricht

Das Unterrichtsbeispiel beschreibt den Einsatz des Pädagogischen Rollenspiels am Anfang einer Stundensequenz zum Thema Außenseiter in der 7. Jahrgansstufe. Die Schüler sollen dabei die folgende Szene spielen:
Michael(a), Rosa und Josef aus der Klasse 7b stehen auf dem Pausenhof und unterhalten sich. Martin(a), der/die ein Außenseiter in der Klasse ist, stellt sich zu ihnen und versucht mehrmals, sich am Gespräch zu beteiligen. Die anderen Schüler ignorieren ihn/sie anfangs, und bei seinem/ihren dritten oder vierten Versuch sagt einer aus der Gruppe etwas zu Martin(a), was ihn/sie dazu veranlasst, die Gruppe wieder zu verlassen (keine Beleidigungen, keine Drohungen!).
Dafür sollten die Schüler bereits diese Voraussetzungen mitbringen:
* sie sind mit dem Unterschied zwischen Wahrnehmung und Interpretation vertraut;
* sie haben die Beschreibung und Interpretation von Körperhaltungen schon geübt (z.B. mit Standbildern, siehe unten);
* sie haben bereits erste Übungen im Erkennen und differenzierten Benennen von Gefühlen absolviert.

Der Einsatz des Rollenspiels hat hier als wesentliche Ziele, dass die Schüler
* Perspektiven übernehmen, insbesondere die Perspektive eines Außenseiters;
* das differenzierte Benennen von Gefühlen üben;
* körpersprachliche Signale bewusst wahrnehmen und interpretieren;
* Unterschiede zwischen Wahrnehmung und Interpretation erkennen.

Darüber hinaus sollen Fragen, Anstöße und erste Ergebnisse für die sich anschließenden Unterrichtsstunden zum Thema Außenseiter formuliert und festgehalten werden.

a) Vorbereitungsphase
Zunächst bereitet die Lehrkraft die Gruppe wie in Kapitel 9.3.4 beschrieben auf die Arbeit mit dem Pädagogischen Rollenspiel vor, wobei der benötigte Aufwand davon abhängen wird, welche Erfahrungen mit dem Rollenspiel die Gruppe bereits

gemacht hat und in welchem Zustand sie sich befindet. Danach wird der Kurs in Vierergruppen aufgeteilt. Die Gruppen bekommen die obige Beschreibung der Szene und den Auftrag, diese genauer auszuarbeiten. Dabei sollen sie jedoch keine fertigen Dialoge schreiben, sondern lediglich Stichpunkte notieren. Der genaue Wortlaut soll erst spontan im Spiel entwickelt werden. Die gesamte Spielzeit soll 4-5 Minuten betragen. Die Lehrkraft weist die Schüler darauf hin, dass sie das Spiel einmal einfrieren wird.

Dann teilen die Schüler die Rollen auf und machen sich mit ihren jeweiligen Rollen vertraut. Bereits bei der Ausarbeitung der Spielszene und der Einfühlung in die jeweilige Rolle wird den Schülern Perspektivübernahme abverlangt (vgl. Freudenreich 2003, 5).

b) Spielphase

Eine der Gruppen wird für das erste Spiel ausgewählt. Die übrigen Schüler bekommen einen Beobachterbogen mit ihren Aufgaben:

Beobachteraufgaben

A Aufgaben für alle

1. Beschreibe genau, wie der Außenseiter versucht, mit der Gruppe ins Gespräch zu kommen.
2. Was sagt ein Mitglied der Gruppe am Schluss zu ihm?

B Aufgaben für Beobachtergruppen

Während des Rollenspiels wird es einen Moment geben, in dem das Rollenspiel eingefroren wird. Für den eingefrorenen Moment sollt Ihr Folgendes genau beschreiben:

Gruppe A: die Körperhaltung des Außenseiters;
Gruppe B: die körperlichen Signale, an denen die Ablehnung des Außenseiters durch
die Gruppe zu erkennen ist.

Die Lehrkraft geht den Beobachtungsbogen mit den Schülern durch und teilt die Beobachter in die Gruppen A und B ein. Sie bekommen den Hinweis, dass sie während des Spiels bereits Notizen machen sollen, aber auch danach noch etwas Zeit dafür bekommen werden.

Die Lehrkraft holt jeweils einen Schüler auf die Bühne und rollt ihn ein, wobei er einen Kreppstreifen mit dem Namen seiner Rolle bekommt, den er sich auf die Brust heftet. Wenn alle Spieler auf der Bühne und eingerollt sind, stellen sie sich in ihrer Rolle vor. Auf ein Klatschen der Lehrkraft beginnt das Spiel. In einem Moment, den die Lehrkraft aufgrund der Körperhaltung der Schüler für besonders aussagekräftig hält, friert sie das Spiel mit einem weiteren Klatschen und dem Kommando *Freeze* ein. Nach etwa einer Minute lässt sie das Spiel weiterlaufen.

Nach dem Ende des Spiels bleiben die Spieler zunächst noch in ihren Rollen. Sie begeben sich an den vorderen Bühnenrand und beantworten jeweils die Fragen der Lehrkraft aus der Perspektive ihrer Rolle heraus: „Wie geht es Dir jetzt, Michael(a)? Beschreibe Deine Gefühle bitte möglichst genau." Danach entrollt die Lehrkraft einen Spieler nach dem anderen und dieser gibt den Kreppstreifen mit dem Namen der Rolle zurück. Dieser wird an die Wand hinter der Bühne geklebt, so dass die Schüler später ihr Feedback zu den gespielten Figuren geben können, indem sie sich den entsprechenden Kreppstreifen zuwenden und *nicht* ihren Mitschülern, die die jeweiligen Rollen gespielt haben.

Die Beobachter bekommen ausreichend Zeit, um ihre Notizen zu komplettieren. Sodann befragt die Lehrkraft die ausgerollten Rollenspieler, dieses Mal nicht aus der Perspektive ihrer Rolle, sondern als Person, wie es ihnen bei dem Spielen ihrer Rolle ergangen ist und wie es ihnen jetzt geht.

c) Reflexionsphase

Die Beobachter tragen jeweils ihre Ergebnisse zu den einzelnen Aufgaben vor. Diese werden diskutiert und ein gemeinsames Ergebnis wird formuliert und festgehalten. Die Körperhaltungen bzw. körperlichen Signale, die in der Einfrier-Phase zu beobachten waren, werden nun interpretiert: Wie wirkt eine solche Körperhaltung auf Dich? Welche Gefühle werden damit ausgedrückt? Welche Nachricht könnte ein solches körperliches Signal beinhalten? Dabei werden die Schüler sehr wahrscheinlich erfahren, dass (a) andere Schüler andere Empfindungen haben als sie selbst und Dinge anders interpretieren, (b) es die einzig richtige Interpretation häufig vielleicht gar nicht gibt und (c) die Wirkung einer Äußerung auf sie nicht nur dem Sender zuzuschreiben ist, sondern auch von ihnen selbst abhängt.

Schließlich werden weiterführende Fragen gestellt, wie z.B.:

• Welche Gefühle hättet ihr anstelle des Außenseiters in dieser Spielszene gehabt?
• Hätte der Außenseiter in dieser Spielszene etwas besser machen können und hätte das Aussicht auf Erfolg gehabt?
• Wenn nein: Warum nicht?
• Wenn ja: Gibt es auch Fälle, wo der Außenseiter in dieser Situation tun kann, was er will, und er wird trotzdem nicht von der Gruppe akzeptiert werden? Wie ist das zu erklären?
• Wie geht es für den Außenseiter jetzt wohl in der Klasse weiter und wie wird sich das wohl auf ihn auswirken?
• Wie kann jemand in eine solche Position in der Klasse kommen?
• Wie bewertet ihr das Verhalten der Gruppe? Begründet Euer Urteil.
• Sollte jetzt jemand aktiv werden, um etwas an der Situation des Außenseiters zu verändern? Lehrkräfte? Der Außenseiter selbst? Mitschüler? Was könnte getan werden?

d) Im Anschluss an das Rollenspiel

An dieser langen Liste mit möglichen weiterführenden Fragen wird deutlich, wie fruchtbar ein einziges Rollenspiel sein kann, und hier könnte ein Spieldurchgang mit einer Gruppe von Rollenspielern auch tatsächlich ausreichend sein. Oft werden, angestoßen durch ein einziges Rollenspiel, in der Reflexionsphase bereits auf induktivem Weg durch die Schüler sehr viele Ergebnisse erarbeitet, die sonst vielleicht auf mehr oder weniger abstrakte oder deduktive Weise in konventionellen Stunden erzielt würden; hier z.B. Gründe dafür, dass jemand zum Außenseiter wird, Auswirkungen der Außenseiterrolle auf den betroffenen Schüler, Möglichkeiten und Grenzen für Beteiligte, etwas an dieser Situation zu verändern. Diese Themen werden sicherlich trotzdem in den folgenden Stunden aufgenommen, und die Ergebnisse aus dem Rollenspiel werden systematisiert und ergänzt werden, aber vieles dürfte dann deutlich schneller gehen und für die Schüler anschaulicher und nachvollziehbarer sein.

Im Weiteren kann diese Rollenspiel-Szene wieder aufgenommen und genutzt werden, um Verhaltensalternativen auszuprobieren.

9.3.6 Das Standbild

Das Standbild kann wie oben beschrieben zur Vorbereitung der Arbeit mit dem Pädagogischen Rollenspiel eingesetzt werden, es hat als Methode aber auch erheblichen eigenständigen Wert. Ein Vorteil des Standbilds gegenüber dem Rollenspiel liegt darin, dass es deutlich einfacher strukturiert ist, denn es finden weder Bewegungen noch verbale Kommunikation statt. So ist der Fokus ganz auf den folgenden Teilen der nonverbalen Kommunikation: Körperhaltung, Mimik, Gestik und die körperliche Position, die Menschen zu anderen einnehmen. Außerdem kann das Standbild mit deutlich weniger Vorbereitungsaufwand eingesetzt werden.

Standbilder können aus einzelnen Figuren oder aus Gruppen bestehen. Sie können von den Darstellern selbst eingenommen werden oder von „Bildhauern" gestaltet werden, die den Darstellern Anweisungen geben. Es gibt viele Möglichkeiten, Aufgaben für Standbilder zu stellen: z.B. die Darstellung von

- Gefühlen (z.B. Trauer);
- Situationen mit Einzelpersonen (z.B. „Hans hat einen Fünfer in Mathe herausbekommen" oder „Sabine hat einen Judo-Wettkampf gewonnen");
- Situationen mit Gruppen (z.B. „eine Familie spielt ein Brettspiel");
- Themen (z.B. „Konflikt", „Arbeitslose", „Vorurteile und Gegenbilder"; vgl. Scheller 1999, 21).

Wie beim Pädagogischen Rollenspiel ist bei den Standbildern eine gründliche Besprechung sehr wichtig. Dabei kann z.B. in folgenden Schritten vorgegangen werden:

1. Beschreibe das Standbild genau (bzw. Teile davon). Gehe dabei auf Gestik, Mimik, Körperhaltung und ggf. die Positionen der Personen zueinander ein. Hier wird die Lehrkraft immer wieder größere Genauigkeit einfordern und eine Beschränkung auf das, was beobachtet werden kann (keine Interpretationen).
2. Wie wirkt das Standbild (bzw. Teile davon) auf Dich? Welche Gefühle drücken sich im Standbild (bzw. Teilen davon) Deinem Eindruck nach aus? Welche körpersprachlichen Elemente rufen diese Wirkungen Deiner Meinung nach hervor?
3. Was genau passiert/worum genau geht es in der Situation, die das Standbild darstellt? Belege Deine Vermutung mit konkreten Beobachtungen aus dem Standbild.

Dabei werden die Schüler häufig die Erfahrung machen, dass auf der Ebene der Beobachtung schnell Einigkeit zu erzielen ist, dieselben Körpersignale aber auf verschiedene Schüler durchaus unterschiedlich wirken können und unterschiedlich interpretiert werden. Für die Auswertung des Standbilds kann auch wie beim Rollenspiel die Interview-Technik eingesetzt werden: Figuren im Standbild können z.B. danach befragt werden, was ihnen gerade durch den Kopf geht, wie sie sich fühlen etc. Weiterhin können einzelne Elemente des Standbilds verändert werden, um die Wirkung dieser Veränderungen auszuprobieren. Sehr hilfreiche und genaue Darstellungen von Elementen der Körpersprache und ihrer Interpretation finden sich z.B. bei Molcho (2013) und Birkenbihl (2014).

Die Einfachheit des Standbilds führt aber auch dazu, dass sich damit nur ein Teil der Ziele ansprechen lässt, die mit dem Pädagogische Rollenspiel verfolgt werden können:

- die emotionale Alphabetisierung der Schüler, wenn sie im Standbild Emotionen ausdrücken und in der Reflexionsphase Emotionen benennen und analysieren, an welchen körpersprachlichen Merkmalen sie zu erkennen sind;
- bei der Analyse der Standbilder üben sich die Schüler in genauer Wahrnehmung – insbesondere in der Unterscheidung von Wahrnehmung und Interpretation – und erfahren, dass Situationen von verschiedenen Beobachtern oft unterschiedlich interpretiert werden;
- die Fortschritte in der emotionalen Alphabetisierung und die Schärfung ihrer Wahrnehmung tragen zu ihrer Fähigkeit zur Situationserfassung bei;
- die Übernahme von Perspektiven beim Aufbau des Standbilds und dessen Interpretation fördern das Entstehen von *Empathie*.

9.4 Kommunikationsübungen

Der Grundgedanke hinter Konzepten für Kommunikationsübungen beruht auf der Feststellung, dass ein großer Teil von unseren Alltagshandlungen nicht bewusst gesteuert werden kann, weil dafür die Kapazität der Typ-2-Prozesse nicht annähernd ausreichend ist (vgl. Kap. 3.4.1). Das bedeutet, dass wir im Alltag auf weitgehend automatisierte Handlungsschemata angewiesen sind. Die zwischenmenschliche Kommunikation ist ein Musterbeispiel für diese Art von Alltagshandlungen (vgl. Kuhl 2001, 280). Wenn wir also unsere Kommunikationsweise konstruktiver gestalten wollen, wird es nicht damit getan sein, dass wir eine genaue Vorstellung davon haben, wie wir in Zukunft kommunizieren wollen. Wir werden dies auch üben müssen (vgl. Kap. 3.4.1).

Wie bei den anderen Methoden des Ethikunterrichts ist beim Einsatz von Kommunikationsübungen das Prinzip zu beachten, dass Erziehung zum moralischen Handeln gleichzeitig immer mit der Förderung eines kritischen Geistes verbunden sein sollte (vgl. Kap. 2.7, 8.6). Damit verbietet sich ein Vorgehen, bei dem die Lehrkraft die Schüler kommentarlos bestimmte Kommunikationsweisen üben lässt. Vielmehr sind diese Übungen im Unterricht zu thematisieren, indem die Lehrkraft u.a.:

- die Schüler zu Diskussionen darüber anregt, inwiefern sie z.B. gutes Zuhören für sinnvoll, nützlich oder gar moralisch geboten halten;
- die Schüler Konsequenzen unterschiedlicher Arten von Kommunikation erleben und reflektieren lässt;
- älteren Schülern Einblicke gibt in zugrunde liegende kommunikationspsychologische Theorien und die Werte, auf die Vorstellungen von guter Kommunikation aufbauen.

Ein wichtiger Unterschied zwischen Rollenspielen und Kommunikationsübungen liegt darin, dass es bei Kommunikationsübungen keine Trennung von Rolle und Person gibt. Das heißt, dass die Schüler keine Rolle spielen und nach Übungen auch ein Feedback als Person für ihr Auftreten bei der Übung bekommen. Ein weiterer Unterschied besteht darin, dass Übungen im Kommunikationstraining meist deutlich einfacher strukturiert sind, so dass sie dem Schüler erlauben, sich stark auf einen bestimmten Aspekt seiner Kommunikation zu konzentrieren. Mit anderen Worten ermöglichen sie dem Schüler, diesen Aspekt seiner Kommunikation bewusst zu steuern und ggf. automatisierte Handlungsschemata, die mit seiner gewohnten Form von Kommunikation verbunden sind, bewusst zu übersteuern (vgl. Kap. 3.4.3).

Wenn sich nach einiger Übungszeit z.B. gutes Zuhören als Praxis beim Schüler etwas gefestigt hat (dazu gehört u.a.: schaue den Redner an; zeige z.B. durch Nicken, dass Du zuhörst; zeige Interesse, indem Du gelegentlich nachfragst; vgl. Reger et al. 2011, 99), liegt der nächste sinnvolle Schritt darin, diese neue bzw. verbesserte Fertigkeit in einem Rollenspiel einzusetzen, das bereits deutlich komplexer sein wird als eine Kommunikationsübung, sodass der Schüler im Spiel seine Aufmerksamkeit auch einigen anderen Dingen wird widmen müssen als dem guten Zuhören. Wenn es ihm gelingt, auch unter diesen erschwerten Bedingungen gutes Zuhören zu zeigen, dürfte er bereits einen großen Schritt dahin getan haben, dass ihm das gute Zuhören spontan in Gesprächen zur Verfügung steht, ohne dass er sich jeweils bewusst darauf konzentrieren müsste.

Jeweils im Anschluss an eine Übung sollten die Schüler die Gelegenheit bekommen, ihre Erfahrungen aus der Übung mitzuteilen und zu reflektieren. Besonders nützlich ist auch der Einsatz von Beobachtern, die genaue Beobachtungsaufträge bekommen und im Anschluss an eine Übung den Übenden Feedback geben. Das setzt zum einen die Kenntnis von Regeln für das Feedback und erste Erfahrungen damit voraus, zum anderen ist es für die Schüler eine gute Gelegenheit, das Geben und Annehmen von Feedback zu üben.

Es empfiehlt sich, Kommunikationsübungen eingebettet in den Rahmen eines spezifischen Themas des Ethikunterrichts durchzuführen – wie z.B. „Familie" –, weil dadurch sofort der Bezug zum Alltag der Schüler hergestellt ist und der Nutzen von konstruktiver Kommunikation bzw. die Konsequenzen unterschiedlicher Kommunikationsweisen sehr konkret dargestellt und diskutiert werden können. Eine Vielzahl von Unterrichtsbeispielen für den Einsatz von Kommunikationsübungen im Fach Ethik und eine kurze, praxisorientierte Einführung in die Kommunikationspsychologie finden sich z.B. bei Reger et al. (2011).

Abgesehen von dem offensichtlichen Ziel von Kommunikationsübungen, nämlich die Fähigkeit und Fertigkeiten zur konstruktiven Kommunikation zu fördern, lässt sich auch die emotionale Alphabetisierung der Schüler verfolgen, wenn sie darüber berichten, welche emotionale Wirkung bestimmte Arten von Kommunikation auf sie hatten, und die Tatsache, dass Kommunikationsübungen auch immer wieder mit der Übernahme von Perspektiven verbunden sein werden, dürfte dafür sorgen, dass Kommunikationsübungen auch einen Einfluss auf die Fähigkeit der Schüler zu Empathie bzw. Compassion haben und damit auf ihre Motivation zum sittlichen Handeln. Wenn sie sich selbst als kompetent in konstruktiven Formen der Kommunikation erleben, wird dies ebenfalls (über das Gefühl von Selbstwirksamkeit) zu ihrer Motivation beitragen können.

9.5 Achtsamkeitsübungen zur Selbstreflexion

9.5.1 Selbstreflexion zur Stärkung der Rolle bewusster Prozesse

Selbstreflexion ist eine entscheidende Voraussetzung dafür, dass der explizit-rationale Teil unserer Psyche im Zusammenspiel der innerpsychischen Kräfte seinen Einfluss geltend machen und ggf. seiner Funktion als Korrektiv von Impulsen, Automatismen, Heuristiken etc. nachkommen kann (vgl. Berger et al. 2007, 257). Laut Quinn et al. (2010, 508) führt das Beobachten der eigenen psychischen Vorgänge zu einer Stärkung bewusster, intentionaler Prozesse.

Selbstreflexion verstanden als Untersuchung der eigenen expliziten Vorstellungen und Prozesse (siehe Kap. 3.4.3) dürfte dabei eher der weniger anspruchsvolle Teil sein, da alles Explizite naturgemäß der bewussten Reflexion recht unmittelbar zur Verfügung steht. Sich seiner Gefühle, seiner impliziten Einstellungen und Motive, seiner Intuitionen, aber auch seiner Handlungsgewohnheiten bewusst zu werden, ist wohl deutlich schwieriger zu bewerkstelligen, andererseits aber unerlässlich, wenn ein möglichst fruchtbares Zusammenwirken verschiedener Teile der menschlichen Psyche das Ziel ist. (Vgl. ebd.) Einsicht ist unabdingbare Voraussetzung für Selbstkontrolle und ggf. Umlernen (vgl. ebd.; Berking/Schwarz 2014).

9.5.2 Charakterisierung der Achtsamkeitsübungen

Für eine solche Art von Einsicht braucht es intensive Introspektion. Dafür haben sich Elemente aus Achtsamkeits-Trainings als besonders gut geeignet gezeigt.

> "Ein zentrales Ziel von OM-Praktiken [siehe unten] ist das Erreichen einer reflexiven Bewusstheit der normalerweise impliziten Gegenstände des eigenen geistigen Lebens. Man sagt, dass die Bewusstheit solcher Gegenstände einen Menschen dazu befähigt, kognitive und emotionale Gewohnheiten leichter zu transformieren." (Lutz et al. 2008, 164f, eigene Übersetzung)

In Achtsamkeits-Trainings werden säkularisierte Elemente von buddhistischen Meditationspraktiken verwendet. Psychologisch betrachtet wirken Achtsamkeitsübungen durch die genaue Betrachtung der eigenen innerpsychischen Vorgänge bzw. Zustände. Dabei werden diese Vorgänge bzw. Zustände lediglich beobachtet und akzeptiert, ohne sie gleich zu bewerten. (Vgl. Farb 2014, 548f; Zeidler 2007, 18) Achtsamkeit als psychologischer Prozess bedeutet Metakognition: „Kognition über die eigenen Kognitionen" (Zeidler 2007, 50).

Definition

In *Achtsamkeitsübungen* werden die eigenen psychischen Vorgänge bzw. Zustände beobachtet, ohne sie zu bewerten. Programme zur Förderung der Achtsamkeit in der Schule bestehen aus säkularisierten Übungen, d.h. sie haben keinen religiösen Kontext.

Achtsamkeitsübungen unterscheiden sich von einer großen Gruppe von Meditationsübungen – insbesondere Formen der *loving-kindness* bzw. Mitgefühlsübungen – vor allem dadurch, dass sie sich auf eine Beobachtung von dem beschränken, was gerade stattfindet; die einzige Art von Kontrolle besteht darin, dass die Aufmerksamkeit bewusst gesteuert wird. In der loving-kindness-Meditation werden hingegen häufig durch das Imaginieren bestimmter Situationen gezielt bestimmte Gefühle hervorgerufen und durch Autosuggestion bestimmte Haltungen vermittelt (vgl. z.B. Flook et al. 2010, 85f; Rosenberg et al. 2015, 4).

Shapiro et al. (2006) bauen mit ihrem IAA-Modell der Achtsamkeit auf folgender Definition von Achtsamkeit von Kabat-Zinn auf (1994, 4, zitiert in: Shapiro et al. 2006, 375, eigene Übersetzung): „... auf eine besondere Weise aufmerksam sein: willentlich, im gegenwärtigen Moment und ohne zu urteilen". Daraus leiten sie die „drei Axiome der Achtsamkeit" (ebd.) ab: „intention" (willentlich), „attention" und „attitude" (ohne zu urteilen) bzw. Intention, Aufmerksamkeit und Einstellung. In einer Studie ließ sich nachweisen, dass die Intention des Übenden einen Einfluss auf die Wirkung von Achtsamkeitsübungen hat. Wer Selbststeuerung zum Ziel hat, verbessert seine Selbststeuerung, wer Selbstbefreiung zum Ziel hat, wird freier etc. Bei fortdauernder Übung ist dabei häufig zu beobachten, dass die Intention von Übenden sich verschiebt: von Selbststeuerung über Selbsterkenntnis zu Selbstbefreiung. So ist laut Shapiro et al. (2006, 375f) die Intention neben Aufmerksamkeit und Einstellung eine entscheidende Komponente der Achtsamkeit. Diese drei Komponenten beeinflussen sich in Achtsamkeitsübungen wechselseitig:

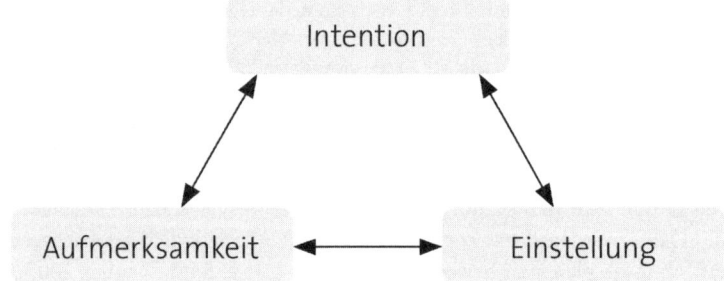

Abb. 16: Komponenten der Achtsamkeit (angelehnt an Shapiro et al. 2006, 375)

Der vorläufige Verzicht bei Achtsamkeitsübungen auf eine Bewertung der beobachteten Gedanken, Gefühle etc. erleichtert es dem Übenden zum einen, sich nicht (durch bewertende Gedanken) von seiner Aufmerksamkeit ablenken zu lassen. Zum anderen dürfte es leichter fallen, auch die Wahrnehmung unliebsamer Gefühle und Gedanken zuzulassen, wenn man sich nicht gleich selbst für sie verurteilt und zudem die Beobachtung macht, dass auch schmerzhafte Gefühle vergehen (vgl. Zeidler 2007, 58; Shapiro et al. 2006, 380f). Vielmehr komme darin eine Einstellung zum Ausdruck, die von Akzeptanz, Offenheit und Wohlwollen sich selbst gegenüber gekennzeichnet sei. Und diese Einstellung werde durch Achtsamkeitsübungen wiederum weiter entwickelt. (Vgl. ebd., 376f)

Das Üben einer reinen Beobachtung der eigenen Psyche führt zu einer *Desidentifikation*; das, was wir für gewöhnlich als Teil von uns, als Teil des Subjekts betrachten, wird zum Objekt (vgl. ebd., 377f). Auf diese Weise wird eine beobachtende Instanz in mir gestärkt, die nicht identisch ist mit meinen Gedanken, Gefühlen und Körperempfindungen, denn eine Instanz, die etwas aus einer Meta-Perspektive beobachtet, kann nicht ganz in dem Beobachteten aufgehen. Ich erfahre, dass ich mehr bin als meine Gefühle, Interpretationen, Bewertungen etc. (Vgl. ebd., 378) „... das Resultat ist größere Klarheit, Perspektive, Objektivität und schließlich Gleichmut" (ebd. 379). Wir werden von geistigen Zuständen wie Angst weniger stark bestimmt und können sie stattdessen quasi mit einem kühleren Kopf als Informationen nutzen.

Dieser Prozess führt laut Zeidler (2007, 56) „zu einer abnehmenden Determiniertheit von diesen Inhalten". Die frühzeitige bewusste Wahrnehmung von Gefühlen und Impulsen und deren objektive Betrachtung kann zu einer Abkoppelung dieser Gefühle und Impulse von Reaktionen führen, die sich bis dahin automatisch und fast reflexhaft anschlossen. Zeidler (2007, 58, 114) sieht darin einen „Zuwachs an Freiheitsgraden" durch die Möglichkeit, bewusster und flexibler zu reagieren. Verbunden mit einer solchen *Deautomatisierung* ist überdies die Gelegenheit, ein größeres Maß an Integrität oder mit anderen Worten Selbstkongruenz bzw. -konkordanz (vgl. Kap. 4.1.3) zu erlangen, weil sie Zeit schafft für die Berücksichtigung expliziter Einstellungen und rationaler Abwägung (vgl. Shapiro et al. 2006, 380f). Da Gefühle und Intuitionen sich häufig frühzeitig durch Körperempfindungen zeigen (vgl. Kap. 3.4.1), ist auch eine erhöhte Sensibilität für den eigenen Körper in diesem Zusammenhang von großem Nutzen (vgl. Zeidler 2007, 61).

Bei Achtsamkeitsübungen in der Schule kann es nicht darum gehen, verdrängte Gefühle aufzudecken, um individuelle psychische Probleme zu bearbeiten. Dies bleibt der Therapie vorbehalten. Das Ziel von Achtsamkeitsübungen in der Schule ist die Sensibilisierung für *alltägliche* Gefühle, Gedanken und Körperempfindungen.

Lutz et al. (2008, 163) unterscheiden bei Achtsamkeitsübungen zwischen Übungen, bei denen die Aufmerksamkeit fokussiert wird – "focused attention" bzw. FA – und Übungen, bei denen die Aufmerksamkeit offen ist für alles, was gerade in der Psyche geschieht – „open monitoring" bzw. OM. Sie charakterisieren diese beiden Formen wie folgt (ebd., 164):

FA- Übungen:
- die Aufmerksamkeit wird auf ein ausgewähltes Objekt gerichtet (z.B. die Empfindungen, die mit dem Atem verbunden sind) und dort gehalten;
- das Abwandern der Aufmerksamkeit und die ablenkenden Elemente werden erkannt;
- die Aufmerksamkeit wird von der Ablenkung gelöst und zu dem ausgewählten Objekt zurückgeführt.

OM-Übungen:
- kein expliziter Fokus auf bestimmte Objekte;
- meta-kognitive Beobachtung der eigenen Psyche ohne Reaktion auf die Beobachtungen;

- automatischer kognitiver und emotionaler Interpretationen von sensorischen Reizen und sinnlicher Wahrnehmung gewahr sein.

Lutz et al. sehen FA als Vorstufe an, um in die Lage zu kommen, OM zu praktizieren (vgl. ebd.). Ein typisches Beispiel für eine FA-Übung sieht folgenderweise aus:

- die Schüler konzentrieren sich auf ihren Atem, z.b. ihre Empfindungen im Nasenraum beim Ein- und Ausatmen (*first-order*-Aufmerksamkeit);
- dabei beobachten sie, ob ihre Aufmerksamkeit dort bleibt oder abschweift (*second-order*- oder Meta-Aufmerksamkeit);
- wenn die Aufmerksamkeit abschweift, führen sie sie sanft zurück (Aufmerksamkeitskontrolle bzw. -steuerung).

Eine weitere häufige Übungsform für FA ist der *Body-Scan*, bei dem die Übenden nacheinander verschiedene oder sogar alle Teile des Körpers durchgehen und sich in sie „hineinspüren" (vgl. z.b. Zeidler 2007, 45).

Eine Beschreibung für eine Musterübung in OM findet sich z.b. bei Bornemann und Singer (2013, 482):

„Bei dieser Übung ... beobachtet der Meditierende Gedanken als mentale Ereignisse. Dabei werden die Gedanken in ähnlicher Weise wie Naturphänomene betrachtet. Der Meditierende kann beobachten, wie ein Ereignis kommt, eine Weile bleibt und sich wieder auflöst oder mit dem nächsten Ereignis überlappt. Als Teil dieser Praxis verwenden die Teilnehmer mentale Bezeichnungen für den Inhalt ihrer Gedanken, um eine beobachtende, nicht-identifizierte Perspektive darauf beibehalten zu können. Das können beispielsweise Bezeichnungen wie ‚Erinnerung', ‚Planung' oder ‚Bewertung' sein. Ziel dieser Praxis ist es, sich von seinen Gedanken zu desidentifizieren und eine Metaperspektive darauf zu entwickeln und so besser mit der Funktionsweise des Geistes vertraut zu werden und eine größere Flexibilität in Bezug auf reaktive Gefühle und Handlungen zu entwickeln."

9.5.3 Praktische Hinweise zum Einsatz von Achtsamkeitsübungen

Achtsamkeitsübungen lassen sich in unterschiedlichen Körperhaltungen durchführen, im Liegen, Sitzen auf dem Boden oder Sitzen auf einem Stuhl (vgl. z.b. Zeidler 2007, 46). Wichtig dabei ist, dass diese Körperhaltungen es zulassen, auch über einen längeren Zeitraum entspannt zu bleiben. Beim Üben im Klassenzimmer ist es am einfachsten, wenn die Schüler in ihren Sitzreihen mit ihrem Stuhl etwas zurückrutschen, damit sie mehr Platz haben, und dann folgende Sitzhaltung einnehmen:

- der Rücken ist ganz an der Rückenlehne (falls sie ergonomisch gestaltet ist; sonst müssen die Schüler auf den Stühlen etwas nach vorne rücken und mit aufrechtem Rücken sitzen);
- die Füße werden mit der ganzen Sohle etwa hüftbreit auf den Boden gesetzt;
- die Hände liegen locker auf den Oberschenkeln;
- der Kopf wird in allen Richtungen ganz gerade gehalten.

Die Aufmerksamkeit für Körperempfindungen lässt sich aber auch im Gehen üben. Dabei gehen die Übenden sehr langsam und konzentrieren sich z.b. auf Empfindungen in den Füßen und Beinen (vgl. z.b. Hanh 1992, 27ff; Zeidler 2007, 45). Nach jeder Übung sollten die Schüler eine *Rücknahme* durchführen, um auszuschließen, dass eine gewisse Benommenheit zurückbleibt (vgl. z.b. Langen/Mann 1998, 21). Dies können sie z.b. dadurch erreichen, dass sie ihre Arme hochrecken und strecken, ihre Augen öffnen, sich kräftig mit den flachen Händen auf die Oberschenkel klatschen und leicht auf ihre Wangen. Die Lehrkraft sollte den Schülern in aller Regel auch die Gelegenheit geben, von ihren Erfahrungen in den Übungen direkt im Anschluss zu berichten (vgl. Kaltwasser 2008, 109ff). Dies dient der emotionalen Alphabetisierung der Schüler, sie erleben, dass andere Schüler Dinge u.U. anders erleben als sie selbst, und die Lehrkraft bekommt die Gelegenheit, sich ein Bild von der Wirkung der Übungen zu machen.

Über die gezielten Übungen im Unterricht hinaus sind Hinweise für die Schüler nützlich, wie sie Phasen der Achtsamkeit in ihren Alltag integrieren können. Dafür finden sich viele Beispiele bei Hanh (1991). Zum Beispiel können sie sich vornehmen, sich nicht über Wartezeiten zu ärgern, sondern sie bewusst zur Übung von Achtsamkeit zu nutzen. Die Lehrkraft kann den Schülern durchaus auch die Hausaufgabe geben, solche oder ähnliche Hinweise im Alltag zu erproben. Weitere Achtsamkeitsübungen und deren Varianten finden sich z.B. bei Kaltwasser (2008) und Jensen (2014).

9.5.4 Empirische Forschung zur Wirksamkeit von Achtsamkeitsübungen

Viele der evaluierten Programme zur Förderung von Achtsamkeit und Empathie sind Kombinationsprogramme aus vielen, ganz unterschiedlich gearteten Formen von Übungen: z.B. CCT (Compassion Cultivation-Training, siehe Langri/Weiss 2013), CBCT (Cognitively-Based Compassion-Training, siehe Ozawa-de Silva/ Negi 2013), Shamata Project (siehe Saron 2013). Das bedeutet in aller Regel, dass die dort nachgewiesenen positiven Effekte nur dann verbürgt sind, wenn die kompletten Programme genauso wie beschrieben durchgeführt werden, weil nicht klar ist, welche der einzelnen Übungen welchen Anteil (wenn überhaupt einen Anteil) am Erfolg hatten. Was zur Beurteilung der Achtsamkeitsübungen für sich genommen also gebraucht wird, sind Untersuchungen, die spezifisch die Wirkung dieser Übungsform evaluieren.

Im Einzelnen wurden in solchen spezifischen Untersuchungen folgende Wirkungen von Achtsamkeitsübungen empirisch nachgewiesen:

- verbesserte Aufmerksamkeit und verbessertes Körperbewusstsein (Farb 2014, 554);
- verbesserte Emotionsregulation (Arch/Craske 2006; Farb 2014, 554, 556);

- Deautomatisierung gewohnheitsmäßiger Handlungen, d.h. verbesserte Selbstkontrolle bei (schlechten) Gewohnheiten (Quinn et al. 2010; Wenk-Sormaz 2005);
- erhöhte Hilfsbereitschaft (Condon et al. 2013);
- reduzierter Stress (eine Vielzahl von Untersuchungen, z.B. Carmody und Baer 2008).

Abgesehen vom grundsätzlichen Nutzen von Stressreduktion ist dieser Effekt insbesondere deshalb relevant, weil Stress bzw. Erschöpfung das Vermögen zur Selbstkontrolle reduzieren (vgl. Muraven/Baumeister 2000). Mit anderen Worten verbessert die Fähigkeit zur Stressreduktion auch die Fähigkeit zur Selbstkontrolle. Insgesamt ist also davon auszugehen, dass Achtsamkeitsübungen einen großen Beitrag zur Förderung der Kompetenz zum sittlichen Handeln leisten können, insbesondere durch ihren Beitrag zur

- emotionalen Alphabetisierung und damit auch zur Situationserfassung;
- Selbstkontrolle im Bereich der Emotionsregulierung und der Impulskontrolle sowie beim Erwerb neuer Handlungsschemata (vgl. Kap. 3.4.3);
- Motivation zum prosozialen Handeln.

9.6 Rationalitätsorientierte Methoden

9.6.1 Zum Stellenwert rationalitätsorientierter Methoden im Ethikunterricht

Rationalitätsorientierte Methoden zielen im Wesentlichen auf eine Erweiterung des expliziten Wissens und eine Förderung des expliziten Urteilsvermögens. Sie sind für sich genommen zwar unwirksam, d.h. sie müssen durch andere Methoden ergänzt werden (vgl. Kap. 9.2), sind aber unverzichtbar, wenn es um die Förderung der Kompetenz zum sittlichen Handeln geht. So braucht es explizites Wissen z.B. nicht nur in Form von Kenntnissen zu den Weltreligionen, der Philosophie oder den Bereichsethiken (also Medizinethik, Wirtschaftsethik, Umweltethik etc.), sondern in praktisch allen Bereichen des Kompetenzmodells: Vorstellungen von Reziprozität im Bereich der Motivation, Selbstkontrollstrategien, Hinweise zur konstruktiven Kommunikation u.v.a.m. (Vgl. Kap. 7)
Ein großer Teil der Methoden zur Wissensvermittlung ist Bestandteil der allgemeinen Methodik und für alle Schulfächer relevant. Im Folgenden soll auf diejenigen rationalitätsorientierten Methoden eingegangen werden, die von spezifischer Bedeutung für den Ethikunterricht sind.

9.6.2 Das ethisch-philosophische Unterrichtsgespräch

Forderungen an das ethisch-philosophische Unterrichtsgespräch

Kaum eine andere Methode dürfte sich so gut für die Förderung eines kritischen Geistes eignen wie das Unterrichtsgespräch. Ein kritischer Geist zeichnet sich vor allem dadurch aus, dass er für Aussagen rationale Begründungen verlangt (vgl. Kap. 2.7), aber auch selbst willens und in der Lage ist, eigene Aussagen rational zu begründen. Dazu werden Kenntnisse und Fertigkeiten aus dem Bereich des rationalen Argumentierens nicht ausreichen; in mindestens demselben Maße wird es auf *intellektuelle Tugenden* ankommen, zu denen beispielsweise intellektuelle Aufrichtigkeit, die Bereitschaft Fehler einzugestehen und ggf. seine eigene Meinung zu ändern und auch Respekt für Auffassungen anderer gehören, die sich zwar von meinen Auffassungen unterscheiden, aber ebenfalls gut begründet sind (vgl. ebd.).

> „Können Menschen lernen besser zu denken und zu argumentieren? In welchem Alter sie auch immer sein mögen, es gibt eine Vielzahl von Belegen, die nahelegen, dass die Antwort ‚ja' ist. Weiterhin gibt es Nachweise dafür, dass das beste Vehikel, um dies zu tun, häufiges und fortgesetztes Engagement in Aktivitäten ist, die gutes Denken und Argumentieren erfordern ... Indem wir Jugendliche z.B. argumentieren lassen, bieten wir die Erfahrungen, die die Entwicklung ihrer Fertigkeiten unterstützen, aber diese Erfahrung ermöglicht es ihnen auch, Wertschätzung zu entwickeln für den Sinn und die Kraft des Arguments, eine Wertschätzung, die nur mit der Erfahrung kommt. Mit solcher Erfahrung werden sie idealerweise selbst die intellektuellen Werte entwickeln, dass es Fragen gibt, die es wert sind, gefragt und beantwortet zu werden, dass Analyse lohnt und dass es gute Antworten auf die Frage gibt: ‚Warum argumentieren?'" (Kuhn 2013, 759-761, eigene Übersetzung)

Aus dem Anspruch, den kritischen Geist der Schüler bzw. ihre intellektuelle und moralische Autonomie (vgl. Kap. 2.6) zu fördern, ergeben sich eine ganze Reihe von Forderungen an das ethisch-philosophische Unterrichtsgespräch:

- das Unterrichtsgespräch dient nicht der Belehrung der Schüler, sondern der gemeinsamen Annäherung an das Gute und Wahre;
- alle Teilnehmer am Unterrichtsgespräch sind grundsätzlich gleichberechtigt, es zählt ausschließlich die Kraft des besseren Arguments;
- als Kriterien dafür, welches Argument besser ist, gelten die anerkannten Regeln des Schließens und Belegens;
- grundlegende Gesprächsregeln werden eingehalten (z.B. Wahrung der Würde des Gesprächspartners, Wertschätzung, jeder kommt zu Wort);
- alle Beteiligten streben bei ihren Beiträgen Klarheit, Verständlichkeit und Strukturiertheit an;
- die Lehrkraft muss den Schülern glaubhaft vermitteln, dass sie kritische Fragen schätzt und das Recht der Schüler, Begründungen zu verlangen, respektiert (vgl. Kap. 2.7);
- andererseits fordert die Lehrkraft Belege von den Schülern ein und fragt kritisch nach (sofern das nicht von anderen Schülern getan wird).

Der wesentliche Teil dieser Forderungen findet sich auch bei Habermas (1991, 12; 1996, 97ff), wenn er die Bedingungen für die Diskursethik formuliert, und im Sokratischen Gespräch nach Nelson bzw. Heckmann (vgl. Birnbacher, 2015, 174f; Pfeifer 2013, 134f; siehe Kap. 9.6.3).

Kienstra et al. (2015, 8) unterscheiden drei Unterrichtstile für den Philosophieunterricht:

- der problemorientierte Unterricht, in dem die Lösung philosophischer Probleme bzw. die Beantwortung philosophischer Fragen im Mittelpunkt steht;
- der historisch orientierte Unterricht, in dem es um das Erfassen und Interpretieren existierender philosophischer Texte geht;
- der Person-orientierte Unterricht, der den Schülern vor allem Orientierungshilfe geben soll bei der Bildung einer individuellen, wohl begründeten Sicht auf die Welt.

Aus der oben ausgeführten Charakterisierung des ethisch-philosophischen Unterrichtsgesprächs geht deutlich hervor, dass darin vor allem der problemorientierte Unterrichtsstil gefragt sein wird; damit dürfte es den Schülern aber auch Orientierungshilfe geben. Das Erfassen und Interpretieren philosophischer Texte erfordert zunächst andere Unterrichtsmethoden (vgl. Kap. 9.6.4), kann aber einen ausgezeichneten Ausgangspunkt für den anschließenden Einstieg in ein Unterrichtsgespräch bieten (siehe unten: Philosophen als Gesprächspartner). Weiterhin ist das Unterrichtsgespräch ein wichtiges Mittel zur Anwendung von Wissen, das die Schüler sich für den Bereich ethisch-philosophischer Argumentation angeeignet haben (z.B. Kriterien für Schlüssigkeit), es kann andererseits aber auch den Anstoß geben, Wissen in diesem Bereich zu vertiefen.

Die Rolle der Lehrkraft und der Philosophen im ethisch-philosophischen Unterrichtsgespräch

Die Lenkung des Unterrichtsgesprächs durch die Lehrkraft kann auf unterschiedliche Weise erfolgen (vgl. Kienstra et al. 2015, 8). Wenn die Lehrkraft alle Fragen selbst stellt und auch die Antworten darauf gibt, liefert sie allen Input und es handelt sich um eine starke Form von Lenkung. Wenn die Schüler sehr viel Raum erhalten, um z.B. das Thema selbst zu wählen oder die Art, wie das Thema angegangen wird, und ihnen weitestgehend alle Initiative übertragen wird, spricht man von einer lockeren Form von Lenkung. Die Lehrkraft beschreitet einen mittleren Weg, wenn Initiative und Input von Lehrkraft und Schülern gemeinsam geleistet wird und ein Dialog entsteht, in dem Beiträge zu den Themen und Fragen von Schülern und der Lehrkraft kommen. Kienstra et al. (ebd.) bezeichnen eine solche Form von Dialog als die ideale pädagogische Gesprächssituation und erwarten von ihr ein höheres Niveau des Philosophierens als bei einer starken oder lockeren Form von Lenkung des Unterrichts durch die Lehrkraft.

In der reinen Form des Sokratischen Gesprächs kommt der Lehrkraft einzig die Rolle des Moderators zu; sie hat sich aller inhaltlichen Beiträge zu enthalten (vgl. Martens 2003, 131), was zu einer recht lockeren Form der Leitung führt. Allerdings können Beiträge der Lehrkraft gelegentlich sehr hilfreich sein, z.B. wenn das Gespräch stockt, weil eine Sachinformation zu dem diskutierten Thema fehlt. Außerdem ist die Ethiklehrkraft für die Schüler ein wichtiges Vorbild für einen kritischen Geist. Aus der Art und Weise, wie sie Dinge hinterfragt, andere Perspektiven einbringt, Differenzierung anregt, präzise analysiert etc. können Schüler viel lernen. Dort, wo Schüler quasi am Ende ihres Lateins angekommen sind, kann sie Möglichkeiten aufzeigen, wie hier noch weitergedacht werden könnte. Und vor allen Dingen sollte sie selbst die intellektuellen Tugenden vorleben, die sie bei den Schülern fördern möchte.

Pfeifer (2013, 141) betont, dass Philosophen Gesprächspartner sein können. So können auch Thesen und Argumente von Philosophen in das Unterrichtsgespräch eingebracht werden (von der Lehrkraft oder Schülern). Entscheidend ist dabei aber, dass sie nicht die Position der letzten Autorität erhalten. Sie sind quasi gleichberechtigte Gesprächspartner wie jeder Schüler auch, und für sie gilt ebenfalls, dass nur die Kraft des besseren Arguments zählt. Ganz auf die Präsentation und Diskussion von Gedanken aus der Philosophie zu verzichten würde bedeuten, die Schüler völlig von der langen Geschichte der Entwicklung von Ideen in der Philosophie abzuschneiden. Erfahrungsgemäß sind Schüler oft dazu in der Lage, auf einen großen Teil der philosophischen Standpunkte und Argumente selbst zu kommen, aber wohl selten auf alle relevanten Punkte und kaum in der systematischen Form, der Tiefe und der begrifflichen Schärfe, wie sie bei bedeutenden Philosophen vorzufinden ist. Deshalb sind natürlich auch Philosophen wichtige Vorbilder dafür, wie ein kritischer Geist arbeitet. Andererseits dürfte es für die Schüler aber auch in besonderer Weise zur Entwicklung ihrer intellektuellen Autonomie beitragen, wenn sie erleben, dass sie selbst durchaus in der Lage sind, Schwachpunkte in philosophischen Theorien zu entdecken, unterschiedliche bis widersprüchliche philosophische Standpunkte zu vergleichen und zu bewerten und sich schließlich ihr eigenes Urteil zu bilden.

Philosophische Aktivitäten im ethisch-philosophischen Unterrichtsgespräch
Kienstra et al. (2015) beschreiben in ihrem Modell des Philosophierens mit Schülern fünf wesentliche Aktivitäten:

1. rationalisieren;
2. analysieren;
3. prüfen;
4. Kritik formulieren;
5. reflektieren.

Das Rationalisieren umfasst die Verbalisierung erster Gedanken in einer logischen Struktur. In der Analyse werden Fragen gestellt, Dinge werden problematisiert und abgewogen. Beim Prüfen von Gedanken werden auch Definitionen aufgestellt, Unterscheidungen gemacht und Urteile gefällt. Kritik zu formulieren bedeutet Erklärungen, Ursachen und Verbindungen herauszuarbeiten, Argumente aufzubauen und eine Debatte zu führen. In der Reflexion schließlich begeben sich die Schüler auf eine Meta-Ebene: Dann geht es um die Betrachtung des Denkprozesses selbst, des Beurteilungsrahmens und seiner Anwendung. Auf diese Ebene werden auch „kreative Sprünge" eingeordnet. (Vgl. ebd., 6)

Die Reihenfolge dieser fünf Aktivitäten stellt gleichzeitig eine hierarchische Ordnung dar, mit der Reflexion als dem höchsten Niveau. Dabei setzt jede Niveaustufe die Aktivitäten auf den Stufen darunter voraus; d.h. z.B., dass Prüfungsaktivitäten erst stattfinden können, wenn sie durch Rationalisieren und Analysieren vorbereitet wurden. (Vgl. ebd., 6f)

Lehrerfragen und -impulse im ethisch-philosophischen Unterrichtsgespräch
Fragen und Impulse sind ein wichtiges Mittel für die Lehrkraft, das Unterrichtsgespräch zu lenken, zu vertiefen und weiter zu öffnen. Pfeifer (2013, 140) warnt davor, dass Lehrerfragen und -impulse immer auch eine mehr oder weniger starke manipulative Wirkung haben; ein deutliches Beispiel dafür ist die Suggestivfrage. Für Pfeifer (ebd.) sind Fragen und Impulse durch die Lehrkraft „immer dann legitim, wenn sie die eigene Reflexion der Schüler ermöglichen und ihnen nicht im Wege stehen".

Im Folgenden seien einige Beispiel für Fragen genannt, die dafür geeignet erscheinen, das Niveau des Gesprächs und die Qualität der Ergebnisse zu befördern:

a) Präzisieren/klären
- Was genau meinst Du mit dem Begriff ... ?
- Was genau ist jetzt also gegeneinander abzuwägen?
- Was bedeutet das mit ganz einfachen Worten?
- Kannst Du das mit einem Beispiel erläutern?

b) Prüfen
- Kannst Du Deine Aussage bitte belegen?
- Skizziere die logische Struktur dieses Arguments und prüfe sie.
- Wie könnte man diese Aussage empirisch überprüfen bzw. sind Dir empirische Daten bekannt, die dies belegen?
- Welche Voraussetzungen sind implizit in dieser Aussage enthalten?
- Inwieweit ist dies mit der Aussage vereinbar, dass ...?
- Welches Welt-/Menschenbild liegt dieser Aussage zugrunde?

c) Ausweiten
- Welche Konsequenzen ergeben sich aus diesem Gedanken für ...?
- Welche Nachteile/Vorteile könnten damit verbunden sein?
- Gibt es noch andere Perspektiven auf diese Fragestellung?
- Gibt es auch Fälle, in denen diese generelle Aussage nicht zutrifft?
- Welche Frage lässt dies noch offen?
- Gibt es noch etwas, das wir bisher noch nicht beachtet haben?

d) Urteilen
- Wie würdest Du dies zusammenfassend bewerten?
- Wie weit liegen diese Auffassungen bei genauer Betrachtung auseinander?
- Wie beurteilst Du die Legitimität von ...?

e) Reflektieren
- Anhand welcher Kriterien müsste das überprüft/bewertet werden?
- Auf welchem Wege sind wir jetzt zu diesem Urteil gekommen?

9.6.3 Zur Förderung argumentativer Fähigkeiten und Fertigkeiten

Allgemeine Überlegungen zur Förderung argumentativer Fähigkeiten und Fertigkeiten

Für das Argumentieren bringen Menschen schon sehr früh implizites Wissen und implizite Strategien mit, die sie z.B. in alltäglichen argumentativen Auseinandersetzungen weitgehend spontan und automatisiert einsetzen können. Was sich im Laufe der Entwicklung von Kindern und Jugendlichen vor allen Dingen verbessert, sind ihre Metakognitionen bzgl. schlüssiger Argumentation, mit anderen Worten ihr explizites Wissen über Argumentation. (Vgl. Kap. 5.1.4) Und erst dadurch werden sie in die Lage versetzt, eigene Argumentation und die Argumentation anderer zu analysieren und sich mit ihr kritisch auseinanderzusetzen. Natürlich lernen Schüler Argumentation zu einem guten Teil dadurch, dass sie argumentieren, z.B. in Debatten, Diskursen, im Unterrichtsgespräch oder auch schriftlich, z.B. in Erörterungen oder Essays. Ein hohes Niveau logischen Denkens wird in aller Regel aber nicht durch Reifung und Sozialisation, also im Rahmen der normalen Entwicklung erreicht, sondern nur durch gezielte, relativ umfangreiche Schulung (vgl. ebd.). Man wird wohl nicht davon ausgehen können, dass Schüler höhere Niveaus von Argumentation allein dadurch erreichen, dass sie ausreichend Gelegenheit zum Argumentieren bekommen. Es wird darüber hinaus besonders darauf ankommen, dass die Entwicklung ihrer Metakognitionen durch das Vermitteln expliziten Wissens über Argumentation unterstützt wird (vgl. Kapitel 7.1.6) und dass Argumentation gemeinsam analysiert und reflektiert wird (vgl. Kap. 9.6.2, 9.6.4).

Das Üben von Argumentation in einfachen Kontexten

Das Anwenden anspruchsvoller Denkstrategien gelingt Schülern zunächst nur in einfachen Kontexten. Und erst die häufige Übung in einfachen Kontexten ermöglicht es ihnen, sie auch in anderen Kontexten einsetzen zu können. (Vgl. Kap. 5.1.4) Nun sind reale argumentative Auseinandersetzungen aber sehr komplex, nicht zuletzt auch durch den Umstand, dass natürliche Sprache logische Strukturen häufig eher verschleiert als klar zum Aufscheinen bringt. So wird es immer wieder notwendig sein, durch die Reduktion von Komplexität für die Schüler Kontexte zu schaffen, die einfach genug sind, um ihnen Denkstrukturen auf einem höheren Niveau zugänglich zu machen. Am deutlichsten werden logische Strukturen, wenn ganz auf natürliche Sprache verzichtet wird:

> „Das korrekte logische Schließen ist ein syntaktisches Problem, da hierbei von Inhalten und vom lebensweltlichen Kontext abgesehen werden kann. Die formale Logik liefert sozusagen eine Grammatik des Denkens, mit der das richtige Schließen und Schlussfolgern erlernt werden kann." (Zoglauer 2008, 9f)

Aber es ist aller Erfahrung nach andererseits gerade das Absehen von Inhalten und von einem lebensweltlichen Kontext, das vielen Schülern den Umgang mit formaler Logik schwer macht. Formale Logik bewegt sich auf einem hohen Abstraktionsniveau und dürfte vor allem für einen Einstieg in die Betrachtung logischer Strukturen mit noch relativ jungen Schülern wenig geeignet sein. Hier hat sich ein Kompromiss bewährt, bei dem Schemata mit *eingeschränkt natürlicher* Sprache kombiniert werden. Eingeschränkt natürlich muss diese Art von Sprache deshalb genannt werden, weil sie so kaum in realen Gesprächen anzutreffen sein wird und ganz darauf zugeschnitten ist, logische Strukturen klar hervortreten zu lassen. Z.B.: „Alle Italiener sind Menschen. Paolo ist ein Italiener. Also ist Paolo ein Mensch." Neben den Syllogismen sind auch das Toulmin-Schema (vgl. Goergen 2015, 218f; Reger et al. 2012, 31f) oder das Argumentationsschema nach Folkers (vgl. ebd., 27) gebräuchliche Mittel, um Schülern argumentative Strukturen nahezubringen. Diese Schemata können den Schülern im Weiteren dann als Grundmuster für den Aufbau eigener Argumentation und das Identifizieren argumentativer Strukturen in den Äußerungen anderer und in Texten dienen. Dabei lässt sich Komplexität wiederum reduzieren, indem zunächst mit kurzen Äußerungen bzw. Textausschnitten gearbeitet wird, die ggf. auch von der Lehrkraft selbst zu Übungszwecken produziert werden und sprachlich so gestaltet sind (eingeschränkt natürlich), dass die logischen Strukturen relativ leicht zu erkennen sind.

Die Anwendung argumentativer Strukturen lässt sich auf eine motivierende, recht spielerische Art und Weise üben, wenn die Schüler z.B. mit dem „Argumentationspuzzle" (vgl. ebd., 46; www.teachsam.de) oder „Learn and Move" (nach Egle; vgl. Reger et al. 2012, 47; www.teachsam.de) arbeiten. Beim Argumentationspuzzle bekommen die Schüler eine unsortierte Liste von bis zu ca. 20 relativ kurzen Aussagesätzen normativer und deskriptiver Art. Aus dieser Liste wählen die Schüler Aussagen aus und verknüpfen sie mit Konjunktionen zu schlüssigen, plausiblen Argumenten. Bei der Learn-and-Move-Methode bekommen die Schüler die Aussagesätze nicht in Form einer Liste, sondern jeder Schüler erhält einen Zettel mit einer Aussage. Die Schüler sollen nun Mitschüler finden, deren Aussagen sich mit ihrer Aussage zu einem sinnvollen Argument verknüpfen lassen.

In der Basisversion des „logischen Karussells" (vgl. Roelen 2016) sitzen sechs Schüler im Kreis. Schüler

1. formuliert eine *Entscheidungsfrage*, z.B. „Ist Abschreiben in einer Schulaufgabe moralisch verwerflich?"
2. *beantwortet* die Frage mit „Ja" oder „Nein";
3. gibt eine *Begründung* an, die die Äußerung von Schüler 2 stützt, z.B. „Das ist ungerecht den anderen Schülern gegenüber."
4. führt eine *Beispiel* an, das die Begründung von Schüler 3 veranschaulicht, z.B. „Wenn ein Schüler viel für die Schulaufgabe gelernt hat und dieselbe Note bekommt wie ein anderer Schüler, der gar nicht gelernt, aber abgeschrieben hat, ist das ungerecht."
5. formuliert eine *kritische Würdigung* der Äußerungen der Schüler vor ihm, z.B. „Es ist nicht klar geworden, in welchem Sinne genau der Begriff *gerecht* benutzt wurde."
6. *reflektiert* das ganze logische Karussell und stellt sich Fragen wie „Was war auffallend?", „Was nehme ich aus dem Karussell für mich mit"; z.B.: „Ich fand das noch nie in Ordnung, aber jetzt ist mir klarer, warum. Ich frage mich jetzt aber, ob es nicht auch so etwas wie Notfälle gibt, wo Abschreiben ok ist."

Das logische Karussell fordert den Schülern die Selbstdisziplin ab, bei einem Punkt zu bleiben und in die Tiefe zu gehen, aber auch Spontaneität, weil die anderen auf die nächste Äußerung warten. Außerdem müssen sie auf die Schüler vor ihnen eingehen, und jeder Schüler muss sich beteiligen, damit das Karussell läuft. Eine komplette Struktur wird in relativ kurzer Zeit durchlaufen, was eine recht große Anzahl von Durchgängen erlaubt. Insgesamt ist dies also eine sehr intensive, effiziente Übung, die neben der hier vorgestellten Struktur der Basisversion auch viele weitere Varianten mit modifizierten Strukturen erlaubt.

Das neosokratische Gespräch nach Nelson/Heckmann

Im neosokratischen Gespräch nach Nelson/Heckmann werden durchaus komplexe Argumentationsstrukturen aufgebaut, die aber dadurch für die Schüler besser beherrschbar werden als in einer freien Diskussion, dass zum einen der Gesprächsablauf streng reglementiert ist und zum anderen der Gesprächsleiter die Struktur der Argumentation in einer Skizze übersichtlich darstellt.

Dabei sollen die Schüler zu eigenen Einsichten bezüglich einer thematisierten Frage gelangen. Es ist ein Gespräch unter Partnern, in dem niemand für den anderen Autorität ist; dem Leiter – ebenfalls ein Schüler – kommt lediglich die Moderation des Gesprächs zu. Es ist gekennzeichnet durch das Bemühen, die eigenen Gedanken im Gespräch zu überprüfen und ggf. zu modifizieren, um zu Aussagen zu kommen, denen alle zustimmen können. (Vgl. Raupach-Strey, 2002, 106; Birnbacher 2015, 175) Die Schüler machen die Erfahrung, nicht darauf angewiesen zu sein, Urteile von Autoritäten zu übernehmen, sondern durch eigenes Denken und Argumentieren gemeinsam zu begründeten Urteilen kommen zu können.

Das Kernstück des neosokratischen Gesprächs nach Nelson ist seine besondere Struktur. Nach der Festlegung des Themas wählen die Schüler ein konkretes Beispiel aus, an dem sie dann intensiv arbeiten. Alle wichtigen Aussagen bzw. Gedankenschritte werden für alle sichtbar schriftlich festgehalten. Im ersten Schritt fällen die beteiligten Schüler Urteile zu dem Beispiel. Für jedes Urteil arbeiten sie sodann diejenigen Prinzipien, Überzeugungen und Werte heraus, die diesem Urteil zugrunde liegen. Im nächsten Schritt prüfen sie das Für und Wider dieser Prinzipien, Überzeugungen und Werte. Schließlich sollen die Schüler Aussagen dazu machen, inwieweit die für das Beispiel aufgestellten Behauptungen allgemeingültig sein können; dies ist der Schritt vom Konkreten zum Allgemeinen. Dabei sollen Urteile angestrebt werden, denen alle zustimmen können. Wo kein Konsens erzielt werden kann, sind die zugrunde liegenden gegensätzlichen Positionen festzuhalten; hier sollte das Ziel Respekt für die jeweils andere Position sein.

Sollte ein Beispiel für die Bearbeitung des Themas nicht ausgereicht haben, können weitere Beispiele ergänzend bearbeitet werden. Zusammengefasst sieht der Ablauf eines neosokratischen Gesprächs also so aus (vgl. Raupach-Strey 2016, 78f):

- ein konkretes Beispiel auswählen;
- Urteile zum Beispiel fällen;
- die zugrunde liegenden Prinzipien und Werte herausarbeiten;
- deren Überzeugungskraft prüfen;
- die Behauptungen bzgl. des konkreten Beispiels auf Allgemeingültigkeit überprüfen;
- ggf. weitere Beispiele erarbeiten.

Beispielhaft soll im Folgenden der mögliche Ablauf eines Schülergesprächs grob skizziert werden, und zwar in der Form, wie die Schüler ihre Skizzen auch selbst während des neosokratischen Gesprächs anfertigen:

Anschauungsbeispiel

Thema: Einsatz deutscher Soldaten im Ausland.

Konkretes Beispiel: Kampfeinsätze deutscher Soldaten im Kosovo.

Urteile:
1. Nicht gerechtfertigt.
2. Moralisch geboten.

Begründungen zu 1.:
1.1. Töten ist unter keinen Umständen gerechtfertigt.
1.2. Deutsche Geschichte.
1.3. Geht uns nichts an.

Begründungen zu 2.:
2.1. Wer Völkermord nicht verhindert, macht sich schuldig.
2.2. Größerer Einfluss Deutschlands in der Weltpolitik.

Diskussion von 1.1.:
→ kein Konsens: Positionen für Nothilfe und für konsequenten Pazifismus stehen sich gegenüber.

Diskussion von 1.2:
1.2.1.: Die deutsche Geschichte verbietet den Einsatz deutscher Soldaten auf fremdem Staatsgebiet.
1.2.2.: Aus der deutschen Geschichte ergibt sich die moralische Verpflichtung zu verhindern, dass etwas Vergleichbares wie der Genozid an den Juden wieder geschieht.
→ Konsens auf 1.2.2.

usw.

Ebenso wichtig für den Erfolg des neosokratischen Gesprächs wie die Verfolgung seiner spezifischen Struktur ist die Einhaltung der ihm eigenen Gesprächsregeln. Dabei ist besonders zu betonen, dass es nicht um den Austausch von Argumenten aus Fachliteratur, Zeitungsartikeln oder Vorträgen von Experten geht, sondern immer nur um eigene Überlegungen und Meinungen, die allerdings vielfach auf dem nötigen Sachwissen aufbauen werden, dass die Schüler vorher erworben haben. Die wichtigsten Regeln für das neosokratische Gespräch lauten (vgl. Horster 1994, 31, 34, 64f):

• jeder Teilnehmer gibt nur eigene Überlegungen und Meinungen wieder, Meinungen von Autoritäten zählen nicht;
• Verständigung hat Vorrang vor schnellen Ergebnissen;

- alle beteiligen sich;
- fasse Dich kurz!; .
- die Teilnehmer bemühen sich um Urteile, denen alle zustimmen können (Konsens);
- jedoch soll kein Teilnehmer Zweifel um des Konsenses willen unterdrücken.

Dem Leiter des neosokratischen Gesprächs kommt eine Schlüsselrolle zu. Da diese Aufgabe anspruchsvoll ist und ein hohes Maß an Konzentrationsfähigkeit und kommunikativem Geschick sowie ein gewisses Durchsetzungsvermögen verlangt, sollte der Lehrer für die Gesprächsleitung jeweils geeignete Schüler aussuchen und um die Übernahme der Leitung bitten.

Der Gesprächsleiter kümmert sich um die Verfolgung der Gesprächsstruktur und die Einhaltung der Gesprächsregeln und sorgt dafür, dass die Ergebnisse für alle sichtbar dokumentiert werden. Um sich ganz auf seine Leitungsaufgaben konzentrieren zu können und um als unparteilicher Leiter voll akzeptiert werden zu können, nimmt der Leiter inhaltlich nicht an der Diskussion teil. Im Einzelnen hat er insbesondere Folgendes zu tun (vgl. Heckmann 1981, 10; Birnbacher 2015, 175f):

- den strukturierten Ablauf gewährleisten;
- Vielredner bremsen, stille Teilnehmer auffordern;
- Begründungen verlangen;
- Konsens anstreben;
- Ergebnisse festhalten;
- inhaltlich nicht an der Diskussion teilnehmen.

Störungen im Gesprächsverlauf werden immer wieder einmal auftreten. Sie können z.B. dadurch hervorgerufen werden, dass einzelne Teilnehmer die Gesprächsregeln verletzen, dass der Gesprächsleiter von einem oder mehreren Teilnehmern nicht akzeptiert wird oder dass der Gesprächsleiter seine Aufgaben nicht angemessen wahrnimmt. Auch in solchen Situationen sollen die Schüler möglichst selbständig ohne Eingreifen des Lehrers Lösungen finden. Dafür hat sich das so genannte Metagespräch sehr gut bewährt (vgl. Heckmann 1981, 9; Klafki 2002, 94f; Birnbacher 2015, 176). Dabei wird das neosokratische Gespräch von den Teilnehmern unterbrochen. Die Leitung des Metagesprächs übernimmt nun nicht der eigentliche Gesprächsleiter, sondern einer der Teilnehmer. In diesem *Gespräch über das Gespräch* werden die Störungen und mögliche Ursachen zur Sprache gebracht und Lösungen gesucht.

Wenn eine Lösung gefunden ist, übernimmt der ursprüngliche Gesprächsleiter wieder die Leitung und das neosokratische Gespräch wird an dem Punkt fortgesetzt, an dem es unterbrochen wurde. Das Metagespräch kann darüber hinaus auch grundsätzlich nach jedem neosokratischen Gespräch zur Betrachtung des Gesprächsverlaufs eingesetzt werden. Grundsätzlich empfiehlt es sich, den Leiter jeder Gruppe mit einem Merkblatt mit den wesentlichen Regeln im Überblick auszurüsten, damit ggf. Unklarheiten in einer Gruppe sofort ohne Hilfe des Lehrers ausgeräumt werden können und der Leiter jederzeit eine Gedächtnisstütze zur Verfügung hat. Bei all den Vorteilen der Struktur des neosokratischen Gesprächs ist häufig zu beobachten, dass die Spontaneität eines freieren Unterrichtsgesprächs nicht erreicht wird. Darüber hinaus fordert die Methode den Schülern ein großes Maß an Disziplin ab, wenn es darum geht, sich streng an die systematische Vorgehensweise und die Gesprächsregeln zu halten. Deshalb sollte es nicht zu häufig oder über zu lange Zeit eingesetzt werden, da sonst mit einer Ermüdung der Schüler zu rechnen sein wird.

Wenn Schüler zum ersten Mal neosokratische Gespräche führen, ist der Aufwand für das Erlernen der Methode zunächst relativ hoch und die ersten Versuche werden gelegentlich noch etwas stockend verlaufen. Nach einer gewissen Übung aber wird man sehr schnell in die Gespräche einsteigen können, sodass der Zeitbedarf dann insgesamt überschaubar sein dürfte. Deshalb wäre es ideal, wenn Schüler schon recht früh – etwa ab der 9., eventuell bereits der 8. Jahrgangsstufe – das neosokratische Gespräch kennen lernten und dann auch in den folgenden Jahren und in mehreren Fächern praktizierten.

Wesentliche Forderungen, die Habermas (1991, 12ff; 1996, 98ff; 2015, 77) für den Diskurs formuliert, gelten ebenso für das neosokratische Gespräch:

- „Jedes sprach- und handlungsfähige Subjekt darf an Diskursen teilnehmen";
- in einer „kooperativen Wahrheitssuche" darf „einzig der Zwang des besseren Arguments zum Zuge kommen";
- nur diejenigen Normen dürfen Geltung beanspruchen, „die die Zustimmung aller Betroffenen als Teilnehmer eines praktischen Diskurses finden könnten";
- alle Teilnehmer haben die gleichen Chancen zur Teilnahme am Diskurs;
- und als „pragmatische Voraussetzung": die „Aufrichtigkeit aller Teilnehmer".

Habermas (ebd., 98) räumt ein, dass der Diskurs „unwahrscheinlichen Bedingungen genügen muss" und „sich als eine idealen Bedingungen hinreichend angenäherte Form der Kommunikation" präsentiere. Und bereits Apel (zitiert bei Raupach-Strey 2002, 128) stellt die folgende Forderung auf: „Bemühe Dich stets darum, zur langfristigen Realisierung solcher Verhältnisse beizutragen, die der Realisierung der idealen Kommunikationsgemeinschaft näher kommen." Für die Unterstützung dieses Bemühens liefert das neosokratische Gespräch sicherlich ausgezeichnete Übungsmöglichkeiten.

Dabei ist zu beachten, dass die allererste Voraussetzung zum Gelingen eines Diskurses darin bestehen dürfte, dass die Teilnehmer willens und in der Lage sind, fundamentale Gesprächsregeln einzuhalten, und über grundlegende kommunikative Fähigkeiten und Fertigkeiten verfügen. Damit ist das neosokratische Gespräch nicht nur eine Methode zur Schulung argumentativer Fähigkeiten, vielmehr ist sie auch ein komplexes und anspruchsvolles Anwendungsfeld für all das, was die Schüler sich vorher – z.B. in Kommunikationsübungen und Rollenspielen – im Bereich ihrer kommunikativen Kompetenz angeeignet haben. Dementsprechend sollte am Ende eines neosokratischen Gesprächs immer eine Reflexion des Gesprächsverlaufs stehen, in der neben der Qualität der Ergebnisse auch die Kooperation und Kommunikation in der Gruppe thematisiert werden.

9.6.4 Philosophische Texte erschließen

Philosophische Texte zeichnen sich häufig dadurch aus, dass ihre gedankliche Struktur komplex ist und in ihnen Begriffe verwendet werden, die den Schülern unbekannt sind bzw. deren Bedeutung von ihnen nicht genau genug erfasst wird. Deshalb muss für ihre Erschließung oft ein relativ großer Aufwand betrieben werden, zumal philosophische Gedanken erst dann ihre ganze Überzeugungskraft entfalten, wenn die Schüler ein tiefes Verständnis für sie entwickeln.

Vor allem in Fällen, wo es der Lehrkraft darauf ankommt, aus einem Text bestimmte Informationen für die weitere Arbeit im Unterricht zu gewinnen, wird es effizient sein, Leitfragen für die Schüler zu formulieren, ggf. auf einem kompletten Arbeitsblatt. Dies ist nicht nur eine zeitsparende Methode, sondern schult auch das Vermögen der Schüler, längere Texte quer zu lesen und relevante Informationen trotz hoher Lesegeschwindigkeit zu erkennen, was im Hinblick auf die Studierfähigkeit der Schüler von großem Nutzen ist.

Eine Standardmethode in der Textarbeit ist die gemeinsame Satz-für-Satz-Lektüre (vgl. Martens 2003, 105; Pfeifer 2013, 151). Die Satz-für-Satz-Lektüre wird sich insbesondere dann empfehlen, wenn ein Text gedanklich sehr dicht und sehr schwierig ist. Sie ist aber mit verschiedenen Nachteilen verbunden. Zum einen verlangt sie den Schülern bei längeren Texten einiges Durchhaltevermögen ab. Zum anderen wird sie häufig nur der erste Arbeitsschritt sein können, weil eine Satz-für-Satz-Lektüre z.B. weniger gut dafür geeignet ist, gedankliche Strukturen eines Textes deutlich zu machen. Und schließlich ist sie mit einem recht großen Maß an Lenkung durch die Lehrkraft verbunden, sodass das eigenständige Arbeiten der Schüler wenig gefördert wird. So wird die Satz-für-Satz-Lektüre wohl insbesondere für die Erschließung einzelner, besonders anspruchsvoller Abschnitte eines Textes in Frage kommen.

Eine Methode für das selbständige Arbeiten mit einfacheren Texten (vor allem auf der Sekundarstufe 1) ist die „Västeras-Methode" (vgl. Pfeifer 2013, 152). Die Schüler lesen den Text still gründlich durch und nehmen dabei drei Arten von Markierungen vor: Fragezeichen an Stellen, zu denen sie Fragen stellen möchten, Ausrufezeichen an Stellen, die ihnen eine wichtige Erkenntnis gebracht haben, und Pfeile an für sie persönlich bedeutsamen Stellen. Die Fragezeichen werden im Unterrichtsgespräch gemeinsam bearbeitet, wobei für deren Beantwortung zunächst Schüler zuständig sind, die an der entsprechenden Textstelle kein Fragezeichen gesetzt haben. Die Ausrufezeichen und Pfeile können dann dazu genutzt werden, Aspekte zu identifizieren und zu vertiefen, die der jeweiligen Schülergruppe besonders am Herzen liegen.

Verschiedene Autoren legen bei der Erschließung philosophischer Texte einen besonderen Wert auf das Herausarbeiten der gedanklichen Struktur eines Textes und die Beurteilung der Qualität bzw. Kraft der vorgebrachten Argumente, insbesondere Pfeifer (2013, 151ff) und Nimtz (2003, 5-S-Methode). Wenn man die Hinweise aus der einschlägigen Literatur zusammenfasst, könnte eine weitgehend selbständige Erschließung anspruchsvoller philosophischer Texte durch die Schüler z.B. wie folgt aussehen.

Nach einem ersten stillen Lesen des Textes durch die Schüler werden unbekannte Begriffe geklärt und ggf. einzelne Sätze besprochen, die z.B. wegen ihrer komplexen Struktur schwierig zu erschließen sind. Sodann können die Schüler die folgenden Dinge formulieren:

- das Thema des Textes (vgl. PLATO, Kalcher in Münnix et al. 2002, 175);
- den Hauptgedanken (vgl. Martens 2003, 105);
- zentrale Begriffe (vgl. ebd.; Pfeifer 2013, 151; 5-S, Nimtz 2003, 1).

Im nächsten Schritt arbeiten die Schüler die gedankliche Grobstruktur des Textes heraus. Je nach Text kann es hilfreich sein, zunächst Textpassagen wie Erläuterungen, Beispiele oder Exkurse herauszustreichen, die für das Erkennen der gedanklichen Struktur verzichtbar sind (vgl. Pfeifer 2013, 175). Dadurch wird der Text für die weitere Analyse der Struktur u.U. bereits deutlich übersichtlicher. Die Grobstruktur des Textes erhalten die Schüler, indem sie nun Sinnabschnitte identifizieren und kennzeichnen (vgl. Pfeifer 2013, 175; 5-S, Nimtz 2003, 1; PQ4R nach Thomas/Robinson 1972, vgl. Applis et al. 2010, 240f) und für jeden Abschnitt eine aussagekräftige Überschrift finden (vgl. Martens 2003, 105; Pfeifer 2013, 151).

Für die Analyse der gedanklichen Feinstruktur empfiehlt sich das „T-A-B"-Schema (vgl. ebd., 174). Herausgearbeitet werden die einzelnen Thesen (T) des Autors und jeweils die dazu gehörenden Argumente (A) und Belege (B). Im Einzelnen können die Schüler dabei z.B. die folgenden Fragen beleuchten:

- Welche Thesen werden aufgestellt bzw. gegen welche Thesen wendet sich der Autor? (Vgl. 5-S, Nimtz 2003, 1)
- Gibt es Thesen ohne Argumente/Belege?
- In welchen Aussagen stecken Argumente (vgl. ebd., 2; Pfeifer 2013, 153) – explizite oder implizite – und wie lautet zusammenfassend deren klare Formulierung?
- Welcher Art sind diese Argumente? (Vgl. Pfeifer 2013, 153)
- Was sind die Prämissen des Arguments – explizit oder implizit – und welche Konklusionen zieht der Autor aus ihnen? (Vgl. 5-S, Nimtz 2003, 2)
- Werden die Prämissen belegt, und wenn ja, wie? (Vgl. ebd.)
- Welche Kritik an seinen Thesen und Argumenten führt der Autor an? Welche Erwiderungen auf diese Kritik finden sich im Text? (Vgl. ebd.)

Der letzte, anspruchsvolle Analyseschritt besteht darin, Zusammenhänge zwischen den einzelnen Thesen und Argumenten des gesamten Textes darzustellen. Wichtige Fragen sind hier, ob es Widersprüche oder Lücken und Sprünge innerhalb der Argumentation gibt (vgl. ebd.; Pfeifer 2013, 154) und inwieweit die Argumente sich gegenseitig stützen.

Mit dieser umfangreichen Textanalyse wird die Basis geschaffen für den entscheidenden letzten Schritt, nämlich das Urteil durch die Schüler. Voraussetzung für ein qualifiziertes Urteil ist die Vertrautheit der Schüler mit wesentlichen Regeln des Schließens und Belegens (vgl. Kap. 7.1.6). Allerdings ergibt sich hier auch eine schöne Gelegenheit, im Zusammenhang mit einem konkreten Text bestimmte Regeln des Schließens und Belegens einzuführen und ihre Bedeutung zu veranschaulichen. Für eine Beurteilung durch die Schüler bieten sich z.B. die folgenden Aspekte an:

- Wie klar und scharf sind die Begriffe, die der Autor verwendet? (Vgl. PLATO, Kalcher in Münnix et al. 2002, 175; 5-S, Nimtz 2003, 1)
- Wie tragfähig sind die Argumente bzw. der Argumentationsgang? (Vgl. ebd., 2; PLATO, Kalcher in Münnix et al. 2002, 175)
- Welches Gewicht kommt den Argumenten zu? (Vgl. Pfeifer 2013, 154)
- Fehlen wichtige Aspekte zur Beurteilung der Fragestellung?
- Hat der Autor gezeigt, was er zeigen wollte? (Vgl. Nimtz 2003, 2)

Detailliert ausgearbeitete Beispiele für Textanalysen finden sich bei Reger et al. (2012, 35, 37). Bis hierhin lag der Schwerpunkt der oben skizzierten Textarbeit auf formalen Aspekten. Eine ausführliche inhaltliche Auseinandersetzung, z.B. über die moralische Beurteilung einzelner Thesen oder der Kernaussage, die Frage, wie hilfreich bzw. realistisch die Vorschläge des Autors sind, oder auch ein Vergleich mit anderen Autoren kann sich nun anschließen, z.B. in einem Unterrichtsgespräch, einer Debatte, weiterer Recherchearbeit oder auch schriftlichen Formen der gedanklichen Auseinandersetzung.

Eine genaue Textanalyse in dieser Form ist zeitaufwendig und anspruchsvoll, aber unerlässlich im Hinblick auf die Förderung der Kritikfähigkeit der Schüler. Unsere Zeit ist geprägt von einer vielfältigen Medienwelt, deren Erzeugnisse von sehr unterschiedlicher Qualität sind, und eine demokratische, pluralistische Gesellschaft braucht Bürger, die sich nicht so schnell von Demagogen hinters Licht führen lassen. So wird es z.B. auch nützlich sein, neben qualitativ hochwertigen philosophischen Texten gelegentlich auch durchschnittliche Texte aus unserer alltäglichen Medienlandschaft zu beleuchten, damit der Blick der Schüler für typische Schwächen solcher Texte geschärft wird und sie im Kontrast dazu Qualität zu schätzen lernen.

Es wird nicht immer notwendig sein, einen Text in seiner gesamten Länge in der Tiefe zu bearbeiten; häufig wird es genügen, bei bestimmten Passagen daraus in die Tiefe zu gehen. Entscheidend ist aber, dass Tiefe und Genauigkeit immer wieder erreicht werden. Das Ziel, viele Texte bzw. viel Lernstoff behandeln zu wollen, sollte nicht dazu führen, dass nur noch oberflächlich gearbeitet werden kann, weil die Zeit für die Tiefe fehlt. Hier dürfte weniger oft tatsächlich mehr sein.

9.6.5 Gedankenexperimente

„Spielerisch und ernst zugleich zu sein ist möglich, und es ist der ideale geistige Zustand. Die Abwesenheit von Dogmatismus und Vorurteil, die Anwesenheit von Neugier und Beweglichkeit werden manifest in dem freien Spiel des Geistes mit einer Fragestellung. Dem Geist dieses freie Spiel zu gewähren, heißt nicht zum Herumspielen mit einem Thema zu ermuntern, sondern an der Entfaltung des Themas um seiner selbst willen interessiert zu sein, ohne dass es einer vorgefassten Überzeugung oder einem gewohnten Zweck dienstbar gemacht würde. Geistiges Spiel bedeutet Aufgeschlossenheit, das Vertrauen in die Kraft des Denkens, seine eigene Integrität ohne äußere Unterstützung und willkürliche Beschränkungen zu bewahren. Daher erfordert freies geistiges Spiel Ernsthaftigkeit, das ernsthafte Verfolgen der Entfaltung eines Gegenstands ... Was das Interesse an der Wahrheit um ihrer selbst willen genannt wird, ist sicher eine ernste Angelegenheit, und doch fällt dieses reine Interesse an der Wahrheit mit der Liebe an dem freien Spiel der Gedanken zusammen." (Dewey 1997/1910, 218f, eigene Übersetzung)

Kaum eine andere Methode dürfte ähnlich geeignet sein, diesen „idealen geistigen Zustand" herbeizuführen wie das Gedankenexperiment, und es dürfte gerade diese Mischung sein aus Spiel und dem ernsthaften Anliegen, einer Frage genau auf den Grund zu gehen, die das Gedankenexperiment so häufig für Schüler zu einer hochmotivierenden Angelegenheit macht.

Definition

„Das *Gedankenexperiment* besteht in dem Versuch, auf der Grundlage kontrafaktischer Vorstellungen philosophisch relevante Erkenntnisse zu gewinnen oder zu vermitteln." (Engels 2015, 187; Hervorhebung durch R.R.)

Spekulative Gedankenexperimente sind insofern kontrafaktisch, als sie etwas als gegeben annehmen, das tatsächlich nicht gegeben ist. Sie spekulieren „Was wäre, wenn (nicht) ...". (Vgl. Freese, 1996, 30) Dabei erreichen Gedankenexperimente häufig „eine Konzentration auf den Kern des Problems" (Baggini 2007, 5), indem sie vereinfachen und von allen verzichtbaren und verkomplizierenden Umständen des realen Lebens absehen. (Vgl. ebd.; Vollmer 1988, 107)

Der Nutzen von Gedankenexperimenten erschöpft sich längst nicht im Gebrauch als Unterrichtsmethode, sie haben vielmehr ihren festen Platz als wichtige Methode der Philosophie. Stellvertretend für viele bekannte Beispiele sei zum einen Kants Grundformel des Kategorischen Imperativs genannt: „Handle nur nach derjenigen Maxime, durch die du zugleich wollen kannst, daß sie ein allgemeines Gesetz werde." (GMS B 421) Kant kommt zur Formulierung von vollkommenen und unvollkommenen Pflichten, indem er Gedankenexperimente anstellt und durchexerziert: Was wäre, wenn es allgemeines Naturgesetz wäre, sich das Leben zu nehmen, wenn man dessen überdrüssig ist?; Was wäre, wenn es allgemeines Gesetz wäre, in der Not Geld zu borgen und die Rückzahlung zu versprechen, obwohl man weiß, dass man das Geld nicht wird zurückzahlen können?; Was wäre, wenn es allgemeines Gesetz wäre, sich nicht um die Entwicklung seiner Naturanlagen zu bemühen; Was wäre, wenn es allgemeines Gesetz wäre, anderen in der Not nicht zu helfen? (Vgl. ebd, B 421ff) In dieser Form müssen wir also nach Kant immer dann ein Gedankenexperiment ausführen, wenn wir die Moralität einer Maxime ermitteln wollen. Dieses Beispiel dürfte auch besonders deutlich illustrieren, was Dewey meint, wenn er Ernsthaftigkeit im „geistigen Spiel" fordert (s.o.).

Ein weiteres Gedankenexperiment, das in der Philosophie einige Berühmtheit erlangt hat, formuliert sein Autor, Thomas Nagel, gleich in einem Buchtitel: „What is it like to be a bat?". Freese (1996, 25) geht so weit, Gedankenexperimente in der Philosophie gar als „die Erkenntnismethode schlechthin" zu bezeichnen.

Gedankenexperimenten werden eine Vielzahl möglicher Funktionen und Wirkungen zugeschrieben, z.B.:

• Beweisführungen entwickeln (ebd., 27; Engels 2015, 193);
• Theoreme überprüfen (ebd.);
• implizite Annahmen aufdecken (Freese 1996, 27);
• Folgen von Setzungen durchspielen (ebd.);
• Zusammenhänge aufklären (ebd.);
• allgemeine Prinzipien demonstrieren (ebd.);
• etwas als Voraussetzung der Möglichkeit von etwas erkennen, indem man es hypothetisch wegdenkt (ebd., 32);
• Fallbeispiele hypothetisch durchdenken, die nicht real ausgeführt werden können (ebd.; Vollmer 1988, 107; Engels 2015, 190);
• Utopien entwickeln (ebd.);
• Selbstverständliches seiner Selbstverständlichkeit entkleiden (ebd., 187f);
• eine größere geistige Beweglichkeit erlangen (Freese 1996, 35);
• Immunisierung gegen erstarrte Denk- und Meinungsroutinen, gegen Konformismus und Indoktrination fördern (ebd.).

Engels (2015, 188f) sieht für den Ablauf eines Gedankenexperiments drei Schritte vor:

• eine oder mehrere „Prämissen" aufstellen, die als „hypothetisches Szenario" quasi die Versuchsanordnung darstellen;
• eine „Versuchsanweisung" in Form einer konkreten Fragestellung formulieren;
• die „Durchführung" des Experiments, d.h. alle nötigen Gedanken anstellen, die zur Beantwortung der Fragestellung nötig sind.

Dabei solle das Gedankenexperiment in einem größeren Zusammenhang stehen, zu dessen Bearbeitung es einen Beitrag liefern kann. Für die Durchführung des Experiments gibt es viele Möglichkeiten: das Unterrichtsgespräch, eine Diskussion in Kleingruppen, die schriftliche Auseinandersetzung in Einzelarbeit etc.

An einem Beispiel soll nun gezeigt werden, wie mit Hilfe mehrerer Gedankenexperimente das Spannungsfeld einer sehr abstrakten Fragestellung konkret abgesteckt werden kann. Das Thema ist die Beurteilung des deontologischen Ansatzes in der Moralphilosophie. Dabei wird induktiv vorgegangen, d.h. zuerst werden die Gedankenexperimente durchgeführt und anschließend wird Begriff und Konzept des deontologischen Ansatzes eingeführt, und zwar in Verbindung mit Kants Selbstzweckformel des Kategorischen Imperativs.

Zuerst stellt die Lehrkraft das hypothetische Szenario des *Bergbahn-Experiments* vor:

> „Versetzen wir uns in die Lage des Fahrers einer Bergbahn, die sich auf der Talfahrt befindet. Plötzlich tauchen fünf Gestalten im Nebel vor ihm auf; eine Vollbremsung ist zwecklos. Der Fahrer könnte allenfalls auf ein Nebengleis ausweichen, wodurch ein Arbeiter zu Tode käme." (Frese 1996, 268, nach Roy A. Sorensen)

Die Versuchsanweisung bzw. konkrete Fragestellung lautet: „Wie würdest Du anstelle des Fahrers handeln? Begründe Deine Entscheidung!" Aller Erfahrung nach kommt ein Großteil der Schüler nach kurzer Diskussion zu dem Urteil, dass es moralisch geboten wäre, auf das Nebengleis auszuweichen, denn es sei das kleinere Übel, einen Menschen zu töten als fünf. Die nächste Frage lautet, ob sich daraus der Grundsatz ableiten lasse, dass das Leben mehrerer Mensch mehr wert sei als das Leben eines Menschen. Dies erscheint in aller Regel einer Mehrheit der Schüler (zumindest zunächst) plausibel und wird als Zwischenergebnis explizit festgehalten. Dann präsentiert die Lehrkraft die Idee einer *Organ-Lotterie* (nach Harris 1986):

> Stellen wir uns vor, in nicht allzu ferner Zukunft hat die Medizin solche Fortschritte gemacht, dass Organtransplantation komplikationslos möglich ist. Leider herrscht in der Gesellschaft großer Mangel an geeigneten Spendern. Die Regierung beschließt, jeden Monat eine Lotterie durchzuführen, bei der eine Anzahl gesunder Menschen ausgelost wird. Diese werden schmerzlos getötet, damit mit ihren Organen jeweils vier bis fünf anderen Menschen das Leben gerettet werden kann.

Die konkrete Fragestellung ist: „Wie beurteilst Du diese gesetzliche Regelung? Begründe Dein Urteil!" Die meisten Menschen dürften die starke Intuition haben, dass eine solche Regelung abzulehnen ist. Allerdings hatten viele Schüler bei dem ersten Gedankenexperiment den Grundsatz formuliert bzw. bestätigt, dass das Leben vieler Menschen mehr wert sei als das eines einzigen. Was ist hier nun anders? Wie kann man hier das (gegenteilige) Urteil begründen? Das dürfte Stoff für eine längere, tiefer gehende Diskussion liefern.

Im Anschluss legt die Lehrkraft den Schülern ein drittes Gedankenexperiment zur Beurteilung vor:

> Ein vollbesetztes Passagierflugzeug ist von Terroristen entführt worden. Es befindet sich im Anflug auf ein vollbesetztes Fußballstadion mit 60.000 Zuschauern. Die Terroristen erklären, dass sie entschlossen sind, das Flugzeug mit voller Geschwindigkeit in das Stadion zu steuern und zur Explosion zu bringen.

Die Frage lautet: Ist die Regierung berechtigt bzw. verpflichtet, das Passagierflugzeug vorher mit einer Rakete oder von einem Kampflugzeug abschießen zu lassen? Nach einer Diskussion gibt die Lehrkraft den Schülern die folgenden Informationen.

Nach den Terroranschlägen in New York am 11.September 2001 wurde in Deutschland im Januar 2005 das Luftsicherheitsgesetz erlassen, das es erlaubte, entführte Passagierflugzeuge abzuschießen, wenn sie als Waffen eingesetzt werden sollten. § 14 LuftSiG, Abs. (1): „Zur Verhinderung des Eintritts eines besonders schweren Unglücksfalles dürfen die Streitkräfte im Luftraum Luftfahrzeuge abdrängen, zur Landung zwingen, den Einsatz von Waffengewalt androhen oder Warnschüsse abgeben." Abs. (3): „Die unmittelbare Einwirkung mit Waffengewalt ist nur zulässig, wenn nach den Umständen davon auszugehen ist, dass das Luftfahrzeug gegen das Leben von Menschen eingesetzt werden soll, und sie das einzige Mittel zur Abwehr dieser gegenwärtigen Gefahr ist." Gegen dieses Gesetz wurde vor dem Bundesverfassungsgericht Beschwerde eingelegt. In seinem Urteil vom 15.2.2006 (vgl. http://www.bundesverfassungsgericht.de/SharedDocs/Entscheidungen/DE/2006/02/rs20060215_1bvr035705.html; Zugriff am 30.6.2016) beschloss das Gericht: „Die Regelung ist in vollem Umfang verfassungswidrig ..." (Absatz 155). In der Urteilsbegründung hieß es u.a.:

> „Eine solche Behandlung missachtet die Betroffenen als Subjekte mit Würde und unveräußerlichen Rechten. Sie werden dadurch, dass ihre Tötung als Mittel zur Rettung anderer benutzt wird, verdinglicht und zugleich entrechtlicht; indem über ihr Leben von Staats wegen einseitig verfügt wird, wird den als Opfern selbst schutzbedürftigen Flugzeuginsassen der Wert abgesprochen, der dem Menschen um seiner selbst willen zukommt." (Absatz 155)

Zunächst fordert die Lehrkraft die Schüler auf, genau herauszuarbeiten, welchem Wert hier das größte Gewicht zugemessen wird. Schließlich präsentiert die Lehrkraft den Wortlaut der Selbstzweckformel des Kategorischen Imperativs: „Handle so, dass Du die Menschheit sowohl in Deiner Person, als in der Person eines jeden anderen jederzeit zugleich als Zweck, niemals bloß als Mittel brauchest." (GMS B 429) Vor dem Hintergrund der Gedankenexperimente und der Urteilsbegründung des Verfassungsgerichts dürfte es den Schülern jetzt möglich sein, Kants Selbstzweckformel in ihrer Bedeutung zu erfassen und auch auf einem abstrakteren Niveau zu diskutieren. Der Faden könnte nun auf vielfältige Weise weitergesponnen werden: z.B. könnten die Schüler selbst weitere, möglicherweise erhellende Gedankenexperimente bzw. Fallbeispiele dazu entwickeln, die Lehrkraft könnte die Frage aufwerfen, ob der Utilitarismus grundsätzlich einer Ergänzung bedarf etc.

9.7 Der Einsatz von literarischen Texten, Bildern und Filmen

„Sich eine affektiv geladene Situation vorzustellen kann im selben Maße Emotionen wecken wie das tatsächliche Erleben einer solchen Situation ..." (Schultheiss/Brunnstein 1999, 5, eigene Übersetzung). Beim bildlichen Vorstellen werden dieselben Hirnregionen aktiviert wie bei der Verarbeitung realer Sinneseindrücke und das konkrete, bildhafte Nachdenken über emotional bedeutsame Situationen führt zu umfangreicherer emotionaler Verarbeitung und größeren Stimmungsveränderungen als abstraktes, analytisches Nachdenken. (Vgl. ebd, 5f; Peters/Rolf 2007, 117f; Steenblock 2015, 298; Cox/Levine 2010, 16)
Die große Rolle, die Emotionen für die Kompetenz zum sittlichen Handeln, insbesondere auch für angemessene Entscheidungen spielen, wurde in den Kapiteln 3.4.1 und 3.4.3 ausführlich dargestellt. „Wer nicht fühlt, kann auch nicht vernünftig entscheiden und handeln." (Roth 1997, 212) Literarische Texte, Bilder und Filme bieten ausgezeichnete Chancen, die emotionale Ebene auf eine adäquate Weise in den Ethikunterricht zu integrieren. Die Möglichkeiten dieser Medien kommen aber an ihre Grenzen, wenn es um das Handeln der Schüler geht. Im Rollenspiel und in Alltagssituationen werden ebenfalls Emotionen hervorgerufen, im Gegensatz zur Arbeit mit Literatur, Bildern und Filmen handeln die Schüler dort aber auch selbst. Und eigenes Handeln ist auf dem Weg zur Kompetenz zum sittlichen Handeln in aller Regel ein unverzichtbares Element. So ist der Einsatz dieser Medien im Ethikunterricht eine notwendige Ergänzung der rein rationalitätsorientierten Methoden, aber nicht hinreichend, wenn den Schülern im Ethikunterricht nicht auch Handlungsmöglichkeiten gegeben werden. (Vgl. Kap. 4.1.5; Kap. 9.8)
Der größte Vorzug dieser Medien – nämlich ihre emotionale Wirkung – stellt gleichzeitig aber auch das größte Risiko dar, das mit ihrem Einsatz verbunden ist. Emotionen beeinflussen unsere Einstellungen und unsere Entscheidungen – oft auch, ohne dass wir das bewusst registrieren – (vgl. Kap. 3.4.1), und Wertsetzungen in Literatur, Filmen und Bildern können subtil und versteckt sein (vgl. Pfeifer 2013, 289). „Filme haben aufgrund ihrer multimedialen Dichte und Unmittelbarkeit eine besondere Suggestivkraft" (Pfeifer 2013, 298). Kommerzielle Filme werden nicht in erster Linie mit dem Ziel produziert, die positive persönliche Entwicklung von Schülern zu fördern, sondern um mit ihnen Geld zu verdienen. Und Cox und Levine (2010, 5, 27, 33) weisen nachdrücklich darauf hin, dass sie dazu die – teils unbewussten (vgl. ebd., 5) – Wünsche, Bedürfnisse und Erwartungen der potentiellen Konsumenten bedienen (müssen). Und das können voyeuristische

und sadistische Bedürfnisse sein (vgl. ebd, 27), die unterschiedlichsten Vorurteile, Vorstellungen von Rache und Selbstjustiz (vgl. ebd., 13) oder auch das Gefühl von Macht bei der Identifikation mit dem starken Helden. Der Einfluss von Filmen in dieser Weise ist sicher nicht im Sinne des Ethikunterrichts, und er wird dadurch noch problematischer, dass er vielfach am kritischen Verstand des Zuschauers vorbei wirksam wird. „Filme können durch die Art und Weise, wie sie gestaltet und gefilmt werden, durch die Art, wie sie mit Emotionen spielen oder vielfältige Bedürfnisse befriedigen, verschleiern und verwirren ... Das ist der Grund, warum Filme so oft desinformieren und uns philosophisch fehlleiten, wenn sie uns andererseits auch oft informieren und zu philosophischer Tiefe führen." (Ebd., 5f)
Deshalb ist beim Einsatz von Medien immer ein kritischer Ansatz gefordert. Um nicht zum ahnungslosen Opfer von Suggestion und Manipulation zu werden, müssen die Schüler folgende Punkte klären (vgl. Pfeifer 2013, 289f, 296):

• Welche Wirkungen hat der Film (literarische Text, das Bild) auf mich?
• Wie erzeugt das Medium diese Wirkungen?
• Welche meiner Bedürfnisse, Vorstellungen etc. werden durch das Medium angesprochen?
• Bin ich nach einer rationalen Prüfung mit den von den Medien vermittelten Vorstellungen einverstanden oder lehne ich diese ab?

Auf diese Weise leistet der Ethikunterricht einen wichtigen Beitrag zur Förderung der Medienkompetenz und schlägt eine Brücke zur Medienethik. Pfeifer (2013, 290) bezeichnet „die Fähigkeit zum kritischen Umgang mit Bildern" gar als „eine Schlüsselkompetenz für eine hinreichend autonome Lebensgestaltung". Dabei wird die Lehrkraft immer wieder Impulse geben müssen, da den Schülern selbst Dinge häufig verborgen bleiben werden, eben weil sie auf einer unbewussten Ebene wirken und ihre Aufdeckung ein Maß an Reflektiertheit erfordert, das den Schülern häufig noch nicht gegeben sein wird. Dies soll an einem Beispiel veranschaulicht werden.

Bei Philosophie- und Ethiklehrern erfreut der Film „The Matrix" sich aufgrund der erkenntnistheoretischen Fragen, die er aufwirft, großer Beliebtheit. Ob das große Faszinosum, das dieser Film bei vielen hervorgerufen hat, sich aber allein durch seine erkenntnistheoretischen Bezüge erklären lässt, erscheint zweifelhaft. Es stellt sich die Frage, welche allgemeineren Bedürfnisse dieser Film befriedigen könnte. Da ist einmal die Hauptfigur „Neo". Er ist der „Auserwählte", ein Messias, und verfügt über ganz besondere Kräfte, die ihm schließlich ein großes Maß an Macht verleihen. Und diese Macht setzt er auf ausgesprochen lässige Weise ein, wenn er z.B. mit einem Arm auf dem Rücken und sichtlich gelangweilt mit den gefürchteten, aber nun völlig chancenlosen Agenten kämpft oder Pistolenkugeln in der Luft anhält und noch kurz schweben lässt, bevor sie herunterfallen. In einer der möglicherweise bekanntesten Kampfszenen der Filmgeschichte stürmen Neo und seine Partnerin

Trinity ein schwerbewachtes Gebäude. Bei einer Analyse der Filmszene lohnt sich ein genauer Blick z.B. auf die Kleidung der Protagonisten (lange, schwarze Mäntel, Sonnenbrillen, schwere, schwarze Stiefel), ihre Körpersprache, die Musik, die artistischen Stunts, der Einsatz von Zeitlupe, die Menge der Waffen und der verschossenen Munition etc. Es dürfte relativ große Übereinstimmung darin geben, dass die Szene insgesamt stark darauf angelegt ist, außerordentlich „cool" zu wirken; man muss sich wohl auch fragen, ob damit nicht die Grenze zur Gewaltverherrlichung überschritten ist.

Offensichtlich bietet „The Matrix" Menschen, die das Bedürfnis haben, etwas Besonderes zu sein und Macht zu besitzen, in der Figur von Neo Identifikationsmöglichkeiten. Und der Film bedient eine Faszination mit Gewalt und Waffen. Dies dürfte für die meisten Schüler (mit Blick auf andere Menschen) auch gut nachvollziehbar sein. Anspruchsvoll ist allerdings die Frage, inwieweit ich dieses Bedürfnis bzw. diese Faszination auch selbst habe (die Lehrkraft eingeschlossen) und – falls der Film mir gefällt oder ich ihn zumindest interessant finde – nicht vielleicht gerade diese Aspekte einen großen Anteil daran haben könnten. Und hier wird deutlich, in welchem Maße Filme im Unterricht zur Selbstreflexion anregen können und sollten. Auf der Grundlage einer eingehenden Analyse wäre schließlich herauszuarbeiten, welche Vorstellungen und Werte der Film transportiert und wie diese und die Wirkung des Films zu bewerten sind.

> „Für einen Unterricht, der in Erinnerung bleibt, liegt es nahe, emotionale Filmwirkung und Reflexion zu verbinden. Die machtvolle ‚Realitäts'-Erzeugung im Film ist auf emotionale Effekte hin angelegt. Diese können beim Zuschauer bestimmte psychologisch benennbare Reaktionen erzeugen: Identifikationen ..., Irritationen ..., Projektionen (Zuschauer fantasiert eigene Wünsche und Vorstellungen in den Film hinein). All dies ergreift uns und ruft zugleich nach Argument und Begriff, Text und Reflexion." (Steenblock 2015, 298)

Ein weiteres Beispiel sind Stereotype, die sich immer wieder in Bildern finden lassen, – Pfeifer (2013, 293ff) redet dann von „Visiotypen" – und diesen schreibt Pfeifer (ebd., 293) eine „unterschwellige soziale Normierung" zu. „Montagen von endlosen Menschenströmen, ... das übersetzte anlandende Boot ... gehören zu jenen Bild-Stereotypen, die die öffentliche Wahrnehmung im Umfeld der Asyl-Debatte kanalisieren und prägen." (ebd., 295) Und so wird auch die suggestive Wirkung von Bildern immer wieder genau herauszuarbeiten sein. Wenn Filme, Bilder und literarische Texte auf eine angemessene Weise eingesetzt werden, können sie vielfältige Möglichkeiten bieten:

- Identifikation und Empathievorgänge ermöglichen, auch bei Personen in Situationen, die wir selbst noch nicht erlebt haben (Maeger 2013, 261; Peters/Rolf 2007, 116, 118ff; Pfeifer 2013, 298; Sistermann 2015, 272);
- zur Selbstreflexion anregen (Maeger 2013, 277);
- positive Vorbilder präsentieren (Maeger 2013, 450);

- Probleme, Theorien etc. veranschaulichen (vgl. Cox/Levine 2010, viii; Maeger 2013, 25; Draken 2004, 44; Steenblock 2015, 294; Peters 2015, 277; Sistermann 2015, 270);
- Theorien überprüfen (vgl. Cox/Levine 2010, viii);
- interessante Rätsel und Phänomene präsentieren (vgl. ebd.);
- Argumente, Hypothesen, Vorstellungen präsentieren und zur Diskussion stellen (vgl. ebd., 7);
- Gedankenexperimente auf eine gründlichere und komplexere Art durchexerzieren als philosophische Texte dies können (vgl. ebd., 12; Draken 2004, 46);
- Fallbeispiele liefern (vgl. ebd., 43);
- Grenzsituationen des menschlichen Lebens bzw. sensible persönliche Themen mit einer gewissen Distanz zur eigenen Betroffenheit betrachten und diskutieren, mit den Protagonisten quasi als Stellvertretern (vgl. Brüning 2007, 21; Draken 2004, 45; Maeger 2013, 280);
- Anregungen für alternative Handlungsweisen geben (Pfeifer 2013, 299);
- Dinge thematisieren, die (noch) außerhalb des Erlebnishorizonts der Schüler liegen (vgl. Sistermann 2015, 273);
- Filme und Bilder zeigen uns nonverbale Kommunikation, z.B. Gesichter und Gesten (vgl. Cox/Levine 2010, 11).

Filme, Bilder und literarische Texte können in allen Phasen des Unterrichts eingesetzt werden: als Einstieg in ein Thema, innerhalb einer Stundensequenz oder auch zum Abschluss (vgl. Maeger 2000, 38; Peters/Rolf 2007, 121; Brüning 2007, 21). Der Einsatz von literarischen Texten, Filmen und Bildern dient im Ethikunterricht anderen Zwecken als z.B. in Deutsch, im Fremdsprachenunterricht oder in Kunst. Dem Ethikunterricht kommt es im Wesentlichen auf den Beitrag der Medien zu einer bestimmten Fragestellung an. Deshalb ist die Analyse des Werks immer an diesem Zweck orientiert, und die Lehrkraft wird nur diejenigen Elemente mit den Schülern analysieren und diejenigen Analysemethoden verwenden, die jeweils zur Erreichung des Unterrichtsziels benötigt werden (vgl. Peters/Rolf 2007, 121; Maeger 2002, 25; Pfeifer 2013, 299; Steenblock 2015, 298; Peters 2015, 281; Sistermann 2015, 274). Die Untersuchung der Frage, mit welchen Mitteln ein Werk bestimmte Wirkungen hervorruft, wird – wie am Beispiel des Films „The Matrix" oben gezeigt – gelegentlich aber auch sehr gründliche Analysen notwendig und lohnend machen.

Der Einsatz von Filmen im Unterricht steht nach wie vor oft in einem schlechten Ruf als nutzloser Zeitvertreib. Darüber muss man sich auch nicht wundern, wenn Filme „einfach so mal" gezeigt werden und danach, wenn überhaupt, „mal ein wenig" darüber gesprochen wird. Schüler, die mit einem Film zielorientiert, mit klarem Fokus und effizient gearbeitet haben, wissen danach in aller Regel aber sehr genau, was dabei herausgesprungen ist und welchen Beitrag der Film zum Unterrichtsgegenstand und darüber hinaus geliefert hat. Dabei sind Arbeitsblätter mit exakt formulierten, konkreten Beobachtungsaufträgen außerordentlich hilfreich (vgl. Peters/Rolf 2007, 119). Allerdings ist die Vorbereitung eines effektiven Einsatzes von Filmen durchaus zeitaufwendig.

Erwähnenswert ist die inzwischen beachtliche Menge an Sammlungen von literarischen Texten speziell für den Einsatz im Ethik- und Philosophieunterricht. Stellvertretend seien hier z.b. Münnix (2001), Kähler/Nordhofen (1994) und Biesterfeld (1985) genannt. Detaillierte Beschreibungen des Vorgehens bei einer eingehenden Bildanalyse finden sich z.b. bei Maeger (2013) und Wiesen (2007).

9.8 Erfahrungen machen lassen

Der Ethikunterricht arbeitet zum einen mit Erfahrungen der Schüler, die sie außerhalb des Ethikunterrichts gemacht haben. Das können Erfahrungen aus der Schule sein, z.b. aus dem Sportunterricht zu Fragen von Gerechtigkeit, Fairness, gewinnen und verlieren können, Erfahrungen mit Mitschülern aus Pausen etc., aber auch Erfahrungen von außerhalb der Schule, wobei ggf. aber darauf geachtet werden muss, dass die Privatsphäre der Schüler und ihrer Familien nicht verletzt wird. Diese Erfahrungen können z.b. konkrete Beispiele liefern – etwa dafür, dass Gutes tun Freude bereiten kann –, die Gefühlsebene öffnen oder Gelegenheiten zum Perspektivwechsel geben. Im Ethikunterricht selbst machen die Schüler in jeder Stunde auch Erfahrungen, die eine genauere Reflexion wert sein können, z.b. wie sie im Unterricht miteinander umgehen.

Darüber hinaus kann die Lehrkraft gezielt Erfahrungen inszenieren (vgl. Engels 2000, 2). Das können Situationen sein, deren Übungscharakter den Schülern mehr oder weniger deutlich bewusst ist und die dadurch eine gewisse Künstlichkeit haben, z.b. im Pädagogischen Rollenspiel (vgl. Kap. 9.3) und in Kommunikationsübungen (vgl. Kap. 9.4). In anderen inszenierten Situationen ist zu vermuten, dass die Schüler aber wohl häufig vergessen, dass mit deren Inszenierung ein bestimmter Unterrichtszweck verfolgt wird, und sie recht spontan agieren, wie sie es außerhalb des Unterrichts in ähnlicher Weise wahrscheinlich auch tun würden. Das kann z.b. der Fall sein, wenn die Lehrkraft die Schüler Gesellschaftsspiele oder eines der inzwischen zahlreichen Interaktions- und Kooperationsspiele (vgl. z.b. Vopel 1999) spielen lässt oder beim Durchführen von bekannten Experimenten aus der Sozialpsychologie und der Spieltheorie mit den Schülern, die für den schulischen Rahmen geeignet sind. Auch in Achtsamkeitsübungen (vgl. Kap. 9.5) können Schüler authentische Erfahrungen machen oder bei einem Gang durch Schulhaus und Schulgelände, nach dem thematisiert wird, welche Wahrnehmungen ihnen besonders im Gedächtnis geblieben sind (vgl. Engels 2000, 5).

Dergestalt gewonnene Erfahrungen sind von großem Wert für den Ethikunterricht, denn die Schüler erleben die Konsequenzen von Handlungen inklusive der Gefühle, die diese Handlungen auslösen, und sie können als Anstoß zu Selbstreflexion und Perspektivwechsel dienen (Welche Gefühle/Impulse habe ich gespürt?; Wie habe ich gehandelt?; Bin ich nach gründlicher Überlegung mit meiner Handlung einverstanden?). Erfahrungen führen zum Aufbau von implizitem Wissen (vgl. Kap. 4.2.2; Kap. 3.4.1).

9.9 Zur Kompetenzorientierung im Ethikunterricht

Definition

Ein *kompetenzorientierter* Ethikunterricht fördert alle Komponenten der Kompetenz zum sittlichen Handeln (vgl. Kap. 4).

Dafür bedarf es einer Mischung aus Methoden, die sich jeweils als erfolgversprechend erwiesen haben (siehe oben). Das bedeutet natürlich nicht, dass jede Unterrichtsstunde alle Komponenten der Kompetenz zum sittlichen Handeln berühren muss. Das wird nur in Ausnahmefällen überhaupt möglich sein. Vielmehr sollte angestrebt werden, eine Stundensequenz so anzulegen, dass verschiedene Aspekte eines Themas mit einer Mischung von unterschiedlichen Methoden so behandelt werden, dass über die Stundensequenz hinweg jede der Komponenten der Kompetenz zum sittlichen Handeln berührt wird. Bei der Planung und Reflexion des Unterrichts in einem ganzen Schuljahr schließlich sollte überprüft werden, ob bestimmte Bereiche insgesamt ein Übergewicht haben bzw. hatten oder vielleicht zu kurz gekommen sind. Wenn man den Rahmen nun noch weiter setzt und die gesamte Schullaufbahn der Schüler betrachtet, wird aufgrund der Entwicklung der Schüler wahrscheinlich zu beobachten sein, dass in den unteren Jahrgangsstufen ein größeres Gewicht auf Komponenten wie z.B. kommunikative Fähigkeiten und Fertigkeiten oder Selbstkontrolle liegen wird, in den höheren Jahrgangstufen hingegen verstärkt (aber keineswegs ausschließlich!) rationalitätsorientierte Methoden zum Einsatz kommen.

Zusammenfassung

In der folgenden Grafik wird im Überblick dargestellt, mit welchen der oben beschriebenen Methoden – in erster Linie – sich die einzelnen Komponenten der Kompetenz zum sittlichen Handeln (vgl. Kap. 4) fördern lassen. Dabei wird explizites Wissen – und damit auch ein gewisses Maß an Rationalitätsorientierung – bei allen Unterrichtsgegenständen und bei jeder Form von Unterricht eine Rolle spielen müssen. Das ergibt sich zwingend aus der Forderung, jederzeit den kritischen Geist der Schüler zu fördern. Was immer wir auch mit ihnen tun, wir werden es ihnen ausnahmslos erklären, erläutern und begründen müssen. Hinzu kommt, dass explizites Wissen in den allermeisten Zusammenhängen auch eine notwendige Komponente sein wird, ohne die die Schüler nicht über die Kompetenz zum sittlichen Handeln verfügen werden.

Explizites Wissen	Rationalitätsorientierte Methoden
Implizites Wissen	Pädagogisches Rollenspiel, Erfahrungen machen lassen
Motivation	Hier können alle Methoden einen je unterschiedlichen Beitrag leisten (vgl. Kap. 4.1.3).
Explizite Einstellungen	insbesondere die rationalitätsorientierten Methoden, in zweiter Linie auch alle anderen Methoden
Implizite Einstellungen	Pädagogisches Rollenspiel, Kommunikationsübungen, Achtsamkeitsübungen, literarische Texte, Bilder und Filme, Erfahrungen machen lassen
Situationserfassung	Pädagogisches Rollenspiel, Standbilder, Achtsamkeitsübungen, literarische Texte, Bilder und Filme, Erfahrungen machen lassen
Wissenserwerb	Philosophische Texte erschließen
Urteil/Argumentation	Argumentationsübungen, philosophische Texte erschließen, ethisch-philosophisches Unterrichtsgespräch
Selbstkontrolle	Pädagogisches Rollenspiel, Kommunikationsübungen, Achtsamkeitsübungen
Selbstbehauptung	Pädagogisches Rollenspiel, Kommunikationsübungen
Konstruktive Kommunikation	Kommunikationsübungen, Pädagogisches Rollenspiel, ethisch-philosophisches Unterrichtsgespräch, neosokratisches Gespräch

Abb. 17: Methoden zur Förderung der Kompetenz zum sittlichen Handeln

Literatur

Arch, J. J./Craske, M. G. (2006): Mechanisms of mindfulness: Emotion regulation following a focused breathing induction. In: Behaviour Research and Therapy 44, 1849-1858.

Aronson, E. et al. (2014): Sozialpsychologie. Hallbergmoos: Pearson.

Baggini, J. (2005): Das Schwein, das unbedingt gegessen werden möchte. München: Pieper.

Batson et al. (2007): An additional antecedent of emphatic concern. In: Journal of personality and social psychology 93, 65-74.

Bauer, J. (2015): Selbststeuerung. München: Blessing.

Becker, G. (2008): Soziale, moralische und demokratische Kompetenzen fördern. Weinheim und Basel: Beltz.

Berger, A. et al. (2007): Multidisciplinary perspectives on attention and the development of self-regulation. In: Progress in Neurobiology 82, 256-286.

Berking, M./Schwarz, J. (2014): Affect Regulation Training. In: J. J. Gross (Hrsg.): Handbook of Emotion Regulation. New York und London: The Guilford Press, 529-547.

Biesterfeld, W. (Hrsg.) (1985): Utopie. Stuttgart: Reclam.

Birkenbihl, V. F. (2014): Signale des Körpers: Körpersprache verstehen. München: mvg.

Birnbacher, D. (2015): Neosokratische Methode und Sokratisches Gespräch. In: J. Nida-Rümelin et al. (Hrsg.): Handbuch der Philosophie und Ethik. Band 1: Didaktik und Methodik. Paderborn: Ferdinand Schöningh, 171-186.

Bornemann, B./Singer, T. (2013): Das ReSource-Trainingsprotokoll. In: T. Singer/M. Bolz (Hrsg.): Mitgefühl in Alltag und Forschung. München: Max Planck Society, 472-486. http://www.compassiontraining.org/?page=download&lang=de (Zugriff am 5.6.2016).

Brüning, B. (2007): Märchen sind das Tor zur Welt. In: B. Brüning/E. Martens: Anschaulich philosophieren. Weinheim und Basel: Beltz, 20-61.

Carmody, J./Baer, R.A. (2008): Relationships between mindfulness practice and levels of mindfulness, medical and psychological symptoms and well-being in a mindfulness-based stress reduction program. In: Journal of Behavioral Medicine 31 (1), 23–33.

Condon, P. et al. (2013): Meditation increases compassionate responses to suffering. In: Psychological Science 24, 2125-2127.

Cox, D./Levine, P. L. (2010): Thinking Through Film. Chichester: Wiley-Blackwell.

Damon, W. (1999): Die Moralentwicklung von Kindern. In: Spektrum der Wissenschaft Okt. 1999, 62-70.

Dewey, J. (1997/1910): How We Think. New York: Dover Publications.

Draken, K. (2004): Der Spielfilm „Sleepers" im Philosophieunterricht. In: Ethik und Unterricht 1/04, 43-46.

Engels, H. (2000): Erfahrungen machen lassen. In: Ethik und Unterricht 3/00, 2-6.

Engels, H. (2015): Gedankenexperimente. In: Nida-Rümelin, J. et al. (Hrsg.): Handbuch der Philosophie und Ethik. Band 1: Didaktik und Methodik. Paderborn: Ferdinand Schöningh, 187-196.

Farb, N. A. S. (2014): Mindfulness Interventions and Emotion Regulation. In: J. J. Gross (Hrsg.): Handbook of Emotion Regulation. New York und London: The Guilford Press, 548-567.

Flook, L. et al. (2010): Effects of Mindful Awareness Practices on Executive Functions in Elementary School Children. In: Journal of Applied School Psychology 26, 70-95.

Freese, H. (1996): Abenteuer im Kopf – Philosophische Gedankenexperimente. Weinheim und Berlin: Quadriga.

Freudenreich, D. (2003): Lernen mit Freude und allen Sinnen – Erleben, Begreifen, Handeln, Bedenken. In: paed 2/2003, 1-8.

Habermas, J. (1991): Erläuterungen zur Diskursethik. Frankfurt a.M.: Suhrkamp.

Habermas, J. (1996): Moralbewußtsein und kommunikatives Handeln. Frankfurt a.M.: Suhrkamp.

Habermas, J. (2015): Diskursethik. In: J. Nida-Rümelin et al. (Hrsg.): Handbuch der Philosophie und Ethik. Band 2: Disziplinen und Themen. Paderborn: Ferdinand Schöningh, 74-79.

Hanh, T. N. (1992): Peace Is Every Step. New York: Bantam.

Harris, J. (1986): The Survival Lottery. In: Singer, P. (Hrsg.): Applied Ethics. New York: Oxford University Press, 87-96.

Hartshorne, H./May, M. A. (1928): Studies in the nature of character. Vol I: Studies in deceit, Book one and two. New York: Macmillan.

Heckmann, G. (1981): Das sokratische Gespräch. Hannover: Schroedel.

Heckmann, G. (2002): Lenkungsaufgaben des sokratischen Gesprächsleiters. In: D. Birnbacher/D. Krohn (Hrsg.): Das sokratische Gespräch. Stuttgart: Reclam, 73-91.

Horster, D. (1994): Das Neosokratische Gespräch in Theorie und Praxis. Opladen: Leske+Budrich.

Goldemund, H. (1995): Rollenspiel – alle sprechen davon, wenige können es. In: ide 1/95, 35-44.

Gudjons, H. (1998): Ernste Spiele. In: Pädagogik 1/98, 6-11.

Gudjons, H. (2003): Spielbuch Interaktionserziehung. Bad Heilbrunn: Klinkhardt.

Hoff, E. H. (1999): Kollektive Probleme und individuelle Handlungsbereitschaft. In: Grundmann, M. (Hrsg.): Konstruktivistische Sozialisationsforschung. Frankfurt a.M.: Suhrkamp, 240-266.

Jensen, H. (2014): Hellwach und ganz bei sich. Weinheim und Basel: Beltz.

Kabat-Zinn, J. (1994): Wherever you go, there you are: Mindfulness meditation in everyday life. New York: Hyperion.

Kaltwasser, V. (2008): Achtsamkeit in der Schule. Weinheim und Basel: Beltz.

Kant, I. (1980): Grundlegung zur Metaphysik der Sitten. Stuttgart: Reclam.

Kähler, J./Nordhofen, S. (Hrsg.) (1994): Geschichten zum Philosophieren. Stuttgart: Reclam.

Kienstra, N. et al. (2015): Doing Philosophy Effectively: Student Learning in Classroom Teaching. In: PloS One 10 (9): e0137590. doi: 10.1371/journal.pone.0137590.

Klafki, W. (2002): Heckmann und das sokratische Gespräch. In: D. Birnbacher/D. Krohn (Hrsg.): Das sokratische Gespräch. Stuttgart: Reclam, 92-105.

Kuhl, J. (2001): Motivation und Persönlichkeit. Interaktionen psychischer Systeme. Göttingen, Bern, Toronto, Seattle: Hogrefe.

Kuhn, D. (2013): Reasoning. In: R. M. Lerner/P. D. Zelazo (Hrsg.): The Oxford Handbook of Developmental Psychology. Vol. 1 Body and Mind. New York: Oxford University Press, 744-764.

Langen, D./Mann, K. (1998): Autogenes Training. München: Gräfe und Unzer.

Langri, T. J./Weiss, L. (2013): Compassion Cultivation-Training (CCT). In: T. Singer/M. Bolz (Hrsg.): Mitgefühl in Alltag und Forschung. München: Max Planck Society, 458-470. http://www.compassion-training.org/?page=download&lang=de (Zugriff am 5.6.2016).

Lapsley, D. K. (2006): Moral Stage Theory. In: M. Killen/J. Smetana: Handbook Of Moral Development. Mahwah, New Jersey and London: Lawrence Erlbaum Associates, 37-66.

Lind, G. (2003): Moral ist lehrbar. München: Oldenbourg.

Lutz, A. et al. (2008): Attention regulation and monitoring in meditation. In: Trends in Cognitive Sciences 12 (4), 163-169.

MacMillan Jeffery, K. (1972): Emotional Role Playing, Attitude Change, And Attraction Toward A Disabled Person. In: Journal of Personality and Social Psychology 23 (1), 105-111.

Maeger, S. (2000): Der Reiz der Bilder. In: Ethik und Unterricht 3/2000, 35-41.

Maeger, S. (2002): Drei Köpfe, vier Ohren, fünf Sinne. In: Ethik und Unterricht 2/02, 24-31.

Maeger, S. (2013): Umgang mit Bildern. Paderborn: Ferdinand Schöningh.

Martens, E. (2003): Methodik des Ethik- und Philosophieunterrichts. Hannover: Siebert.

McClelland, D. C. et al. (1989): How Do Self-Attributed and Implicit Motives Differ? In: Psychological Review 96 (4), 690-702.

Molcho, S. (2013): Körpersprache. München: Goldmann.

Münnix, G. (2001): Anderwelten. Weinheim und Basel: Beltz.

Münnix et al. (2002): Horizonte Praktischer Philosophie 9/10. Leipzig: Klett Schulbuchverlag.

Muraven, M./Baumeister, R. F. (2000): Self-Regulation and Depletion of Limited Resources: Does Self-Control Resemble a Muscle? Psychological Bulletin 126 (2), 247-259.

Nimtz, C. (2003): Hinweise zur Textarbeit: Die 5-S-Methode. www.uni-bielefeld.de/philosophie/personen/nimtz/Arbeitsmittel/HIM_2BI_Textanalyse.pdf (Zugriff am 17.06.2016).

Ozawa-de Silva, B./Negi, L. T. (2013): Cognitively-Based Compassion-Training (CBCT): Protokoll und Schlüsselkonzepte. In: T. Singer/M. Bolz (Hrsg.): Mitgefühl in Alltag und Forschung. München: Max Planck Society, 433-457. http://www.compassion-training.org/?page=download&lang=de (Zugriff am 5.6.2016).

Paulus (2005): Lauter unerhörte Kampagnen. In: Die Zeit 39/2005.

Pawlowski, K./Riebensahm, H. (2000): Suggestion. Reinbek b.H.: Rowohlt.

Petermann, F./Petermann, U. (1993): Training mit Jugendlichen: Förderung von Arbeits- und Sozialverhalten. Weinheim: Psychologie-Verlag Union.

Peters, J. (2015): Bilder und Comics. In: J. Nida-Rümelin et al. (Hrsg.): Handbuch der Philosophie und Ethik. Band 1: Didaktik und Methodik. Paderborn: Ferdinand Schöningh, 277-293.

Peters, J./Rolf, B. (2007): Spielfilme im Ethik- und Philosophieunterricht. In: B. Brüning/E. Martens: Anschaulich philosophieren. Weinheim und Basel: Beltz, 116-136.

Pfeifer, V. (2013): Didaktik des Ethikunterrichts. Stuttgart: Kohlhammer.

Quinn, J. M. et al. (2010): Can't Control Yourself? Monitor Those Habits. In: Personality and Social Psychology Bulletin 36 (4), 499-511.

Raupach-Strey, G. (2002): Das Sokratische Paradigma und seine Bezüge zur Diskurstheorie. In: D. Birnbacher/D. Krohn (Hrsg.): Das sokratische Gespräch. Stuttgart: Reclam, 106-139.

Raupach-Strey, G. (2016): Lehren, ohne zu belehren. In: Feindt, A. et al. (Hrsg.): Lehren. Seelze: Friedrich, 78-79.

Reger, N. et al., Staatsinstitut für Schulqualität und Bildungsforschung (Hrsg.) (2011): Kommunikation und Ethik. München: Kastner.

Reger, N. et al., Staatsinstitut für Schulqualität und Bildungsforschung (Hrsg.) (2012): Leistungserhebungen im Fach Ethik. München: Kastner.

Roelen, N. (2014): Logisch Rondje. In: Meester et al.: Durf te denken ! Digitaal oefenmateriaal voor havo/vwo. Amsterdam: Boom.

Roew, R. et al., Staatsinstitut für Schulqualität und Bildungsforschung (Hrsg.) (2006): Das pädagogische Rollenspiel im Ethikunterricht. München: Auer. http://www.isb.bayern.de/download/1268/rollenspiel-hr.pdf (Zugriff am 10.10.16).

Rosenberg, E. L. et al. (2015): Intensive Meditation Training Influences Emotional Responses to Suffering. Online First Publication. http://dx.doi.org/10.1037/emo0000080 (Zugriff am 30.5.2016).

Roth, G. (1997): Das Gehirn und seine Wirklichkeit. Frankfurt a.M.: Suhrkamp.

Saron, C.: Abenteuer Shamata Project. In: T. Singer/M. Bolz (Hrsg.): Mitgefühl in Alltag und Forschung. München: Max Planck Society, 356-375. http://www.compassion-training.org/?page=download&lang=de (Zugriff am 5.6.2016).

Schultheiss, O. C./Brunstein J. C. (1999): Goal Imagery: Bridging the Gap Between Implicit Motives and Explicit Goals. Journal of Personality 67, 1-38.

Schwehm, H. (2004): Arbeitshilfen für psychodramafundiertes Pädagogisches Rollenspiel. Unveröffentlicht, Edenkoben.

Shapiro, S. L. et al. (2006): Mechanisms of Mindfulness. In: Journal of Clinical Psychology 62 (3), 373-386.

Sistermann, R. (2015): Literarische Texte. In: J. Nida-Rümelin et al. (Hrsg.): Handbuch der Philosophie und Ethik. Band 1: Didaktik und Methodik. Paderborn: Ferdinand Schöningh, 270-277.

Steenblock, V. (2015): Philosophieren mit Filmen. In: J. Nida-Rümelin et al. (Hrsg.): Handbuch der Philosophie und Ethik. Band 1: Didaktik und Methodik. Paderborn: Ferdinand Schöningh, 294-300.

Thomas, E. L./Robinson, H. A. (1972): Improving reading in every class: A sourcebook for teachers. Boston: Houghton Mifflin.

Turner, R. (2010): „Guns ... Lots of Guns": The role of violence in The Matrix. www.academia.edu/335143/Guns_Lots_of_Guns_the_role_of_violence_in_The_Matrix (Zugriff am 13.7.2016).

Uhl, S. (1996): Die Mittel der Moralerziehung und ihre Wirksamkeit. Bad Heilbrunn: Klinkhardt.

Vlcek, R. (2003): Workshop Improvisationstheater. Donauwörth: Auer.

Vollmer, G. (1988): Was können wir wissen? Bd. 2. Stuttgart: Hirzel.

Vopel, K. W. (1999): Interaktionsspiele für Jugendliche Teil 1. Salzhausen: iskopress.

Wenk-Sormaz, H. (2005): Meditation can reduce habitual responding. In: Alternative Therapies 11 (2), 42-58.

Wiesen, B. (2007): Bilder zeigen den ganzen Menschen. In: B. Brüning/E. Martens (Hrsg.): Anschaulich philosophieren. Weinheim und Basel: Beltz, 90-108.

Wilhelmer, H. (1995): Das (Miß)-Verhältnis zwischen Psychotherapie und Deutschunterricht. In: ide 19 (1), 14-34.

Wirtz, M. A. (Hrsg.) (2013): Lexikon der Psychologie. Bern: Hans Huber.

Zeidler, W. (2007): Achtsamkeit und ihr Einfluss auf die Emotionsverarbeitung. Saarbrücken: VDM.

Zoglauer, T. (2008): Einführung in die formale Logik für Philosophen. Göttingen: Vandenhoeck & Ruprecht.

Anlage 1:

Tabellen zu Lernfeldern und Inhaltsbereichen der Ethikfächer in der Sekundarstufe

In den nächsten vier Tabellen erfolgen die Einträge aus den Rahmenplänen der jeweiligen Bundesländer gestuft nach den Stichworten in den Lernfeldern **X,** in darin zu bearbeitenden Pflichtthemen X oder fakultativen Themen (X) und jeweils angeführten Unterthemen x.

Stichworte, die erst in den Hinweisen zur Bearbeitung von Themen und Unterthemen vorkommen, bleiben hier unberücksichtigt. Die Zählung am unteren Ende der einzelnen Tabellen erfolgt lediglich nach der Anzahl der Nennungen ohne unterschiedliche Gewichtung nach Lernfeldern, Pflicht-, fakultativen und Unterthemen.

Tab.10: Themenbereich „Identität und Entwicklung"

Aspekte // Bundesländer	BW	Bay	Berl	Bbg	Hess	Nds	NRW	RlPf	Sld	Sa	SaAn	Thür
Ich – Identität												
Ich, der Einzelne		X		X			X	**X**				X
Gefühle		x					x					
Verstand, Vernunft							X			X		
Bedürfnisse		X			x				x			X
Sexualität, Pubertät			x	x	X	X					X	X
Selbstverwirklichung			x						x			
Selbst, Selbstfindung		**X**	x				X					
Selbsterkenntnis											x	
Selbstbestimmung					X				x			
Identitätsentwicklung	X		X			X			x			X
Entwicklung u. Ziele												
Erwachsenwerden		X		x				X		X		X
Entwicklungsaufgaben				X								
Lernen, Freizeit, Arbeit					X	X		**X**				X
Erfolg, Misserfolg					X							

Aspekte // Bundesländer	BW	Bay	Berl	Bbg	Hess	Nds	NRW	RlPf	Sld	Sa	SaAn	Thür
Leben, Lebensentwürfe				x	**X**	X	X		x	**X**		X
eigene Freiheit, Grenzen		X			X		x		x		X	
Glück			x	x	x	x	X	**X**	X	**X**	**X**	**X**
Menschenbild												
Menschenwürde			x		X	X					x	
Menschenbild(er)		x	x	x			X				X	X
Freiheit – Unfreiheit							X				X	
Leib und Seele							X					
Gefühl und Verstand							X					
Körperlichkeit									x			
Existenzielle Fragen												
Existenzielle Fragen	**X**	X						x	X			
Sinn in Alltag u. Leben	x	**X**			X	**X**	X	X			X	
Gelingendes Leben			x	x					x			
Existenz. Erfahrungen				X								
Schwere Belastungen, Grenzsituationen				x		X						
Sterben, Sterbehilfe, Tod				x	X				x		X	**X**
Suche nach Orientierung						X						
Zusammenfassung:												
Ich – Identität	1	3	5	1	3	2	5	1	4	-	3	4
Entwicklung und Ziele	-	2	1	4	3	4	4	3	3	3	2	4
Menschenbild	-	2	2	1	1	1	4	-	1	-	3	1
Existenzielle Fragen	2	1	1	4	2	3	1	2	3	-	2	1
Summe der Nennungen im Themenbereich: 103	3	8	9	10	9	10	14	6	11	3	10	10

Tab. 11: Themenbereich „Soziales Leben und Konflikte"

Aspekte// Bundesländer	BW	Bay	Berl	Bbg	Hess	Nds	NRW	RlPf	Sld	Sa	SaAn	Thür
Gemein-sam leben												
Zusammenleben								x				X
Gemein-schaft	X	X	X			X	X	**X**				
Familie		x		x	X	X						X
Freund schaft		x			X		**X**	X				
Liebe				X	X	X	X	X	x	(X)	X	**X**
Partner-schaft					X	X	X					X
Ehe					X	x						
Schulklas-se, Schule		x			X	x						X
Gruppe und Rollen			X	x		x	X					X
die Ande-ren		X			X		**X**	X				X
Abspra-chen, Regeln		X				x						X
Begegnung m. Men-schen	X											
soziale Be-ziehungen				X							X	
Umgang mit Plura-lität	x											
Umgang mit Behin-derung			x							(X)		
Helfen, solidar. Handeln								X				
soziales Wesen und Verhalten des Men-schen										X		X

Aspekte// Bundes- länder	BW	Bay	Berl	Bbg	Hess	Nds	NRW	RlPf	Sld	Sa	SaAn	Thür
Genera- tionen, Senioren						X				(X)		
Toleranz, Rücksicht						X			x			
Probleme												
Fremde					x		X					
Vorurteile							x					X
Interkultu- ralität			x			x	X					X
Die Freiheit anderer										X		
Grenzen eigener Freiheit	X			X			x		x	X		
Fremdbe- stimmung											x	
Konflikte												
Konflikte	X		X		X	X				X	X	**X**
Mobbing in der Schule										(X)		
Freiheit – Unfreiheit							X			X		
Zeugen ge- waltfreien Handelns										(X)		
Kindernot- dienst										(X)		
Rechtsext- remismus						X						
Fundamen- talismus			X									
Zusammenfassung:												
Gemein- sam leben	3	6	3	4	7	10	6	6	2	4	2	9
Probleme, Konflikte	-	2	2	1	2	3	6	-	1	4	5	3
Summe der Nen- nungen im Themen- bereich: 91	3	8	5	5	9	13	12	6	3	8	7	12

Tab. 12: Themenbereich „Religionen/Weltanschauung/Kulturen"

Aspekte// Bundesländer	BW	Bay	Berl	Bbg	Hess	Nds	NRW	RlPf	Sld	Sa	SaAn	Thür
Religion und Religionen												
Religion(en)	**X**	**X**	X		**X**	**X**	X	X			X	X
Judentum	X	**X**		X	**X**					X	X	X
Christentum	X	**X**		X	**X**	X		X		X	X	X
Islam	x	**X**		X	X					X	X	X
Hinduismus										X	X	X
Buddhismus				X						X	X	X
Taoismus, Konfuzianismus												X
Religion und Lebensperspektiven		X										
Weltreligionen		X			X			X	X			
Die drei Weltreligionen unseres Kulturkreises	X				X							
Mythen										X		X
Religiosität		X			X					X		
neue relig. Bewegungen		X			X							
Aberglauben		X										
Okkultismus, Spiritismus		X								X		
Leben und Feste in Rel.						x	X			(X)		
Gottesbild(er)			X				X		X			
Menschenbild(er) in Rel.			X				X	X	x			
Weltbild(er)							X	X	x			
Glaube(n)			X									
Verfehlte Sinn orientierg.		x										
Fundamentalismus			X									
Weltanschauungen	X											
Humanist. Weltanschauung				X								

Aspekte // Bundesländer	BW	Bay	Berl	Bbg	Hess	Nds	NRW	RlPf	Sld	Sa	SaAn	Thür
weltansch. Orientierung						X	X					
Zweifel und Skepsis			X									
Wissenschaft			X			X	X					
Wissen			X				x					
Atheismus			X									
Philosophie			X				X		X			
Religionskritik						X						
Kulturen												
Kultur	x	x					X					
Kulturkreis Europa			X	**X**								
verschied. Kulturen				X		x				(X)		
(inter)kulturelle Identität				X			X					X
Weltethos				(X)								
Zusammenfassung												
Religion(en)	5	11	5	4	6	7	5	3	3	9	7	8
Weltanschauungen	1	-	5	1	-	3	4	1	1	-	-	-
Kulturen	1	1	1	4	-	1	1	-	-	1	-	1
Summe der Nennungen im Themenbereich: 98	7	12	9	9	6	11	10	4	4	10	7	9

Tab. 13: Themenbereich „Philosophische Ethik – ethisch Urteilen und Handeln"

Aspekte // Bundesländer	BW	Bay	Berl	Bbg	Hess	Nds	NRW	RlPf	Sld	Sa	SaAn	Thür
Ethik												
Achtung									x			
Gefühle, Empathie		X				X						
moralische Gefühle												
Gewissen, G.-konflikte		X	X		**X**	x	X			X		X
Pflicht(en)		X			X		X					
Konflikte, Probleme		X		X			X		**X**	X	**X**	
Freiheit, Unfreiheit		X			X		X		X		X	
Gewalt, Mobbing						X	X			(X)	x	**X**
sexueller Missbrauch												X
Sucht, Drogen						x						X
Autorität		X										
Verantwortung		**X**	**X**	X	**X**	x	X	**X**	**X**	**X**	**X**	X
ethisch urteilen	X	X					X		X	X		X
entscheiden												X
verantwortlich handeln	X	X					X					
Gutes tun – Böses lassen					X							
helfen, Engagement		X					X					
Zivilcourage		X										
Schuld, Wiedergutmachung, Versöhnung		X										
Maßstäbe fürs Handeln		X										
Regeln, Normen		X				x	X	X		(X)		X
Werte, Wertvorstellungen		X				x			X	(X)		X

Aspekte // Bundesländer	BW	Bay	Berl	Bbg	Hess	Nds	NRW	RlPf	Sld	Sa	SaAn	Thür
Tugenden		X							X			
„Goldene Regel"	X								(x)			X
Kategorischer Imperativ	X											
Gerechtigkeit	X		**X**	**X**	**X**	x	X	X			X	
Recht			X		**X**	x	**X**	X				
Menschenrechte					**X**	X						X
Ethik in Religionen		X					X					X
Angewandte Ethik												
Wirtschaft		(x)				X	X			X		
Medizin, Sterbehilfe, Organspende …		(x)	x		**X**	X			(x)	X		
Umwelt, Natur, Tiere		(x)	x		X	**X**	X		(x)	**X**	**X**	**X**
Politische Ethik		(x)				X	X		(X)			
Friedensethik		(x)		X	**X**	X						X
Wissenschaft			x		**X**	X						
Technik		(x)	x			X	X			(X)	**X**	**X**
Generationen, Zukunft					**X**	**X**	**X**	X		(X)		
Medien			x			X				X	X	**X**
Schwangerschaftsabbruch					X							
Zusammenfassung:												
Philosophische Ethik	5	12	9	3	8	9	13	5	7	7	5	13
Angewandte Ethik	-	6	5	1	3	8	8	1	3	5	4	4
Summe der Nennungen im Themenbereich: 44	5	18	14	4	11	17	21	6	10	12	9	17

Anlage 2:

Die inhaltlichen Schwerpunkte für die EPA der KMK in den Ethik-Lehrplänen der Gymnasialen Oberstufe

Wie die inhaltlichen Schwerpunkte der KMK für die Einheitlichen Prüfungsanforderungen für das Abitur (EPA) der Ethikfächer in den Rahmenplänen bzw. Rahmenrichtlinien der Bundesländer konkret abgebildet werden, verdeutlicht der folgende Überblick.

- *Freiheit und Abhängigkeit:* 5 x - Freiheit und Selbstverständnis des Menschen (BW), Freiheit und Determination (Bay), Willensfreiheit als spezifische Dimension des Menschen (Nds), Der Mensch als Person: Möglichkeit zur Freiheit (Sld), Fragen nach der Freiheit (S).
- *Pluralismus und Grundkonsens:* 2 x - Pluralismus (BW), Pluralismus und Konsens (Nds). Dieses Thema wird kaum als eigenes Lernfeld für die Abiturprüfung ausgewiesen, kommt aber sehr wohl als didaktisches Prinzip bei der Bearbeitung der thematischen Schwerpunkte zum Tragen. So wird z.B. bei Recht und Gerechtigkeit auf die Forderung nach Toleranz in der pluralistischen Gesellschaft sowie die Orientierung an Grundgesetz, Menschenwürde und Menschenrechten verwiesen.
- *Ethik und Menschenbild:* 7 x - Freiheit und Anthropologie (BW), Freiheit und Determination (Bay), Menschenbilder in Philosophie und Wissenschaft (Hess), Fragen nach dem Wesen des Menschen, Spezifische Dimensionen des Menschseins (Nds), Der Mensch als Natur- und Kulturwesen (Sld), Was ist der Mensch? (SA und Th).
- *Recht und Gerechtigkeit:* 7 x - Gerechtigkeit, Recht und Zusammenleben (BW), Recht und Gerechtigkeit (Bay), Recht und Gerechtigkeit in Gesellschaft, Staat und Staatengemeinschaft (Hess), Recht und Gerechtigkeit (Nds), Fragen nach der Gerechtigkeit (S), Was soll der Mensch tun? (SA), Was soll ich tun? (Th).
- *Religion und Weltanschauung:* 7 x - Moral, Religion und Kritik (BW), Sinnorientierung und Lebensgestaltung (Bay), Religiöse Sinngebung des Lebens (Hess), Frage nach Wissen und Glauben, Fragen nach der Welt und dem Heiligen, Bedeutung von Religion für Individuum und Gesellschaft (Nds), Der Mensch angesichts existentieller Grundfragen (Sld), Was darf der Mensch hoffen? (SA), Was darf ich hoffen? (Th.).
- *Wahrheit und Erkenntnis*: 3 x - Wahrheitsansprüche, Wahrheit in den Wissenschaften, in Religionen und Weltanschauungen, Kunst und Medien … (Nds), Was kann der Mensch wissen? (SA), Was kann ich wissen? (Th).
- *Glück:* 4 x - Glücks- und Strebensethik (BW*)*, Glücksvorstellungen (Bay), Glück – Eudaimonistische Begründungen verantwortlichen Handelns (Hess), Anspruch

und Wirklichkeit individueller Glücksvorstellungen (Nds) sowie als Unterthema anderer Lernfelder in Ethiklehrplänen und in der Sekundarstufe I (vgl. Anlage 1).

- *Moralphilosophie*: 9 x - Moralphilosophie (BW), Theorie und Praxis des Handelns, Grundpositionen philosophischer Ethik (Bay), Vernunft und Gewissen (Hess), Grundpositionen ethischen Argumentierens (Nds), Fragen nach dem guten Handeln (Nds und Sa), Verantwortung und Grenzen der Moralphilosophie, Ethik des Guten, Ethik des Sollens, Lektüre einer Ganzschrift (Sld), Existenzialistische Literatur, Kritik der Ethik (Sa), Was soll der Mensch tun? (SA), Was soll ich tun? (Thür) und als Unterthema anderer Lernfelder.

- *Angewandte Ethik:* 5 x - Verantwortung und Angewandte Ethik (BW), Angewandte Ethik (Bay), Modelle staatlicher Gemeinschaft, Ethik in Medizin und Wissenschaft, ökologische Ethik, Medienethik, Wirtschaftsethik (Nds), Analyse eines Beispiels der angewandten Moralphilosophie (Sld), Ethische Grenzfälle in der Medizin, Mit dem Tode strafen (Sa) und als Unterthema anderer Lernfelder in Ethiklehrplänen sowie häufig bereits in der Sekundarstufe I (vgl. Kap. 1.6.1).